Ärztliches Weiterbildungsrecht im Spannungsfeld zwischen deutschem und europäischem Recht

Europäische Hochschulschriften
Publications Universitaires Européennes
European University Studies

Reihe II
Rechtswissenschaft

Série II   Series II
Droit
Law

Bd./Vol. 4520

PETER LANG
Frankfurt am Main · Berlin · Bern · Bruxelles · New York · Oxford · Wien

Berit Jaeger

Ärztliches Weiterbildungsrecht im Spannungsfeld zwischen deutschem und europäischem Recht

PETER LANG
Europäischer Verlag der Wissenschaften

Bibliografische Information der Deutschen Nationalbibliothek
Die Deutsche Nationalbibliothek verzeichnet diese Publikation in der Deutschen Nationalbibliografie; detaillierte bibliografische Daten sind im Internet über <http://www.d-nb.de> abrufbar.

Zugl.: Jena, Univ., Diss., 2006

27
ISSN 0531-7312
ISBN 978-3-631-55789-1

www.peterlang.de

Für Edith Jaeger,
die als erste der Familie Europa gelebt hat.

Vorwort

Die vorliegende Arbeit lag im Wintersemester 2005/2006 der rechtswissenschaftlichen Fakultät der Friedrich-Schiller-Universität Jena als Dissertation vor. Im Mai 2006 wurde das Promotionsverfahren durch das Rigorosum erfolgreich abgeschlossen.

Herr Prof. Dr. Dr. h.c. Eberhard Eichenhofer betreute diese Arbeit, wofür ihm mein besonderer Dank gebührt. Er war von Anfang an für das Thema der Arbeit aufgeschlossen und unterstützte mich durch Diskussionen dabei, Ausrichtung und Inhalt der Arbeit zu schärfen. Seine außerordentlich schnelle Durchsicht und Korrektur der Arbeit weiß ich besonders zu schätzen. Herrn Prof. Dr. Michael Brenner danke ich sehr für die zeitnahe Erstellung des Zweitgutachtens.

Mein besonderer Dank gilt auch meinem Arbeitgeber, der Kanzlei Ratajczak Wellmann & Partner, die mir ermöglichte, diese Arbeit neben der Tätigkeit als Rechtsanwältin zu erstellen. Ohne die versierten Kenntnisse von Herrn Kollegen Dr. Thomas Ratajczak hätte die vorliegende Arbeit ein anderes Layout, weshalb ich ihm herzlich für seine tatkräftige Unterstützung bei der äußeren Gestaltung, aber auch für fruchtbare fachliche Diskussionen danke. Besonders hilfreich war mir auch die kritische Durchsicht und Korrektur des Manuskripts durch meine Kollegin, Frau Dr. Maike Erbsen, bei der ich mich an dieser Stelle auch nochmals herzlich bedanke.

Meinen Eltern und meinem Mann gebührt mein größter Dank für ihre vielfältige, unentwegte und bedingungslose Unterstützung dieser Arbeit und meines bisherigen Lebenswegs. Auch für den Rest der Familie und Freunde gilt: *Schön, daß es Euch gibt.*

Stuttgart, im November 2006 — Berit Jaeger

Inhaltsverzeichnis

Abkürzungsverzeichnis

a.A.	andere Ansicht
ÄAppO	Approbationsordnung der Ärzte
ABl.	Amtsblatt der Europäischen Gemeinschaften, seit Inkrafttreten des Vertrages von Nizza am 01. Februar 2003 Amtsblatt der Europäischen Union; Amtsblatt
Abs.	Absatz
Ärzte-ZV	Zulassungsverordnung für Vertragsärzte
AiP	Arzt im Praktikum
Art.	Artikel
BAG	Bundesarbeitsgericht
BÄK	Bundesärztekammer
BAnz.	Bundesanzeiger
BÄO	Bundesärzteordnung
Bd.	Band
ber.	berichtigt
BGBl.	Bundesgesetzblatt
BO	Berufsordnung der Ärztinnen und Ärzte
BPA	Berufsverband der Praktischen Ärzte und Ärzte für Allgemeinmedizin
BSG	Bundessozialgericht
BSGE	Entscheidungssammlung des BSG
BTDrucks.	Bundestagsdrucksache
BVerfG	Bundesverfassungsgericht
BVerfGE	Entscheidungssammlung des BVerfG
BVerwG	Bundesverwaltungsgericht
BVerwGE	Entscheidungen des BVerwG
d.h.	das heißt
DÄ	Deutsches Ärzteblatt; bis einschließlich 1963 unter dem Titel

	„Ärztliche Mitteilungen" erschienen
DB	Der Betrieb
DDR	Deutsche Demokratische Republik
Drucks.	Drucksache
EEA	Einheitliche Europäische Akte
EG	Europäische Gemeinschaft (nach dem EGV);
	EGV in der nach dem 01. Mai 1999 geltenden Fassung im Zusammenhang mit der Nennung von Artikeln
EGV	Vertrag zur Gründung der Europäischen Gemeinschaft
EP	Europäisches Parlament
EU	Europäische Union;
	EUV in der nach dem 01. Mai 1999 geltenden Fassung im Zusammenhang mit der Nennung von Artikeln
EuG	Gericht erster Instanz, dem EuGH beigeordnet
EuGH	Europäischer Gerichtshof
EuGRZ	Europäische Grundrechte-Zeitschrift
EUV	Vertrag über die Europäischen Union
EuZW	Europäische Zeitschrift für Wirtschaftsrecht
EWG	Europäische Wirtschaftsgemeinschaft
EWGV	Vertrag zur Gründung der Europäischen Wirtschaftsgemeinschaft
f.	folgende
ff.	fortfolgende
Fn.	Fußnote
GBl.	Gesetzblatt
gem.	gemäß
GesR	GesundheitsRecht, Zeitschrift für Arztrecht, Krankenhausrecht, Apotheken- und Arzneimittelrecht
GG	Grundgesetz
GKV	Gesetzliche Krankenversicherung
GRG	Gesundheitsreformgesetz

GSG	Gesundheitsstrukturgesetz
GVBl.	Gesetzes- und Verordnungsblatt
Hrsg.	Herausgeber
HS	Halbsatz
i.V.m.	in Verbindung mit
JbSozR	Jahrbuch des Sozialrechts der Gegenwart
KBV	Kassenärztliche Bundesvereinigung
LAG	Landesarbeitsgericht
lit.	litera
m.w.N.	mit weiteren Nachweisen
M-BO	Muster-Berufsordnung der Ärztinnen und Ärzte
M-WBO	Muster-Weiterbildungsordnung der Ärztinnen und Ärzte
NJW	Neue Juristische Wochenzeitschrift
Nr.	Nummer
NVwZ	Neue Zeitschrift für Verwaltungsrecht
Rat	Rat der Europäischen Gemeinschaften
Rdnr.	Randnummer
RGBl.	Reichsgesetzblatt
RL	Richtlinie
Rs.	Rechtssache
S.	Seite (bei Fundstellen) oder Satz (bei Normen)
SGB	Sozialgesetzbuch
Slg.	Sammlung der Rechtsprechung des EuGH
SozR 3	Sozialrecht, Bearbeitet von den Richtern des BSG, Folge von 1990 an
usw.	und so weiter
VBlBW	Baden-Württembergische Verwaltungsblätter
VG	Verwaltungsgericht
VSSR	Vierteljahresschrift für Sozialrecht
WBO	Weiterbildungsordnung der Ärztinnen und Ärzte
WSA	Wirtschafts- und Sozialausschuß

ZfSH/SGB	Zeitschrift für Sozialhilfe und Sozialgesetzbuch
zit.	zitiert
ZO-Ärzte	Zulassungsordnung für Kassenärzte
ZVS	Zentralstelle für die Vergabe von Studienplätzen

Wegen weiterer Abkürzungen wird auf Hildebert Kirchner, Abkürzungsverzeichnis der Rechtssprache, 4. Auflage, 1993, verwiesen.

A. Einleitung

Die europäische Idee war ursprünglich auf den Wirtschaftssektor, Kohle und Stahl sowie das atomare Abkommen begrenzt. Seit den Entscheidungen des EuGH von 1998 in Sachen Kohll / Decker[1], fortgesetzt durch die Urteile Vanbraekel, Smits / Peerbooms und Müller-Fauré / van Riet[2], gewann die europäische Idee auch im Gesundheitsbereich immer mehr an Bedeutung: Jeder Unionsbürger[3] kann im EU-Ausland ambulante medizinische Leistungen zu Lasten der eigenen gesetzlichen Krankenversicherung ohne deren vorherige Genehmigung in Anspruch nehmen. Ebenso können Mediziner ihre Leistungen grenzüberschreitend anbieten oder gar grenzüberschreitend tätig werden. Diese Rechtsprechung des EuGH basiert unter anderem darauf, daß er die Qualität der Gesundheitsversorgung in den Mitgliedstaaten als derart angenähert ansieht, daß die medizinische Versorgung in einem Mitgliedstaat jedenfalls nicht zwingend der in einem anderen Mitgliedstaat vorzuziehen ist.

Auch die Unionsbürger vertrauen immer mehr auf die Qualität der medizinischen Versorgung in den übrigen Mitgliedstaaten und nehmen viel häufiger als früher die Möglichkeit in Anspruch, sich auch ohne Vorliegen eines Notfalls im EU-Ausland medizinisch oder zahnmedizinisch versorgen zu lassen. Aber worauf basiert dieses Vertrauen? Gibt es auf europäischer Ebene Regularien, die die Qualität der ärztlichen Tätigkeit beeinflussen? Der EuGH betont in seinen Entscheidungen immer wieder, daß die EU keine originäre Kompetenz zur Ausgestaltung der mitgliedstaatlichen Systeme der sozialen Sicherheit inne hat. Oder findet diese Qualitätssicherung nur auf nationaler Ebene statt? Und welche Möglichkeiten zur Spezialisierung stehen Ärzten in Deutschland zur Verfügung?

---

1 Urteile in der Rs. C-158/96 [Raymond Kohll – Union des caisses de maladie] vom 28. April 1998, Slg. 1998, S. I-1931, und in der Rs. C-120/95 [Nicolas Decker – Caisse de maladie des employés privés] vom 28. April 1998, Slg. 1998, S. I-1831.

2 Urteile in der Rs. C-368/98 [Abdon Vanbraekel und andere – Alliance nationale des mutualités chrétiennes (ANMC)] vom 12. Juli 2001, Slg. 2001, S. I-5363, in der Rs. C-157/99 [B.S.M. Smits, verheiratete Geraets – Stichting Ziekenfonds VGZ; H.T.M. Peerbooms – Stichting CZ Groep Zorgverzekeringen] vom 12. Juli 2001, Slg. 2001, S. I-5473 und in der Rs. C-385/99 [V.G. Müller-Fauré – Onderlinge Waarborgmaatschappij OZ Zorgverzekeringen UA; E.E.M. van Riet – Onderlinge Waarborgmaatschappij ZAO Zorgverzekeringen] vom 13. Mai 2003, Slg. 2003, S. I-4509, wobei der EuGH bei diesen Entscheidungen die Verpflichtung zur vorherigen Genehmigung der gesetzlichen Krankenversicherung für die Auslandsbehandlung im stationären Bereich für gerechtfertigt hielt.

3 Im Folgenden stehen Personenbezeichnungen oder Berufsbezeichnungen wie „Arzt", „Mediziner" usw. sowohl für weibliche als auch für männliche Personen und Berufsangehörige.

I. Ärztliches Weiterbildungsrecht in Deutschland – Kapitel B

Heutzutage ist es nur noch schwer vorstellbar, daß vor ca. 120 Jahren ein Arzt in der Medizin insgesamt zu Hause war und seine Patienten rundum versorgte. Wir halten es für selbstverständlich, daß die Medizin in Fachgebiete unterteilt ist, auf die sich ein Arzt durch Weiterbildung spezialisieren kann. Im Kapitel B.I. wird der heutige ärztliche Bildungsweg in Form von Ausbildung, Weiterbildung und Fortbildung dargestellt. Es wird deutlich, daß die Weiterbildung den für den weiteren Berufsweg des Arztes maßgeblichen Teil darstellt. Neben den Funktionen der Weiterbildung sowie ihrer wirtschaftlichen Bedeutung, die den hohen Stellenwert der Weiterbildung im ärztlichen Bildungsweg erklären, werden die rechtlichen Grundlagen des Weiterbildungsrechts erläutert. Hierbei ist zwischen den zwei großen Rechtsgebieten zu differenzieren, die bei fast allen niedergelassenen Ärzten den Rahmen für ihre Berufsausübung stecken: Berufsrecht[4] und Vertragsarztrecht[5].

Die Darstellung der Geschichte des Weiterbildungsrechts in Kapitel B.II. verdeutlicht, über welche verschiedenen Etappen sich dieses ärztliche Weiterbildungssystem entwickelt hat und welche besondere Stellung hierbei die Allgemeinmedizin einnimmt. Dieses Rechtsgebiet ist wegen des medizinischen Fortschritts und des darauf beruhenden Wandels in der Medizin selbst ständig im Fluß, so daß die Darstellung des derzeitigen Weiterbildungsrechts eine Momentaufnahme von Ende 2004 ist.

II. Einfluß europäischer Weiterbildungsregelungen – Kapitel C

Ein weiterer Grund für die beständigen Änderungen im Weiterbildungsrecht sind die europäischen Einflüsse auf diesem Rechtsgebiet. Deutschland gehört seit Anbeginn zur Europäischen Wirtschaftsgemeinschaft, die sich zwischenzeitlich zur Europäischen Union (EU) weiterentwickelt hat. Deren Zielsetzung ist u.a. die Verwirklichung der Dienstleistungs- und Niederlassungsfreiheit, die auch die Freien Berufe und mithin die Ärzteschaft betreffen. Zusätzlich führt seit Inkrafttreten des Maastrichter Vertrags[6] und nach Ergänzung durch den

[4] Siehe hierzu nur die ausführliche Darstellung bei *Narr*, Ärztliches Berufsrecht, 2. und 3. Kapitel.

[5] Siehe für einen Überblick hierzu bei Laufs/Uhlenbruck-*Krauskopf*, § 23 ff.

[6] Vertrag über die Europäische Union vom 07. Februar 1992, ABl. C 191 vom 29. Juli 1992, S. 1.

Amsterdamer Vertrag[7] Art. 152 des Vertrages zur Gründung der Europäischen Gemeinschaft[8] dazu, daß bei der Festlegung und Durchführung aller Gemeinschaftspolitiken und -maßnahmen ein hohes Gesundheitsschutzniveau innerhalb der EU sichergestellt wird.

Ab Mitte der 1970er Jahre erließ der europäische Gesetzgeber für die Mitgliedstaaten verbindliche Rechtsnormen in Form von Richtlinien zur Verwirklichung der Dienstleistungs- und Niederlassungsfreiheit, jeweils getrennt für einzelne Berufe. Dabei zählten die Ärzterichtlinien zu den ersten derartigen Richtlinien, vermutlich weil der „Gegenstand" der medizinischen Aus- und Weiterbildung – nämlich der Mensch – in allen Mitgliedstaaten gleich und damit unabhängiger von nationalen Besonderheiten als z. B. die Rechtswissenschaft ist. Seit 1975 sorgen also europäische Richtlinien dafür, daß die medizinische Aus- und Weiterbildung in den einzelnen Mitgliedstaaten Mindestvoraussetzungen erfüllen und so einander angenähert wurden. Auch hierbei spielte die Allgemeinmedizin eine besondere Rolle, denn es wurde hierzu eine gesonderte Richtlinie erlassen. Diese Richtlinien sind die Grundlage für die oben beschriebene Annahme des EuGH über die Gleichwertigkeit der mitgliedstaatlichen Aus- und Weiterbildungsabschlüsse. Sie bilden die Basis dafür, daß wir uns nicht nur bei einer medizinischen Behandlung im EU-Ausland, sondern auch dann auf den Qualitätsstandard der anderen Mitgliedstaaten verlassen können, wenn diese Ärzte grenzüberschreitend in Deutschland tätig werden.[9]

Europäische Richtlinien sind hinsichtlich des zu erreichenden Ziels für die Mitgliedstaaten verbindlich, überlassen aber den mitgliedstaatlichen Stellen die Wahl der Form und der Mittel zur Erreichung dieses Ziels. Richtlinien sind also von den Mitgliedstaaten in nationales Recht umzusetzen. Diese Umsetzung führte zu teilweise erstaunlichen Veränderungen im deutschen Weiterbildungsrecht, z.B. zu zwei parallel existierenden Weiterbildungsgängen in Allgemeinmedizin.

Für eine rechtliche Würdigung dieser Veränderungen ist eine genaue Kenntnis einerseits der Ärzterichtlinien samt ihrer Entstehungsgeschichte und Fortentwicklung, andererseits des jeweiligen Umsetzungsprozesses in Deutschland notwendig. Denn nur so können die Beweggründe für die einzelnen Rechtsetzungshandlungen und die Überlegungen zu deren Verhältnismäßigkeit in die

---

7 Vertrag von Amsterdam vom 02. Oktober 1997, ABl. C 340 vom 10. November 1997, S. 1.

8 Vertrag vom 25. März 1957, BGBl. II Nr. 23 vom 19. August 1957, S. 766, ber. BGBl. II Nr. 35 vom 05. November 1957, S. 1678 und Nr. 3 vom 05. Februar 1958, S. 64, zuletzt geändert durch die Beitrittsakte mit Wirkung ab 01. Mai 2004, ABl. L 236 vom 23. September 2003, S. 33.

9 So auch *Hakenberg*, MedR 2000, 55.

rechtliche Würdigung einfließen. Allerdings fand ich in den mir zugänglichen Werken zum Europa- oder Weiterbildungsrecht keine derartige Aufbereitung der europäischen Ärzterichtlinien oder des Umsetzungsprozesses in Deutschland[10], so daß beispielsweise unklar blieb, welche Überlegungen dazu geführt hatten, bei der Umsetzung einer Richtlinie von 1986 in deutsches Recht neben der Facharztweiterbildung in Allgemeinmedizin eine weitere allgemeinmedizinische Weiterbildung zu installieren, die zu diversen rechtlichen Unstimmigkeiten bis hin zu einem Vertragsverletzungsverfahren der Europäischen Kommission gegen Deutschland führte.

Aus diesem Grund enthält Kapitel C sich neben den rechtlichen Grundlagen der maßgeblichen europäischen Richtlinien sowie der Darstellung ihrer Entstehung, Entwicklung und ihres Inhalts eine detaillierte Nachzeichnung des Umsetzungsprozesses und der Einflußnahme dieser Richtlinien auf deutsches Recht.[11]

III. Rechtliche Würdigung – Kapitel D

Sowohl die europäischen Richtlinien selbst als auch ihre Umsetzung in Deutschland werfen rechtliche Fragen auf, die in Kapitel D untersucht werden.

Die europäischen Richtlinien werden daraufhin überprüft, ob der europäische Gesetzgeber die Kompetenz besaß, die entsprechenden Ärzterichtlinien oder Teile von ihnen zu erlassen, und ob er die Ärzterichtlinien im Einklang mit europäischem Primärrecht ausgestaltete. Hierbei wird insbesondere auf die Richtlinie, die speziell für die Allgemeinmedizin erlassen wurde, eingegangen, weil sie im Verhältnis zu den übrigen Ärzterichtlinien Besonderheiten aufweist, die einer rechtlichen Überprüfung bedürfen.

Die Umsetzung der Ärzterichtlinien in deutsches Recht erforderte ein Tätigwerden von Normgebern auf verschiedenen Ebenen, nämlich des Bundes- und der Landesgesetzgeber sowie der Landesärztekammern als Satzungsgeber. Es wird untersucht, ob die Richtlinienumsetzung entsprechend unserer grundgesetzlichen Kompetenzaufteilung zwischen diesen Normgebern und ob sie fristgerecht erfolgte. Im Übrigen ist zu prüfen, ob die Umsetzungsmaßnahmen dem Inhalt der Ärzterichtlinien gerecht wurden und somit die Dienstleistungs- und

---

[10] Die Tatsache, daß sich die juristische Literatur zur europäischen Integration trotz erheblicher Aktivitäten auf europäischer Ebene kaum mit der Freizügigkeit der Gesundheitsberufe beschäftigt(e), bemängelte schon *Kirchberger*, ZSR 1999, 760.

[11] Die Informationen hinsichtlich des Umsetzungsprozesses stammen hauptsächlich aus Mitteilungen der Bundesärztekammer (BÄK) in ihrem Publikationsorgan, dem Deutschen Ärzteblatt (DÄ). Die Mitteilungen erfolgen im DÄ in der Regel ohne Nennung eines bestimmten Autors, weshalb diese zahlreichen Artikel nicht in das Literaturverzeichnis aufgenommen wurden.

Niederlassungsfreiheit mitgliedstaatlicher Ärzte auch durch deutsches Recht gewährleistet ist.

Inwiefern die bei der rechtlichen Prüfung festgestellten Rechtsverstöße von den europäischen Institutionen, Mitgliedstaaten oder hiervon Betroffenen – also z.B. Ärzten – prozeßual noch aufgegriffen werden können, könnte in einer weiteren Arbeit untersucht werden, denn eine Einbeziehung dieser Thematik in die vorliegende Arbeit würde weit über den Rahmen dieser Arbeit hinausgehen. Hierbei wäre dann auch darzustellen, welche verschiedenen Verfahren mit welchen Zielsetzungen – beispielsweise zur Beseitigung der Rechtsverstöße oder zur Geltendmachung von Schadensersatzansprüchen – zur Auswahl stehen. Des weiteren bietet die vorliegende Arbeit die Grundlage für eine Überprüfung der deutschen Weiterbildungsregelungen unter dem Blickwinkel der Inländerdiskriminierung[12] in Verbindung mit Art. 12 Abs. 1 GG. Denn jeder Mitgliedstaat, der von seinen eigenen Staatsangehörigen eine höhere Qualität als von denen der anderen Mitgliedstaaten fordert, muß dafür einen sachlichen Grund vorweisen und die betreffende Regelung verhältnismäßig ausgestalten.[13] Eine derartige Benachteiligung inländischer Ärzte ist insbesondere in der Allgemeinmedizin gegeben: Die Weiterbildung in Deutschland dauert mindestens fünf Jahre, auf EU-Ebene hingegen akzeptiert Deutschland eine nur dreijährige Weiterbildung.[14]

IV. Zusammenfassung und Ausblick – Kapitel E

In Kapitel E werden zunächst die rechtlichen Ergebnisse zusammengefasst. Es wird dann ein Ausblick auf die im September 2005 erfolgte grundlegende Änderung der europäischen Ärzterichtlinie gegeben, die die Mitgliedstaaten innerhalb von zwei Jahren umzusetzen haben. Anschließend werden die umstrittene Dienstleistungsrichtlinie und ihre Relevanz für Ärzte kurz angesprochen, bevor die Arbeit mit einer Schlußbetrachtung endet.

---

12 Siehe grundlegend zu Fragen der umgekehrten Diskriminierung bzw. Inländerdiskriminierung, insbesondere auch unter Berücksichtigung von Art. 12 GG, bei *Epiney*, S. 359 ff, und *Hammerl*, S. 189 ff.

13 Vgl. hierzu auch *Epiney*, S. 409 ff.

14 Diese Ungleichbehandlung aufgrund europäischer Vorgaben thematisierte ausführlich *Wüsthof*, Die Zeit Nr. 5 vom 24. Januar 2002, S. 69; er schloß seinen Artikel mit: „Ist das gerecht? Darauf gibt es keine Antwort, nur Schulterzucken." Mit einer Überprüfung dieser Ungleichbehandlung an Art. 12 Abs. 1 GG kann man dieser Resignation entgegentreten.

B. Weiterbildungsrecht in Deutschland

Das ärztliche Weiterbildungswesen wird hauptsächlich durch Bestimmungen des ärztlichen Berufsrechts geregelt. Aber auch andere Rechtsmaterien enthalten Normen über Qualifikationsvoraussetzungen für die ärztliche Berufsausübung. Von besonderer Bedeutung ist insoweit das Vertragsarztrecht.

I. Weiterbildungsrecht im System des Berufs- und Vertragsarztrechts

1. Ärztlicher Bildungsweg

Der ärztliche Bildungsweg in Deutschland setzt sich zusammen aus Ausbildung und Weiterbildung. Im System der ärztlichen Bildung wird genau zwischen den Abschnitten der Ausbildung und denen der Weiterbildung unterschieden. Ein wichtiger Grund hierfür liegt in den unterschiedlichen Gesetzgebungs- und Regelungskompetenzen. Als weitere ärztliche Qualifizierung kommt die Fortbildung hinzu.

a. Ausbildung

Als Ausbildung wird das medizinische Studium samt verschiedener Praktika bis zur Erteilung der Approbation bezeichnet. Die Approbation ist die staatliche Erlaubnis zur Ausübung der Heilkunde unter der Berufsbezeichnung „Arzt“ oder „Ärztin“. § 3 Abs. 1 Bundesärzteordnung (BÄO)[15] regelt die Voraussetzungen, unter denen ein Rechtsanspruch auf Erteilung der Approbation besteht. Die Ausbildungszeit umfaßt ein mindestens sechsjähriges Medizinstudium an einer wissenschaftlichen Hochschule, davon mindestens acht, höchstens zwölf Monate in Form praktischer Ausbildung in Krankenanstalten.

Das Nähere über die ärztliche Ausbildung ist in der aufgrund von § 4 BÄO erlassenen Approbationsordnung für Ärzte (ÄAppO)[16] geregelt. Die Approbation erfolgt auf Antrag bei der gem. § 12 Abs. 1 S. 1 BÄO zuständigen[17] Behörde des

---

[15] Bundesärzteordnung vom 02. Oktober 1961 (BGBl. I S. 1857) in der Bekanntmachung der Neufassung vom 16. April 1987 (BGBl. I S. 1218), zuletzt geändert durch Art. 1 des Gesetzes vom 21. Juli 2004 (BGBl. I S. 1776).

[16] Approbationsordnung für Ärzte vom 27. Juni 2002 (BGBl. I S. 2405), zuletzt geändert durch Art. 3 des Gesetzes vom 21. Juli 2004 (BGBl. I S. 1776).

[17] Die Zuständigkeit richtet sich nach den entsprechenden Landesgesetzen. In Baden-Württemberg beispielsweise ist das Regierungspräsidium für die Erteilung der Approbati-

Landes, in dem der Antragsteller die ärztliche Prüfung abgelegt hat, durch Aushändigung oder Zustellung der Approbationsurkunde gem. § 40 ÄAppO. Sie berechtigt zur Führung der Berufsbezeichnung „Arzt“ oder „Ärztin“.

b. Weiterbildung

Im Gegensatz zur Ausbildung, die ein Basiswissen für die Ausübung der Heilkunde am Menschen unter der Bezeichnung „Arzt“ oder „Ärztin“ vermitteln soll, dient die Weiterbildung der Spezialisierung und Vertiefung ärztlichen Fachwissens auf einem eingegrenzten Fachgebiet.

(1) Rechtsgrundlagen

Gesetzliche Regelungen über Dauer und Inhalt der Weiterbildung finden sich nicht in Bundesgesetzen, sondern einerseits in den von den Ländern erlassenen Heilberufsgesetzen[18] und andererseits in den Weiterbildungsordnungen für Ärzte (WBO)[19], die die Landesärztekammern als öffentlich-rechtliche Körperschaften auf der Grundlage der Heilberufsgesetze und mit Genehmigung der zuständigen Landesminister als Satzungsrecht erlassen. Trotz der Gesetzgebungskompetenz der Länder bzw. der Satzungskompetenz jeder Ärztekammer wurde schon frühzeitig[20] von den jeweils rechtsetzenden Gremien die Notwendigkeit möglichst bundeseinheitlicher Weiterbildungs- und Facharztregelungen erkannt, weshalb sich die einzelnen WBO stark an der von der Bundesärztekammer entwickelten Muster-Weiterbildungsordnung (M-WBO)[21] orientieren. Diese wird auf dem

---

on zuständig, § 1 Abs. 1 Nr. 1 Heilberufe-Zuständigkeitsverordnung vom 09. Juli 2002 (GBl. S. 267).

18 Siehe zur genauen Bezeichnung des jeweiligen ärztlichen Landesgesetzes Anhang 1; diese Landesgesetze werden im Folgenden mit dem Begriff „Heilberufsgesetze“ zusammengefaßt.

19 Für die einzelnen WBO siehe Anhang 1; die jeweiligen WBO entsprechen in der Regel der M-WBO, falls nicht gesondert etwas anderes erwähnt wird.

20 Bereits die ersten Regelungen über Fachärzte ergingen aufgrund der "Bremer Richtlinie" von 1924 länderübergreifend; vgl. hierzu B.II.1.c. Nach Einführung des GG, das den Ländern die Kompetenz zur Regelung der Berufsausübung der Heilberufe zuschreibt, bedingt auch Art. 11 GG vergleichbare Facharzttitel.

21 Derzeit ist noch die Muster-Weiterbildungsordnung nach den Beschlüssen des 95. Deutschen Ärztetages 1992 in Köln, DÄ 1992, S. B-2480, mit Ergänzungen in den Jahren 1993, 1996 und 1997 maßgeblich; die konsolidierte Fassung dieser M-WBO 1992 ist auf der Homepage der Bundesärztekammer einsehbar (www.baek.de; Stichwort: Weiterbildung). Die M-WBO 2003 (DÄ 2003, S. A-1478 ff.) wurde bis Ende 2004 außer in Bayern noch nicht in Satzungsrecht übernommen; siehe hierzu auch die ausführliche Darstellung bei B.II.6.

Deutschen Ärztetag[22] beraten, beschlossen und dann als Empfehlung zur Anwendung an die Landesärztekammern weitergeleitet. Der Übersichtlichkeit halber wird im Folgenden neben der M-WBO 1992[23] nur dann auf einzelne WBO eingegangen, wenn sie maßgeblich von der M-WBO abweichen.

(2) Ziel und Struktur

In § 1 der M-WBO 1992 wird das Ziel der Weiterbildung folgendermaßen beschrieben: „Ziel der Weiterbildung ist der geregelte Erwerb eingehender Kenntnisse, Erfahrungen und Fertigkeiten für definierte ärztliche Tätigkeiten nach Abschluß der Berufsausbildung. ... Ziel der Weiterbildung ist auch die Sicherung der Qualität ärztlicher Berufsausübung."[24] Die Weiterbildung erfolgt im Rahmen mehrjähriger Berufstätigkeit unter Anleitung zur Weiterbildung ermächtigter Ärzte und schließt grundsätzlich mit einer Prüfung ab.

Die verschiedenen Möglichkeiten und Fachrichtungen der Weiterbildung ergeben sich aus § 1 Abs. 2 und Abs. 3 in Verbindung mit den §§ 2 und 3 M-WBO 1992. Nach § 2 Abs. 1 M-WBO 1992 ist eine Weiterbildung zum Facharzt in 41 Gebieten[25] möglich, teilweise mit wählbaren Schwerpunkten, so zum Beispiel für das Gebiet Chirurgie mit den Schwerpunkten Gefäß-, Thorax-, Unfall- und Visceralchirurgie. In § 2 Abs. 2 M-WBO 1992 sind die 22 medizinischen Bereiche aufgeführt, in denen der Arzt das Recht zum Führen einer Zusatzbezeichnung erlangen kann, beispielsweise in Homöopathie oder Sportmedizin.[26] § 3 M-WBO 1992 regelt die fakultative Weiterbildung, also in welchen Gebieten der Arzt über die obligatorischen Inhalte nach Maßgabe der WBO hinaus für die näher bezeichneten gebietsergänzenden Tätigkeiten spezielle Kenntnisse, Erfahrungen und Fertigkeiten erwerben kann. Die fakultative Weiterbildung ist beispielsweise in der Chirurgie in Form von spezieller chirurgischer Intensivmedizin möglich. Außerdem kann die Weiterbildung als Erwerb von Fachkunde in bestimmten Untersuchungs- und Behandlungsmethoden in einem

---

22 Siehe zur Zusammensetzung und Funktion des Deutschen Ärztetages unter B.II.2.b.

23 Weil die M-WBO 2003 bis Ende 2004 außer in Bayern noch nicht geltendes Satzungsrecht ist, wird im Rahmen dieses Kapitels auf die M-WBO 1992 samt ihrer Änderungen (siehe Fn. 21) Bezug genommen, sofern nicht ausdrücklich auf die M-WBO 2003 verwiesen wird.

24 In der M-WBO 2003 liest sich das folgendermaßen: „Ziel der Weiterbildung ist der geregelte Erwerb festgelegter Kenntnisse, Erfahrungen und Fertigkeiten, um nach Abschluss der Berufsausbildung besondere ärztliche Kompetenzen zu erlangen. Die Weiterbildung dient der Sicherung der Qualität ärztlicher Berufsausbildung."

25 Mit Einführung der M-WBO 2003 wird sich diese Anzahl auf 32 reduzieren.

26 Nach der M-WBO 2003 wird eine Zusatz-Weiterbildung in 46 Bereichen möglich sein.

Gebiet erfolgen, z.B. im Gebiet Innere Medizin die Fachkunde Laboruntersuchungen, Suchtmedizin oder Echokardiographie.

Mit der neuen M-WBO 2003 wurde die Anzahl der Weiterbildungsmöglichkeiten reduziert, so daß mit Umsetzung der Neuerungen die Weiterbildung nur noch in Gebieten und Schwerpunkten und als Zusatz-Weiterbildung möglich sein wird. Ein Gebiet wird durch § 2 Abs. 2 M-WBO 2003 beschrieben „als ein definierter Teil in einer Fachrichtung der Medizin“. Schwerpunktweiterbildung ist die auf der Facharztweiterbildung aufbauende Spezialisierung, § 2 Abs. 3 M-WBO 2003. Zusatz-Weiterbildung bedeutet gem. § 2 Abs. 4 M-WBO 2003 die Spezialisierung in Weiterbildungsinhalten, die zusätzlich zu den Facharzt- und Schwerpunktweiterbildungsinhalten abzuleisten sind.

Die Dauer der Weiterbildungszeit hängt von der jeweiligen Spezialisierung ab. Sie liegt bei Gebietsweiterbildungen zwischen vier Jahren für beispielsweise Physiologie oder Biochemie und sechs Jahren für zum Beispiel Neurochirurgie und Herzchirurgie.

Die Anerkennung der Weiterbildung wird von den Ärztekammern ausgesprochen und berechtigt den Weitergebildeten, eine Facharztbezeichnung, eine zur Facharztbezeichnung zusätzliche Schwerpunktbezeichnung oder eine Zusatzbezeichnung zu führen. Über die derzeit noch mögliche fakultative Weiterbildung und die Fachkunde werden ebenfalls Bescheinigungen ausgestellt. Der weitergebildete Arzt, also insbesondere der Facharzt, wird im Verhältnis zum Arzt nicht als besonderer eigener Beruf, sondern lediglich als eine Ausprägung des einheitlichen Arztberufes angesehen.[27]

(3) Anrechnung von Ausbildungszeiten

Gem. § 4 Abs. 1 M-WBO 1992 kann mit der Weiterbildung erst nach der Approbation als Arzt oder – bei abgeschlossener Berufsausbildung – nach Erteilung der Erlaubnis zur Ausübung des ärztlichen Berufes begonnen werden. Bis zur Änderung der Approbationsordnung mit Wirkung ab 01. Oktober 2004[28] schloß sich an das Medizinstudium eine achtzehnmonatige Tätigkeit als Arzt im Praktikum (AiP) an. Erst nach der AiP-Zeit wurde die Approbation erteilt, so daß grundsätzlich erst im Anschluß daran mit der Weiterbildung begonnen werden konnte. Eine Ausnahme von dieser strikten Trennung sah § 4 Abs. 2 M-WBO 1992 vor, wonach eine Anrechnung im Sinne einer Verkürzung der Weiterbil-

[27] Beschluß des Ersten Senats des BVerfG vom 09. Mai 1972 (- 1 BvR 518/62 -, - 1 BvR 308/64 -), BVerfGE 33, 125 <152> („Facharztbeschluß“).

[28] Siehe Fn. 16 und *Haage*, MedR 2004, 533.

dungszeit dann erfolgen konnte, wenn die AiP-Tätigkeiten zugleich den Anforderungen der Weiterbildungsordnung genügte.

Damit war keine automatische Verkürzung der Weiterbildungszeit möglich, sondern es wurde nur die grundsätzliche Möglichkeit zur Verkürzung um 18 Monate geschaffen durch eine Mehrfachanerkennung von Ausbildungszeit. Entscheidend für die Anrechnung war, ob während der AiP-Zeit die notwendigen am Weiterbildungsrecht zu messenden Voraussetzungen gegeben waren, beispielsweise das Absolvieren der AiP-Tätigkeiten bei einem nicht nur zur Ausbildung, sondern auch zur Weiterbildung ermächtigten Arzt. Diese Anrechnungsmöglichkeit verdeutlichte die inhaltliche Gleichwertigkeit der Ausbildung des AiP und der Weiterbildung zum Facharzt.[29]

Auch wenn die AiP-Zeit durch Gesetz vom 21. Juli 2004 abgeschafft wurde, enthält die M-WBO 2003 mit Stand Mai 2004, also einschließlich der Änderungen durch den 107. Deutschen Ärztetag 2004, in § 4 Abs. 2 weiterhin die oben beschriebene Regelung. Sie wird nur noch so lange von Bedeutung sein, wie sich Ärzte in Weiterbildung befinden, die noch vor der Gesetzesänderung eine AiP-Zeit vollständig oder teilweise abgeleistet haben.

c. Fortbildung

Fortbildung ist ärztliche Qualifizierung, die nach der Ausbildung erfolgt oder über die Ausbildung hinaus erbracht wird, die jedoch nicht unter die Weiterbildung fällt.

(1) Berufsrechtliche Fortbildung

Ein Arzt ist zur Fortbildung, nicht aber zur Weiterbildung verpflichtet, wie sich aus § 4 Muster-Berufsordnung (M-BO)[30] und den jeweiligen Vorschriften

[29] *Narr*, Ärztliches Berufsrecht, Rdnr. 52 (S. 88.21).

[30] Muster-Berufsordnung für die deutschen Ärztinnen und Ärzte in der Fassung nach den Beschlüssen des 100. Deutschen Ärztetages 1997 in Eisenach, DÄ 1997, S. A-2354 ff., zuletzt novelliert durch die Beschlüsse des 107. Deutschen Ärztetages 2004 in Bremen (siehe die konsolidierte Fassung der M-BO auf der Homepage der Bundesärztekammer unter www.baek.de). Die einzelnen Berufsordnungen für Ärzte orientieren sich *„bewußt und um der Rechtseinheit willen"* (Urteil des BSG vom 12.09.2001 – B 6 KA 64/00 R –) an der M-BO. Rechtswirkung entfaltet die Berufsordnung erst, wenn sie durch die Kammerversammlungen der Ärztekammern beschlossen und von den Aufsichtsbehörden genehmigt wurde. Daher wird hier auch noch nicht auf die letzten Novellierungen der M-BO durch die Beschlüsse des 106. Deutschen Ärztetages 2003 in Köln und des 107. Deutschen Ärztetages 2004 in Bremen (auch diese wiedergegeben auf der Homepage der Bundesärztekammer) Bezug genommen, da diese Änderungen noch nicht in den BO der Landesärz-

in den Heilberufsgesetzen der Länder[31] ergibt. Ziel der Fortbildung ist die Erhaltung und Entwicklung der zur Berufsausübung erforderlichen Fachkenntnisse. Des weiteren hat sich der Arzt über die für die Berufsausübung geltenden Bestimmungen zu unterrichten. Neben der allgemeinen Fortbildungsverpflichtung regelt § 26 Abs. 4 M-BO die Fortbildungspflicht für den Notfalldienst. Weder die M-BO noch die Heilberufsgesetze schreiben konkret vor, zu wie viel Fortbildung ein Arzt verpflichtet ist. Die Bundesärztekammer legte 1993 Leitsätze und Empfehlungen zur ärztlichen Fortbildung vor[32], und zwar in Form von detaillierten Beschreibungen der einzelnen Fortbildungsmethoden, des Fortbildungsbedarfs und der Qualitätssicherungsinstrumente in der Fortbildung.[33]

Die Ärzte sind nach der M-BO nicht verpflichtet, von sich aus der Ärztekammer nachzuweisen, daß sie sich fortgebildet haben. Der Nachweis muß erst auf Anfrage der Ärztekammer erbracht werden, § 4 Abs. 2 M-BO. Die Fortbildungsverpflichtung wird also nach der M-BO weder organisatorisch noch individuell von den Ärztekammern überwacht. Auch die Heilberufsgesetze schreiben den Ärztekammern nicht vor, wie sie ihrer Aufgabe zur Überprüfung der Fortbildungspflicht nachzukommen haben. Es steht also im Ermessen jeder einzelnen Ärztekammer, in welchem Ausmaß sie ihre Mitglieder auf ihr Fortbildungsverhalten hin überprüft. Die M-BO oder die Heilberufsgesetze knüpfen keine konkrete Folge an den Verstoß gegen die Fortbildungspflicht. Den Ärztekammern steht daher wie bei Berufsrechtsverstößen allgemein auch hier die Möglichkeit offen, ein Berufsgerichtsverfahren in Gang zu setzen[34], das für den Arzt zu einer Warnung, einem Verweis, einer Geldbuße bis zu 50.000 €, zur Aberkennung der Mitgliedschaft unter anderem in den Organen der Ärztekammer und zur Aberkennung des Wahlrechts und der Wählbarkeit in diese Organe bis zur Dauer von fünf Jahren führen kann.[35] Gerade wegen des Fehlens einer zwingenden Überprüfung der Fortbildungsverpflichtung durch die Ärztekammer

---

tekammern übernommen wurden. Auf die einzelnen BO der Ärztekammern wird nur eingegangen, soweit sie von der M-BO mit Stand 2002 abweichen.

31 Siehe beispielsweise § 31 Abs. 2 Nr. 2 des baden-württembergischen Heilberufe-Kammergesetzes vom 16. März 1995, zuletzt geändert durch Gesetz vom 09. Juni 2004 (GBl. S. 279).

32 Abgedruckt im Tätigkeitsbericht der Bundesärztekammer 1994, S. 435.

33 Weitere Hinweise bei *Ratzel/Lippert*, § 4 Rdnr. 3, und bei *Haage*, S. 134.

34 Vgl. beispielsweise Urteil des Berufsgerichts für Heilberufe beim Verwaltungsgericht Köln vom 01. September 1987 (- 2 T 16 (I)/87 -), *Luyken*, HeilBGE, S. 162.40.2.

35 Siehe hierfür beispielsweise § 58 des baden-württembergischen Heilberufe-Kammergesetzes vom 16. März 1995, zuletzt geändert durch Gesetz vom 09. Juni 2004 (GBl. S. 279).

und einer konkreten Folge des Verstoßes gegen die Fortbildungsverpflichtung wertete die Ärzteschaft diese Verpflichtung eher als eine freiwillige[36] Berufsaufgabe.

(2) Vertragsarztrechtliche Fortbildung

Neben dieser berufsrechtlichen Fortbildungspflicht existiert in § 81 Abs. 4 SGB V eine vertragsarztrechtliche Fortbildungspflicht, wonach die Satzungen der Kassenärztlichen Vereinigungen[37] Bestimmungen über die Fortbildung auf dem Gebiet der vertragsärztlichen Tätigkeit[38] sowie die Teilnahmepflicht an Fortbildungsveranstaltungen enthalten müssen. Diese Fortbildungspflicht erstreckt sich beispielsweise auf die maßgeblichen vertragsarztrechtlichen Bestimmungen, auf die neu in die gesetzliche Krankenversicherung eingeführten Untersuchungs- und Heilmethoden oder auf die Vertiefung des Wissens über die wirtschaftliche Behandlungs- und Verordnungsweise bei der Ausübung vertragsärztlicher Tätigkeit.[39]

Ein bestimmter Fortbildungsumfang pro Jahr ist weder nach dem SGB V noch nach den jeweiligen Satzungen vorgesehen. Er bestimmt sich nach den konkreten Erfordernissen auf den Fortbildungsgebieten und unterliegt dem Ermessen einer jeden Kassenärztlichen Vereinigung. Sie organisiert die entsprechenden Fortbildungsveranstaltungen und kann so die Teilnahme der fortbildungspflichtigen Vertragsärzte kontrollieren. Bei einem Verstoß gegen diese vertragsärztliche Fortbildungspflicht droht dem Vertragsarzt ein Disziplinarverfahren, das entweder mit einer Verwarnung, einem Verweis, einer Geldbuße bis zu 10.000 € oder einer Anordnung des Ruhens der Zulassung für bis zu zwei Jahren enden kann.[40]

---

36 Unter anderem in der Diskussion um die Einführung der Zwangsfortbildung (siehe B.I.1.c(3)) ist von einem aufgrund der berufsrechtlichen Fortbildungsverpflichtung zu erlangenden „freiwilligen Fortbildungszertifikat" die Rede, DÄ 2003, S. A-1397.

37 Siehe allgemein zu der Körperschaft des öffentlichen Rechts „Kassenärztliche Vereinigung", ihren Aufgabenbereichen sowie ihren Gewährleistungspflichten bei *Quaas/Zuck*, § 17.

38 Siehe allgemein zu den Grundsätzen des Vertragsarztrechts und der Teilnahme des Vertragsarztes an der vertragsärztlichen Versorgung bei *Quaas/Zuck*, §§ 16, 18.

39 Vgl. nur § 6 der Satzung der Kassenärztlichen Vereinigung Sachsen-Anhalt vom 09. Dezember 1998, zu finden auf der Homepage der Kassenärztlichen Vereinigung Sachsen-Anhalt (www.kvsa.de).

40 § 3 Abs. 6 der Satzung der Kassenärztlichen Vereinigung Sachsen-Anhalt vom 09. Dezember 1998, zu finden auf der Homepage der Kassenärztlichen Vereinigung Sachsen-Anhalt (www.kvsa.de); § 5 Abs. 4 der Satzung der Kassenärztlichen Vereinigung

(3) Einführung der Zwangsfortbildung

Über das Thema Fortbildung diskutierte die Ärzteschaft gerade in den Jahren 2003 und 2004 wieder sehr ausführlich, weil sie in ihrer Mehrheit nicht mit den Plänen des Bundesgesetzgebers zur Einführung einer Zwangsfortbildung bei Vertragsärzten einverstanden war.[41] Ihre Bemühungen waren vergeblich, denn zum 01. Januar 2004 trat § 95d SGB V in Kraft[42], wonach ein Vertragsarzt zu regelmäßiger Fortbildung in dem Umfang verpflichtet ist, „wie es zur Erhaltung und Fortentwicklung der zu seiner Berufsausübung in der vertragsärztlichen Versorgung erforderlichen Fachkenntnisse notwendig ist". Diese Fortbildungspflicht ist im Gegensatz zu der nach § 81 Abs. 4 SGB V nicht mehr beschränkt auf Fortbildungsgegenstände, die allein für Vertragsärzte maßgeblich sind, sondern erstreckt sich nunmehr auf die medizinische Fachkompetenz allgemein. Dies verdeutlicht auch § 95d Abs. 2 SGB V, wonach der Nachweis über die Fortbildung in der Regel durch Zertifikate der Ärztekammern und nicht der Kassenärztlichen Vereinigungen zu erfolgen hat.

Alle fünf Jahre muß der Vertragsarzt gegenüber seiner Kassenärztlichen Vereinigung den Nachweis erbringen, daß er seiner Fortbildungsverpflichtung nach § 95d Abs. 1 SGB V nachgekommen ist. Kann er den Nachweis nicht erbringen, ist die Kassenärztliche Vereinigung gem. § 95d Abs. 3 S. 4 SGB V verpflichtet, das an den Vertragsarzt zu zahlende Honorar zu kürzen[43]: für die ersten vier

---

Sachsen in der Fassung vom 30. Juni 2004, zu finden auf der Homepage der Kassenärztlichen Vereinigung Sachsen (www.kvs-sachsen.de).

41 U.a. Diskussion beim 106. Deutschen Ärztetag 2003, auszugsweise wiedergegeben in DÄ 2003, S. A-1397.

42 Eingeführt durch Gesetz vom 14. November 2003 (BGBl. I S. 2190) (GKV-Modernisierungsgesetz – GMG); diese Regelung gilt gem. § 95d Abs. 4 SGB V auch für ermächtigte Ärzte. § 137 Abs. 1 S. 3 Nr. 2 SGB V regelt diese Verpflichtung für die an Krankenhäusern tätigen Fachärzte. Diese Bestimmungen sind zwischenzeitlich stark verkürzt in die Satzungen der Kassenärztlichen Vereinigungen aufgenommen worden, vgl. nur § 5 Abs. 5 der Satzung der Kassenärztlichen Vereinigung Sachsen in der Fassung vom 30. Juni 2004, zu finden auf der Homepage der Kassenärztlichen Vereinigung Sachsen (www.kvs-sachsen.de).

43 Eine vergleichbare Regelung gibt es z. B: in Norwegen, vgl. *Spielberg*, Fortbildung in Norwegen – Ärzte bestimmen den Kurs, DÄ 1994, S. B-1788 <1789>: Bis 1994 verfügte in Norwegen nur die Allgemeinmedizin über ein formell anerkanntes System zur Verlängerung der Facharztanerkennung, die erst 1985 eingeführt wurde. Es darf nur derjenige Arzt die Facharztbezeichnung weiterführen, der in einem Turnus von fünf Jahren bestimmte Voraussetzungen im Hinblick auf praktische Tätigkeit und Fortbildung erfüllt. Werden diese Voraussetzungen zur Verlängerung der Facharztanerkennung nicht erfüllt,

Quartale, die auf den Fünfjahreszeitraum folgen, um 10 %, ab dem darauffolgenden Quartal um 25 %. Die Honorarkürzung endet erst nach Ablauf des Quartals, in dem der vollständige Fortbildungsnachweis erbracht wird, § 95d Abs. 3 S. 6 SGB V. Der Vertragsarzt hat jedoch nach Ablauf des Fünfjahreszeitraums nur zwei Jahre lang Zeit, seine Fortbildungsverpflichtung aus dem Fünfjahreszeitraum nachzuholen. Ansonsten soll die Kassenärztliche Vereinigung gegenüber dem Zulassungsausschuß[44] einen Antrag auf Entziehung der Zulassung stellen.

Der Umfang der Fortbildungspflicht wird nicht durch § 95d SGB V definiert. Die Ausgestaltung der näheren Einzelheiten wird gem. § 95d Abs. 6 SGB V[45] der Kassenärztlichen Bundesvereinigung[46] übertragen, die im Einvernehmen mit den zuständigen Arbeitsgemeinschaften der Kammern auf Bundesebene, also der Bundesärztekammer, den angemessenen Umfang der notwendigen Fortbildung regeln muß. Die Kassenärztliche Bundesvereinigung allein bestimmt darüber hinaus verbindlich für die Kassenärztlichen Vereinigungen das Verfahren des Fortbildungsnachweises und der Honorarkürzung.

Der 107. Deutsche Ärztetag 2004 in Bremen beschloß daraufhin eine (Muster-)Satzungsregelung über Fortbildung und Fortbildungszertifikate[47], die wie die M-BO und die M-WBO von den einzelnen Landesärztekammern in Satzungsrecht umgesetzt werden soll. Diese Fortbildungssatzung soll ein bundeseinheitliches Vorgehen bei der Bewertung von Fortbildungsmaßnahmen sicherstellen. Des weiteren regelt die Satzung das Verfahren der Anerkennung von Fortbildungsmaßnahmen sowie von Fortbildungsveranstaltern. Regelmäßige Fortbildung bedeutet laut dieser Muster-Fortbildungssatzung, innerhalb von fünf Jahren 250 Fortbildungspunkte zu erwerben, wobei ein Fortbildungspunkt einer Fortbildungseinheit von 45 Minuten entspricht. Dies bedeutet eine durchschnittliche Fortbildungsverpflichtung von 37,5 Stunden pro Jahr.

---

verliert der betreffende Allgemeinmediziner sein Recht, nach Facharzt-Tarif abrechnen zu können.

44 Siehe allgemein zum Zulassungsverfahren und den hierfür errichteten Zulassungsausschüssen bei *Quaas/Zuck*, § 18, Rdnr. 51 ff.

45 Für die Krankenhausärzte wird gem. § 137 SGB V diese Aufgabe dem Gemeinsamen Bundesausschuß, dem Verband der privaten Krankenversicherung, der Bundesärztekammer sowie der Berufsorganisationen der Krankenpflegeberufe übertragen.

46 Siehe zu der aus den Kassenärztlichen Vereinigungen gebildeten Kassenärztlichen Bundesvereinigung kurz bei *Quaas/Zuck*, § 17, Rdnr. 29.

47 Siehe S. 41 ff. des Beschlußprotokolls des 107. Deutschen Ärztetages 2004 in Bremen sowie die Pressemitteilung hierzu vom 20.05.2004, beide einsehbar auf der Homepage der Bundesärztekammer unter www.baek.de.

Gerade wegen der in § 95d SGB V konkret benannten Folgen bei Verletzung der Fortbildungspflicht, nämlich Honorarkürzungen und Zulassungsentziehungsverfahren, kann zumindest für Vertragsärzte nun nicht mehr von einer Freiwilligkeit bei der Ableistung von Fortbildung gesprochen werden. Weil sich aber diese im Vertragsarztrecht verankerte Fortbildungspflicht auf Inhalte der berufsrechtlichen Fortbildung bezieht, handelt es sich hierbei um eine berufsrechtliche Zwangsfortbildung für Vertragsärzte.

2. Funktionen der Weiterbildung

Im Rahmen der ärztlichen Berufsausübung werden der Weiterbildung im wesentlichen zwei Funktionen zugeschrieben[48]: Einerseits stellt sie als geregeltes Verfahren zur Spezialisierung eine Form der Qualitätssicherung der ärztlichen Berufsausübung dar, andererseits ermöglicht sie die öffentlich-rechtliche Befugnis zur Ankündigung einer Spezialisierung in der ärztlichen Berufsausübung[49].

a. Qualitätssicherung

Ausdrückliche Regelungen zur Qualitätssicherung ärztlicher Berufsausübung finden sich sowohl im Berufsrecht als auch im SGB V zum Vertragsarztwesen.

Die Qualitätssicherung als Ziel und Inhalt ärztlicher Berufsausübung wurde erstmals 1988 vom 91. Deutschen Ärztetag ausdrücklich in die M-BO aufgenommen.[50] Inzwischen stellt die Förderung der Qualitätssicherung im Gesundheitswesen nach den Heilberufsgesetzen der Länder ausdrücklich eine Aufgabe der Ärztekammern dar[51], vgl. beispielsweise § 9 Abs. 1 Nr. 3 niedersächsisches Kammergesetz für die Heilberufe (HKG-Niedersachsen)[52]. Dieser Aufgabe kommen die Ärztekammern einerseits durch Qualitätssicherungsrichtlinien[53], andererseits durch Fortbildungsveranstaltungen nach. Den Ärzten wird durch die Heilberufsgesetze, beispielsweise § 33 Abs. 1 HKG-Niedersachsen, die Pflicht

---

48 *Narr*, Ärztliches Berufsrecht, Rdnr. W 3.

49 Der erfolgreiche Abschluß einer Weiterbildung nach der WBO stellt jedoch nicht die einzige Möglichkeit dar, um Spezialisierungen ankündigen zu können, worauf weiter unten bei B.I.2.b eingegangen wird.

50 Vgl. zum Rechtszustand vor 1988: *Höwig*, S. 191 ff.

51 Kritisch zur Selbstkontrolle durch die Inanspruchnahme ärztlicher Kompetenz *Hohnholz*, S. 100 ff. und 193 f.

52 Kammergesetz für die Heilberufe vom 19. Juni 1996 (GVBl. S. 259), in der Fassung vom 08. Dezember 2000 (GVBl. S. 301), zuletzt geändert durch Gesetz vom 11. Dezember 2003 (GVBl. S. 419).

53 *Ratzel/Lippert*, § 5 Rdnr. 4 m.w.N.

auferlegt, sich fortzubilden und sich über die für die Berufsausübung geltenden Bestimmungen zu unterrichten. § 33 Abs. 2 Nr. 13 HKG-Niedersachsen ermächtigt die Ärztekammer, in ihrer Berufsordnung die Teilnahme der Kammermitglieder an Fortbildungsveranstaltungen und Qualitätsmaßnahmen zu regeln. Dies findet sich in § 5 M-BO wieder, wonach die Ärzte verpflichtet sind, an den von der Ärztekammer eingeführten Maßnahmen zur Sicherung der Qualität der ärztlichen Tätigkeit teilzunehmen und der Ärztekammer die hierzu erforderlichen Auskünfte zu erteilen sowie sich insgesamt fortzubilden. Seit Aufnahme der Qualitätssicherung in die M-BO sah man besonders in der Aus- und Weiterbildung diejenigen Strukturen, die eine hohe Qualität gewährleisten können.[54]

Die Qualitätssicherung fand mit dem Inkrafttreten des Gesundheits-Reformgesetzes (GRG)[55] zum 01. Januar 1989 Eingang in das Vertragsarztrecht. Inzwischen sind eine Vielzahl von Richtlinien in diesem Bereich beschlossen worden, die sich sowohl der Struktur- als auch der Prozeßqualität[56] annehmen. Mit den Richtlinien der Kassenärztlichen Bundesvereinigung für Verfahren zur Qualitätssicherung aufgrund der §§ 135a ff. SGB V wurde die Qualitätssicherung inzwischen institutionalisiert, und zwar durch Einführung von Qualitätssicherungskommissionen mit eigener Geschäftsstelle und durch die Definition von Qualitätssicherungsmaßnahmen in Form von Qualitätszirkeln, Ringversuchen, Kolloquien sowie Qualitätsprüfungen im Einzelfall.[57] Des weiteren ermächtigt das Vertragsarztrecht zum Abschluß von Qualitätssicherungsverträgen, in denen besondere Fachkunde als Voraussetzung für das Erbringen bestimmter medizinischer Leistungen zu Lasten der gesetzlichen Krankenversicherung statuiert wird. Vertragspartner solcher Verträge können insbesondere die Vertragspartner der Bundesmantelverträge-Ärzte[58], aber auch die Vertragspartner von dreiseitigen

---

[54] Vgl. Bericht „Qualitätssicherung – Kassenärztliche Initiative gegen fremde Kontrollgelüste“, DÄ 1991, S. B-1118 <B-1119>.

[55] Gesetz zur Strukturreform im Gesundheitswesen (Gesundheits-Reformgesetz – GRG) vom 20. Dezember 1988 (BGBl. I S. 2477).

[56] Unter Strukturqualität versteht man die Qualifikation sowohl des Arztes als auch des Personals und die Ausstattung der Arbeitsstätte, unter Prozeßqualität die Indikation und Durchführung der Diagnostik und Therapie; näheres hierzu bei *Narr*, Ärztliches Berufsrecht, Rdnr. W 35 ff.

[57] *Ratzel/Lippert*, § 5 Rdnr. 1.

[58] Vertragspartner der Bundesmantelverträge (siehe hierzu bei *Quaas/Zuck*, § 8, Rdnr. 11 ff.) sind die Kassenärztliche Bundesvereinigung und die Spitzenverbände der Krankenkassen, § 82 Abs. 1 S. 1 SGB V.

Verträgen wie in § 115b SGB V sowie der Gemeinsame Bundesausschuß[59] gem. § 91 SGB V sein.

Um die Qualitätssicherungsmaßnahmen der Ärztekammern und der Akteure im Gesundheitswesen aufeinander abzustimmen, wurde auf dem 96. Deutschen Ärztetag 1993 beschlossen, eine Arbeitsgemeinschaft zur Förderung der Qualitätssicherung in der Medizin einzurichten. Träger dieser bis 31.12.2003 durch § 137b SGB V festgeschriebenen Arbeitsgemeinschaft waren die Bundesärztekammer, die Kassenärztliche Bundesvereinigung, die Deutsche Krankenhausgesellschaft, die Spitzenverbände der Krankenkassen, der Verband der privaten Krankenversicherung und die Berufsorganisationen der Krankenpflegeberufe, die sich zur Sicherung der Einheitlichkeit der Qualifikations- und Qualitätssicherungsanforderungen in diesem Gremium für ihre jeweilige Tätigkeit gegenseitig abstimmten. Seit dem 01.01.2004[60] ist es nur noch dem Gemeinsamen Bundesausschuß übertragen, für die Vertragsärzte und Krankenhäuser alle erforderlichen Qualitätsanforderungen festzulegen, weshalb die Aufgaben der Arbeitsgemeinschaft zur Vermeidung von Doppelstrukturen auf den Gemeinsamen Bundesausschuß übertragen wurden.[61]

Erst mit dem wachsenden Verständnis für die Notwendigkeit von Qualitätssicherung der ärztlichen Berufsausübung ist auch die Weiterbildung zum Facharzt als ein strukturelles Programm der Qualitätssicherung erkannt worden.[62] Die Weiterbildung wirkt insoweit qualitätssichernd, als sie zur Spezialisierung innerhalb der Ärzteschaft führt und den Bildungsstandard der Fachärzte bestimmt. Inzwischen wird auch von den Kammern der weitergebildete Arzt als „Regelfall" betrachtet.[63]

---

59 Die Kassenärztliche Bundesvereinigungen, die Deutsche Krankenhausgesellschaft, die Bundesverbände der Krankenkassen, die Bundesknappschaft und die Verbände der Ersatzkassen bilden den Gemeinsamen Bundesausschuß, § 91 Abs. 1 S. 1 SGB V; siehe zu den Aufgaben dieses Ausschusses kurz bei *Quaas/Zuck*, § 11, Rdnr. 103 ff.

60 § 137b SGB V geändert durch GMG.

61 Siehe Gesetzesbegründung zu § 137b SGB V in BT-Drucks. 15/1525, S. 126.

62 *Narr*, Ärztliches Berufsrecht, Rdnr. W 3 und W 34 ff.; daher verdeutlicht auch § 1 der M-WBO, daß die Qualitätssicherung der ärztlichen Berufsausübung als ein Ziel der Weiterbildung angesehen wird.

63 *Hoppe* in: Gestalten statt Verwalten, S. 133; *Ratzel/Lippert*, § 29 Rdnr. 7. Weniger als ein Drittel der berufstätigen Ärzte sind solche ohne Gebietsbezeichnung, wobei in dieser Gruppe auch noch diejenigen Ärzte berücksichtigt sind, die sich gerade in der Weiterbildung befinden; vgl. Grunddaten zur vertragsärztlichen Versorgung in Deutschland 2002 / 2003, www.kbv.de/publikationen/125.html.

b. Ankündigung fachlicher Qualifikation

Die Facharzturkunde sowie die Urkunde über die Schwerpunktweiterbildung bescheinigen den Inhabern die Fachkompetenz durch die Ärztekammern. Sie stellen eine öffentlich-rechtliche Befugnis zur Ankündigung der Spezialisierung auf Praxisschildern und Briefbögen, Rezeptvordrucken, Stempeln und auf der Praxishomepage dar. Durch die Zuerkennung des Facharzttitels übernehmen die Ärztekammern für die Patienten die Verantwortung, daß sie auf entsprechend qualifizierte Ärzte treffen, deren Kompetenz auch den Ankündigungen auf Praxisschildern, Briefbögen etc. entspricht. Diese Ankündigung von Weiterbildungstiteln wird als zulässige und notwendige Information der Patienten angesehen.[64] Sie unterfällt daher keinesfalls der den Freiberuflern und damit auch den Ärzten grundsätzlich verbotenen berufswidrigen Werbung. Hieraus wird deutlich, weshalb sich das Weiterbildungswesen zunächst als „Schilderordnung", also als Ordnung über die Ankündigung von beruflichen Qualifikationen entwickelte.

Neben der Ankündigung förmlich erlangter Qualifikationen ist auch die Ankündigung einer besonderen Spezialisierung aufgrund von bloßer Selbsteinschätzung – beispielsweise „Tätigkeitsschwerpunkt" oder „Spezialist" – möglich.[65] Dies birgt jedoch die Gefahren, daß einerseits Selbstwahrnehmung und Realität und damit auch Ankündigung und Realität auseinanderfallen oder andererseits die selbst gewählte Bezeichnung mit einer förmlich erlangten Qualifikation verwechselt werden könnten. Die Patienten würden durch eine solche Ankündigung nicht sachgerecht informiert, sondern irregeführt. Eine irreführende Ankündigung oder Werbung ist berufswidrig und damit dem Arzt nicht gestattet.[66] Für die Rechtmäßigkeit von Ankündigungen, die auf Selbsteinschätzungen

---

64 Ständige Rspr. des BVerfG seit Beschluß des Ersten Senats vom 19. November 1985 (- 1 BvR 934/82 -), NJW 1986, 1533 <1534>; aus jüngerer Zeit siehe hierzu Beschluß des Ersten Senats des BVerfG vom 29. Oktober 2002 (- 1 BvR 525/99 -), NJW 2003, 879 zum verfassungswidrigen landesrechtlichen Verbot, neben der Gebietsbezeichnung „Facharzt für Allgemeinmedizin" eine weitere Gebietsbezeichnung zu führen.

65 Siehe Beschlüsse der Zweiten Kammer des Ersten Senats des BVerfG vom 23. Juli 2001 (- 1 BvR 873/00 - und – 1 BvR 874/00 - „Tätigkeitsschwerpunkt Implantologie"), NJW 2001, 2788, und vom 08. Januar 2002 (-1 BvR 1147/01 - „Kniespezialist"), NJW 2002, 1331.

66 § 27 M-BO.

beruhen, ist Voraussetzung, daß die Selbsteinschätzung überprüfbar und wahr ist und nicht irreführend sein darf.[67]

BO und WBO reglementieren heute aufgrund der neueren Rechtsprechung des BVerfG nicht mehr abschließend, welche Qualifikationen der Arzt auf sein Praxisschild schreiben oder auf seiner Homepage veröffentlichen darf. Die historische Funktion der WBO als „Schilderordnung" hat sich also zugunsten der einer „Bildungsordnung" gewandelt.[68]

c. Weitere Funktionen

Inzwischen werden der WBO weitere Funktionen zugewiesen[69]: Die WBO wirkt faktisch wie eine „Arbeitsteilungs- oder Berufsausübungsregelungsordnung". Die Spezialisierung, insbesondere die auf Facharztgebiete, hat zuweisenden Charakter mit haftungsrechtlicher Konsequenz. Die behandelnden Fachärzte sind berufsrechtlich grundsätzlich auf Tätigkeiten in ihrem eigenen Fachgebiet beschränkt, es sei denn, sie sind im Notdienst oder als Urlaubsvertreter eingesetzt.[70] Eine Überschreitung der eigenen Fachgebietsgrenzen zieht haftungsrechtliche Folgen nach sich: Der Arzt muß, obwohl es nicht sein Fachgebiet ist, aus haftungsrechtlichen Gründen zumindest den medizinischen Standard gewährleisten, den ein Facharzt des betroffenen Fachgebietes gewährleisten würde.[71] Soweit sich ein Behandlungsgebiet als Fachgebiet durchgesetzt hat und als solches anerkannt ist, sind die behandelnden Ärzte grundsätzlich gehalten, einen Facharzt dieses Gebietes hinzuzuziehen, wenn es deutlich betroffen ist.

Die Wirkung als „Arbeitsteilungs- oder Berufsausübungsregelungsordnung" zeigt sich auch darin, daß nur noch Fachärzte für das System der Sozialversicherung tätig werden dürfen. Dadurch hat die WBO mittelbar eine Honorarverteilungswirkung inne, weil sich die Verteilung des ärztlichen Honorars der Gesetzlichen Krankenkassen an der Zuordnung des einzelnen Arztes zu einer Facharzt-

---

67 Die M-BO wurde aufgrund dieser Entscheidungen des BVerfG im Bereich der Regelungen über das Werberecht grundlegend geändert. § 27 M-BO spiegelt nun die Grundsätze der Entscheidungen wider.

68 *Hoppe* in: Gestalten statt verwalten, S. 136.

69 Nach *Hoppe*, DÄ 1996, S. A-2446.

70 Siehe beispielsweise § 41 Abs. 1 des Heilberufsgesetzes von Nordrhein-Westfalen in der Fassung vom 09. Mai 2000 (GVBl. S. 403, ber. S. 650), zuletzt geändert durch Gesetz vom 17. Dezember 2002 (GVBl. S. 641).

71 Siehe zu dieser horizontalen Arbeitsteilung im Hinblick auf das Arzthaftungsrecht ausführlich in *Martis/Winkhart*, S. 31 ff.

gruppe orientiert.[72] Des weiteren beeinflußt das Weiterbildungsrecht die Strukturen des ärztlichen Dienstes an den Weiterbildungsstätten, überwiegend also an den Krankenhäusern[73], weil die zur Weiterbildung angestellten Ärzte in die Patientenversorgung integriert werden können, aber auch müssen. So gesehen, beeinflußt das Weiterbildungsrecht den ärztlichen Arbeitsmarkt, denn es werden beispielsweise nur Weiterbildungsstellen in anerkannten Facharztgebieten angeboten, nicht aber in medizinischen Randbereichen, die sich noch nicht wissenschaftlich etabliert haben.

Wegen dieses Einflusses der WBO haben sich sowohl die Vertreterversammlung[74] der Kassenärztlichen Bundesvereinigung als auch der 104. Deutsche Ärztetag 2001 vor einer erneuten grundlegenden Novellierung des Weiterbildungsrechts intensiv mit den möglichen Folgen für die vertragsärztliche Versorgung beschäftigt.[75] Ausgehend von der Rechtsprechung des Bundessozialgerichts[76] (BSG), wonach die WBO die berufsrechtliche Grundlage der vertragsärztlichen Tätigkeit ist, gehen beide Gremien davon aus, daß die WBO nicht nur als „Bildungsordnung“, sondern als „Arbeitsordnung“ wesentlich Versorgungsstrukturen und -angebote der vertragsärztlichen Versorgung bestimme. Denn die Zulassung zur vertragsärztlichen Versorgung erfolge nach Maßgabe des Vertragsarztrechts immer für ein in der WBO festgelegtes ärztliches Gebiet mit der Folge, daß jedenfalls der Kernbereich dieses Gebietes dem Vertragsarzt auch als Bestandteil seiner vertragsärztlichen Tätigkeit offen stehen müsse und nur dann durch zusätzliche Qualifikationsanforderungen – beispielsweise eine Rezertifi-

---

72 Siehe hierzu „Einheitlicher Bewertungsmaßstab (EBM) für die ärztlichen Leistungen“ in Wezel/Liebold, Kapitel 8 ff., in Verbindung mit den Honorarverteilungsmaßstäben (HVM) der einzelnen Kassenärztlichen Vereinigungen.

73 *Bialas*, DÄ 1997, S. A-808 ist der Ansicht, daß der vielfach beklagte Mangel an Allgemeinärzten und die Überzahl an Fachärzten eine unmittelbare Folge der Krankenhausstrukturen sei. Daher fordert er eine Änderung der Krankenhausstruktur mit der Folge, daß mehr Weiterbildungsstellen für eine allgemeinmedizinische Weiterbildung zur Verfügung stünden. Damit ist er der Ansicht, daß nicht die WBO die Krankenhausstruktur prägt, sondern daß die Krankenhausstruktur die Weiterbildungsmöglichkeiten prägt.

74 Die Vertreterversammlung ist neben dem hauptamtlichen Vorstand Organ einer Kassenärztlichen Vereinigung, § 79 Abs. 1 SGB V. Die Mitglieder der Kassenärztlichen Vereinigung wählen die Mitglieder des Selbstverwaltungsorgans Vertreterversammlung in unmittelbarer und geheimer Wahl, § 80 Abs. 1 S. 1 SGB V.

75 S. 29 des Beschlußprotokolls des 104. Deutschen Ärztetages 2001.

76 Siehe nur die Urteile des BSG vom 27. Oktober 1995 (- 6 Rka 52/94 -), SozR 3-2500 § 95 Nr. 7, vom 20. März 1996 (- 6 Rka 34/95 -), SozR 3-2500 § 95 Nr. 9, vom 29. Januar 1997 (- 6 Rka 81/95 -), SozR 3-2500 § 72 Nr. 7, und vom 29. September 1999 (- B 6 KA 38/98 R -), SozR 3-2500 § 95 Nr. 21.

zierung oder eine Schwerpunktbezeichnung – eingeschränkt werden könne, wenn überragende Gründe – wie die Gefährdung der gesundheitlichen Versorgung – dies rechtfertigten.

Daraus resultierten die Forderungen der Kassenärztlichen Bundesvereinigung, daß die Belange der vertragsärztlichen Versorgung bei der inhaltlichen Ausgestaltung der neuen M-WBO in besonderer Form berücksichtigt werden müßten. Hier wird aber übersehen, daß vorrangiger Maßstab für die Regelungen der Ärztekammern Art. 12 Abs. 1 GG darstellt, also nur so viel geregelt und dadurch die ärztliche Berufsausübung eingeschränkt werden darf, wie es im Verhältnis zum öffentlichen Belang des Gesundheitsschutzes der Bevölkerung notwendig ist.[77]

Des weiteren können sich auch Änderungen im Krankenhausrecht auf die Weiterbildung auswirken. Die im Zuge der Einführung des Vergütungssystems auf der Basis von Diagnosis Related Groups (DRG)[78] zu erwartende Leistungszentralisierung und Spezialisierung der Krankenhäuser birgt die Gefahr, daß die Weiterbildung in Fachgebieten an einem Krankenhaus nicht mehr umfassend angeboten und geleistet werden kann. Der Antrag von Herrn Dr. Thomas beim 107. Deutschen Ärztetag 2004 in Bremen, daß trotz der veränderten Arbeitsstrukturen im Krankenhaus eine umfassende Weiterbildung gewährleistet bleiben müsse, notfalls in Kooperation mit anderen Krankenhäusern, wurde zwar von den Delegierten nicht angenommen.[79] Der Vorstand der Bundesärztekammer wird aber hierüber weiter beraten – nicht zuletzt, weil eine Weiterbildung ohne die Krankenhäuser nicht durchführbar ist, andererseits aber ärztliches Tätigwerden ohne Facharztweiterbildung jeglicher wirtschaftlichen Grundlage entbehrt.

---

77 Siehe hierzu nur Beschluß des BVerfG vom 23. Juli 2001 (- 1 BvR 873/00 - und - 1 BvR 874/00 -), NJW 2001, 2788, oder Urteil des BVerwG vom 05. April 2001 (- BVerwG 3 C 25.00 -), NJW 2001, 3425.

78 Rechtliche Grundlage in § 17b Abs. 2 des Gesetzes zur wirtschaftlichen Sicherung der Krankenhäuser und zur Regelung der Krankenhauspflegesätze (Krankenhausfinanzierungsgesetz – KHG) in der Fassung vom 10. April 1991 (BGBl. I S. 886), zuletzt geändert durch Gesetz vom 15. Dezember 2004 (BGBl. I S. 3429).

79 Siehe S. 25 des Beschlußprotokolls des 107. Deutschen Ärztetages in Bremen, abrufbar auf der Homepage der Bundesärztekammer unter www.baek.de.

3. Wirtschaftliche Bedeutung der Facharztweiterbildung – Vertragsarztrecht

Ca. 85 % der deutschen Bevölkerung ist gesetzlich krankenversichert.[80] Verständlicherweise ist daher die überwiegende Mehrzahl der Ärzte bestrebt, diesen Bevölkerungsteil ärztlich versorgen zu dürfen. Hier zeigt sich die wirtschaftliche Bedeutung der Facharztweiterbildung. Die Voraussetzungen hierfür sind im Vertragsarztrecht[81], hauptsächlich in den §§ 69 ff. SGB V, geregelt, welches sich an den Strukturen des ärztlichen Berufs- und Weiterbildungsrechts orientiert.

Der Arzt erwirbt mit der Approbation die Befugnis zur Ausübung seines Berufes. Wird er freiberuflich tätig, so spricht man von einem niedergelassenen Arzt, der berufsrechtlich – ohne weitere Voraussetzungen erfüllen zu müssen – Patienten behandeln darf, und zwar sowohl gesetzlich als auch privat Versicherte.

Die gesetzlich Krankenversicherten erhalten ihre Leistungen von den Gesetzlichen Krankenkassen als Sach- und Dienstleistungen, über deren Erbringung die Krankenkassen mit den Leistungserbringern Verträge schließen, § 2 Abs. 2 SGB V. Eine Gruppe dieser Leistungserbringer ist gem. § 72 Abs. 1 SGB V die der niedergelassenen Ärzte, die zur vertragsärztlichen Versorgung zugelassen sind.[82] Diese bis 1992 Kassenärzte genannten Leistungserbringer werden heute als Vertragsärzte bezeichnet.[83] Das Erfordernis der Zulassung zur vertragsärztlichen Versorgung führt dazu, daß ein niedergelassener Arzt ohne Zulassung gesetzlich Versicherte zwar behandeln darf, jedoch von den Krankenkassen hierfür keine Vergütung erhält. Der gesetzlich Versicherte hat dann die Behandlung durch den sogenannten Privatarzt selbst zu tragen.

Von 1960 – Kassenarzturteil des BVerfG[84] – bis Ende 1993 genügte als ärztliche Qualifikationsvoraussetzung für die Zulassung zum Kassenarzt bzw. Ver-

---

80 Bevölkerungszahl 2003: ca. 82.531.700 (Quelle: Statistisches Bundesamt Deutschland, www.destatis.de); Versicherte (Mitglieder und mitversicherte Familienangehörige) 2003: 70.454.254 (Quelle: Bundesministerium für Gesundheit und Soziale Sicherung, www.bmgs.bund.de/downloads/KM1JD2003.pdf).

81 Das Gesundheitsstrukturgesetzes (GSG) vom 21. Dezember 1992 (BGBl. I S. 2266 ff) änderte mit Wirkung vom 01. Januar 1993 u.a. im SGB V den Begriff Kassenarzt in Vertragsarzt ab, weshalb seitdem nicht mehr von Kassenarztrecht, sondern von Vertragsarztrecht gesprochen wird. Inkonsequente Ausnahmen von dieser Begriffsänderung: Kassenärztliche und Kassenzahnärztliche Vereinigungen, §§ 77 ff. SGB V.

82 Siehe zur Teilnahme des Vertragsarztes an der vertragsärztlichen Versorgung, insbesondere zu den Zulassungsvoraussetzungen, bei *Quaas/Zuck*, § 18.

83 Die Umbenennung erfolgte aufgrund des GSG, vgl. Fn. 81.

84 Urteil des Ersten Senats des BVerfG vom 23. März 1960 (- 1 BvR 216/51 -), BVerfGE 11, 30.

tragsarzt die Approbation und die Ableistung einer Vorbereitungszeit von maximal einem Jahr. Weder bundesgesetzliche Bestimmungen wie das SGB V noch die Zulassungsverordnung für Vertragsärzte (Ärzte-ZV)[85] enthielten ausdrückliche Regelung darüber, daß die Zulassung von der Berechtigung zum Führen eines Facharzttitels abhängig sei. Dieser Facharztvorbehalt ergab sich außer in der Allgemeinmedizin jedoch dadurch, daß ein zugelassener Arzt ohne Gebietsbezeichnung zwar aufgrund seiner Approbation nach dem Berufsrecht umfassend tätig werden durfte, allerdings gegenüber den Krankenkassen nur Tätigkeiten aus der Allgemeinmedizin oder nicht-gebietsspezifische Tätigkeiten aus den Facharztgebieten abrechnen konnte. Die Abrechnung gebietsspezifischer Tätigkeiten war allein den Fachärzten vorbehalten.[86] Ein approbierter Vertragsarzt ohne Weiterbildung war somit auf allgemeinmedizinische bzw. nicht-gebietsspezifische Tätigkeiten beschränkt.

Außer in der Allgemeinmedizin bestand somit eine unausgesprochene Weiterbildungspflicht, um zur vertragsärztlichen Versorgung zugelassen zu werden. Gerade wegen der Ausnahme in der Allgemeinmedizin hatten die Ärzte aber nicht den Eindruck, insgesamt zur Weiterbildung verpflichtet zu sein. Vielmehr diskutierten sie in den 1980er Jahren kontrovers über die geplante Einführung der Pflichtweiterbildung und damit über die Einführung einer allgemeinmedizinischen Weiterbildung.[87]

Am 01. Januar 1994 traten Regelungen des Gesundheitsstrukturgesetzes (GSG) in Kraft[88], die die Zulassung zur vertragsärztlichen Versorgung nachhaltig veränderten. Seither richtet sich die Zulassung nach § 95 SGB V, wonach sich jeder Arzt um eine Zulassung zur vertragsärztlichen Versorgung bewerben kann, der seine Eintragung in ein Arztregister nachweist. Diese Eintragung setzt gem. § 95a Abs. 1 SGB V neben der Approbation „den erfolgreichen Abschluß entweder einer allgemeinmedizinischen Weiterbildung oder einer Weiterbildung in einem anderen Fachgebiet mit der Befugnis zum Führen einer entsprechenden Gebietsbezeichnung" voraus. Gleichzeitig entfiel die Verpflichtung, eine Vorbereitungszeit abzuleisten. Nach der Begründung des Entwurfes zum GSG sollte durch die Einführung der Weiterbildungspflicht für Allgemeinärzte unter anderem die allgemeinmedizinische Qualifikation der Vertragsärzte im Interesse der

[85] Vom 28. Mai 1957 (BGBl. I S. 572, ber. S. 608), zuletzt geändert durch das Gesetz vom 05. Mai 2004 (BGBl. I S. 718).

[86] Siehe hierzu „Einheitlicher Bewertungsmaßstab (EBM) für die ärztlichen Leistungen" in Wezel/Liebold, Kapitel 8 ff.

[87] Siehe hierzu die Ausführungen unter C.V.1, insbesondere bei Fn. 357.

[88] Art. 35 Abs. 3 des GSG (vgl. Fn. 81) mit Verweis auf die Einführung des § 95a SGB V (BGBl. I S. 2266 <2333>).

Sicherung einer qualitativ hochwertigen Versorgung verbessert werden.[89] Das Erfordernis des Facharzttitels in den übrigen Gebieten als Zulassungsvoraussetzung wurde damit begründet, daß längerfristig die Zahl der Vertragsärzte herabgesetzt werden sollte, weil in der Überversorgung eine wesentliche Ursache für einen überproportionalen Kostenanstieg gesehen wurde.[90]

§ 95a Abs. 1 SGB V führt dazu, daß sich nur Fachärzte um eine Zulassung zur vertragsärztlichen Versorgung und damit um die ambulante Versorgung der Bevölkerungsmehrheit bewerben können. Dies macht deutlich, daß das Weiterbildungsrecht für jeden Arzt eine maßgebliche wirtschaftliche Bedeutung hat, was sich auch an den Zahlen der derzeit niedergelassenen Ärzte ablesen läßt: Von den ca. 123.100 niedergelassenen Ärzten sind nur ca. 6.300 ohne Zulassung und damit als Privatärzte niedergelassen.[91] Hingegen nehmen an der vertragsärztlichen Versorgung 95 % der niedergelassenen Ärzte teil, mithin ca. 116.800 Ärzte.[92]

II. Geschichtliche Entwicklung des Weiterbildungsrechts

1. Von den Ursprüngen im 19. Jahrhundert bis zur ersten Facharztordnung

a. Vollarzt als Idealbild

Die Wurzeln für das heute ausdifferenzierte System der ärztlichen Aus- und Weiterbildung reichen zurück bis in die Mitte des 19. Jahrhunderts.[93] Gem. § 29 der Gewerbeordnung von 1869 bedurften diejenigen Personen, welche sich als Ärzte oder mit gleichbedeutenden Titeln bezeichneten, allgemein der Approba-

---

89 BTDrucks. 12/3608, S. 94 (zu Nr. 49 [§ 95a]); vgl. auch *Schiwy*, Deutsches Arztrecht, Anmerkungen zu § 95a SGB V, S. 2.

90 Vgl. *Schiwy*, Deutsches Arztrecht, Anmerkungen zu § 95 SGB V, S. 9; siehe bei *Breyer/Zweifel/Kifmann*, S. 309 ff. zur sogenannten „angebotsinduzierten Nachfrage", also daß mit steigender Ärztedichte die Inanspruchnahme ärztlicher Leistungen pro Kopf der Bevölkerung zunimmt, obwohl die Preise für die Leistungen konstant bleiben; wie oben erläutert, gab es allerdings in den anderen Gebieten außer Allgemeinmedizin bereits vor 1994 einen – wenn auch indirekten – Facharztvorbehalt.

91 Grunddaten zur vertragsärztlichen Versorgung in Deutschland 2002/2003, www.kbv.de/publikationen/125.html.

92 Diese Zahl ist bereits bereinigt um die ermächtigten Ärzte, weil diese nicht niedergelassen sind; Quelle siehe Fn. 91.

93 Ausführlich: *Hoppe* in: Gestalten statt verwalten, S. 133.

tion aufgrund eines Befähigungsnachweises.[94] Nach dem damals geltenden Standesrecht waren die Ärzte verpflichtet, ihren Patienten ununterbrochen, das heißt sieben mal 24 Stunden pro Woche, zur Verfügung zu stehen. Das Idealbild des Arztes war also das des sogenannten Vollarztes ohne Spezialisierung, der auch als Praktischer Arzt bezeichnet wurde.

b. Zögerliches Abrücken vom Idealbild

Schon im 19. Jahrhundert setzte in der Medizin die Spezialisierung ein. Die medizinischen Fakultäten, die den wissenschaftlichen Fortschritt im Wesentlichen durch ihre Spezialisierungen antrieben, stellten das Konzept des einheitlichen Arztberufes in Frage. In den 1880er Jahren kehrten sich dann zunächst die Augenärzte von einer Tätigkeit als Vollarzt ab hin zu einer spezialisierten Facharzttätigkeit; es folgten die Ohrenärzte, Frauenärzte, Hautärzte und Chirurgen, nach der Jahrhundertwende auch die Nervenärzte, Kinderärzte, Urologen und Orthopäden. Die Bevölkerung nahm die spezialisierten Ärzte rasch an. Die Folge war eine heftige Diskussion innerhalb der Ärzteschaft[95] um die Konsequenzen dieser Spezialisierung: Einerseits wurde vor einer Zersplitterung des Arztberufes gewarnt, andererseits wurde nur die Spezialisierung als dem technischen und medizinischen Fortschritt angemessen angesehen.

c. Die "Bremer Richtlinie"

Diese Diskussion fand schließlich ihren Niederschlag in der "Bremer Richtlinie" von 1924, der ersten Facharztordnung, die auf dem 43. Deutschen Ärztetag 1924 in Bremen, dem Delegiertenkongreß der Ärztekammern, mit der Überschrift „Leitsätze zur Anerkennung und praktischen Tätigkeit von Fachärzten“[96] beschlossen und danach von den Ärztekammern in Satzungsrecht umgesetzt wurde. Durch sie sollte ohne gesetzgeberischen Eingriff, dafür durch frei auferlegte Standesbestimmungen eine klare Abgrenzung zwischen den Praktischen Ärzten und den Fachärzten vorgenommen werden. Prinzipiell anerkannt wurden sowohl eine Differenzierung zwischen Fachärzten und Praktischen Ärzten als auch 14 Facharztbezeichnungen, worunter nicht der Titel „Praktischer Arzt“ fiel. Im Gegenzug verlangte man von den Fachärzten, sich im Wesentlichen auf ihr

---

94 *Narr*, Ärztliches Berufsrecht, Rdnr. W4; Beschluß des Ersten Senats des BVerfG vom 09. Mai 1972 (- 1 BvR 518/62 -, - 1 BvR 308/64 -), BVerfGE 33, 125 <127>.

95 Zitate hierzu aus damaliger Zeit bei *Sewering*, DÄ 1987, S. B-1595.

96 Größtenteils abgedruckt bei *Narr*, Ärztliches Berufsrecht, Rdnr. W4.

Spezialgebiet zu beschränken[97] und die übliche hausärztliche Tätigkeit den Praktischen Ärzten zu überlassen. Die Zuerkennung des Facharzttitels war dem ärztlichen Standesrecht überantwortet. Gefordert wurde hierfür in der Regel nach erlangter Approbation und Beendigung des praktischen Jahres die Ausübung ärztlicher Tätigkeit bei einem berufserfahrenen Facharzt. Die Weiterbildungszeit betrug für Chirurgie, Frauenheilkunde und Innere Medizin vier Jahre, für alle übrigen Fächer drei Jahre.

Folgende drei Ursachen waren folglich für die Einführung der ersten Weiterbildungsordnung maßgeblich[98]: Notwendigkeit der Arbeitsteilung als Folge einer immer größer werdenden Fülle medizinischer Erkenntnisse in einzelnen Spezialgebieten, Verlangen des Ärztestandes nach einer Abgrenzung zwischen Praktischem Arzt und Spezialist und Verlangen der Patienten nach spezialisierten Ärzten. Die Weiterbildung galt als freiwillige Angelegenheit und als von Weiterbildern überwachtes Nebenprodukt ärztlicher Tätigkeit in einem hauptberuflichen Anstellungsverhältnis.

Die Bremer Richtlinie war nur vorübergehend geeignet, den Interessenkonflikt zwischen den spezialisierten und Praktischen Ärzten zu lösen. Die Praktischen Ärzte hatten sich erhofft, den vermeintlichen oder tatsächlichen Ansehensverlust in der Öffentlichkeit zumindest aufzuhalten, indem sie als Vollärzte, hingegen die Spezialisten nur als eingeschränkt tätige Ärzte angesehen würden. Die Bevölkerung nahm aber zunehmend für sich in Anspruch, für spezielle Krankheiten spezielle Ärzte aufzusuchen. Deshalb erhöhte sich rasch die Zahl der niedergelassenen Fachärzte.[99] Der Interessenkonflikt sollte erst durch die Neuerungen der Weiterbildungsordnung von 1968 abgeschwächt werden.

2. Neuerungen bis zur Weiterbildungsordnung von 1968

a. Während des Dritten Reiches

Inhaltlich wurde die Bremer Richtlinie in der Zeit des Nationalsozialismus nicht entscheidend geändert.[100] Dafür gab es größere Veränderungen bei den Bestimmungen über den ärztlichen Berufsstand und bei der Organisation der ärztli-

---

97 Vom BVerfG (Entscheidung vom 29. Oktober 2002 (- 1 BvR 525/99 -), vgl. Homepage des BVerfG [www.bverfg.de], Rdnr. 52; BVerfGE 106, 181) inzwischen als „kluge Selbstbeschränkung" aufgrund der haftungsrechtlichen Konsequenz bezeichnet.

98 Nach *Hoppe* in: Gestalten statt verwalten, S. 133 <135> mit Verweis auf *Vogt* in seiner Fußnote 6.

99 *Hoppe* in: Gestalten statt verwalten, S. 133 <135>.

100 *Hoppe* in: Gestalten statt verwalten, S. 133 <136>.

chen Standesvertretungen. Schon lange vor der Zeit der nationalsozialistischen Machtergreifung, nämlich seit Mitte des 19. Jahrhunderts[101], gab es Bestrebungen innerhalb der Ärzteschaft für eine "Ärzteordnung", also für ein vom Staat erlassenes Gesetz, das die Stellung der Ärzteschaft zum Staat regeln sollte im Hinblick auf Zulassung zum ärztlichen Beruf, Erteilung der Approbation, Ehrengerichtsbarkeit, Gebührenwesen und Ärzteorganisation, etwa das Ärztekammerwesen. Auch noch 1931 forderte der 50. Deutsche Ärztetag in seinen Leitsätzen zu einer „Reichsärzteordnung" die Regierung auf, eine „Deutsche Reichsärztekammer" zu gründen, die als Selbstverwaltungskörperschaft des öffentlichen Rechts mit eigener Rechtspersönlichkeit und mit Pflichtzugehörigkeit der gesamten deutschen Ärzteschaft ausgestattet sein sollte. Dadurch sollte der Ärztestand aus der Reichsgewerbeordnung herausgelöst und zum öffentlichen Organ der Gesundheitspflege werden.

Die nationalsozialistischen Machthaber nutzten die jahrzehntealte Forderung der Ärzte nach Zentralisierung und straffer Organisation und erließen 1935 die Reichsärzteordnung[102]. Hiermit verfolgten sie nicht die von den Ärzten formulierten Ziele und damit die Stärkung und Unabhängigkeit der Ärzteschaft, sondern im Gegenteil die direkte Kontrollierbarkeit der Ärzteschaft sowie die Gleichschaltung der Länder. Die Reichsärzteordnung führte statt der Approbation die „Bestallung als Arzt" ein. Gleichzeitig hoben die Nationalsozialisten alle landesrechtlichen Bestimmungen über den ärztlichen Berufsstand auf und beseitigten alle ärztlichen Standesvertretungen und die Landesärztekammern. Zur Vertretung wurde die Reichsärztekammer als Körperschaft des öffentlichen Rechts geschaffen, der unmittelbar alle deutschen Ärzte angehörten. Der Vollzug des Facharztwesens wurde der Kassenärztlichen Vereinigung Deutschlands, Zwangszusammenschluß der örtlichen Kassenärztlichen Vereinigungen durch ein Gesetz vom 01. August 1933, unterstellt. Aufgrund einer Generalklausel in § 12 Reichsärzteordnung und der Ermächtigungsnorm in § 14 Abs. 1 Reichsärzteordnung bezüglich der ärztlichen Berufspflichten erließ die Reichsärztekammer am 05. November 1937 reichseinheitlich die „Berufsordnung für die deutschen Ärzte"[103]. Sie enthielt auch eine neue „Facharztordnung". Sie war – im Gegensatz zu den vorherigen und späteren Berufs- oder Weiterbildungsordnungen der Bundesärztekammer – nicht ein umsetzungsbedürftiges Muster, sondern unmittelbar geltendes Recht. Mit ihr wurde der Beruf des Arztes aus der Gewer-

[101] Vgl. ausführlich hierzu *Stobrawa*, S. 32.

[102] RGBl. I S. 1433.

[103] DÄ 1937, S. 1031.

beordnung herausgenommen und zugleich zum Freien Beruf – ein bis heute geltendes und für den Arztberuf bedeutsames Element.[104]

b. Neue Ordnung nach 1945

Das Grundgesetz (GG)[105] führte 1949 eine neue Verteilung der Gesetzgebungskompetenzen ein.[106] Diese wurde wieder zwischen Bund und Ländern verteilt, so daß nur noch ein Teil des ärztlichen Berufsrechts von der bundeseinheitlichen Kompetenz erfaßt wird. Nach Art. 74 Nr. 19 GG (seit Oktober 1994 Art. 74 Abs. 1 Nr. 19 GG) unterliegt allein die „Zulassung zu den ärztlichen Heilberufen“ der konkurrierenden Gesetzgebung des Bundes.

Auf Grundlage dieses Kompetenztitels wurde am 02. Oktober 1961 die Bundesärzteordnung (BÄO) erlassen. Mit ihr ging man von der Bestallung zurück zur Approbation als Qualifikationsvoraussetzung für die Ausübung des ärztlichen Berufes. Die BÄO enthält Regelungen über Erteilung, Rücknahme, Verlust der Approbation und qualifikationsbezogene Anforderungen bis zur Erteilung der Approbation. Das übrige ärztliche Berufsrecht ist demgemäß den Ländern vorbehalten.

Von 1950 an erließen die Länder Neuregelungen hinsichtlich der Rechtsstellung und der Befugnisse der Ärztekammern, die 1945 neu errichtet worden waren und seither die Arbeit der Reichsärztekammer fortsetzten. Diese Heilberufsgesetze[107] ermächtigten die Ärztekammern, die Berufspflichten der Ärzte in einer Berufsordnung (BO) zu regeln. 1947 schlossen sich die Landesärztekammern zu einer „Arbeitsgemeinschaft der Westdeutschen Ärztekammern“ zusammen, die sich 1955 in „Bundesärztekammer“ umbenannte.[108] Hauptversammlung der Bundesärztekammer ist der Deutsche Ärztetag, zu der die einzelnen Ärztekammern Delegierte entsenden. Dieses „Parlament der Ärzteschaft“ tagt einmal pro Jahr. Die Facharbeit der Bundesärztekammer leisten zahlreiche ständige und zeitweilige Gremien wie ehrenamtlich besetze Ausschüsse oder die Ständige Konferenz der Bundesärztekammer. Die Bundesärztekammer unter-

---

104 Vgl. Zusammenfassung eines Referats von *Sewering* über die Geschichte der Weiterbildungsordnung vor dem 90. Deutschen Ärztetag in DÄ 1987, S. B-1091; ausführlicher DÄ 1987, S. B-1595.

105 Vom 23. Mai 1949, BGBl. S. 1, zuletzt geändert durch Gesetz vom 26. Juli 2002, BGBl. I S. 2863.

106 Sehr ausführlich hierzu Beschluß des Ersten Senats des BVerfG vom 09. Mai 1972 (- 1 BvR 518/62 -, - 1 BvR 308/64 -), BVerfGE 33, 125 <127 ff.>.

107 Liste der heutigen Heilberufs- und ärztlichen Kammergesetze in Anhang 1.

108 Siehe hierzu auch die Informationen auf der Homepage der Bundesärztekammer unter www.baek.de, speziell unter der Rubrik „BÄK im Überblick“.

stützt die Arbeit der Ärztekammern bei der Regelung ärztlicher Berufspflichten, indem sie insbesondere Vorschläge für die von den Ärztekammern zu erlassenden Satzungen erarbeitet.

Für das Facharztwesen ging die Ärzteschaft davon aus, daß der Bundesgesetzgeber einen Ausschuß der Ärztekammern gesetzlich ermächtigen würde, das Facharztwesen mit Zustimmung der Bundesregierung durch eine Facharztordnung zu regeln. Zur Vorbereitung wurde von einem Ausschuß der Ärztekammern aufgrund der Berufsordnung von 1937 der sogenannte „Königssteiner Entwurf“[109] erarbeitet, den der 53. Deutsche Ärztetag 1950 in Bonn genehmigte.

Dem „Königssteiner Entwurf“ und den Forderungen der Ärzte entsprechend beschloß der Deutsche Bundestag am 15. November 1951 ein „Gesetz zur Anpassung der Facharztordnung für die deutschen Ärzte an die Fortschritte der medizinischen Wissenschaft und Praxis“.[110] Dieses Gesetz sah unter anderem einen aus Verwaltungsorganen der Ärzteschaft gebildeten Ausschuß vor, der gesetzlich mit der Ermächtigung ausgestattet werden sollte, eine Facharztordnung in Form einer autonomen Satzung zu erlassen. Die Facharztordnung sollte auch nicht durch einen Bundesminister als Rechtsverordnung aufgrund einer Ermächtigung gem. Art. 80 GG erlassen werden, da der Gesetzgeber den Wunsch der Ärzteschaft, die Facharztordnung als Teil der Selbstverwaltung eigenständig zu regeln, respektieren wollte. Das Gesetz scheiterte wegen verfassungsrechtlicher Bedenken im Vermittlungsausschuß.[111] Anlaß zu Bedenken gab nicht etwa der Umfang der Bundesgesetzgebungskompetenz gem. Art. 74 Nr. 19 GG hinsichtlich einer Facharztordnung, sondern die Kompetenz des vorgesehenen Ausschusses. „Eine autonome Satzung, die alle Ärzte erfassen will, unabhängig davon, ob sie den ärztlichen Standesorganisationen angehören, kann aber nur von einer öffentlich-rechtlichen Institution gesetzt werden. Diese Voraussetzung ist nicht gegeben, da in einer Reihe von Ländern die ärztlichen Standesorganisationen nur in privatrechtlicher Rechtsform gebildet sind.“[112]

Daraufhin entwickelte die Bundesärztekammer eine Muster-Berufsordnung (M-BO), die neben Regelungen zu den Berufspflichten aller Ärzte in den §§ 24

[109] DÄ 1950, S. 290.

[110] Vgl. Stenographiebericht der 175. Sitzung des Bundestages vom 15. November 1951, 1. Wahlperiode, S. 7172 (B) bis 7175 (C) aufgrund des Gesetzentwurfes BTDrucks. I Nr. 2255.

[111] Vgl. Kurzprotokoll über die 30. Sitzung des Vermittlungsausschusses vom 17. Januar 1952, 1. Wahlperiode, S. 3 und Stenographiebericht der 188. Sitzung des Bundestages vom 24. Januar 1952, 1. Wahlperiode, S. 7985 (B)-(D).

[112] Stenographiebericht der 188. Sitzung des Bundestages vom 24. Januar 1952, 1. Wahlperiode, S. 7985 (C).

ff. eine vom „Königssteiner Entwurf" übernommene Facharztordnung für 16 Spezialgebiete mit einer Weiterbildungszeit zwischen drei und fünf Jahren enthielt. Der 59. Deutschen Ärztetag 1956 in Münster beschloß die M-BO als „Berufsordnung für die deutschen Ärzte".[113] Bindung für die Ärzteschaft entfaltete sie erst, nachdem die einzelnen Ärztekammern sie als Satzung erlassen hatten.

In § 25 Abs. 1 S. 1 M-BO wird festgestellt, daß die ärztliche Ausbildung mit der Bestallung (Approbation) als Arzt beendet sei. Dies verdeutlicht, daß die Ärzte die Gesetzgebungskompetenz des Bundes gem. Art. 74 Nr. 19 GG a.F. hiervon nicht tangiert sahen.[114] In § 25 M-BO findet sich folgender Hinweis: „Der 59. Deutsche Ärztetag beschloß, die Ausarbeitung des Weiterbildungskatalogs der Ständigen Konferenz der Facharztausschußvorsitzenden der Landesärztekammern zu überweisen." In diesem Beschluß lag erstmals eine Ermächtigung für die Ärztekammern, Richtlinien über den Inhalt der Weiterbildung zu erlassen.

c. Muster-Weiterbildungsordnung von 1968

Nach einer Analyse der Entwicklung der Medizin und der ärztlichen Berufsausübung waren die Facharztausschußvorsitzenden der Landesärztekammern schon in den 1950er Jahren davon überzeugt, daß eine Fortschreibung der Facharztordnung in der bisherigen Weise den Anforderungen künftig nicht mehr gerecht werden könnte.[115] Hauptsächlich ging es um die Verankerung neuer Facharztgebiete, die Unterteilung mancher großer Gebiete, die Erhöhung der Mindestweiterbildungszeiten und die Festlegung von Inhalt und Grenzen der einzelnen Gebiete.

Aufgrund des Umfangs dieses Vorhabens wurde erst 1966 auf dem 69. Deutschen Ärztetag in Essen ein erster Entwurf einer Facharztordnung samt Richtlinien über den Inhalt der Weiterbildung vorgelegt. Nach weiteren zwei Jahren Diskussion war der Entwurf entscheidungsreif. Er wurde auf dem

---

[113] DÄ 1956, S. 943.

[114] Das BVerfG hatte schon im Oktober 1954 entschieden, daß sich die konkurrierende Gesetzgebung des Bundes nach Art. 74 Nr. 19 GG auf die Zulassung beschränkt und nicht die Berufsausübung mit einschließt; vgl. Entscheidung des Ersten Senats des BVerfG vom 21. Oktober 1954 (- 1 BvL 9/51- , - 1 BvL 2/53-), BVerfGE 4, 74 <83 ff.>.

[115] *Sewering* DÄ 1987, S. B-1597.

71. Deutschen Ärztetag in Wiesbaden als M-WBO beschlossen[116] und an die Ärztekammern übermittelt, die sie danach auch umsetzten.[117]

Seit Vorlage des ersten Entwurfs hatte man den Titel in "Weiterbildungsordnung" abgeändert und von der M-BO, deren zweiter Abschnitt sie bis dahin gewesen war, getrennt. Ein Grund für die Abänderung des Titels „Facharztordnung" war die Einbeziehung einer geregelten Weiterbildung von vier Jahren in der Allgemeinmedizin und damit die Einführung des Titels „Arzt für Allgemeinmedizin" neben der Bezeichnung „Praktischer Arzt".[118] Damit wurde dem ursprünglichen Interessenkonflikt zwischen spezialisierten und nicht spezialisierten Ärzten Rechnung getragen, indem nun der weitergebildete Allgemeinmediziner auf die Ebene der Fachärzte gestellt wurde.[119] Während die Fachärzte wie zuvor grundsätzlich zur Beschränkung der Berufsausübung auf das Fachgebiet verpflichtet wurden, war der Arzt für Allgemeinmedizin gemäß der Definition in der Anlage zur M-BO[120] wie der Praktische Arzt „im gesamten Lebensbereich seiner Patienten für deren Gesundheitsführung und Krankheitsbehandlung" tätig und somit kein Facharzt. Die Anzahl der Fachgebiete hatte man auf 19 und die Weiterbildungszeiten auf vier bis sechs Jahre erhöht. Zur Erlangung des Facharzttitels war eine Prüfung am Ende der Weiterbildung noch nicht erforderlich.

Eine weitere einschneidende Neuerung war die Unterteilung *innerhalb* von Fachgebieten, beginnend mit den zwei großen Gebieten Chirurgie und Innerer Medizin. Vor dem Hintergrund des französischen Weiterbildungssystems entschied sich der 71. Deutsche Ärztetag gegen die dort übliche vollständige Aufspaltung dieser großen Fachgebiete in kleinere eigenständige Fachgebiete. Die Ärzteschaft war der Meinung, daß eine Subspezialisierung innerhalb des Mutterfaches den medizinischen Erfordernissen viel eher entspreche. So entstand der

---

[116] DÄ 1968, S. 1453 und 1462.

[117] Teilweise mit erheblicher zeitlicher Verzögerung, dafür mit nur geringen regionalen Unterschieden; vgl. Tätigkeitsbericht der Bundesärztekammer an den 73. Deutschen Ärztetag in DÄ 1970, S. 1745 <1779> und 23. Bayerischer Ärztetag in Passau vom 02. – 04. Oktober 1970, DÄ 1970, S. 3366 <3368>.

[118] *Sewering* laut eines Tagungsberichts des Ständigen Ausschusses der Ärzte der EG, DÄ 1976, S. 3215 <3216>: Diese Zweiteilung im Bereich der Allgemeinmedizin nehme man in Kauf, weil eine Zwangsweiterbildung zum Praktischen Arzt unannehmbar sei, damit kein junger Arzt gezwungen werden könne, im Krankenhaus zu arbeiten, sondern sich in eigener Praxis niederlassen könne. Nur so bestünde die Möglichkeit, vernünftige Arbeitsbedingungen für die Krankenhausärzte durchzusetzen.

[119] Eine Bilanz mit anschaulichen Tabellen über die Entwicklung der vergangenen 12 Jahre zieht *Kosanke*, DÄ 1980, S. 2113.

[120] Definitionen in der Anlage zur M-BO, abgedruckt in DÄ 1968, S. 1455.

Grundsatz: Wer ein Teilgebiet erwerben will, muß die Weiterbildung im Gesamtgebiet ableisten, bevor er sich dem engeren Bereich zuwenden kann.[121] Als Konsequenz wurden zwei respektive drei Teilgebiete bei Chirurgie und Innerer Medizin eingeführt, in denen sich der Arzt erst nach der Weiterbildung im Mutterfach weiterbilden konnte.

Zusätzlich zu den schon in der M-WBO aufgeführten Definitionen der einzelnen Fachgebiete und Teilgebiete wurden ergänzende Richtlinien über den Inhalt der Weiterbildung veröffentlicht[122], welche Angaben über das Wissen und Können enthielten, welches während der Weiterbildung vermittelt und erlernt werden sollte. Sie waren als Handreichungen gedacht für die Weiterbilder, Weiterzubildenden und für die Administration der Ärztekammern, verdeutlichten aber auch den zunehmenden Charakter der WBO als einer Bildungsordnung und einer Gebietsabgrenzungsordnung.[123]

Als Folge der Einführung einer Weiterbildung in der Allgemeinmedizin beschloß der 75. Deutsche Ärztetag 1972 in Westerland, daß alle Ärzte die Bezeichnung „Arzt für..." oder die entsprechende Kurzbezeichnung führen mußten. Dadurch etablierte sich der „Arzt für Allgemeinmedizin" endgültig. Die Bezeichnung „Facharzt" wurde nicht mehr zugelassen – jedoch nur vorübergehend, denn von diesem Verbot trennte sich die deutsche Ärzteschaft auf dem 95. Deutschen Ärztetag 1992 in Köln wieder.

3. Der „Facharztbeschluß" des BVerfG und seine Umsetzung

a. Facharztwesen und statusbildende Normen

Von großer Bedeutung für die inhaltliche Gestaltung und Reichweite der Weiterbildungsordnungen war der Beschluß des Ersten Senats des BVerfG vom 09. Mai 1972[124]. In diesem Beschluß wurde verdeutlicht, wie weit die Gesetzgebungskompetenz des Bundes aus Art. 74 Nr. 19 GG reicht und wie weit die der Länder im Bereich des Facharztwesens ausgeschöpft werden muß.

---

121 *Sewering* DÄ 1987, S. B-1598.

122 DÄ 1968, S. 1462; diese Richtlinien sind nicht als Vorlage für das Satzungsrecht der Landesärztekammern gedacht, werden daher auch nicht normativer Bestandteil der WBO, sondern sind – rechtlich als Verwaltungsrichtlinien zu verstehende – Anwendungsrichtlinien für die Interpretation dafür, welche Voraussetzungen für den „Erwerb eingehender Kenntnisse und Erfahrungen" erfüllt werden müssen.

123 *Hoppe* in: Gestalten statt verwalten, S. 133 <137 f.>.

124 Beschluß des Ersten Senats des BVerfG vom 09. Mai 1972 (- 1 BvR 518/62 -, - 1 BvR 308/64 -), BVerfGE 33, 125.

Zum einen stellte das BVerfG fest, daß der Facharzt kein besonderer ärztlicher Beruf im Sinne des Art. 74 Nr. 19 GG sei.[125] Damit wurde die Einheit des Arztberufes bestätigt, die das Gericht schon 1960 in dem sogenannten „Kassenarzturteil" dargestellt hatte, als es die Tätigkeit als Kassenarzt nicht als eigenen Beruf qualifizierte.[126] Der Begriff „Zulassung" im Sinne des Art. 74 Nr. 19 GG sei in der Rechtsprechung des BVerfG geklärt. Er sei wortgetreu auszulegen[127] und umfasse im Wesentlichen die Vorschriften über Erteilung, Zurücknahme und Verlust der Approbation und über die Befugnis zur Ausübung des ärztlichen Berufes[128]. Bei den Facharztordnungen handele es sich um Berufsausübungsregelungen[129], weshalb sich die Gesetzgebungskompetenz des Bundes nicht auf die Weiterbildung erstrecke.

Der Beschluß enthielt auch die Feststellung, daß die bis dahin gültigen Regelungen über das Weiterbildungswesen in den Heilberufsgesetzen der Länder unzureichend seien.[130] Bisher würden sie die Landesärztekammern ermächtigen, eine Berufs- und Facharztordnung in Form einer Satzung zu erlassen. Regelungen, die wie die Facharztordnungen die Berufsfreiheit nach Art. 12 Abs. 1 GG beschränken, seien innerhalb bestimmter Grenzen zwar auch in Gestalt von Satzungen autonomer Körperschaften zulässig. Der Gesetzgeber dürfe sich seiner Rechtsetzungsbefugnis aber nicht völlig entäußern, zumal nicht bei Eingriffen in Grundrechte.[131] Das Grundgesetz übertrage nämlich durch den Regelungsvorbehalt in Art. 12 Abs. 1 S. 2 GG dem Gesetzgeber die Entscheidung darüber, wel-

[125] Beschluß des Ersten Senats des BVerfG vom 09. Mai 1972 (- 1 BvR 518/62 -, - 1 BvR 308/64 -), BVerfGE 33, 125 <152>; auf Seite 161 aber läßt es der Senat offen, ob der Facharzt im Sinne der Rechtsprechung des BVerfG zu Art. 12 Abs. 1 GG als ein besonderer Berufszweig innerhalb des allgemeinen Berufs „Arzt" angesehen werden könnte, und diskutiert, ob der Entschluß zur Facharztweiterbildung nicht doch einer Berufs*wahl* nahekomme.

[126] Urteil des Ersten Senats des BVerfG vom 23. März 1960 (- 1 BvR 216/51 -), BVerfGE 11, 30 <41>.

[127] Beschluß des Ersten Senats des BVerfG vom 21. Oktober 1954 (- 1 BvL 9/51- , - 1 BvL 2/53-), BVerfGE 4, 74 <83 ff.>.

[128] Entscheidungen des Zweiten Senats vom 8. Mai 1957 (- 2 BvO 5/56 -), BVerfGE 7, 18 <25>, und vom 7. März 1964 (- 2 BvO 1/60 -), BVerfGE 17, 287 <292>.

[129] Beschluß des Ersten Senats des BVerfG vom 09. Mai 1972 (- 1 BvR 518/62 -, - 1 BvR 308/64 -), BVerfGE 33, 125 <152>.

[130] Beschluß des Ersten Senats des BVerfG vom 09. Mai 1972 (- 1 BvR 518/62 -, - 1 BvR 308/64 -), BVerfGE 33, 125 <161 ff.>.

[131] Beschluß des Ersten Senats des BVerfG vom 09. Mai 1972 (- 1 BvR 518/62 -, - 1 BvR 308/64 -), BVerfGE 33, 125 <158 f.>: hergeleitet aus den Prinzipien des Rechtsstaates und der Demokratie.

che Gemeinschaftsinteressen so gewichtig seien, daß das Freiheitsrecht des Einzelnen zurücktreten müsse. Deshalb sei jenem vorzubehalten, die einschneidenden, das Gesamtbild der beruflichen Betätigung wesentlich prägenden Vorschriften über die Ausübung des Berufes zumindest in den Grundzügen zu treffen. Darunter versteht das BVerfG zum einen Bestimmungen über die Berufspflichten, zum anderen die sogenannten „statusbildenden" Normen[132], d.h. diejenigen Regeln, welche die Voraussetzungen der Facharztanerkennung, die zugelassenen Facharztrichtungen, die Mindestdauer der Weiterbildung, das Verfahren der Anerkennung, die Gründe für eine Zurücknahme der Anerkennung sowie die allgemeine Stellung der Fachärzte innerhalb des gesamten Gesundheitswesens betreffen.

b. Umsetzung des „Facharztbeschlusses"

Diese Grundsätze galt es nun, in der Folgezeit gesetzlich zu regeln. Zur koordinierten Umsetzung der Entscheidung bildeten die Bundesländer eine Arbeitsgruppe, die in Zusammenarbeit mit der Bundesärztekammer, den Landesärztekammern und den Gesundheitsministern der Länder bis 1974 einen Musterentwurf für die Heilberufsgesetze entwickelte, der im Laufe der Folgejahre in neuen, einheitlichen Landesgesetzen umgesetzt wurde.[133]

Die Landesgesetze wurden auch noch um andere als die in der Entscheidung erwähnten Berufspflichten ergänzt. Genannt werden soll hier neben der Einführung der Fortbildungspflicht nur die Einführung einer mündlichen Abschlußprüfung bei der Ärztekammer vor Verleihung eines Facharzttitels oder einer Teilgebietsbezeichnung.

Als Folge der neuen Gesetzeslage verabschiedete 1976 der 79. Deutsche Ärztetag in Düsseldorf eine entsprechend geänderte M-WBO.[134] Zusätzlich wurde dem wissenschaftlichen Fortschritt seit der letzten Änderung Rechnung getragen durch Einführung neuer Gebiete und Teilgebiete. Es gab seither 26 Gebiete, sechs davon mit Teilgebieten und 15 Zusatzbezeichnungen, dazu verpflichtende Vorschriften über den Inhalt der Weiterbildung. Vor der Beschlußfassung betonte der Vorsitzende des ständigen Ausschusses der Bundesärztekammer „Ärztliche Weiterbildung", Prof. Dr. Sewering, daß es sich bei dem Weiterbildungsrecht um besonders wichtiges und schwieriges Satzungsrecht handele. Für die

---

[132] Beschluß des Ersten Senats des BVerfG vom 09. Mai 1972 (- 1 BvR 518/62 -, - 1 BvR 308/64 -), BVerfGE 33, 125 <163>.

[133] *Hoppe* in: Gestalten statt verwalten, S. 133 <138>; ausführlich auch *Sewering* DÄ 1987, S. B-1599.

[134] DÄ 1976, S. 1562.

Erhaltung der Gesetzgebungszuständigkeit der Länder und die ärztliche Selbstverwaltung sei es von entscheidender Bedeutung, daß das Weiterbildungsrecht in allen Ländern einheitlich sei.[135] Eine weitergehende Begründung, besonders für das erwähnte Abhängigkeitsverhältnis zwischen dem Erhalt der Gesetzgebungskompetenz der Länder und dem bundeseinheitlichen Weiterbildungsrecht, gab Sewering nicht.

4. Muster-Weiterbildungsordnungen in den 1980er Jahren

Aufgrund des wissenschaftlichen und medizinischen Fortschrittes, aber auch wegen europäischer Vorgaben[136] wurde die M-WBO von 1976 mehrfach und teilweise grundlegend geändert. Hierbei nimmt die Allgemeinmedizin im Verhältnis zum spezialisierten Bereich eine Sonderrolle ein.

a. Muster-Weiterbildungsordnung von 1984

Der Diskussionen unter den Ärzten zu Beginn der 1980er Jahre wurden vor dem Hintergrund eines enormen Anstiegs der medizinischen Studenten- und Absolventenzahlen geführt. Zur Verlängerung der ärztlichen Ausbildung verfiel man auf die Idee, eine Praxisphase vor der Approbation einzuführen.[137]

In der vom 87. Deutschen Ärztetag 1984 in Aachen beschlossenen M-WBO[138] verzichtete man auf grundlegende Änderungen des Weiterbildungsrechts im Hinblick auf die anstehende Einführung der zweijährigen bzw. später achtzehnmonatigen[139] Praxisphase vor der Approbation (Arzt im Praktikum – AiP) durch die Novellierung der BÄO im Jahr 1985[140]. Das Gebiet „Hygiene“ wurde neu eingeführt, ebenso die Zusatzbezeichnung „Sozialmedizin“ und einige Anrechnungsmöglichkeiten von Weiterbildungszeiten.

---

135 *Sewering*, DÄ 1976, S. 1549 <1559>.

136 Siehe hierzu unten bei Kapitel C.

137 Siehe zu der vielfältigen Kritik bei *Narr*, Ärztliches Berufsrecht, Rdnr. A 211 f.

138 DÄ 1985, S. B-1018, B-1101, B-1192.

139 Die ursprünglich vorgesehene zweijährige Dauer wurde in der Ausbildungspraxis nicht mehr wirksam, weil zunächst der Einführungszeitraum nach hinten verschoben und dann die Dauer durch das Gesundheitsreformgesetz vom 10. Dezember 1988 (BGBl. I S. 2477) generell auf 18 Monate begrenzt wurde.

140 Viertes Gesetz zur Änderung der BÄO vom 14. März 1985, BGBl. I S. 555.

b. Muster-Weiterbildungsordnung von 1987

Der 90. Deutsche Ärztetag 1987 in Karlsruhe änderte die M-WBO[141] in größerem Umfang ab. Da die Zeit der Lungentuberkulose als große Volkskrankheit vorbei war, bestand nach Ansicht der Ärzte keine Notwendigkeit mehr für das Fachgebiet Lungen- und Bronchialheilkunde. Es wurde in ein Teilgebiet der Inneren Medizin umgewandelt. Die Auflösung eines selbständigen Fachgebietes wegen erfolgreicher Krankheitsbekämpfung war einmalig in der Geschichte der Weiterbildung und wurde zu Recht als „medizinhistorisch" angesehen[142]. Aufgrund des wissenschaftlichen Fortschritts und zur Angleichung an international übliche Verhältnisse wurden einige weitere Gebiete eingeführt bzw. schon bestehende Gebiete in zwei Facharztgebiete aufgeteilt, wobei über die Abgrenzung der einzelnen Gebiete voneinander heftig diskutiert wurde[143].

Die Teilzeitarbeit wurde nach langen Diskussionen definiert als Arbeit an einem *halben Tag*. Unabhängig davon, ob rein tatsächlich, aufgrund eines Arbeitsvertrages oder der Regelungen über Bereitschaftsdienste beispielsweise sechs Stunden abgeleistet wurden, also Zweidrittel eines vollen Arbeitstages, sollte dies nur als halber Tag im Rahmen der Weiterbildung anerkannt werden.[144]

5. Herstellung der Einheit Deutschlands

a. Weiterbildungssystem in der Deutschen Demokratischen Republik

In der ehemaligen Deutschen Demokratischen Republik (DDR) entwickelte sich ein anderes System des ärztlichen Aus- und Weiterbildungswesens als in der Bundesrepublik Deutschland.[145] Die Hauptunterschiede bestanden darin, daß die Weiterbildung zentralstaatlich geregelt wurde, weil die Ärztekammern als „nationalstaatlich verseuchte" Organisationen angesehen und daher unmittelbar nach Ende des zweiten Weltkrieges verboten wurden.[146] Zur Erlangung der Ap-

---

[141] DÄ 1987, S. B-2299.

[142] DÄ 1987, S. B-1091.

[143] „So erschwert die Anatomie die Abgrenzung der Facharztgebiete", Mitteilung vom 90. Deutschen Ärztetag in DÄ 1987, S. B-1091 <B-1093>.

[144] DÄ 1987, S. B-1091 <B-1093>.

[145] Siehe hierzu die Darstellung von *Hoppe* in: Gestalten statt verwalten, S. 140; ausführlich zur Geschichte der Ärzteschaft im staatlichen Gesundheitswesen der Sowjetischen Besatzungszone und der DDR von 1945 bis 1989 *Müller* in: Geschichte der Deutschen Ärzteschaft, S. 243 ff.

[146] *Müller* in: Geschichte der Deutschen Ärzteschaft, S. 250.

probation mußte eine Weiterbildung absolviert werden, denn der Abschluß des Medizinstudiums führte lediglich zu einer Teilapprobation, die eine Tätigkeit im Rahmen eines Ausbildungsvertrages zur Weiterbildung ermöglichte.[147]

Die anerkannten Facharztgebiete und Subspezialisierungen[148] unterschieden sich nicht wesentlich von den Weiterbildungsmöglichkeiten in der Bundesrepublik Deutschland[149] mit der Ausnahme, daß es für das Fach Allgemeinmedizin bereits einen verpflichtenden Weiterbildungsgang gab. Allerdings unterschied sich die „Facharztausbildung" in der ehemaligen Deutschen Demokratischen Republik in Dauer und Struktur – als Teil ärztlicher Ausbildung – von der Weiterbildung zum Facharzt in der Bundesrepublik Deutschland.

b. Folgen der Herstellung der Einheit Deutschlands

Mit der Herstellung der Einheit Deutschlands wurde dieses ärztliche Berufsrecht abgeändert und dem Weiterbildungssystem in den elf alten Bundesländern angeglichen.[150] Seitdem ist auch in den neuen fünf Bundesländern die Weiterbildung eine auf der Approbation aufbauende freiwillige berufsbegleitende Spezialisierung. In allen neuen Bundesländern sind Heilberufsgesetze in Kraft getreten, die die Grundlage für die neue WBO der jeweiligen Landesärztekammer bilden.

Der Einigungsvertrag enthält Regelungen zur Überleitung der zuvor erworbenen Approbation und Facharzttitel[151]. Danach ist eine Weiterführung der Facharzttitel in den neuen Bundesländern auch dann möglich, wenn dieser Facharzttitel in den übrigen Bundesländern nicht durch Weiterbildung erworben werden kann.[152] Für die Niederlassung mit einem derart weitergeführten Facharzttitel in

---

147 Vgl. hierzu und zum Folgenden *Narr*, Ärztliches Berufsrecht, Rdnr. W 181.

148 Siehe Hinweise zur Facharztordnung von 1978 und Subspezialisierungsordnung von 1983 bei *Narr*, Ärztliches Berufsrecht, Rdnr. W 182.

149 *Hoppe* in: Gestalten statt verwalten, S. 140.

150 *Müller* in: Geschichte der Deutschen Ärzteschaft, S. 272 f.

151 Art. 19 und Anlage I zum Einigungsvertrag vom 31. August 1990, Kapitel X, Sachgebiet D, Abschnitt II zur Änderung von § 14 BÄO, BGBl. 1990 II, S. 889; die Studiengänge und -inhalte wurden im wesentlichen beibehalten, weil sich die medizinische Ausbildung auch schon vor 1989 grundsätzlich an der internationalen Entwicklung orientiert hatte, siehe *Müller* in: Geschichte der Deutschen Ärzteschaft, S. 272.

152 1992 wurde dies ausdrücklich in § 23 Abs. 12 M-WBO 1992 aufgenommen: „Wer aufgrund der im Zeitpunkt des Inkrafttretens dieser Weiterbildungsordnung geltenden Übergangsbestimmungen rechtmäßig Arztbezeichnungen nach der Facharztordnung oder der Subspezialisierungsordnung der ehemaligen DDR führt, welche nicht in entsprechende Arztbezeichnungen nach der bisherigen Weiterbildungsordnung oder in entsprechende

einem der elf alten Bundesländer enthält der Einigungsvertrag keine Regelung. Für die Frage, ob dieser Facharzttitel tatsächlich weitergeführt werden darf, ist das jeweilige Landesrecht maßgeblich.[153] Seit der Entscheidung des BVerfG vom 09. März 2000[154] ist ein Weiterführen des zu DDR-Zeiten erworbenen Facharzttitels selbst dann möglich, wenn in dem Bundesland der Niederlassung diese Facharztbezeichnungen nicht durch Weiterbildung erworben werden kann, solange diese Bezeichnung nicht irreführend ist.

Gegenstand dieser Entscheidung des BVerfG ist zwar ein Facharzttitel aus DDR-Zeiten. Aber die Argumentation, weshalb dieser Facharzttitel auch in einem Bundesland weitergeführt werden darf, in dem dieser Facharzttitel nicht durch förmliche Weiterbildung erlangt werden kann, stützt sich nicht auf Besonderheiten für Inhaber von Facharzttitel aus der ehemaligen DDR. Sie basiert darauf, daß keine vernünftigen Erwägungen des Gemeinwohls dafür erkennbar sind, Facharztbezeichnungen, die nicht in der jeweiligen WBO enthalten sind, ohne Rücksicht auf ihren Informationswert für die Patienten generell zu verbieten. Diese Entscheidung ist daher verallgemeinerungsfähig:[155] alle rechtsförmlich erworbenen Weiterbildungstitel einer Ärztekammer sind in jedem anderen Kammerbereich führbar, auch wenn dort dieser Weiterbildungstitel nicht erworben werden kann. Die weitere Voraussetzung, daß der Weiterbildungstitel einen Informationswert für die Patienten beinhalten muß, wird in der Regel vorliegen, weil ihn sonst schon die ausstellende Ärztekammer nicht verliehen hätte.

c. Muster-Weiterbildungsordnung 1992

Sowohl auf dem 93. Deutschen Ärztetag 1990 in Würzburg, als auch auf dem 94. Deutschen Ärztetag 1991 in Hamburg zeichnete sich durch die gefaßten Tendenzbeschlüsse bereits eine erneute Änderung der M-WBO ab. Zum einen

---

Arztbezeichnungen nach dieser Weiterbildungsordnung umgewandelt werden können, darf sie weiter führen."

[153] Neben einem Weiterführen des Facharzttitels ist es auch möglich, den Weg der Inanspruchnahme der Regelungen über abweichende Weiterbildungsgänge einzuschlagen und die Anerkennung einer vergleichbaren Weiterbildungsbezeichnung zu beantragen, § 19 M-WBO 1992 bzw. § 10 M-WBO 2003.

[154] Entscheidung der 2. Kammer des Ersten Senats des BVerfG vom 09. März 2000 (- 1 BvR 1662/97 -), NJW 2000, 3057, wonach der in der DDR erworbene Facharzttitel für Sportmedizin, den es am Ort der Niederlassung des Arztes in Baden-Württemberg nicht gab und nicht gibt, trotzdem geführt werden kann. Eine Weiterbildung in Sportmedizin stellt in Baden-Württemberg derzeit eine Weiterbildung in einem Bereich zum Erwerb einer Zusatzbezeichnung dar.

[155] So auch *Narr*, Ärztliches Berufsrecht, Rdnr. W 185.

galt es, der Herstellung der Einheit Deutschlands in der M-WBO gerecht zu werden und neue medizinischer Gebiete aufzunehmen. Zum anderen waren die Ärzte verpflichtet, einen Teil einer europäischen Ärzterichtlinie von 1986[156] im Rahmen der M-WBO umzusetzen. Der Deutsche Ärztetag[157] erwog sogar eine Verkürzung der Weiterbildungszeiten in einzelnen Fachrichtungen und eine Harmonisierung mit den Erfordernissen der europäischen Ärzterichtlinien von 1975[158].

Der 95. Deutsche Ärztetag 1992 in Köln beschloß eine systematische Neuerung und Weiterentwicklung der M-WBO[159], die bereits im Vorfeld durch vielfältige Gespräche mit wissenschaftlichen Gesellschaften und Berufsverbänden erarbeitet worden war, um ein höchstmögliches Maß an Transparenz und Mitwirkungsmöglichkeit aller Sachverständigen und Interessierten zu gewährleisten und um eine diskussionsfähige und auch entscheidungsfähige Vorlage für den 95. Deutschen Ärztetag zu erreichen[160]. Allerdings dauerte es noch einige Jahre, bis die M-WBO 1992 von den Landesärztekammern verabschiedet wurde und in Kraft trat.[161]

Die althergebrachte Idee vom Teilgebiet als Subspezialisierung im Gebiet ohne Erweiterung der Gebietsgrenzen wurde aufgegeben[162] und daher „Teilgebiet“ in „Schwerpunkt“ umbenannt. Der Fortschritt der medizinischen Wissenschaft und Technik zog die Einführung von zwei Spezialisierungsformen nach sich: die

---

[156] Siehe Näheres zur Richtlinie 86/457/EWG unter C.V.

[157] Bericht über Punkt V der Tagesordnung des 93. Deutschen Ärztetages in DÄ 1990, S. B-1316 <B-1317> und Entschließungen zu Tagesordnungspunkt III des 94. Deutschen Ärztetages in DÄ 1991, S. B-1226 <B-1228>.

[158] Siehe Näheres zu den Richtlinien 75/362/EWG und 75/363/EWG unter C.III.1.

[159] DÄ 1992, S. B-2480; die Muster-Richtlinien über den Inhalt der Weiterbildung verabschiedete der Vorstand der BÄK erst zwei Jahre später, DÄ 1994, S. B-1010.

[160] DÄ 1992, S. B-1050; laut *Hoppe*, DÄ 1996, S. A-2446, wird die M-WBO von 1992 in Europa als die fortschrittlichste und modernste angesehen und von einigen Ländern sogar als Vorbild genommen, während in Deutschland vier Jahre nach der Novellierung das Urteil durchaus zwiespältig sei: zu kompliziert, überreguliert und in Verbindung mit den erst anschließend eingeführten gesetzlichen Restriktionen hinsichtlich der vertragsärztlichen Niederlassung einengend.

[161] Die WBO der Landesärztekammer Baden-Württemberg beispielsweise trat erst zum 01. Mai 1995 in Kraft, Sonderausgabe vom Ärzteblatt Baden-Württemberg 1995 (4/95). In Niedersachsen erfolgte die Umsetzung erst 1997. Allerdings wurde die M-WBO 1992 von den Landesärztekammern nicht einheitlich übernommen, so daß es zumindest bis 1998 zu keinem Zeitpunkt in allen Bundesländern eine einheitliche Weiterbildungsordnung gab, DÄ 1998, S. A-1443.

[162] *Hoppe* in: Gestalten statt verwalten, S. 142.

fakultative Weiterbildung, deren Bildungsinhalte über die Gebietsweiterbildung hinausgehen, und die Fachkunde, mit der in sehr flexibler Form die Anerkennung zur Durchführung von speziellen ärztlichen Tätigkeiten durch die Ärztekammer dokumentiert werden soll.[163] Im Übrigen wurde die Bezeichnung „Facharzt" wieder eingeführt.[164] Die M-WBO war aufgrund der Herstellung der Einheit Deutschlands neu zu gestalten, um die Migration der Ärzte zwischen Ost- und Westdeutschland durch Regelung der Anerkennungsfähigkeit der Weiterbildungstitel zu ermöglichen.[165]

Durch das Herauslösen von Gebieten aus der Chirurgie – Einführung der Herzchirurgie, der Plastischen Chirurgie und der Kinderchirurgie – und aus der Übernahme von den in der ehemaligen Facharztordnung der Deutschen Demokratischen Republik etablierten Gebieten wie Anatomie oder Biochemie stieg die Zahl der Fachgebietsbezeichnungen auf 41, die der Schwerpunkte auf 18. Dazu gab es 21 fakultative Weiterbildungen und 22 Bereiche für eine Zusatzbezeichnung. Insgesamt erhöhte sich die Zahl der möglichen Weiterbildungsqualifikationen von 64 auf etwa 160. In acht Facharztgebieten erhöhte sich die Dauer der Weiterbildung um ein Jahr, nur in zwei Gebieten wurde die Weiterbildungszeit verkürzt: Im Gebiet Chirurgie von sechs auf fünf Jahre und im Gebiet Allgemeinmedizin[166] von vier auf drei Jahre.

6. Muster-Weiterbildungsordnung 2003

Abgesehen von kleineren Änderungen in den Jahren 1993, 1996 und 1997 stand bereits beim 103. Deutschen Ärztetag 2000 in Köln erneut eine grundlegende Änderung und Weiterentwicklung der M-WBO 1992 auf der Tagesordnung mit dem Ziel, eine Bildungsordnung zu schaffen, die den aktuellen medizinischen Versorgungsbedarf und die neue wissenschaftliche Entwicklung berücksichtigt.[167] Die Forderung lautete, daß die Weiterbildungsordnung insgesamt einfacher und flexibler werden, klare Begrifflichkeiten enthalten, der Qualitätssicherung dienen und die berufsbegleitende Weiterbildung ermöglichen müsse. Der 100. Deutsche Ärztetag 1997 in Eisenach und der 101. Deutsche Ärztetag 1998 in Köln hatten bereits den Auftrag zu diesem Projekt erteilt.

---

[163] DÄ 1991, S. B-2480, § 1 Abs. 2, § 3 M-WBO.

[164] Bereits auf dem 94. Deutschen Ärztetag 1991 in Hamburg beschlossen, DÄ 1991, S. B-1223. Zwischenzeitlich hieß der Weiterbildungstitel „Arzt für...".

[165] Beispielsweise § 23 M-WBO, vgl. hierzu Fn 152; *Hoppe*, Leitlinien einer Reform der ärztlichen Ausbildung, DÄ 1991, S. B-2528 <2530>, der weitere Gründe für eine Novellierung der M-WBO aufzeigt.

[166] Im Zuge der Umsetzung der RL 86/457/EWG, siehe hierzu unten bei C.V.7.b.

[167] Bericht über den 103. Deutschen Ärztetag in DÄ 2000, S. A-1189.

Weiteres Anliegen für die Änderung der M-WBO war die Konformität mit europäischen Regelungen. Der Vorsitzende der Weiterbildungsgremien der Bundesärztekammer, Dr. Hellmut Koch, sagte hierzu: „Wir müssen uns besser anpassen, um die Migrationsfähigkeit deutscher Ärztinnen und Ärzte zu verbessern.“[168]

a. Schrittweise Neufassung der Muster-Weiterbildungsordnung

Die durch den 103. Deutschen Ärztetag 2000 festgelegten Eckpunkte führten beim 104. Deutschen Ärztetag 2001 in Ludwigshafen zur Novellierung des Paragraphenteils (Abschnitt A) der M-WBO[169], auf dessen Grundlage die inhaltlichen Details der einzelnen Weiterbildungsgänge in Facharztgebieten und Schwerpunkten (Abschnitt B) und der Zusatz-Weiterbildungen (Abschnitt C) auszuarbeiten waren[170]. Diese Ausarbeitungen wurden von den Delegierten des 106. Deutschen Ärztetages 2003 in Köln verabschiedet und sollten frühestens am 01. Oktober 2004 durch Satzungsänderungen der WBO der Landesärztekammern in Kraft treten.[171] Einige Landesärztekammern, wie beispielsweise die Bayerische Landesärztekammer[172], setzten die M-WBO 2003 schon frühzeitig um, so daß die Neuregelungen bereits vor dem 01. Oktober 2004 in Kraft traten.

Beibehalten wurde das System des Fachgebietes, innerhalb dessen zusätzliche Kompetenzen in Schwerpunkten und durch Zusatz-Weiterbildung erworben werden können.[173] Die Gebietsgrenzen werden gem. § 2 M-WBO 2003 durch keine Qualifikationsart – Schwerpunktbezeichnung oder Zusatzweiterbildung – erweitert. Die ursprünglichen Pläne[174], „Gebietsdefinition“ und „Facharztkompetenz“ derart voneinander abzugrenzen, daß sich die Weiterbildung auf die Kernelemente eines Gebietes beschränkt und der Facharzt dann auch nur das ausüben

---

168 Bericht über den 103. Deutschen Ärztetag in DÄ 2000, S. A-1189 <A-1190>.

169 Bericht über den 105. Deutschen Ärztetag „Für Zündstoff ist gesorgt“ in DÄ 2001, S. A-1450.

170 Entschließungen beim 105. Deutschen Ärztetag zur Beschlußfähigen Novelle der M-WBO in 2003, DÄ 2002, S. A-1657.

171 Bericht über Top II des 106. Deutschen Ärztetages „Operation gelungen“ in DÄ 2003, S. A-1478.

172 Die bayerische WBO vom 24. April 2004 (Bayerisches Ärzteblatt Spezial 1/2004) trat am 01. August 2004 in Kraft.

173 Siehe hierzu die ausführliche Darstellung der Entschließungen zum TOP IV des 103. Deutschen Ärztetages: Eckpunkte zur Novellierung der (Muster-)Weiterbildung, DÄ 2000, S. A-1378.

174 Siehe zu diesem Komplex den Bericht über Top II des 106. Deutschen Ärztetages in DÄ 2003, S. A-1478.

darf, was er erlernt hat, mithin nicht im gesamten Gebiet, sondern nur in seinem „Facharztgebiet“ tätig werden darf, wurden nicht realisiert. Vielmehr bestimmt gem. § 2 Abs. 2 S. 2 M-WBO 2003 weiterhin die Gebietsdefinition die Grenzen für die Ausübung fachärztlicher Tätigkeiten. Die M-WBO 2003 sieht nicht mehr die Möglichkeit einer fakultativen Weiterbildung und einer Weiterbildung in Fachkunde vor. Die Planung, einen sogenannten Befähigungsnachweis als fakultative, theoretisch und berufsbegleitend zu erwerbende Weiterbildungsqualifikation einzuführen[175], findet keine Berücksichtigung in der M-WBO 2003.

Die neue M-WBO führt in den Gebieten Chirurgie, Hals-Nasen-Ohren-Heilkunde, Pathologie und Pharmakologie eine Zweiteilung der Weiterbildung ein: Zunächst erfolgt eine gemeinsame Basisweiterbildung („common trunk“), anschließend die Vermittlung von Kenntnissen, die nur einzelnen Gebieten zugeordnet sind. Im Übrigen werden Orthopädie und Unfallchirurgie zu einem Fachgebiet zusammengeführt. Wegen europäischer Regelungen soll die Mindestweiterbildungszeit der Schwerpunktbereiche auf drei Jahre festgesetzt werden.[176]

b. Änderungen an der Muster-Weiterbildungsordnung 2003

Auf dem 107. Deutschen Ärztetag 2004 in Bremen wurde die M-WBO erneut geändert.[177] Neben dem Fachgebiet Arbeitsmedizin führten die Delegierten die Zusatz-Weiterbildung Betriebsmedizin mit einer Weiterbildungszeit von 3 Jahren zuzüglich 260 Stunden Kurs-Weiterbildung ein. Ebenfalls neu ist die Zusatz-Weiterbildung Ärztliches Qualitätsmanagement, welche die Grundlagen für eine kontinuierliche Verbesserung von Strukturen, Prozessen und Ergebnissen in der medizinischen Versorgung umfassen soll. Die Weiterbildung erfolgt in 200 Stunden Kurs-Weiterbildung. Als weitere Zusatz-Weiterbildung wird die Suchtmedizinische Grundversorgung mit einer Weiterbildungszeit von 50 Stunden Kurs-Weiterbildung aufgenommen.

---

175 Bericht über TOP IV des 103. Deutschen Ärztetages: (Muster-)Weiterbildung: „Stillstand ist Rückschritt“, DÄ 2000, S. A-1356.

176 Siehe zur Umsetzung der hiermit gemeinten europäischer Vorgaben unter C.VII.7.c.

177 Vgl. Beschlußprotokoll des 107. Deutschen Ärztetages vom 18. – 21. Mai 2004 in Bremen, abrufbar auf der Homepage der Bundesärztekammer www.baek.de; in der dort ebenfalls einsehbaren M-WBO Stand Mai 2004 sind diese Änderungen bereits eingearbeitet.

c. Umsetzung der Muster-Weiterbildungsordnung 2003 in Satzungsrecht

Die Umsetzung der M-WBO 2003 in Satzungsrecht durch die Landesärztekammern erfolgte teilweise bereits innerhalb eines Jahres[178] und damit vor dem 107. Deutschen Ärztetag 2004, bei dem die M-WBO 2003 geändert wurde. Die meisten dieser Landesärztekammern[179] haben die M-WBO mit nur kleinen Änderungen übernommen. Die neuen WBO von Mecklenburg-Vorpommern und Rheinland-Pfalz weichen hingegen zumindest in einem wesentlichen Punkt von der M-WBO ab, nämlich bei der allgemeinmedizinischen und internistischen Weiterbildung.[180]

Andere Landesärztekammern[181] beschlossen erst nach dem 107. Deutschen Ärztetag 2004 eine Anpassung ihrer WBO an die M-WBO 2003, allerdings ohne grundlegende Änderungen, sondern allenfalls mit einigen Änderungen insbesondere bei den Übergangsbestimmungen.[182] Für das Inkrafttreten der geänderten WBO ist in den meisten Bundesländern zuvor eine Änderung des Heilberufsgesetzes notwendig, damit beispielsweise in der jeweiligen Norm, durch die die Ärztekammer zum Erlaß der WBO ermächtigt wird, die dort genannten Weiterbildungsbezeichnungen an die neuen Begriffe der M-WBO 2003 angepaßt werden.

Einige wenige Landesärztekammern[183] haben die Entscheidung über die Einführung der neuen M-WBO 2003 auf unbestimmte Zeit vertagt. Grund hierfür ist, daß die Aufsichtsbehörden der Länder über die Ärztekammern in ihrer Arbeitsgemeinschaft Heilberufe der Obersten Landesgesundheitsbehörden (AOLG) entschieden haben, die neuen Weiterbildungsordnungen vorerst nicht

[178] So in Bayern, Berlin, Brandenburg, Hamburg, Mecklenburg-Vorpommern, Nordrhein und Rheinland-Pfalz, wobei zum Zeitpunkt des 107. Deutschen Ärztetages 2004 außer in Bayern jeweils noch die Genehmigung durch die Aufsichtsbehörde ausstand.

[179] Beispielsweise die in Berlin und Nordrhein.

[180] Siehe dazu ausführlich unten bei B.II.7.c.

[181] So beispielsweise die in Baden-Württemberg, Bremen und im Saarland, siehe z.B. für letztere Ärzte Zeitung vom 02. November 2004, auch einsehbar über www.aerztezeitung .de unter der Rubrik „Politik & Gesundheit", Stichwort „Gesundheitssystem bei uns".

[182] Siehe beispielsweise für die WBO der Landesärztekammer Baden-Württemberg den Bericht über den Beschluß der Vertreterversammlung vom 02. Juli 2004, abrufbar unter www.aerztekammer-bw.de/05/2004_07/wbo.html.

[183] So die Landesärztekammer Thüringen und die Ärztekammer Westfalen-Lippe, siehe Ärzte Zeitung vom 26. Oktober 2004, auch einsehbar über www.aerztezeitung.de unter der Rubrik „Recht".

zu genehmigen.[184] Hintergrund hierfür ist ein von der Europäischen Kommission eingeleitetes Vertragsverletzungsverfahren gegen die Bundesrepublik Deutschland hinsichtlich der Umsetzung der RL 93/16/EWG.[185] „Um den Abschluß dieses Vertragsverletzungsverfahrens nicht zu gefährden, werden die Länder derzeit keine Weiterbildungsordnungen genehmigen, die mit den Gebieten Innere Medizin und Allgemeinmedizin nicht EU-konform wären, sagte Norbert Scheitz von der Thüringer Aufsichtsbehörde."[186] Dadurch verhindern die Aufsichtsbehörden aber auch die Änderungen an der WBO, die nicht im Zusammenhang mit dem Vertragsverletzungsverfahren stehen. Die Rechtmäßigkeit dieses Verhaltens soll hier nicht näher geprüft, aber doch in Zweifel gezogen werden, denn die Aufsichtsbehörden könnten zumindest die rechtmäßigen Änderungen ohne Bezug zum Vertragsverletzungsverfahren genehmigen. Gründe für die Verweigerung auch dieser „Teilgenehmigung" werden in der Diskussion um die Einführung der M-WBO 2003 nicht angeführt.

7. Besonderheiten beim Gebiet Allgemeinmedizin

Auch wenn das BVerfG in seiner Entscheidung vom 29. Oktober 2002[187] ausführt, daß im Hinblick auf die Merkmale, nach denen Gebietsbezeichnungen abgegrenzt werden, nicht zwischen Fachärzten im weiteren und engeren Sinne mit der Folge unterschieden werden könne, daß dem Facharzt für Allgemeinmedizin eine Sonderstellung zukäme, so gibt doch der tatsächliche Umgang mit dem medizinischen Bereich der Allgemeinmedizin zahlreiche Anhaltspunkte dafür, daß er doch eine Sonderrolle einnimmt oder zumindest einnahm. Zu diesen Anhaltspunkten gehört die Tatsache, daß die Ärztekammern für die allgemeinmedizinische Weiterbildung zwei Qualifikationsbezeichnungen vergaben: „Praktischer Arzt" und „Facharzt für Allgemeinmedizin". Die M-WBO 2003 führt nun die allgemeine Innere Medizin und die Allgemeinmedizin zu einem Fachgebiet zusammen, dessen Ärzte die hausärztliche Versorgung sicherstellen sollen. Die Weiterbildung in diesem Fachgebiet wird mit dem Titel „Facharzt für Innere und Allgemeinmedizin" abgeschlossen.

---

[184] *Düring*, Ärzte Zeitung vom 26. Oktober 2004, einsehbar über www.aerztezeitung.de unter der Rubrik „Recht".

[185] Siehe zur Richtlinie ausführlich unter C.VI. und zum Vertragsverletzungsverfahren 1999/2065 gegen Deutschland unter D.II.2.c.

[186] In *Düring*, Ärzte Zeitung vom 26. Oktober 2004, einsehbar über www.aerztezeitung.de unter der Rubrik „Recht".

[187] Beschluß des Ersten Senats (- 1 BvR 525/99 -), BVerfGE 106, 181.

a. Praktischer Arzt

Die Weiterbildung zum Erwerb der Bezeichnung „Praktischer Arzt“ basiert auf der Umsetzung der Vorgaben durch die europäische Richtlinie 86/457/EWG zur spezifischen Weiterbildung in der Allgemeinmedizin, die sich inzwischen in den Art. 30 ff. der Richtlinie 93/16/EWG (im Folgenden: RL 93/16/EWG) wiederfindet.[188] Diese Umsetzung erfolgt in den einzelnen Bundesländern entweder durch Regelungen in den Heilberufsgesetzen oder durch Sondergesetze.[189] In Berlin, Hessen und im Saarland waren die jeweiligen Umsetzungsgesetze bis Ende 1994, 1995 bzw. 1996 befristet, so daß seit dem eine Weiterbildung zum Praktischen Arzt dort nicht mehr möglich ist.[190]

Die Weiterbildung zum Praktischen Arzt unterscheidet sich in einigen Punkten von der fachärztlichen Weiterbildung in Allgemeinmedizin: Sie dauerte ursprünglich nur zwei Jahre, inzwischen[191] mindestens drei Jahre, muß nicht unter der Leitung von zur Weiterbildung befugten Ärzten erfolgen und schließt nicht mit einer Prüfung ab. Eine Weiterbildung in Teilzeit muß mindestens 50 % der Vollzeitweiterbildung betragen und darf nicht die gesamte Weiterbildungszeit umfassen.[192]

Art. 31 RL 93/16/EWG gibt vor, daß die Weiterbildung mehr praktischer als theoretischer Art sein soll und einerseits während mindestens sechs Monaten in zugelassenen Krankenhäusern mit entsprechender Ausrüstung und entsprechenden allgemeinmedizinischen Abteilungen und andererseits während mindestens sechs Monaten in zugelassenen Allgemeinpraxen oder Zentren für Erstbehandlung stattzufinden hat. Während eines Zeitraums von höchstens sechs Monaten darf die Weiterbildung „in anderen zugelassenen Einrichtungen oder Diensten des Gesundheitswesens, die sich mit Allgemeinmedizin befassen und hierfür von der zuständigen Stelle zugelassen worden sind“, erfolgen, Art. 31 Abs. 1 lit. c RL 93/16/EWG. Welche anderen Einrichtungen hier in Betracht kommen,

---

188 Zu diesen Richtlinien ausführlich unter C.V. und C.VI.2.d.

189 Siehe hierzu die Liste der Landesgesetze im Anhang 1.

190 Die Gründe für die Befristung werden unten bei D.II.2.b. erläutert. *Hess* geht ohne Begründung davon aus, daß alle landesrechtlichen Regelungen zur Umsetzung der RL 86/457/EWG bzw. von Art. 30 ff. RL 93/16/EWG ohnehin nur bis zum 31.12.1995 in Kraft blieben, KassKomm-*Hess*, § 95a, Rdnr. 8. Diese Ansicht überzeugt nicht, da Gesetze ohne eigene Befristung solange in Kraft bleiben, bis sie förmlich aufgehoben werden; so auch *Hespeler* in Lexikon des Arztrechts, Nr. 4210, Rdnr. 4.

191 Aufgrund der Änderungsrichtlinie 2001/19/EG; siehe hierzu unten bei C.VII.4.

192 Siehe hierzu auch *Hespeler* in Lexikon des Arztrechts, Nr. 4210, Rdnr. 2 und *Narr*, Ärztliches Berufsrecht, Rdnr. W17.

gibt die Richtlinie nicht vor, so daß dem Landesgesetzgeber hier bei der Umsetzung ein weiter Gestaltungsspielraum zusteht.[193]

Ende 2004 konnte die Weiterbildung zum Erwerb des Titels „Praktischer Arzt" noch bei folgenden Landesärztekammern durchlaufen werden: Bayern[194], Bremen[195], Hamburg[196], Nordrhein und Westfalen-Lippe[197], Saarland[198] und Sachsen[199]. Die Mehrzahl der übrigen Landesärztekammern[200] hat zwischenzeitlich den Titel in „Facharzt für Allgemeinmedizin" geändert.

b. Facharzt für Allgemeinmedizin

Neben dieser Weiterbildung zum „Praktischen Arzt" existierte und existiert noch[201] die allgemeinmedizinische Facharztweiterbildung, aufgrund derer die Ärztekammer dem Arzt die Erlaubnis zum Führen des Titels „Facharzt für Allgemeinmedizin" erteilt.

---

193 OVG Nordrhein-Westfalen, Urteil vom 17. Dezember 1999 (- 13 A 297/98 -), MedR 2000, 433: Die Nichteinbeziehung der Orthopädie sei nicht bedenklich, da dem Gesetzgeber ein Ermessen zustehe bei der Festlegung der für die spezifische Weiterbildung in der Allgemeinmedizin berücksichtigungsfähigen Gebiete. Die Nichterwähnung von Orthopädie sei nicht offensichtlich fehlerhaft, da dieses Gebiet nicht einen Teilbereich der Allgemeinmedizin abdecke.

194 Art. 21 der bayerischen WBO vom 24. April 2004; nach Art. 24 Abs. 1 der bayerischen WBO erhalten Staatsangehörige der Mitgliedstaaten, die den Titel der spezifischen Weiterbildung im EU-Ausland erworben haben, im Rahmen der Anerkennung aber nicht den Titel „Praktischer Arzt", sondern den Titel „Facharzt für Allgemeinmedizin".

195 Gesetz zur Ausführung der Richtlinie des Rates über eine spezifische Ausbildung in der Allgemeinmedizin, zuletzt geändert durch Gesetz vom 17. Dezember 2002 (GBl. S. 598).

196 § 13a Abs. 8 und § 13c Abs. 1 des Hamburgischen Ärztegesetzes, zuletzt geändert durch Gesetz vom 09. September 2003 (GVBl. S. 468).

197 § 54 Abs. 6 des nordrhein-westfälischen Heilberufsgesetzes, zuletzt geändert durch Gesetz vom 17. Dezember 2002 (GVBl. S. 641).

198 § 26a Abs. 6 des saarländischen Heilberufekammergesetzes, zuletzt geändert durch Gesetz vom 08. Oktober 2003 (Saarländisches ABl. S. 2874).

199 §§ 29 ff. des sächsischen Heilberufekammergesetzes, zuletzt geändert durch Gesetz vom 28. Juni 2001 (GVBl. S. 426).

200 Baden-Württemberg, Berlin, Brandenburg, Hessen, Mecklenburg-Vorpommern, Niedersachsen, Rheinland-Pfalz, Schleswig-Holstein und Thüringen; allein in Sachsen-Anhalt wird derzeit keine spezifische Weiterbildung in Allgemeinmedizin angeboten.

201 Ab der Umsetzung der M-WBO 2003 (siehe oben B.II.6.) in Satzungsrecht der Landesärztekammern ist die Weiterbildung zum Facharzt für Allgemeinmedizin nur noch nach den Übergangsbestimmungen möglich.

Die mit der M-WBO von 1968 eingeführte vierjährige Weiterbildung in der Allgemeinmedizin reduzierte der 95. Deutsche Ärztetag 1992 auf drei Jahre, dafür gekoppelt mit der Pflicht zur Teilnahme an Kursen von mindestens 240 Stunden Dauer.[202] Ärzten ohne Gebietsbezeichnung, explizit auch den Praktischen Ärzten, wurde die Möglichkeit eingeräumt, sich nach entsprechender Berufserfahrung den Facharzttitel „Arzt für Allgemeinmedizin" erteilen zu lassen.[203] Die Landesärztekammern übernahmen diese Regelungen zwischen 1993 und 1998 in ihre Weiterbildungsordnungen.

Aber bereits durch die Änderung der M-WBO 1992 beim 100. Deutschen Ärztetag 1997[204] in Eisenach wurde die Mindestdauer der allgemeinmedizinischen Facharztweiterbildung von drei auf fünf Jahre angehoben.[205] Einschneidender war jedoch der zur gleichen Zeit gefaßte Beschluß, das Gebiet der Allgemeinmedizin inhaltlich zu beschränken und als allein auf die hausärztliche Tätigkeit zugeschnitten zu definieren. Wie bei den übrigen Facharztgebieten ereilt nun auch den Angehörigen dieses Gebietes das Schicksal, mit Erlangung des Facharzttitels die durch die Approbation erworbene Genehmigung zur umfassenden Ausübung der Heilkunde wieder zu verlieren, da sie sich formal auf die Inhalte ihres Gebietes beschränken müssen. Die Neufassung der M-WBO 1992 von 1997 weist der Allgemeinmedizin die lebensbegleitende hausärztliche Betreuung von Patienten bei jeder Art der Gesundheitsstörung unter der biologischen, psychischen und sozialen Dimension ihrer gesundheitlichen Leiden zu. Schon allein diese Definition zeigt allerdings die Problematik auf, daß sich das Gebiet der Allgemeinmedizin gar nicht einschränken läßt, sondern „jede Art der Gesundheitsstörung" darunter fällt.

---

202 Siehe ausführliche Darstellung oben bei C.V.7, insbesondere unter C.V.7.b.

203 § 23 Abs. 11 M-WBO 1992, DÄ 1992, S. B-2480.

204 Bericht über den 100. Deutschen Ärztetag „Weiterbildung in Allgemeinmedizin: ‚Hausarzt-Debatte' fürs erste beendet", DÄ 1997, S. A 1637.

205 Allerdings bestehen langfristige Übergangslösungen. In Baden-Württemberg beispielsweise kann derjenige, der vor dem 01. Juni 1999 (Einführung der fünfjährigen Weiterbildung) seine Weiterbildung begonnen hat, wählen, ob er sie nach dem dreijährigen oder fünfjährigen Weiterbildungsgang ausrichtet. Das Wahlrecht verliert nur, wer seine Weiterbildung länger als 10 Jahre unterbricht, § 22 Abs. 2 der baden-württembergischen WBO. Dies bedeutet, daß eine dreijährige Weiterbildung bei einem Beginn am 01. Mai 1999 spätestens am 31. April 2012 endet, wenn sie für genau 10 Jahre unterbrochen wird. Das Wahlrecht wird allerdings inzwischen durch § 95a Abs. 2 und 3 SGB V dahingehend eingeschränkt, daß ab dem 01. Januar 2006 für die Eintragung in das Arztregister und damit für die Zulassung eine fünfjährige Weiterbildung in der Allgemeinmedizin gefordert wird; siehe hierzu unten bei D.II.1.a.

Diese inhaltliche Beschränkung kristallisierte sich nach langen Diskussionen im Vorfeld und während des 99. Deutschen Ärztetages 1996 in Köln[206] als auch des 100. Deutschen Ärztetages 1997[207] in Eisenach als Lösung für folgendes Problem heraus: die Umsetzung der durch die Einführung von § 73 SGB V[208] vorgegebenen Gliederung der ambulanten in eine hausärztliche und eine fachärztliche Versorgung[209] und der Abstimmung der Gebiete Allgemeinmedizin und Innere Medizin für die hausärztliche Versorgung. Die Konzentration der Hausarztqualifikation auf den Allgemeinarzt erforderte nach Ansicht der Delegierten eine Verlängerung der Weiterbildungszeit und eine Sicherstellung ausreichender Weiterbildungsmöglichkeiten und deren Finanzierung durch Krankenkassen und Politik. Die Gesundheitsministerkonferenz der Länder erarbeitete daraufhin ein Initiativprogramm zur Sicherstellung der Weiterbildung in der Allgemeinmedizin, das sowohl von den Krankenkassen als auch von der Ärzteschaft auf dem 101. Deutschen Ärztetag 1998 in Köln mitgetragen wurde.[210]

c. Facharzt für Innere und Allgemeinmedizin

Für den 105. Deutschen Ärztetag 2002 in Rostock erarbeitete die Arbeitsgruppe „Zukunft der hausärztlichen Versorgung" der Bundesärztekammer einen zweigliedrigen Modellvorschlag für die zur hausärztlichen Versorgung berechtigende Weiterbildung.[211] Der Vorschlag sah eine gewisse Art der Zusammenführung von Innerer Medizin und Allgemeinmedizin vor. Der Berufsverband der Allgemeinärzte (BDA) und der Bundesverband Hausärztlicher Internisten (BHI) begrüßten diesen Modellvorschlag, beim Berufsverband Deutscher Internisten (BDI) stieß er auf Ablehnung.[212] Der BDI plädierte weiterhin für sein Konvergenz-Modell mit fünfjähriger Weiterbildung, die einen einheitlichen Arzttyp mit internistischem Schwerpunkt für die Grundversorgung in Klinik und Praxis her-

[206] Berichte von *Maus*, DÄ 1996, S. B-1301, von *Dauth*, DÄ 1996, S. B-1319, und Entschließungen zur Novellierung der M-WBO in DÄ 1996, S. B-1340 <1342>.

[207] Bericht über den 100. Deutschen Ärztetag „Weiterbildung in Allgemeinmedizin: ‚Hausarzt-Debatte' fürs erste beendet", DÄ 1997, S. A 1637.

[208] Durch Gesundheitsstrukturgesetz vom 21. Dezember 1992 (BGBl. I S. 2266).

[209] Zu einigen Rechtsfragen bzgl. der Neugliederung des Arztsystems siehe *Schneider*, MedR 1995, 175.

[210] DÄ 1998, S. A-1434, und DÄ 1999, S. A-1763.

[211] Bericht über den 105. Deutschen Ärztetag „Für Zündstoff ist gesorgt" in DÄ 2002, S. A-1405; Powerpoint-Darstellung des Vortrages von Dr. Koch über diesen zweigliedrigen Modellvorschlag auf der Homepage der BÄK (www.baek.de) unter dem Stichwort „105. Deutscher Ärztetag".

[212] *Gerst*, DÄ 2002, S. A-1117.

vorbringen sollte. Darauf aufbauend könnten sich die Fachärzte zu Schwerpunktinternisten weiterbilden.

Die Delegierten des 105. Deutschen Ärztetages 2002 einigten sich nach langen Diskussionen auf einen besonders von den Internisten als „schmerzlich" empfundenen Kompromiß, nämlich auf den zweigliedrigen Modellvorschlag der Bundesärztekammer.[213] Danach soll die Weiterbildung von Allgemeinmedizinern und Internisten mit einer gemeinsamen dreijährigen allgemein-internistischen Weiterbildung beginnen, davon mindestens zwei Jahre im stationären allgemein-internistischen Bereich und maximal ein Jahr anrechnungsfähiger Zeit aus einem anderen Gebiet. Anschließend kann sich der Arzt in zwei allgemeinmedizinischen Weiterbildungsjahren für die hausärztliche Tätigkeit qualifizieren (Facharzt für Innere und Allgemeinmedizin nach fünf Jahren Weiterbildung)[214] oder aber den dreijährigen Weg zum Schwerpunktinternisten wählen (Facharzt für Innere Medizin mit Schwerpunktbezeichnung nach sechs Jahren Weiterbildung).[215]

(1) Zusammenführung von Innerer Medizin und Allgemeinmedizin

Aufbauend auf diesem Modellvorschlag wurde die grundlegende Reform der M-WBO ausgearbeitet[216], über die der 106. Deutschen Ärztetag 2003 in Köln abstimmte.[217] Der 107. Deutschen Ärztetag 2004 in Bremen änderte und ergänzte die M-WBO 2003 bereits wieder, allerdings nicht grundlegend.[218] Danach sind in der internistischen Weiterbildung drei Jahre in der stationären internistischen Patientenversorgung abzuleisten, wovon nur bei der Weiterbildung zum Facharzt für Innere und Allgemeinmedizin 12 Monate auch in anderen Gebieten

---

213 Bericht über Top IV: Zukunft der hausärztlichen Versorgung – Schmerzlicher Kompromiß, DÄ 2002, S. A-1568; die Entscheidung fiel mit 182 zu 46 Stimmen sehr eindeutig aus, siehe „Der neue Hausarzttyp der Zukunft" in der Ärztezeitung vom 03. Juni 2002, S. 1.

214 Schon im Vorfeld zum 106. Deutschen Ärztetag 2003 erfolgte die Umbenennung des Berufsverbandes der Allgemeinärzte Deutschland (BDA) in den Deutschen Hausärzteverband e.V., was von den Allgemeinärzten als Erreichen ihres Zieles interpretiert wurde. Der Verband soll auch hausärztlich tätigen Internisten offenstehen, DÄ 2002, S. A-2524.

215 Auf die möglichen weitreichenden Konsequenzen für die ärztliche Versorgung weist *Jachertz* hin in DÄ 2002, S. A-1545.

216 Entschließungen beim 105. Deutschen Ärztetag zur beschlußfähigen Novelle der M-WBO in 2003, DÄ 2002, S. A-1657.

217 DÄ 2003, S. A-1478.

218 Siehe Beschlußprotokoll des 107. Deutschen Ärztetages zu Punkt IV der Tagesordnung auf der Homepage der Bundesärztekammer (www.baek.de) unter dem Stichwort „Ärztetag".

der unmittelbaren Patientenversorgung angerechnet werden, die auch im ambulanten Bereich ableistbar sind. Dies bedeutet, daß diese Wahlmöglichkeit nur dann wahrgenommen werden sollte, wenn sich der betreffende Arzt schon für die konkrete internistische Fachrichtung entschlossen hat, nämlich für den Facharzt für Innere und Allgemeinmedizin. Neben diesen drei Jahren sind für diesen Facharzt zwei Jahre in der ambulanten hausärztlichen Versorgung und 80 Stunden Kurs-Weiterbildung in psychosomatischer Grundversorgung abzuleisten. Für die übrigen internistischen Fachärzte schließen sich an die ersten drei Jahre 36 Monate Weiterbildung im Schwerpunkt an.

Die Änderung der hausärztlichen Weiterbildung auf dem 105. und 106. Deutschen Ärztetag 2002 bzw. 2003 verfolgte das Ziel, eine Struktur zukünftiger hausärztlicher Versorgung zu schaffen, die geeignet ist, eine hoch qualifizierte Patientenversorgung zu gewährleisten, den Nachwuchsmangel in der hausärztlichen Versorgung trotz des Förderprogramms Allgemeinmedizin zu beheben und jungen Ärzten eine berufliche Perspektive zu geben.[219] Folgende Vorteile des zweigliedrigen Modells der Bundesärztekammer wurden im Wesentlichen von den Befürwortern angeführt: Für den Hausarzt die flexiblen Bildungsmöglichkeiten und soliden Mindestqualifikationen in den Grundfächern und für den Internisten mit Schwerpunkt die Möglichkeit, sich auf seine Spezialisierung zu konzentrieren und nach Wunsch mit nur zwei Jahren zusätzlicher Weiterbildung Hausarzt werden zu können.[220]

Nach den besonderen Übergangsbestimmungen für das Gebiet Innere Medizin und Allgemeinmedizin[221] steht es Internisten und Allgemeinmediziner frei, ihre erworbene Bezeichnung beizubehalten. Streben sie allerdings an, die neue Bezeichnung „Facharzt für Innere und Allgemeinmedizin“ zu erwerben, so müssen die Allgemeinmediziner entweder 24 Monate internistische Weiterbildung nachweisen oder 18 Monate internistische Weiterbildung und fünf Jahre hauptberufliche hausärztliche Tätigkeit in eigener Praxis. Internisten hingegen benötigen keine zusätzliche Weiterbildung in Allgemeinmedizin, sondern müssen nur eine fünfjährige hauptberufliche hausärztliche Tätigkeit in eigener Praxis nachweisen. Die neue Facharztbezeichnung wird dann nach bestandener Prüfung von der Ärztekammer erteilt.

---

[219] Entschließungen beim 105. Deutschen Ärztetag zum TOP IV – Zukunft der hausärztlichen Versorgung, DÄ 2002, S. A-1598.

[220] Seite 13 der Powepoint-Darstellung des Vortrages von Dr. Koch über den zweigliedrigen Modellvorschlag auf der Homepage der BÄK (www.baek.de) unter dem Stichwort „105. Deutscher Ärztetag“.

[221] Siehe S. 77 der M-WBO 2003 auf der Homepage der Bundesärztekammer (www.baek.de) unter dem Stichwort „Weiterbildung“.

(2) Fortführung der innerärztlichen Diskussion um die Zusammenführung

Bereits vor dem 106. Deutschen Ärztetag erklärte der BDI im Herbst des Jahres 2002, daß er den Beschluß des 105. Deutschen Ärztetages 2002 als berufsrechtlich irrelevant ansehe, nicht mehr mittragen und gegebenenfalls über die Bundesländer zu Fall bringen wolle, da die M-WBO erst durch Beschluß der einzelnen Landesärztekammern wirksam werde.[222] Nach der Ausarbeitung des Entwurfs der neuen M-WBO durch die Bundesärztekammer fürchteten nun auch die wissenschaftlichen Vertreter der Internisten, allen voran die Deutsche Gesellschaft für Innere Medizin (DGMI), um den Fortbestand ihrer Disziplin und die Qualität der zukünftigen Internisten.[223] Die internistischen Inhalte, für die bisher sechs Weiterbildungsjahre vorgesehen waren, könnten nicht in zwei Jahren vermittelt werden. Jedenfalls die Delegierten der Landesärztekammern Mecklenburg-Vorpommern und Rheinland-Pfalz müssen sich mehrheitlich der Ansichten des BDI und / oder des DGMI angeschlossen haben, weil es nach der von ihnen beschlossenen Satzung zur Umsetzung der M-WBO 2003 neben dem Facharzt für Innere und Allgemeinmedizin und den acht Fachärzten für Innere Medizin mit Schwerpunkt auch einen Facharzt für die gesamte Innere Medizin geben soll. Dieser Entwurf lag auch Ende 2004 noch bei der Aufsichtsbehörde zur Genehmigung vor.

Im Beschlußprotokoll zum 107. Deutschen Ärztetag[224] findet sich hierzu folgender Antrag[225], der zur weiteren Beratung an den Vorstand der Bundesärztekammer überwiesen wurde:

> Der 107. Deutsche Ärztetag begrüßt, dass die vom 106. Deutschen Ärztetag verabschiedete (Muster-)Weiterbildungsordnung von einzelnen Landesärztekammern bereits beschlossen wurde. Gleichzeitig bedauert der 107. Deutsche Ärztetag, dass die Weiterbildungsordnung in einzelnen Landesärztekammern mit zum Teil erheblichen Abweichungen in Landesrecht umgesetzt worden ist.
>
> Die Beratung einer (Muster-)Weiterbildungsordnung dient dem Ziel, für alle Ärztinnen und Ärzte in Deutschland möglichst gleichartige Anforderungen für die Weiterbildung zu schaffen. Deshalb sollten Meinungsverschiedenheiten über Struktur und Inhalte der Weiterbildung durch den Deutschen Ärztetag vorentschieden und die (Muster-)Weiterbildungsordnung in den Landesärztekammern

222 DÄ 2002, S. A-2524 <S. A-2525>.

223 DÄ 2002, S. A-2647.

224 Siehe Fn. 177.

225 Antrag von Dr. Mitrenga, Dr. Montgomery, Herrn Henke, Dr. Wolter und Dr. Ungemach auf S. 24 f. des Beschlußprotokolls.

> mit möglichst geringen Abweichungen in Landesrecht umgesetzt werden. Dabei bleibt es den Landesärztekammern unbenommen, länderspezifischen Besonderheiten Rechnung zu tragen.
>
> Bundeseinheitlichkeit ist auch hinsichtlich der Ausgestaltung von Übergangsvorschriften erforderlich, damit gewährleistet ist, dass Ärztinnen und Ärzte nicht deshalb benachteiligt werden, dass sie ihre Weiterbildung in verschiedenen Ärztekammern absolviert haben.

Die Diskussion um die Frage, ob tatsächlich die Weiterbildung von Allgemeinmedizin und Innerer Medizin zusammengeführt werden sollen, ist also noch nicht endgültig entschieden, sondern wird in den ärztlichen Gremien sowohl auf Landes-, als auch auf Bundesebene noch weiter geführt werden.

d. Führen des allgemeinmedizinischen Weiterbildungstitels neben anderen Facharzttiteln

Im Rahmen der Umsetzung der Facharzt-Entscheidung des BVerfG[226] wurde in die Heilberufsgesetze unter anderem eine Regelung aufgenommen, wonach die Gebietsbezeichnung „Allgemeinmedizin" und die Bezeichnung „Praktischer Arzt" neben anderen Gebietsbezeichnungen nicht geführt werden durften. Damit wurde jedoch nicht untersagt, zusätzlich zur Allgemeinmedizin eine Facharztanerkennung in einem anderen Gebiet durch Weiterbildung zu erwerben und in diesem Bereich auch tätig zu werden. Allein das Führen der weiteren Facharztbezeichnung war untersagt. Zur Begründung wurde beispielsweise im baden-württembergischen Gesetzgebungsverfahren angeführt, daß es dem Sinn der Gebietsbezeichnung „Allgemeinmedizin" widerspräche, daneben weitere Gebietsbezeichnungen zuzulassen, weil sich der Allgemeinmediziner nicht in einem engeren Bereich spezialisiere, sondern seine Weiterbildung in der Vertiefung des allgemeinärztlichen Wissens und Könnens bestünde.[227]

Mit Beschluß vom 29. Oktober 2002[228] erklärte das BVerfG die baden-württembergische Regelung[229] als unvereinbar mit Art. 12 Abs. 1 GG und infolge dessen für nichtig. Spezifische berufsbezogene Gemeinwohlgründe wie die

---

[226] Beschluß des Ersten Senats des BVerfG vom 09. Mai 1972 (- 1 BvR 518/62 -, - 1 BvR 308/64 -), BVerfGE 33, 125; siehe hierzu oben B.II.3.

[227] Beispielsweise Gesetzentwurf der baden-württembergischen Landesregierung in LTDrucks 6/8650, S. 36.

[228] Fundstelle siehe Fn. 187.

[229] § 39 Abs. 3 des baden-württembergischen Kammergesetzes in der Fassung vom 16. März 1995 und § 6 Abs. 1 der baden-württembergischen WBO in der Neubekanntmachung vom 10. Oktober 1997.

Verantwortung für die Gesundheit der Bevölkerung fehlten, die das Verbot, eine Doppelqualifikation kundzutun, rechtfertigen könnten. Denn das Verbot der Doppelbezeichnung zielt nach Ansicht des BVerfG nicht auf den Qualitätserhalt des jeweils betroffenen Allgemeinarztes ab, da ihm nur die Benennung seiner Doppelqualifikation, nicht aber die Betätigung untersagt wurde. Die im Gesetzgebungsverfahren angenommene Begründung findet im heutigen Berufsrecht keine Basis mehr und ist daher ein Relikt aus der Zeit, in der es eine Arbeitsteilung zwischen Praktischen Ärzten und Fachärzten gab.

Das BVerfG hob zwar nur die baden-württembergische Regelung auf, jedoch richtet sich diese Entscheidung an alle Bundesländer mit vergleichbaren Regelungen in ihren Heilberufsgesetzen, also an alle mit Ausnahme von Sachsen.[230] Es ist davon auszugehen, daß dort die Landesgesetze ohne weitere gerichtliche Verfahren entsprechend abgeändert werden[231] und es nicht der Nichtigerklärung durch das BVerfG bedarf. Aber selbst ohne Änderung der Landesgesetze sind nun in ganz Deutschland Ärzte mit der Gebietsbezeichnung Allgemeinmedizin, die sich in weiteren Facharztgebieten weitergebildet haben und dort betätigen dürfen, berechtigt, dies öffentlich bekannt zu geben, da entgegenstehendes Landesrecht wegen Verstoßes gegen Art. 12 Abs. 1 GG entsprechend dieser Entscheidung des BVerfG materiell-rechtlich als nichtig anzusehen ist. Hiervon ging anscheinend auch die Rechtsberaterkonferenz auf der Ebene der BÄK aus, da sie sich 2003 auf verschiedene Möglichkeiten der Führbarkeit anderer Facharztbezeichnungen neben der Bezeichnung „Facharzt für Allgemeinmedizin" verständigte, bevor die Landesgesetze abgeändert wurden.[232]

---

230 Vergleichbare Regelungen befanden sich zum Zeitpunkt der Entscheidung in allen Heilberufsgesetzen bzw. in den jeweiligen WBO mit Ausnahme vom Bundesland Sachsen.

231 So bereits geschehen beispielsweise in Bayern durch die Änderung von Art. 29 des bayerischen Heilberufe-Kammergesetzes durch Art. 36 des Gesetzes über den öffentlichen Gesundheits- und Veterinärdienst, die Ernährung und den Verbraucherschutz sowie die Lebensmittelüberwachung vom 24. Juli 2003 (GVBl. S. 265).

232 Siehe hierzu den Hinweis auf der Homepage der Landesärztekammer Baden-Württemberg unter www.aerztekammer-bw.de/30/02gebietsbezeichnung/fallvarianten.html; erstaunlicherweise enthalten diese Vorschläge auch Hinweise zum Vertragsarztrecht, also zu einem Bereich außerhalb des Kompetenzbereichs der BÄK.

C. Die europäischen Ärzterichtlinien

Das nationale Gefüge zwischen ärztlichem Aus- und Weiterbildungsrecht, zwischen gesetzlichen Regelungen und Selbstverwaltungsrecht der Ärztekammern wird zunehmend seit 1975 durch gemeinschaftsrechtliche Vorgaben überlagert.

I. Einführung

Der Zusammenschluß der Mitgliedstaaten in der Europäischen Gemeinschaft (EG) funktioniert als Rechtsgemeinschaft.[233] Sie zielt ab auf eine Integration durch Recht. Zunächst war sie auf eine wirtschaftliche Integration ausgerichtet, umfaßt aber zwischenzeitlich ein breites Spektrum an Regelungsmaterien zur Verwirklichung eines europäischen Binnenmarktes mit einer Wirtschafts- und Währungsunion und einer gemeinsamen Außen- und Sicherheitspolitik.

Nach Art. 14 Abs. 2 des Vertrages zur Gründung der Europäischen Gemeinschaft (EGV)[234] umfaßt der Binnenmarkt einen Raum ohne Binnengrenzen, in dem der freie Verkehr von Waren und Personen, Dienstleistungen und Kapital gemäß den Bestimmungen des EGV gewährleistet ist. Im dritten Teil des EGV über „Die Politiken der Gemeinschaft" werden folgende fünf Grundfreiheiten des gemeinsamen Marktes benannt: freier Warenverkehr, freier Personenverkehr[235], freier Dienstleistungsverkehr, freier Kapitalverkehr und freier Zahlungsverkehr.

Die Verwirklichung dieser Grundfreiheiten und damit die Integration der Mitgliedstaaten durch Recht erfolgt sowohl durch europäisches Primärrecht – beispielsweise Gründungsverträge einschließlich ihrer Annexe, Änderungsverträge, Beitritts- und Assoziierungsverträge – als auch durch europäisches Sekundärrecht. Hierzu zählen die Rechtsakte der europäischen Gemeinschaften: Verordnungen, Richtlinien, Entscheidungen, Empfehlungen und Stellungnahmen, Art. 249 EG[236]. Verordnungen haben allgemeine Geltung, sind in allen Teilen

[233] *Bleckmann*, Rdnr. 12.

[234] Vertrag vom 25. März 1957, BGBl. II Nr. 23 vom 19. August 1957, S. 766, ber. BGBl. II Nr. 35 vom 05. November 1957, S. 1678 und Nr. 3 vom 05. Februar 1958, S. 64, zuletzt geändert durch die Beitrittsakte mit Wirkung ab 01. Mai 2004, ABl. L 236 vom 23. September 2003, S. 33.

[235] Hierunter fallen z.B. auch die Freizügigkeit der Arbeitnehmer sowie das Niederlassungsrecht der Unternehmer.

[236] Zitierweise entsprechend der EuGH/EuG – Pressemitteilung Nr. 57/99 vom 30. Juli 1999 (abgedruckt beispielsweise in EWS 1999, S. 342 f) für die Bestimmungen der Verträge

verbindlich und gelten unmittelbar in jedem Mitgliedstaat. Richtlinien sind für die Mitgliedstaaten, an die sie gerichtet werden, hinsichtlich des zu erreichenden Ziels verbindlich, überlassen aber den mitgliedstaatlichen Stellen die Wahl der Form und der Mittel zur Erreichung dieses Ziels. Entscheidungen sind in allen Teilen für diejenigen verbindlich, die sie bezeichnen. Empfehlungen und Stellungnahmen hingegen sind nicht verbindlich.

Die Überlagerung des deutschen Weiterbildungsrechts der Ärzte mit gemeinschaftsrechtlichen Vorgaben geschieht hauptsächlich in Form von europäischen Richtlinien, aufgrund derer das nationale Recht der Mitgliedstaaten innerhalb der in den Richtlinien jeweils festgesetzten Frist anzupassen ist. Besonders konkret sind inzwischen die Vorgaben für die Qualifizierung im Gebiet Allgemeinmedizin.

Es handelt sich hauptsächlich um folgende Richtlinien des Rates der Europäischen Gemeinschaften[237]: Richtlinie 75/362/EWG für die gegenseitige Anerkennung der Diplome, Prüfungszeugnisse und sonstigen Befähigungsnachweisen des Arztes und für Maßnahmen zur Erleichterung der tatsächlichen Ausübung des Niederlassungsrechts und des Rechts auf freien Dienstleistungsverkehr[238] und Richtlinie 75/363/EWG zur Koordinierung der Rechts- und Verwaltungsvorschriften für die Tätigkeiten des Arztes[239], beide vom 16. Juni 1975, weiterhin die Richtlinie 86/457/EWG vom 15. September 1986 über eine spezifische Ausbildung in der Allgemeinmedizin[240] und die diese drei Richtlinien zusammenführende Richtlinie 93/16/EWG vom 05. April 1993 zur Erleichterung der Freizügigkeit für die Ärzte und zur gegenseitigen Anerkennung ihrer Diplome, Prüfungszeugnisse und sonstigen Befähigungsnachweise[241].

Die Richtlinien von 1975 stellen ein im Rahmen der mitgliedstaatlichen Anerkennung von Befähigungsnachweisen typisches Richtlinienpaar mit Anerkennungs- und Koordinierungsrichtlinie dar[242]: Durch die Koordinierung werden Verhältnisse geschaffen, die die Mitgliedstaaten als gleichwertig ansehen und

---

nach dem Vertrag von Amsterdam vom 02. Oktober 1997: EG für Artikel des EGV und EU für solche des EUV in der seit dem 01. Mai 1999 gültigen Fassung.

237 Im Folgenden Rat.

238 ABl. L 167 vom 30.06.1975, S. 1; im Folgenden RL 75/362/EWG.

239 ABl. L 167 vom 30.06.1975, S. 14; im Folgenden RL 75/363/EWG.

240 ABl. L 267 vom 19.09.1986, S. 26; im Folgenden RL 86/457/EWG.

241 ABl. L 165 vom 07.07.1993, S. 1; im Folgenden RL 93/16/EWG.

242 Siehe hierzu die Richtlinienpaare für die Anerkennung von Befähigungsnachweisen von Krankenschwestern und Krankenpflegern, von Zahnärzten, Tierärzten, Hebammen und von Apothekern in den Fn. 523 bis 528.

zur automatischen Anerkennung der entsprechenden Befähigungsnachweise anderer Mitgliedstaaten führt.[243]

II. Rechtliche Basis und Verfahren für den Erlaß der Europäischen Richtlinien

Im Vertrag zur Gründung der Europäischen Wirtschaftsgemeinschaft (EWGV, jetzt EGV)[244] existieren seit seiner ersten bis hin zur heutigen[245] Fassung verschiedene Rechtsgrundlagen für den Erlaß von Richtlinien. Die jeweils einschlägige Rechtsgrundlage entscheidet sowohl über das anzuwendende Rechtsetzungsverfahren als auch über die zum Erlaß der Richtlinie notwendigen Mehrheitsverhältnisse. Maßgeblich für die grenzüberschreitende ärztliche Berufsausübung sind Art. 3 lit. c und Art. 7 EWGV (jetzt Art. 3 Abs. 1 lit. c und Art. 12 EG), die die Beseitigung der Hindernisse für den freien Personen-, Dienstleistungs- und Kapitalverkehr fordern und die Diskriminierung aus Gründen der Staatsangehörigkeit verbieten. In diesem Zusammenhang ist bei Ärzten unter Dienstleistung eine kurzfristige Tätigkeit, unter Niederlassung eine langfristige oder dauernde Ausübung des ärztlichen Berufes in einem anderen Mitgliedstaat zu verstehen.

Ausgangspunkt für die beiden Richtlinien aus dem Jahr 1975 war die Verpflichtung des Rates aufgrund von Art. 54 Abs. 2 und Art. 63 Abs. 2 EWGV, Richtlinien zur Verwirklichung der beiden Allgemeinen Programme zur Aufhebung der Beschränkungen der Niederlassungsfreiheit[246] und des freien Dienstleistungsverkehrs[247] zu erlassen.[248] Das Ziel dieser Programme war die Aufhebung jeder auf der Staatsangehörigkeit beruhenden diskriminierenden Behandlung bei der Niederlassung und im Dienstleistungsverkehr für bestimmte Tätigkeiten im Gesundheitswesen einschließlich der des Arztes. Dies sollte vor Ablauf des zweiten Jahres der dritten Stufe der Übergangszeit geschehen, also ur-

---

[243] So auch Grabitz/Hilf-*Randelzhofer/Forsthoff*, Art. 47 EG, Rdnr. 3, 17 und 20.

[244] Vom 25. März 1957, BGBl. II 1957, S. 766; ber. BGBl. II 1957, S. 1678 und 1958, S. 64.

[245] Zuletzt geändert durch die Beitrittsakte mit Wirkung ab 01. Mai 2004, ABl. L 236 vom 23. September 2003, S. 33.

[246] ABl. Nr. 2 vom 15. Januar 1962, S. 36, ber. S. 167.

[247] ABl. Nr. 2 vom 15. Januar 1962, S. 32.

[248] Trotz der Formulierung in Art. 54 Abs. 2 und 63 Abs. 2 EWGV („Verwirklichung des allgemeinen Programms") waren nicht die Programme Rechtsgrundlage für die Richtlinien, sondern der EWGV selbst, vgl. Groeben/Schwarze-*Tiedje/Troberg*, Bd. 1, Art. 47 EG, Rdnr. 10.

sprünglich bis Ende 1967[249]. Aber schon allein die vorbereitenden Arbeiten der Kommission verzögerten sich bis 1969 immer wieder.[250] Für derartige Richtlinien regelten die Art. 54 Abs. 2 und 63 Abs. 2 EWGV, daß der Rat die Richtlinien auf Vorschlag der Kommission und nach Anhörung sowohl des Wirtschafts- und Sozialausschusses (WSA) als auch des Europäischen Parlaments (EP)[251] mit qualifizierter Mehrheit zu erlassen hatte, also mit zwölf von siebzehn Stimmen[252].

Die Aufhebung der Beschränkung der Niederlassungs- und Dienstleistungsfreiheit suchte man mit Richtlinien über die gegenseitige Anerkennung von Diplomen, Prüfungszeugnissen und sonstigen Befähigungsnachweisen zu verwirklichen. Deren besondere Rechtsgrundlagen waren im Rahmen des Niederlassungsrechts Art. 57 Abs. 1 EWGV und im Rahmen der Dienstleistungsfreiheit der auf Art. 57 EWGV verweisende Art. 66 EWGV. Das Verfahren und die Mehrheitsverhältnisse zum Erlaß solcher Richtlinien entsprachen den soeben für Art. 54 und 63 EWGV dargestellten mit der Ausnahme, daß der WSA nicht zwingend anzuhören war. Art. 57 Abs. 2 EWGV wurde als Rechtsgrundlage herangezogen für die Richtlinien zur Koordinierung der Rechts- und Verwaltungsvorschriften der Mitgliedstaaten über die Aufnahme und Ausübung selbständiger Tätigkeiten, wobei hier zwar dasselbe Verfahren für den Erlaß der Richtlinien angewendet wurde, allerdings Einstimmigkeit der Mitgliedstaaten notwendig war unter anderem für Maßnahmen, die sich auf die Voraussetzungen für die Ausübung der ärztlichen, arztähnlichen und pharmazeutischen Berufe in den einzelnen Mitgliedstaaten bezogen. Im Übrigen reichte eine qualifizierte Mehrheit aus. Art. 57 Abs. 3 EGWV statuierte, daß die schrittweise Aufhebung der Beschränkungen für die ärztlichen, arztähnlichen und pharmazeutischen Berufe die Koordinierung der Bedingungen für die Ausübung dieser Berufe in den einzelnen Mitgliedstaaten voraussetze. Das bedeutet, daß die Koordinierungsrichtlinien vor oder zumindest zeitgleich mit den Anerkennungsrichtlinien zu erlassen waren.[253]

---

249 Vgl. Art. 8 EWGV [Übergangszeit] in der Fassung von Fn. 244; Ende der Übergangszeit war der 31. Dezember 1969.

250 Vgl. Tätigkeitsbericht der Bundesärztekammer an den 72. Deutschen Ärztetag, DÄ 1969, S. 1562 <1566>.

251 Das EP hatte damals noch die Bezeichnung „Versammlung".

252 Art. 148 [Beschlußfassung des Rates] Abs. 2 EWGV, der auch die Stimmgewichtung der einzelnen Mitgliedstaaten regelte: Deutschland, Frankreich und Italien jeweils 4, Belgien und Niederlande jeweils 2 und Luxemburg 1.

253 Mit Ende der Übergangszeit ist allerdings diese Rangfolge gegenstandslos geworden, da das Verbot der Niederlassungsbeschränkung direkt anwendbar geworden war; ausdrück-

In der Präambel jeder Richtlinie gibt der Rat neben den Erwägungsgründen die rechtlichen Grundlagen an, auf die er seine Richtlinien jeweils stützt. Für die oben genannten Richtlinien von 1975 verwies der Rat einerseits auf den EWGV a.F.[254] allgemein, andererseits auf die Art. 49, 57 und 66 EWGV a.F. über die Herstellung der Freizügigkeit der Arbeitnehmer und über die gegenseitige Anerkennung der Diplome, Prüfungszeugnisse und sonstigen Befähigungsnachweisen im Rahmen der Niederlassungsfreiheit und des freien Dienstleistungsverkehrs sowie auf die ergänzende Rechtsetzungsbefugnis des Art. 235 EWGV a.F.[255] Im Ausgangsdokument, dem Vorschlag der Kommission von 1969[256], wurden als Rechtsgrundlagen noch zusätzlich die oben genannten Art. 54 Abs. 2 und Art. 63 Abs. 2 EWGV aufgeführt. Warum auf die ausdrückliche Nennung dieser durchaus einschlägigen Rechtsgrundlagen verzichtet wurde, geht aus den Vorarbeiten[257] nicht hervor.

In der RL 86/457/EWG über die spezifische Ausbildung in der Allgemeinmedizin wurde nur allgemein auf die Art. 49, 57 und 66 EWGV a.F.[258] Bezug genommen. Der Vertrag über die Europäische Union[259] führte in den EGV unter anderem die verschiedenen Verfahrensarten[260] der Art. 189a – 189c (jetzt Art. 250 bis 252 EG) ein. Daraufhin wurde in der die bisherigen Richtlinien zu-

---

lich vom EuGH so entschieden in Rs. 2/74 [Jean Reyners – Belgischer Staat] vom 21. Juni 1974, Slg. 1974, S. 631 („Reyners").

254 EWGV damals zuletzt geändert durch Beschluß des Rates vom 26. November 1974, ABl. L 318 vom 28. November 1974, S. 22.

255 Art. 235 EWGV a.F. wurde deshalb ausdrücklich genannt, weil einige mitgliedstaatliche Delegationen in der Erstreckung der Anerkennung auf Diplome von abhängig Beschäftigten eine Vertragsergänzung sahen. Bei den später erlassenen Richtlinien für Hebammen, Friseure oder Architekten setzte sich die Auffassung durch, daß diese Erstreckung durch den ebenfalls genannten Art. 49 EWGV a.F. gedeckt war; vgl. hierzu auch Groeben/Thiesing/Ehlermann-*Troberg*, 5. Auflage, Art. 57 EGV, Rdnr. 13.

256 ABl. C 54 vom 28. April 1969, S. 8.

257 Stellungnahme des WSA in ABl. C 36 vom 28. März 1970, S. 15; Entschließung des EP in ABl. C 101 vom 04. August 1970, S. 13.

258 EWGV damals zuletzt geändert durch den Grönlandvertrag von 1984, ABl. L 29 vom 01. Februar 1985, S. 1; die Einheitliche Europäische Akte (EEA) vom 28. Februar 1986 (ABl. L 169 vom 29. Juni 1987, S. 1) trat erst am 01. Juli 1987 in Kraft.

259 Vom 07. Februar 1992, ABl. C 191 vom 10. April 1992, S. 1 (Maastricht-Vertrag); aufgrund dieses Unions-Vertrages, der nur noch von der (einen) Europäischen Gemeinschaft spricht, ändert sich die Bezeichnung des EWGV zum EGV.

260 Mit Ausnahme des Verfahrens der Zusammenarbeit, das schon durch die EEA (vgl. Fn. 258) in den später aufgehobenen Art. 149 EWGV (Art. 189c EGV bzw. heute Art. 252 EG) eingeführt worden war.

sammenführenden RL 93/16/EWG neben den Art. 49 und 66 EGV a.F.[261] ausdrücklich nur auf Teile des Art. 57 EGV a.F. verwiesen, nämlich auf Abs. 1 und Abs. 2 S. 1 und 3, um zu verdeutlichen, daß der Verfahrensgang der Mitentscheidung nach Art. 189b EGV a.F. gewählt worden war.[262] Verfahren der Mitentscheidung bedeutet, daß der Rat eine Richtlinie nur im Einvernehmen mit dem EP erlassen bzw. das EP mit der absoluten Mehrheit seiner Mitglieder den Erlaß einer von der Kommission vorgeschlagenen und vom Rat gebilligten Richtlinie verhindern kann.

Auch die bis Ende 2004 letzte Richtlinie des EP und des Rates zur Änderung unter anderem der RL 93/16/EWG aus dem Jahr 2001[263] stützt sich ausschließlich auf die allgemeinen Regelungen zur Herstellung der Freizügigkeit der Arbeitnehmer, des Niederlassungsrechts und des freien Dienstleistungsverkehrs, Art. 40, 47 Abs. 1, 2 S. 1 und 3 und Art. 55 EG (ex-Artikel 49, 57 und 66 EGV).

III. Europarechtliche Vorgaben von 1975 und ihre Umsetzung

1. Richtlinie 75/362/EWG und Richtlinie 75/363/EWG

a. Zustandekommen

Die Kommission entwarf bis 1969 Richtlinienvorschläge zur Umsetzung der Allgemeinen Programme zur Aufhebung der Beschränkungen der Niederlassungsfreiheit und des freien Dienstleistungsverkehrs für Ärzte von 1962.[264] Die Richtlinien selbst wurden erst 1975 nach langen Auseinandersetzungen vom Rat verabschiedet.

Um sich in dem Prozeß der Europäisierung und Liberalisierung Gehör zu verschaffen, gründeten die ca. 260.000 Ärzte der sechs EWG-Staaten[265] bereits im Oktober 1959 in Amsterdam einen „Ständigen Ausschuß der Ärzteschaften der

---

[261] Fassung im Sinne von Fn. 259.

[262] Dieses Verfahren stellt den Normalfall für die Annahme von Anerkennungs- und Koordinierungsrichtlinien dar, selbst wenn Art. 57 Abs. 2 S. 3 EGV a.F. durch die Formulierung „Im übrigen ..." es wie eine sekundäre Möglichkeit einführt. Eine ausführliche Begründung für die Differenz zwischen Sprachlichem und Tatsächlichem findet sich bei Grabitz/Hilf-*Randelzhofer*/Forsthoff, Art. 47 EG, Rdnr. 14.

[263] Richtlinie 2001/19/EG vom 14. Mai 2001, ABl. L 206 vom 31. Juli 2001, S. 1.

[264] Vgl. C.II.

[265] Bis zur EU-Osterweiterung am 01. Mai 2004 waren es mehr als 1 Mio. Ärzte in den 15 Mitgliedstaaten zuzüglich Island und Norwegen.

EWG-Länder" (im Folgenden: Ständiger Ausschuß) als beratendes Gremium zur Koordinierung der Maßnahmen der ärztlichen Standesorganisationen.[266] Die deutsche Ärzteschaft wurde – wie international allgemein üblich – durch die Bundesärztekammer vertreten. Sie entsandte sechs stimmberechtigte Delegierte und je nach Bedarf weitere Sachverständige als Berater oder Beobachter. Schwerpunkte der Arbeit des Ständigen Ausschusses waren die verschiedenen Richtlinienentwürfe zur Niederlassungsfreiheit und zum freien Dienstleistungsverkehr der Ärzte und die Frage nach der Gleichwertigkeit der jeweiligen mitgliedstaatlichen ärztlichen Examina. Des weiteren ging es um die Kriterien der Weiterbildung, die Weiterbildungszeiten, den Abschluß der Weiterbildung und die Frage, ob Weiterbildung in Vollzeit oder auch in Teilzeitbeschäftigung zulässig sein sollte. Der Ständige Ausschuß empfahl schließlich der Kommission unter anderem, daß für den Inhalt der Weiterbildung zunächst nur die Weiterbildungszeit als Kriterium gelten könne und eine Weiterbildung in Vollzeittätigkeit in aller Regel besser und daher allgemein anzustreben sei.[267] Diese Arbeitsergebnisse des Ständigen Ausschusses stimmten weitestgehend mit den Vorstellungen der deutschen Ärzteschaft, die in der M-WBO von 1968 dokumentiert waren, überein.[268] Allein hinsichtlich der Weiterbildung in der Allgemeinmedizin konnte keine Einigung im Plenum erzielt werden; die deutsche WBO scheint diesbezüglich am weitesten fortgeschritten gewesen zu sein.

Die Kommission legte Anfang 1969 ihren endgültigen Richtlinienvorschlag[269] vor, ohne daß es entgegen ihrer vorherigen Zusage noch einmal zu einer Aussprache mit den Vertretern des Ständigen Ausschusses gekommen war.[270] Der Vorschlag bestand aus drei Teilen, die wegen ihres inneren Zusammenhangs

---

[266] *Schlögell*, DÄ 1973, S. 613 <614>; für einen Einblick in Aufbau und Arbeitsweisen des Ständigen Ausschusses siehe beispielsweise den Tätigkeitsbericht der Bundesärztekammer an den 72. Deutschen Ärztetag, DÄ 1969, S. 1562 ff; weiterführende Informationen und Dokumente des Ständigen Ausschusses auf seiner Homepage unter www.cpme.be, der sich seit Anfang der 70er Jahre „Ständiger Ausschuß der Ärzte der EG" nennt. Nach *Vilmar*, ehemaliger Präsident der Bundesärztekammer und von 1985 bis 1988 auch des Ständigen Ausschusses, gehe ein Großteil der Arbeit des „Comité Permanent" im Stillen vor sich, bei inoffiziellen Kontakten, bei den Sitzungen der verschiedenen Arbeitsgruppen und in schriftlichen Stellungnahmen, DÄ 1988, S. B-2399.

[267] Vgl. Tätigkeitsbericht der Bundesärztekammer an den 72. Deutschen Ärztetag, DÄ 1969, S. 1449 <1563>.

[268] Vgl. Tätigkeitsbericht der Bundesärztekammer an den 72. Deutschen Ärztetag, DÄ 1969, S. 1449 <1563 f.>.

[269] Vgl. Fn. 256.

[270] Tätigkeitsbericht der Bundesärztekammer an den 73. Deutschen Ärztetag, DÄ 1970, S. 1745 <1837>.

gemeinsam verabschiedet werden sollten. Der erste Teil befaßte sich mit der Beseitigung von diskriminierenden Bestimmungen für das berufliche Tätigwerden von Staatsangehörigen der Mitgliedstaaten in den jeweils anderen Mitgliedsstaaten, der zweite mit der gegenseitigen Anerkennung von Diplomen, Prüfungszeugnissen und sonstigen Befähigungsnachweisen und der dritte mit der Koordinierung einschlägiger Rechts- und Verwaltungsvorschriften. Die Kommission hatte die Arbeitsergebnisse des Ständigen Ausschusses in großem Umfang berücksichtigt, sich allerdings über die Vorschläge hinsichtlich der für die einzelnen Fachgebiete vorgeschlagenen Weiterbildungszeiten hinweggesetzt. Die Allgemeinmedizin wurde vom Anwendungsbereich nicht umfaßt.

Der WSA forderte in seiner Stellungnahme[271] zu dem Richtlinienvorschlag, diesen Anwendungsbereich auch auf unselbständige, also angestellte Ärzte zu erstrecken. Der WSA war weiterhin der Ansicht, daß der einwandernde Arzt nicht nur das Recht, sondern die Pflicht haben müsse, nicht die in einem Mitgliedstaat erworbene, sondern die im Aufnahmestaat geltende Berufsbezeichnung zu führen. Er kritisierte die geplante Beibehaltung der Sonderbestimmung hinsichtlich der in der Bundesrepublik Deutschland noch verlangten Vorbereitungszeit vor Erteilung des Rechtes zur Behandlung von Sozialversicherten. Diese sollte seiner Ansicht nach aufgehoben werden. Gleichzeitig forderte er die Einführung einer Anpassungszeit von sechs Monaten für jeden Arzt, der in einen anderen Mitgliedstaat einwandert, um ihm Gelegenheit zu geben, sich mit der Sprache, der Gesundheitsgesetzgebung und dem System der sozialen Sicherheit des Aufnahmestaates vertraut zu machen.

Das EP betonte in seiner Stellungnahme[272] zusätzlich zu den vom WSA aufgeführten Punkten seine Besorgnis über die damalige schwierige Lage der Praktischen Ärzte. Es vertrat die Auffassung, daß dem nicht durch eine ergänzende spezielle Ausbildung oder durch ein im Anschluß an das Studium zu absolvierendes Krankenhauspraktikum, sondern nur durch eine Neugestaltung der Aus- und Fortbildung abgeholfen werden könne. Außerdem ersuchte es die Kommission, zu prüfen, ob in der Koordinierungsrichtlinie für Ärzte eine Regelung vorgesehen werden könnte, nach der Teilzeitausbildung in entsprechender Anrechnung für die Hälfte oder gar für zwei Drittel der vorgeschriebenen Mindestausbildungszeit anerkannt werde, wenn besondere Umstände wie Mutterschaft mit Kindern bis zu sechs Jahren der vorgesehenen Vollzeitausbildung entgegenstünden. Sowohl das EP als auch der WSA konnten sich nur teilweise mit ihren Forderungen durchsetzen.

---

[271] ABl. C 36 vom 28. März 1970, S. 15.

[272] ABl. C 101 vom 04. August 1970, S. 13.

Der Ständige Ausschuß, besonders dessen Teilausschuß „Praktische Ärzte“, war über die Äußerungen des EP in der oben genannten Stellungnahme hinsichtlich der Situation der Praktischen Ärzte „schockiert“[273]. Schließlich würden sich seit Jahren verschiedene Gremien darum bemühen, dem Praktischen Arzt zu einer Verbesserung seiner Arbeit am Patienten und seiner Position im Gefüge des Gesundheitswesens und der ärztlichen Versorgung der Bevölkerung dadurch zu verhelfen, daß man einen eigenen Weiterbildungsweg schaffe, wie dies in Deutschland bereits geschehen sei. Der Vorschlag des EP würde die Einheit des ärztlichen Berufes in Frage stellen. Der Ständige Ausschuß leitete seine Kritikpunkte daraufhin in Form einer einstimmig angenommenen Entschließung an den Rat[274] der EWG weiter.[275]

Der lange Zeitraum zwischen der letzten nach der Verfahrensordnung einzuholenden Stellungnahme des EP von 1970 und der Verabschiedung der Richtlinien im Jahr 1975 läßt sich sicherlich unter anderem damit erklären, daß mit Wirkung vom 01. Januar 1973 Großbritannien, Dänemark und Irland der Europäischen Gemeinschaft beitraten. Somit mußten drei weitere ärztliche Aus- und Weiterbildungssysteme berücksichtigt werden. Außerdem besaßen mit Großbritannien, Irland und Dänemark erstmals Mitgliedstaaten der Gemeinschaft einen staatlichen Gesundheitsdienst, was nach Ansicht gerade von deutschen Ärzten das Potential in sich barg, sich im Rahmen der Harmonisierungsbestrebungen negativ auf die Politik der anderen Mitgliedstaaten auszuwirken.[276] Zumindest in Deutschland realisierten sich diese Befürchtungen nicht, weil es bisher nicht zur Harmonisierung der Gesundheitssysteme kam.

Über weitere Gründe für die Verzögerung konnte von Seiten der Ärzteschaft zunächst nur gemutmaßt werden, denn die zuständigen Gremien des Rates führten erstmalig ihre Beratungen unter strenger Geheimhaltung und bezeichneten ihre Dokumente als interne Arbeitspapiere und streng vertraulich, so daß sich nicht einmal der Ständige Ausschuß als legitime Vertretung der Ärzte über den

---

[273] In „Der praktische Arzt – künftig nur ein besserer Feldscher?“, Bericht über die Vollversammlung des Ständigen Ausschusses am 28. November 1970 in Brüssel, DÄ 1970, S. 3719.

[274] Nach dem damaligen Verfahren zum Erlaß von Richtlinien war das EP nach seiner abgegebenen Stellungnahme nicht mehr mit dem Richtlinienvorschlag befaßt, wohl aber der die Richtlinie erlassende Rat.

[275] Vgl. DÄ 1970, S. 3720.

[276] Vgl. den Kommentar hierzu in DÄ 1971, S. 3057; a.A. *Schlögell*, DÄ 1973, S. 613 <616> und S. 675 <678>, der nach einem Vergleich der neun mitgliedstaatlichen Gesundheitssysteme der Meinung ist, daß sich die nationalen Systeme nach ihren eigenen Gesetzen und Traditionen weiterentwickeln werden, wobei es zu einem langsamen Angleichungsprozeß der Leistungen kommen solle.

Fortgang der Beratungen informieren konnte.[277] Ende 1972 schließlich wurde der Ständige Ausschuß durch einen Bericht des für Fragen der Freizügigkeit der freien Berufe zuständigen Beamten der Kommission über den Diskussionsstand in den Beratungen des Rates unterrichtet.[278] Zu diesem Zeitpunkt waren die Probleme aufgrund der juristischen Stellung französischer und italienischer Krankenhausärzte in öffentlichen Krankenhäusern als Beamtenpositionen, die zu einer berechtigten Reservierung dieser Positionen für französische bzw. italienische Staatsangehörige führte, noch ungeklärt.[279] Ebenfalls ohne Antwort war bis dahin die Frage, ob für die Anerkennung von Diplomen neben dem Kriterium von 6 Jahren auch auf das quantitative Kriterium „5500 Stunden Mindestunterrichtszeit" abgestellt werden sollte[280], wie es bis zu diesem Zeitpunkt geplant war.

Gerade für Krankenhausärzte waren demnach politische Entscheidungen vom Rat gefragt, damit auch in Frankreich und Italien Krankenhausärzte aus anderen Mitgliedstaaten tätig werden durften. Diese Ratsentscheidungen mußten zwar nicht einstimmig, sondern konnten mit der oben angesprochenen qualifizierten Mehrheit getroffen werden. Faktisch lief es jedoch auch bei diesen Entscheidungen auf Einstimmigkeit hinaus: Denn nationale Anliegen zur Niederlassungsfreiheit oder Anerkennung der Diplome, die nicht ohne weiteres gegen die qualifizierte Mehrheit der anderen Mitgliedstaaten durchzusetzen gewesen wären, konnten durch eine Blockade der vorrangig und einstimmig zu erlassenden Koordinierungsrichtlinien durch die jeweils unterlegenen Staaten unterstützt werden. Auch dieses Unterfangen verzögerte den von den Ärzten geforderten[281] zügigen Erlaß der Richtlinien.

---

277 Vgl. Beschluß des Ständigen Ausschusses Ende November 1971, DÄ 1972, S. 283: „Der Ständige Ausschuß der Ärzte der EWG ist darüber zutiefst enttäuscht. Als legitimierte Vertretung der Ärzte der sechs Länder hätte er erwartet, offiziell über die neuen Entwürfe unterrichtet und zur Stellungnahme aufgefordert zu werden."

278 Vgl. Tagungsbericht der Sitzung des Ständigen Ausschusses, DÄ 1973, S. 161.

279 Vgl. hierzu ausführlich *Schlögell*, DÄ 1973, S. 613 <615>, der das Problem der mit der Ausübung öffentlicher Gewalt versehenen Krankenhausärzte auch in den Ländern Dänemark und Irland sieht.

280 Zwischenzeitliche Ablehnung dieses quantitativen Merkmals durch die deutsche Bundesregierung auf Anraten der Westdeutschen Rektorenkonferenz, allerdings nur bis Mitte 1973, vgl. DÄ 1973, S. 1525.

281 Vgl. Entschließung des Ständigen Ausschusses vom 23. März 1973, abgedruckt in DÄ 1975, S. 1582.

Mit dem Beitritt der drei neuen Mitgliedstaaten wurde der bis dahin verfolgte quantitative Ansatz zugunsten eines qualitativen Ansatzes überdacht.[282] Dies bedeutet, die Richtlinien sollten sich primär nicht mit dem Ausbildungsweg, sondern mit dem Ausbildungsabschluß befassen. Daher beschloß der Rat am 06. Juni 1974[283] „zur Förderung der Arbeiten auf dem Gebiet der gegenseitigen Anerkennung" Grundsätze und Leitlinien, wonach die Richtlinien über die gegenseitige Anerkennung der beruflichen Befähigungsnachweise und über die Koordinierung der Bedingungen für den Zugang zu einem Beruf „von dem Bestreben nach Flexibilität und Qualität geleitet werden" und „so wenig wie möglich detaillierte Ausbildungserfordernisse vorschreiben" sollten.[284]

Ein Teil der Diskussion, nämlich der um die Gleichbehandlung bei der Niederlassung, wurde durch das „Reyners"-Urteil des EuGH[285] hinfällig, demzufolge nach Ablauf der Übergangszeit am 31. Dezember 1969 jede allein auf der Staatsangehörigkeit beruhende unterschiedliche Behandlung bei der Niederlassung untersagt sei, da Art. 52 EWGV nun unmittelbar gelte: „Diese Auslegung entspricht Art. 8 Abs. 7 EWGV, wonach das Ende der Übergangszeit gleichzeitig der Endtermin für das Inkrafttreten aller im Vertrag vorgesehenen Vorschriften sowie für die Durchführung aller Maßnahmen ist, die zur Errichtung des gemeinsamen Marktes gehören."[286]

Diese zentrale Aussage galt auch für den Dienstleistungsverkehr und die Freizügigkeit der Arbeitnehmer.[287] Die Folge war, daß es für die Realisierung dieser Grundfreiheiten nicht mehr einer Einigung im Rat oder einer Bestätigung durch Richtlinien des Rates bedurfte, sondern diese unmittelbar galten.[288] Diskussions-

---

282 Siehe zur Darstellung der Entwicklung von Richtlinien bei den freien Berufen Groeben/Thiesing/Ehlermann-*Troberg*, 5. Auflage, Art. 57 EGV, Rdnr. 40.

283 Entschließung des Rates vom 06. Juni 1974 über die gegenseitige Anerkennung der Diplome, Prüfungszeugnisse und sonstigen Befähigungsnachweise, ABl. C 98 vom 20. August 1974, S. 1.

284 Zu diesem Zweck schlug der Rat einerseits die Auflistung von Diplomen, die als gleichwertig anerkannt werden, andererseits die Einsetzung von Beratenden Ausschüssen vor. Beides wurde später bei den Ärzterichtlinien realisiert.

285 Rs. 2/74 [Jean Reyners – Belgischer Staat] vom 21. Juni 1974, Slg. 1974, S. 631 („Reyners"); für die unmittelbare Anwendbarkeit der Regelungen über die Dienstleistungsfreiheit siehe Rs. 33/74 [Johannes Henricus Maria van Binsbergen – Bestuur van de Bedrijfsvereniging voor de Metaalnijverheid] vom 03. Dezember 1974, Slg. 1974, S. 1299.

286 Urteil des EuGH in der Rs. 2/74 [Jean Reyners – Belgischer Staat] vom 21. Juni 1974, Slg. 1974, S. 631, Rdnr. 27/28 („Reyners").

287 So auch *Scheuing*, JZ 1975, 151 <157> mit weiteren Hinweisen in seiner Fn. 57.

288 Die Aufhebung der Niederlassungsbeschränkungen wurde gerade nicht von vorherigen Durchführungsmaßnahmen abhängig gemacht, für deren Ausgestaltung gewisse den

bedürftig blieb der Bereich der Niederlassungserleichterung durch gegenseitige Anerkennung der Befähigungsnachweise[289], in dem schließlich mit der Verabschiedung der Richtlinien zumindest vorläufig eine hinreichende Einigung erzielt werden konnte.

b. Inhalt

Im Gegensatz zu der im Richtlinienvorschlag vorgesehenen Dreiteilung wurden am 30. Juni 1975 zwei Richtlinien[290] erlassen, wobei die RL 75/362/EWG die ursprünglich ersten beiden Teile über die gegenseitige Anerkennung der Diplome, Prüfungszeugnisse und sonstigen Befähigungsnachweise und Maßnahmen zur Erleichterung der tatsächlichen Ausübung des Niederlassungsrechts und des Rechts auf freien Dienstleistungsverkehr umfaßte und die RL 75/363/EWG die Koordinierung der Rechts- und Verwaltungsvorschriften für die Tätigkeiten des Arztes behandelte.

(1) Richtlinie 75/362/EWG

In den der RL 75/362/EWG vorangestellten Erwägungsgründen wurde unter Hinweis auf die durch das oben angesprochene „Reyners"-Urteil des EuGH[291] genannten Folgen des Ablaufs der Übergangszeit erläutert, daß es trotz der nun unmittelbaren Geltung des „Grundsatzes der Inländergleichbehandlung" angebracht sei, gewisse Bestimmungen zur Erleichterung der tatsächlichen Ausübung des Niederlassungsrechts und des Rechts auf freien Dienstleistungsverkehr vorzusehen, darunter die gegenseitige Anerkennung von Diplomen[292]. Diese Anerkennung habe aber nicht unbedingt die sachliche Gleichwertigkeit der Ausbildungsgänge zur Folge, weshalb – entgegen der Forderungen von EP und

---

Durchgriff ausschließende Spielräume bestanden, vgl. EuGH ebenda, Rdnr. 27/28: Die Tatsache, daß die zur Erfüllung der Niederlassungsfreiheit in Art. 52 EWGV vorgesehenen Maßnahmen vor Ablauf der Übergangszeit nicht eingehalten wurden, „läßt die Verpflichtung als solche nach Ablauf der für ihre Erfüllung vorgeschriebenen Frist unberührt."

289 Selbst das Prinzip der gegenseitigen Anerkennung von Diplomen, bis dahin Grundlage der Richtlinienentwürfe, wurde erneut zur Diskussion gestellt, vgl. Tätigkeitsbericht der Bundesärztekammer an den 78. Deutschen Ärztetag, DÄ 1975, S. 1457 <1581 ff.>.

290 Vgl. Fn. 238 und Fn. 239.

291 Siehe Fn. 285.

292 Für eine bessere Verständlichkeit des Textes wird im Zusammenhang mit den europäischen Richtlinien im Folgenden „Diplome" zusammenfassend für die in den Richtlinien verwandten Begriffe „Diplome, Prüfungszeugnisse und sonstige Befähigungsnachweise" verwendet.

WSA – zur Unterscheidung die Ausbildungsbezeichnung nur in der Sprache des Staates geführt werden durfte, in dem die Ausbildung stattgefunden hatte, eventuell verbunden mit Namen und Ort der Lehranstalt oder des Prüfungsausschusses, vgl. Art. 10 Abs. 1 RL 75/362/EWG[293]. Die Facharztbezeichnung hingegen richtete sich nach der Sprache des Aufnahmestaates, Art. 18 Abs. 2 RL 75/362/EWG.

Der Anwendungsbereich der RL 75/362/EWG war durch ihren Art. 1 weit gefaßt. Er umfaßte nämlich alle Tätigkeiten der freiberuflich oder im Angestelltenverhältnis[294] tätigen Ärzte.

Die Art. 2 und 3 bestimmten, welche Ausbildungsdiplome von allen Mitgliedstaaten gegenseitig anerkannt werden mußten und daß ihnen die gleiche Wirkung in Bezug auf die Aufnahme und Ausübung der ärztlichen Tätigkeit verliehen werden mußte wie den Diplomen des Aufnahmemitgliedstaates. Für Deutschland war dies gem. Art 3 lit. a das von den zuständigen Behörden ausgestellte Zeugnis über die ärztliche Staatsprüfung zusammen mit dem Zeugnis über die Vorbereitungszeit als Medizinalassistent, soweit nach den deutschen Vorschriften eine solche noch für den Abschluß der ärztlichen Ausbildung vorgesehen war. Die gegenseitige Anerkennungspflicht bezog sich somit nur auf die Ausbildungsdiplome selbst, nicht aber auf die Erteilung der Approbation oder einer anderen staatlichen Berechtigung zur selbständigen Berufsausübung. Die Anerkennungspflicht betraf Diplome von Staatsbürgern *aller* Mitgliedstaaten, also nicht nur Diplome von Staatsbürgern *anderer* Mitgliedstaaten, d.h., daß in Deutschland beispielsweise auch ein medizinisches Abschlußzeugnis, das ein deutscher Staatsangehöriger in Frankreich erworben hatte, anerkannt werden mußte.

Art. 5 betraf diejenigen elf Facharztdiplome[295], welche in sämtlichen Mitgliedstaaten existierten. Daneben wurden die für die Ausstellung dieser Diplome zuständigen Behörden[296] in den jeweiligen Bezeichnungen der Mitgliedstaaten

---

[293] Die im Folgenden in diesem Abschnitt genannten Artikel ohne Richtlinienbezeichnung sind solche der RL 75/362/EWG.

[294] Siehe für die Erstreckung der Richtlinie auf Ärzte im Angestelltenverhältnis auch Art. 24, womit der Rat der Forderung des WSA und des EP gegen die Bedenken der Kommission nachgekommen ist. Der Rat löste das Problem der hierfür im EWGV zu findenden Rechtsgrundlage durch die Heranziehung von Art. 49 EWGV [Maßnahmen zur Herstellung der Freizügigkeit der Arbeitnehmer].

[295] In Anästhesie, Chirurgie, Neurochirurgie, Frauenheilkunde und Geburtshilfe, Innere Medizin, Augenheilkunde, Hals-, Nasen-, Ohrenheilkunde, Kinderheilkunde, Lungen- und Bronchialheilkunde, Urologie und Orthopädie.

[296] Für Deutschland die Landesärztekammern.

aufgeführt. Gem. Art. 4 mußten auch diese Facharztdiplome von jedem Mitgliedstaat anerkannt und mit gleichen Wirkungen wie die heimatstaatlichen Facharzttitel ausgestattet werden.

In Art. 6 und 7 folgten Bestimmungen über die Anerkennung von 36 Facharztdiplomen, die nicht in allen, sondern nur in zwei oder mehreren Mitgliedstaaten existierten. Die Verpflichtung zur gegenseitigen Anerkennung wurde nur zwischen den Mitgliedstaaten gefordert, die den jeweiligen Facharzttitel selber kannten und verliehen. Von deutscher Seite waren dies neben den elf Weiterbildungsnachweisen aus Art. 5 nur acht weitere Facharzttitel, so wenig wie in keinem der anderen Mitgliedstaaten.[297] Soweit einer der 36 Facharzttitel in einem Mitgliedstaat nicht ausgestellt wurde, konnte dieser Mitgliedstaat dem Arzt für den Erwerb eines ähnlichen Titels die in seinen Rechts- und Verwaltungsvorschriften vorgesehenen Weiterbildungsbedingungen auferlegen, wobei er jedoch die bereits abgeleistete und dokumentierte Weiterbildungszeit ganz oder teilweise anrechnen mußte, Art. 8 Abs. 1 und 2. Für die Inhaber von Ausbildungs- und Facharztdiplomen, die vor Beginn der Anwendung der RL 75/363/EWG ausgestellt worden waren und deren Aus- oder Weiterbildungsgang nicht den dort genannten Mindestanforderungen entsprach, regelte Art. 9 die gleichwohl erworbenen Rechte derart, daß die Mitgliedstaaten bei Vorliegen bestimmter Voraussetzungen trotzdem verpflichtet waren, auch diese Titel gegenseitig anzuerkennen.[298] Die Allgemeinmedizin blieb bei den Anerkennungsregelungen – wie überhaupt bei den Richtlinien von 1975 – unberücksichtigt, obwohl ursprünglich für die Allgemeinärzte vor Erlaß der Richtlinie wenigstens eine Übergangslösung ins Auge gefaßt war.

Die Richtlinie enthielt ab Art. 11 besondere Bestimmungen zur Erleichterung des Niederlassungsrechts und des Rechts auf freien Dienstleistungsverkehr, zum Beispiel über Eidesleistungen, Zuverlässigkeitsnachweise, über Zeugnisse hinsichtlich des körperlichen und geistigen Gesundheitszustands oder über Fristen im Anerkennungsverfahren derartiger Dokumente. Für die Erbringung von ärztlichen Dienstleistungen waren die Staatsangehörigen der anderen Mitgliedstaaten von dem nationalen Erfordernis der Genehmigung, der Eintragung oder Mitgliedschaft in einem Berufsverband oder einer Berufskörperschaft zu befreien, aber eine vorherige Anzeige durfte verlangt werden, soweit die Dienstleistung einen vorübergehenden Aufenthalt im Aufnahmestaat erforderlich machte, Art. 16. Erfolgte die Dienstleistung zugunsten von Sozialversicherten und ließ

---

[297] Von den 36 Facharzttiteln wurden anerkannt: in Belgien 14, in Frankreich und den Niederlanden 17, in Dänemark 18, in Luxemburg 19 und 25 in Irland, Italien und im Vereinigten Königreich.

[298] Vgl. hierzu auch die ausführliche Darstellung bei *Haage*, ZMGR 2004, 231 <234>.

sich der Begünstigte in einem anderen Mitgliedstaat nieder, so mußte ihn gem. Art. 17 der Aufnahmestaat vom nationalen Erfordernis der Mitgliedschaft bei einer Körperschaft des öffentlichen Rechts befreien.

Statt der zuvor vom EP angedachten Anpassungszeit von sechs Monaten für einwandernde Ärzte konnten die Mitgliedstaaten Informationszentren einrichten, an die sich diese Ärzte wenden sollten, um sich nach Standesregeln oder Gesundheits- und Sozialvorschriften zu erkundigen. Die Beherrschung der Sprache des Aufnahmestaates wurde nicht als Voraussetzung vorgeschrieben: „Die Mitgliedstaaten tragen dafür Sorge, daß die Begünstigten gegebenenfalls, in ihrem Interesse und im Interesse ihrer Patienten, die Sprachkenntnisse erwerben, die sie für die Ausübung ihrer Berufstätigkeit im Aufnahmeland brauchen“, Art. 20 Abs. 3.

Inzwischen hat der EuGH[299] zu dem Erfordernis der Sprachkenntnisse des Aufnahmemitgliedstaates die Anforderungen dahingehend präzisiert, daß zwar die Kassenzulassung von sprachlichen Voraussetzungen abhängig gemacht werden dürfe, damit ein Gespräch mit Patienten und die Einhaltung der geltenden Berufsregeln und Rechtsvorschriften wie auch die Erfüllung der administrativen Aufgaben möglich sei. Aber über das zur Erreichung dieses Zieles Erforderliche dürften die Anforderungen nicht hinausgehen: Es sei nämlich im Interesse der Patienten, deren Muttersprache nicht die Amtssprache ist, daß es eine gewisse Anzahl von Ärzten gebe, die sich mit ihnen auch in ihrer eigenen Sprache verständigen könnten.[300]

Entgegen den Forderungen des WSA und des EP wurde in den sich anschließenden Schlußbestimmungen unter anderem geregelt, daß die Ableistung einer Vorbereitungszeit für eine Kassenarzttätigkeit, wie sie zu dieser Zeit in Deutschland vorgeschrieben war, noch während der auf die Bekanntmachung der Richtlinie folgenden fünf Jahre verlangt werden durfte, und zwar nicht nur von eige-

---

[299] Rs. C-424/97 [Salomone Haim – Kassenzahnärztliche Vereinigung Nordrhein] vom 04. Juli 2000, Slg. 2000, S. I-5123 („Haim II“) zu der entsprechenden Regelung für Zahnärzte in Art. 18 Abs. 3 der Richtlinie 78/686/EWG vom 25. Juli 1975, ABl. L 233 vom 24. August 1978, S. 1.

[300] Dies war ein neuer Aspekt in der Rechtsprechung des EuGH zur Erforderlichkeit von Sprachkenntnissen als Barriere für die Ausübung der Niederlassungsfreiheit, vgl. auch *Hakenberg*, MedR 2001, 507 <513>. Dieser Aspekt trägt dem Umstand Rechnung, daß in vielen Mitgliedstaaten mittlerweile große Gemeinschaften von Staatsbürgern anderer Herkunft leben, die ebenfalls einen Anspruch haben sollen, sich in ihrer eigenen Sprache mit Angehörigen der medizinischen dienstleistenden Berufe verständigen zu können. *Hakenberg*, a.a.O.: „Ein sicherlich lobenswerter Ansatz“.

nen, sondern auch von Staatsangehörigen anderer Mitgliedstaaten, allerdings reduziert auf 6 Monate.

(2) Richtlinie 75/363/EWG

Schon in den Erwägungsgründen der RL 75/362/EWG verdeutlichte der Rat, daß die zwischen den Mitgliedstaaten bestehenden Unterschiede in Bezug auf die Zahl der ärztlichen Fachrichtungen und die Art oder Dauer der entsprechenden Weiterbildung bestimmte Koordinierungsmaßnahmen durch die RL 75/363/EWG erfordern würden. Folge der Koordinierung sei aber nicht die Harmonisierung aller Vorschriften der Mitgliedstaaten über die fachärztliche Weiterbildung, wobei eine spätere Harmonisierung auf diesem Gebiet nicht ausgeschlossen werde. In den Erwägungsgründen der RL 75/363/EWG unterstrich der Rat deshalb, daß in Anbetracht der Vergleichbarkeit der mitgliedstaatlichen Ausbildungsgänge die Mitgliedstaaten nur durch wenige Mindestbestimmungen in ihrer freien Ausgestaltung der Ausbildung beschränkt werden sollten, hingegen im Rahmen der Weiterbildung eine gewisse Koordinierung notwendig sei, und zwar für den Zugang zur Weiterbildung, deren Mindestdauer, Art und Ort ihrer Durchführung sowie für die Kontrolle der Weiterbildung.

Durch ihren letzten Erwägungsgrund und durch Art. 6 RL 75/363/EWG[301] war – wie bei der RL 75/362/EWG – auch hier der Anwendungsbereich weit gefaßt, nämlich die Förderung der uneingeschränkten Freizügigkeit der freiberuflich oder im Angestelltenverhältnis tätigen Ärzte, also aller Ärzte. Art. 1 befaßte sich mit den Mindestvoraussetzungen für die Aufnahme und Ausübung der ärztlichen Tätigkeit hinsichtlich der Kenntnisse und Erfahrungen während der ärztlichen Ausbildung, wobei neben inhaltlichen auch quantitative Vorgaben wie sechs Jahre oder 5.500 Stunden Mindestausbildungszeit theoretischer und praktischer Art aufgenommen wurden.[302] Art. 2 gab die Mindestbedingungen für die Weiterbildung vor, unter anderem den Abschluß eines sechsjährigen Studiums im Sinne von Art. 1 und sowohl theoretischen Unterricht als auch praktische Ausbildung in Vollzeit mit persönlicher Mitarbeit und Verantwortung des Facharztanwärters.

Während einer Übergangszeit von vier Jahren konnten die Mitgliedstaaten Ausnahmen davon vorsehen, die Weiterbildung in Vollzeit zu absolvieren, wenn dies aus stichhaltigen Gründen nicht möglich war. Dabei durfte die Gesamtdauer der Weiterbildung nicht verkürzt und das Niveau nicht beeinträchtigt werden.

---

[301] Die im Folgenden in diesem Abschnitt genannten Artikel ohne Richtlinienbezeichnung sind solche der RL 75/363/EWG.

[302] Nach *Haage*, ZMGR 2004, 231, hat die Kommission erklärt, daß beide Voraussetzungen – sechs Jahre / 5.500 Stunden – nicht alternativ, sondern kumulativ vorliegen müssen.

Allgemein anerkannt wurde damals die Teilzeitweiterbildung bei Ärztinnen, die aus Familiengründen für eine gewisse Zeit nur halbtags beschäftigt sein konnten. Nach der Übergangszeit von vier Jahren sollte der Rat laut Art. 3 Abs. 3 auf Vorschlag der Kommission darüber befinden, ob die Teilzeitregelungen zu ändern oder beizubehalten seien, möglicherweise für jedes Fachgebiet gesondert geregelt.[303] In den Art. 4 und 5 wurden den einzelnen Fachgebieten jeweils Mindestweiterbildungszeiten[304] von drei, vier oder fünf Jahren zugeordnet. Diese Zeiten galten nicht nur für die gegenseitige Anerkennung von Diplomen, sondern auch innerhalb der einzelnen Mitgliedstaaten gegenüber ihren eigenen Staatsangehörigen, so daß ein Mitgliedstaat für seine eigenen Facharztanwärter nicht leichtere Bedingungen stellen konnte.

In den sich anschließenden Sonderbestimmungen für einzelne Diplome oder Weiterbildungsbedingungen fand sich entgegen früherer Befürchtungen[305] keine Ausnahmeregelung für eine Weiterbildung in italienischen oder französischen Krankenhäusern, so daß eine Weiterbildung auch an dortigen Krankenhäusern möglich war. Lediglich die Funktionen der ärztlichen Tätigkeit, die mit hoheitsrechtlichen Aufgaben verbunden waren, konnten von den Weiterzubildenden der anderen Mitgliedstaaten nicht wahrgenommen werden.

2. Richtlinien 75/364/EWG und 75/365/EWG sowie die Erklärungen und Empfehlungen des Rates 75/366/EWG und 75/367/EWG

Zusammen mit den beiden vorgenannten Richtlinien erließ der Rat neben Erklärungen noch je zwei Richtlinien und Empfehlungen. Durch die Richtlinie 75/364/EWG[306] wurde bei der Kommission der Beratende Ausschuß für die ärztliche Ausbildung eingesetzt. Er sollte die Kommission bei der Erreichung der Ziele der beiden vorgenannten Richtlinien beraten und so zur Gewährleistung eines vergleichbar anspruchsvollen Niveaus der ärztlichen Aus- und Weiterbildung in der Gemeinschaft beitragen. In Art. 2 Abs. 2 dieser Richtlinie wurden dazu insbesondere folgende Mittel vorgeschlagen: umfassender Informationsaustausch über Methoden, Inhalt, Niveau und Struktur der Aus- und Weiter-

---

[303] Geschehen durch Richtlinie 82/76/EWG; siehe unten unter C.IV.2.

[304] Vgl. hierzu den von Anfang an zur Arbeitsgruppe „Ärztliche Ausbildung" des Ständigen Ausschusses der Ärzte in der EG gehörenden *Sewering*, DÄ 1987, S. B-1595 <B-1600>: „Für die sehr unterschiedlichen Weiterbildungszeiten konnte eine Lösung nur durch die Festsetzung von Mindestzeiten gefunden werden, die zum Teil deutlich kürzer waren als die Weiterbildungszeiten in der Bundesrepublik oder in Holland."

[305] Vgl. oben C.III.1.a und Fn. 279.

[306] ABl. L 167 vom 30. Juni 1975 , S. 17 f.; im Folgenden RL 75/364/EWG.

bildung in den Mitgliedstaaten, gemeinsame Konzeption des zu erreichenden Niveaus und ständige Beobachtung des Prozesses der Anpassung der ärztlichen Aus- und Weiterbildung an die Entwicklung der medizinischen Wissenschaft und der Lehrmethoden. Nach Art. 3 RL 75/364/EWG setzte sich der Ausschuß aus je einem Sachverständigen der praktizierenden Ärzte, der medizinischen Fakultäten und der zuständigen Behörden eines jeden Mitgliedstaates zusammen, die von den Mitgliedstaaten be- und vom Rat ernannt wurden.

Inwieweit dieser Ausschuß seinen Sachverstand bei der Überarbeitung der Richtlinien einbringen konnte, ist kaum ersichtlich, da seine Dokumente nicht frei zugänglich sind[307] und auf sie auch nur selten verwiesen wird.[308] Der WSA bedauerte bei einer Richtlinienänderung sogar ausdrücklich, daß der Beratende Ausschuß nicht von der Kommission zur Begutachtung der Änderungen herangezogen worden war, obwohl er genau dafür bei der Kommission eingesetzt worden sei.[309]

Aufgrund von Bedenken der belgischen Regierung gegen die Richtlinien 75/362/EWG und 75/363/EWG wurde darüber hinaus durch die Richtlinie 75/365/EWG[310] die Einsetzung des Ausschusses hoher Beamten für das öffentliche Gesundheitswesen beschlossen. Er sollte sich mit den Schwierigkeiten befassen, die sich möglicherweise aus der Durchführung der vorgenannten Richtlinien[311] ergeben würden, und Vorarbeiten für eventuell notwendige Änderungen leisten. Der Ausschuß sollte sich aus hohen Beamten der Mitgliedstaaten zusammensetzen, die auf dem Gebiet des öffentlichen Gesundheitswesens unmittelbare Verantwortung trugen.

---

307 Teilweise wird die Öffentlichkeit dann über Ausschußberichte informiert, wenn das Bundesgesundheitsministerium sie vorlegt – allerdings mit erheblicher Verspätung von ca. zwei Jahren, DÄ 1990, S. B-2398.

308 Ausnahme: Bericht der Kommission vom 9. September 1996, KOM(96) 434 endg. (nicht im Amtsblatt veröffentlicht, aber im Internet zu finden unter europa.eu.int/eur-lex/de/index.html [alte Startseite von Eur-Lex] unter der Rubrik „Dokumente von öffentlichem Interesse"; Stand: 31. Dezember 2004), der ausdrücklich auf einem Bericht des Beratenden Ausschusses für die ärztliche Ausbildung basiert.

309 Stellungnahme des WSA in ABl. C 134 vom 24. Mai 1988, S. 27 <28> im Vorfeld der Richtlinie 89/594/EWG, vgl. unten C.IV.

310 ABl. L 167 vom 30. Juni 1975, S. 19; im Folgenden RL 75/365/EWG.

311 Art. 26 RL 75/362/EWG und Art. 10 RL 75/363/EWG verweisen daher auch bereits auf diesen Ausschuß und die ihn einsetzende RL 75/365/EWG.

Daneben sprach der Rat zwei Empfehlungen[312] aus, wobei sich die Empfehlung 75/366/EWG[313] ausschließlich auf die Staatsangehörigen des Großherzogtums Luxemburgs bezog, die Inhaber eines in einem Drittland, also eines Staates außerhalb des EWG-Raumes, ausgestellten ärztlichen Diploms waren. Mangels einer medizinischen Fakultät in Luxemburg befänden sich die dortigen Staatsangehörigen in einer besonderen Lage, so daß der Rat den Regierungen der anderen Mitgliedstaaten empfahl, diese Drittlanddiplome anzuerkennen, wenn der luxemburgische Minister für Gesundheitswesen sie als Abschluß einer praktischen Ausbildung anerkannt habe. In der Empfehlung 75/367/EWG[314] stellte der Rat fest, daß die nationalen Regelungen der meisten Mitgliedstaaten nach der universitären eine klinische Ausbildung des Arztes als Voraussetzung für den uneingeschränkten Zugang zur Tätigkeit des Arztes forderten. Die klinische Ausbildung war nicht Regelungsgegenstand der oben genannten Richtlinien, weshalb der Rat hier ebenfalls nur empfehlen konnte, auch Staatsangehörigen anderer Mitgliedstaaten Zugang zu ihr zu gestatten.

Bei der Annahme der Richtlinientexte gab der Rat Erklärungen[315] ab. Durch eine Erklärung erläuterte der Rat Art. 12 RL 75/362/EWG dahin, daß die Mitgliedstaaten nur dann die Niederlassung verweigern dürften, wenn dem Betreffenden in seinem Heimat- oder Herkunftsstaat die Berufsausübung vorübergehend oder endgültig abgesprochen worden sei. Im Hinblick auf Zweifel im Sinne von Art. 22 RL 75/362/EWG legte der Rat den Mitgliedstaaten die Pflicht zur Information der Kommission auf, die dann den Sachverhalt überprüfen würde. Eine weitere Erklärung bezog sich auf die Anwendbarkeit dieser Richtlinien auf Krankenhausärzte und die Verpflichtung der Mitgliedstaaten, auch dort Ärzten anderer Mitgliedstaaten den Zugang zu ermöglichen, selbst wenn das Beschäftigungsverhältnis als öffentliches Dienstverhältnis ausgestaltet sei.

3. Umsetzung der Richtlinien in Deutschland

Die Mitgliedstaaten wurden durch Art. 25 RL 75/362/EGW und Art. 9 RL 75/363/EWG verpflichtet, die erforderlichen Maßnahmen zur Verwirklichung der Richtlinien binnen 18 Monaten nach ihrer Bekanntgabe zu treffen und der Kommission den Wortlaut der wichtigsten innerstaatlichen Umsetzungsvorschriften mitzuteilen. Von den neun Mitgliedstaaten setzte allein Dänemark bis

---

[312] Rechtliche Grundlage hierfür war Art. 189 S. 1 EWGV in der Fassung von Fn. 254 (heute Art. 249 S. 1 EG); gem. S. 5 sind Empfehlungen nicht verbindlich.

[313] ABl. L 167 vom 30. Juni 1975 , S. 20.

[314] ABl. L 167 vom 30. Juni 1975 , S. 21.

[315] ABl. C 146 vom 01. Juli 1975, S. 1.

zum Ablauf der Umsetzungsfrist am 19. Dezember 1976 die Richtlinien in nationales Recht um.[316]

Aufgrund des oben zitierten „Reyners"-Urteils des EuGH[317] traten die Bestimmungen der Richtlinien in Deutschland aber faktisch schon vor Ablauf der Umsetzungsfrist in Kraft, obwohl das nationale Recht noch in keiner Weise an die Richtlinien angepaßt worden war. So durfte beispielsweise in Realisierung des Grundsatzes der Gleichbehandlung mit Inländern einem EG-Staatsangehörigen entgegen des ausdrücklichen Wortlautes von § 3 Abs. 1 S. 1 der damaligen BÄO die Berufszulassung nicht wegen seiner fehlenden deutschen Staatsangehörigkeit verweigert werden.[318] Die trotzdem erforderliche Anpassung des deutschen Rechts an die Richtlinien erfolgte durch eine Änderung der BÄO im August 1977[319], der Zulassungsordnung[320] und der Heilberufsgesetze.

Die durch Art. 4 und 5 RL 75/363/EWG geforderten Mindestweiterbildungszeiten für die von Deutschland anzuerkennenden Facharzttitel wurden in den deutschen Weiterbildungsordnungen, geändert auf der Basis der M-WBO von 1968[321], bereits in dieser Länge vorgeschrieben und außerdem in der Mehrzahl der Fälle durch ein zusätzliches Jahr überschritten.[322] Ein Umsetzungsbedarf bestand hier also nicht.

---

[316] *Hess*, DÄ 1977, S. 57 <58>, der die fehlende gesetzliche Umsetzung in den meisten deutschen Bundesländern mit der Beendigung der Legislaturperiode begründet; Übersicht über den Umsetzungsstand in den einzelnen Mitgliedsstaaten Ende 1977 im Tätigkeitsbericht der Bundesärztekammer von 1978, DÄ 1978, S. 1883; Übersicht über den derzeitigen Umsetzungsstand im Internet unter europa.eu.int/smartapi/cgi/sga_doc?smartapi! celexapi!prod!CELEXnumdoc&lg=de&numdoc=71975L0362&model=guicheti; Stand: 31. Dezember 2004.

[317] Siehe Fn. 285.

[318] „Der Europa-Arzt – noch auf der Einbahnstraße", Mitteilung der Bundesärztekammer, DÄ 1975, S. 2729 <2730 f.> mit weiteren Beispielen faktischer Umsetzung und mit einer Wiedergabe der Auffassungen des Bundesgesundheitsministeriums und der Bundesärztekammer, die sich für eine vorzeitige Geltung der Anerkennungsbestimmungen auch in den anderen EG-Mitgliedstaaten aussprachen; *Hess*, DÄ 1977, S. 57 <58> spricht in diesem Zusammenhang von einer Verwaltungsabsprache zwischen den zuständigen Gesundheitsbehörden der Länder und dem Bundesministerium für Jugend, Familie und Gesundheit und von einer Absprache zwischen den einzelnen Ärztekammern.

[319] Gesetz zur Änderung der BÄO vom 16. August 1977, BGBl. I, S. 1581.

[320] Wegfall der bereits zuvor auf ein Jahr reduzierten Vorbereitungszeit erst durch Art. 33 Abs. 3 des Gesundheitsstrukturgesetzes vom 21. Dezember 1992 (BGBl. I S. 2266) mit Wirkung ab dem 01. Januar 1994.

[321] Vgl. oben B.II.2.c.

[322] Vgl. Fn. 304.

Vergleichsweise wenig deutsche Facharzttitel stimmten mit denen der anderen Mitgliedstaaten überein.[323] Ursache hierfür war, daß sich die deutschen Ärzte schon mit der M-WBO von 1968 für ein Facharztsystem entschieden hatten, das nicht dem der europäischen Richtlinien entsprach: Unterteilung der einzelnen Weiterbildungsgebiete in Teilgebiete statt Erhöhung der Anzahl von Facharztgebieten. Diese Systematik führten die Ärzte in der M-WBO von 1976 fort, indem nur vier neue Facharzttitel eingeführt wurden, hingegen 10 neue Teilgebiete und 15 weitere Zusatzbezeichnungen. Damit blieb die Anzahl der mit mitgliedstaatlichen Befähigungsnachweisen kompatiblen Facharzttitel vergleichsweise gering, denn zur automatischen Anerkennung waren die deutschen Ärztekammern nur bei den Facharzttiteln verpflichtet, die auch in Deutschland verliehen wurden. Aus Art. 5 Abs. 3 und Art. 7 Abs. 2 RL 75/362/EWG wird deutlich, daß Deutschland nur 19 der in der Richtlinie aufgeführten 47 Facharzttitel aus anderen Mitgliedstaaten automatisch anerkennen mußte. Wären mit der M-WBO von 1976 statt der Teilgebiete und Zusatzbezeichnungen eigenständige Facharzttitel eingeführt worden, hätten immerhin 29 deutsche Titel mit denen der RL 75/362/EWG übereingestimmt.

Eine weitere Konsequenz dieses deutschen Systems war, daß ein mit einem Teilgebiet verknüpfter deutscher Facharzttitel im europäischen Ausland nicht als solcher anerkannt werden mußte, da diese Unterteilung der Weiterbildungsgebiete den Anerkennungsregelungen der europäischen Richtlinien fremd war – und weiterhin ist. Automatisch anerkannt wurden lediglich Facharzttitel ohne Teilgebietsbezeichnung. Selbst wenn das Weiterbildungssystem des anerkennenden Mitgliedsstaats ebenfalls Facharztgebiete in Spezialitäten unterteilte, bestand jedenfalls aufgrund der europäischen Richtlinien keine Verpflichtung zur Anerkennung des deutschen Facharzttitels verknüpft mit einem Teilgebiet. Ebenso für den umgekehrten Fall: Die Erteilung der Anerkennung einer Facharztbezeichnung, die beispielsweise ein deutsche Arzt im Ausland erworben hatte, wurde von deutschen Ärztekammern in den Fällen abgelehnt, in denen ein derartiges Gebiet nicht als Facharztgebiet, sondern nur als Teilgebiet verankert war. Erst wenn die Weiterbildung im Gesamtgebiet nachgewiesen werden konnten, wurde die Genehmigung zum Führen der Teilgebietsbezeichnung ausgesprochen.[324]

Die deutsche Haltung soll hier beispielhaft durch einen Ausspruch von Prof. Dr. Sewering, der als langjähriger Vorsitzender der Weiterbildungsgremien der Bundesärztekammer von Anfang an der Arbeitsgruppe „Ärztliche Ausbildung“

[323] Vgl. oben B.II.3.b.

[324] Vgl. „Ärzte in der Europäischen Gemeinschaft“, Tätigkeitsbericht der Bundesärztekammer von 1978, DÄ 1978, S. 1883 <1884>.

des Ständigen Ausschusses der Ärzte in der EG angehörte, verdeutlicht werden: „Diese Darstellung möge zeigen, daß die Entwicklung in der Europäischen Gemeinschaft ... nicht ganz einfach bewältigt werden konnte, sondern reichlich mit Problemen belastet war, die unsere Toleranz manchmal deutlich strapaziert haben.“[325]

Zusammenfassend läßt sich festhalten, daß Deutschland bei der Anerkennung der mitgliedstaatlichen Diplome schon vor Ablauf der Umsetzungsfrist zwar vorbildlich agierte. Dieses Akzeptieren des unter den Mitgliedstaaten vereinbarten Standards führte in Deutschland aber weder zu einer Angleichung der in den meisten Facharztgebieten längeren Weiterbildungszeiten[326], noch zu einem Loslösen vom System der unterteilten Facharztgebiete, weshalb sich die grenzüberschreitende Dienstleistung für Ärzte mit deutschen Weiterbildungsdiplomen nur wenig vereinfachte.[327]

IV. Änderungen der Richtlinien von 1975

Bis zur Novellierung und Zusammenfassung verschiedener sektoraler Richtlinien für Ärzte im Jahre 1993 wurden die RL 75/362/EWG und RL 75/363/EWG mehrfach geändert, jedoch nicht grundlegend verändert.

1. Richtlinie 81/1057/EWG

Die erste Änderung durch die Richtlinie des Rates 81/1057/EWG vom 14. Dezember 1981[328] betraf eine Regelungslücke im Bereich der erworbenen Rechte. Art. 9 Abs. 1 und 2 RL 75/362/EWG betrafen die gegenseitige Anerkennung von Diplomen, mit denen eine Aus- oder Weiterbildung nachgewiesen wird, die den in der RL 75/363/EWG vorgesehenen Mindestanforderungen nicht

---

325 Sewering, DÄ 1987, S. B-1595 <B-1600>; der Artikel basiert auf einem Referat des Verfassers vor dem Plenum des 90. Deutschen Ärztetages.

326 Auf dem 81. Deutschen Ärztetag 1978 wurde ein Antrag des Marburger Bundes abgelehnt, der eine Überprüfung der Weiterbildungszeiten von den Gebieten, in denen die in der Bundesrepublik vorgeschriebene Weiterbildungszeit die EG-Mindestnorm überschritt, verlangt hatte, vgl. DÄ 1978 S. 1437.

327 Bis zum Jahreswechsel 1978/1979 waren von den 1186 Ärzten, die in einem anderen Mitgliedstaat der EG als ihrem Heimatland tätig geworden sind, 157 Deutsche gegenüber 296 Engländern, 215 Italienern und 200 Belgiern, vgl. „EG-Richtlinien ‚Ärzte‘ drei Jahre in Kraft“ in DÄ 1979, S. 3294.

328 ABl. L 385 vom 31. Dezember 1981, S. 25 aufgrund des Kommissionsvorschlags in ABl. C 121 vom 23. Mai 1981, S. 3 und nach den Stellungnahmen ohne Änderungsvorschläge vom EP in ABl. C 172 vom 31. Juli 1981, S. 114 und vom WSA in ABl. C 185 vom 27. Juli 1981, S. 7.

genügt. Diese Regelung über erworbene Rechte wurde durch die Änderungsrichtlinie 81/1057/EWG nun auf die Aus- oder Weiterbildungen erweitert, die bereits vor Beginn der Richtlinienanwendung aufgenommen, aber erst nach dem Beginn der Richtlinienanwendung abgeschlossen wurden.

2. Richtlinie 82/76/EWG

Nur einen Monat später beschloß der Rat die nächsten Änderungen in Richtlinie 82/76/EWG[329]. Ausgangspunkt war hier die in Art. 3 Abs. 3 RL 75/363/EWG vorgesehene Überprüfung der Bestimmungen über die Teilzeitweiterbildung nach vierjähriger Geltung der Richtlinie. Kommission[330] und EP[331] sprachen sich im Vorfeld für eine weitere Beibehaltung der Teilzeitweiterbildung von sieben Jahren aus, wohingegen der WSA[332] „es ausdrücklich bedauert, daß der schon bisher geltende Grundsatz der Vollzeitweiterbildung wiederum abgeschwächt" werden sollte. Mit der Teilzeitweiterbildung sei eine allseits qualifizierte Facharztweiterbildung nicht gewährleistet, wobei allerdings der WSA eine genauere Benennung der Probleme bei Teilzeit offen ließ.

Neben sprachlichen Berichtigungen hinsichtlich einiger fachärztlicher Gebiete und technischen Änderungen aufgrund der Entwicklung der Rechtsvorschriften in den Mitgliedstaaten[333] verlängerte der Rat durch die Richtlinie 82/76/EWG die Möglichkeit der Teilzeitweiterbildung unter den Voraussetzungen gleicher Gesamtdauer und qualitativ gleichem Niveau wie bei Vollzeitweiterbildung. Der RL 75/363/EWG wurde ein Anhang über die geforderten Merkmale der ärztlichen Weiterbildung in Voll- und Teilzeit hinzugefügt. Bis spätestens Januar 1989 sollte die Möglichkeit der Teilzeitweiterbildung erneut überprüft werden, was allerdings nicht geschah. Entgegen entsprechender Anträge und mancher

---

[329] Richtlinie vom 26. Januar 1982, ABl. L 43 vom 15. Februar 1982, S. 21 aufgrund des Kommissionsvorschlags in ABl. C 121 vom 23. Mai 1981, S. 4 und nach den Stellungnahmen vom WSA in ABl. C 230 vom 10. September 1981, S. 21 und vom EP in ABl. C 260 vom 12. Oktober 1981, S. 99.

[330] ABl. C 121 vom 23. Mai 1981, S. 4; allerdings schon 1982 sprach sich der bei der Kommission eingerichtete Beratende Ausschuß für die ärztliche Ausbildung in einem Bericht über „Wege und Bedingungen für die Koordinierung der Weiterbildung von Arbeitsmedizinern" dafür aus, die Ausübung der arbeitsmedizinischen Tätigkeit nur in Vollzeittätigkeit zu billigen, vgl. Bericht aus den Beratungen des Ständigen Ausschusses der Ärzte der EG in DÄ 1983, Heft 11, S. 59 (B).

[331] ABl. C 260 vom 12. Oktober 1981, S. 99.

[332] ABl. C 230 vom 10. September 1981, S. 21.

[333] In Luxemburg hatte sich beispielsweise die Anzahl der ärztlichen Diplome, die zur Aufnahme und Ausübung der ärztlichen Tätigkeit befähigen, von zwei auf eines reduziert. Dies war in Art. 3 RL 75/362/EWG zu berücksichtigen.

Vorschläge aus Mitgliedstaaten und der Anregung durch den WSA in seiner Stellungnahme blieben auch in dieser Richtlinie zwei weitere, von diesen seit langem diskutierte Probleme der ärztlichen Niederlassung unberücksichtigt: die Weiterbildung zum Allgemeinarzt[334] und die Einführung einer Vorbereitungszeit für die Zulassung zur kassenärztlichen Tätigkeit direkt nach Erlangung der Approbation.

3. Richtlinie 89/594/EWG

Hauptziel der darauffolgenden Änderungsrichtlinie des Rates 89/594/EWG[335] war die Aktualisierung der sektoralen Richtlinien einiger Berufsgruppen des Gesundheitswesens, unter anderem auch der RL 75/362/EWG und RL 75/363/EWG für die Ärzte. Bei seiner Stellungnahme zum Kommissionsvorschlag stellte der WSA[336] fest, daß seit Erlaß der genannten Richtlinien von der Freizügigkeit verhältnismäßig wenig Gebrauch[337] gemacht worden sei, unternahm aber abgesehen von einem Hinweis auf demographische Probleme keinen Begründungsversuch.[338] Er wies ferner auf folgendes Problem des Richtlinienvorschlags hin: Studierende, die in einem anderen als ihrem Herkunftsstaat ihren Hochschulabschluß, aber nicht zugleich das Recht auf selbständige Berufsausübung erwerben, müßten sich bei der Rückkehr in ihren Herkunftsstaat bei den meisten Mitgliedstaaten der dortigen staatlichen Prüfung unterziehen bzw. die postuniversitäre Ausbildung abschließen, wenn sie sich in ihrem Herkunftsstaat niederlassen wollten. Dies widerspreche der Niederlassungs- und Dienstleistungsfreiheit. Neben der Beseitigung dieses Problems forderte der WSA weiter-

---

334 Vgl. unten C.V. zur Richtlinie 86/457/EWG „über die spezifische Ausbildung in der Allgemeinmedizin".

335 Richtlinie vom 30. Oktober 1989, ABl. L 341 vom 23. November 1989, S. 19 aufgrund des Kommissionsvorschlags in ABl. C 353 vom 30. Dezember 1987, S. 17 und nach den Stellungnahmen vom WSA in ABl. C 134 vom 24. Mai 1988, S. 27, und vom EP in ABl. C 235 vom 12. September 1988, S. 67 und in ABl. C 256 vom 9. Oktober 1989, S. 74, den gemeinsamen Standpunkt des Rates (Dok. C 3-4/89 – SYN 108) billigend.

336 ABl. C 353 vom 30. Dezember 1987, S. 17.

337 1989, also 13 Jahre nach Inkrafttreten der Ärzterichtlinien, hatten ca. 1 % der 700.000 Ärzte in der EG von der Möglichkeit Gebrauch gemacht, den ärztlichen Beruf in einem anderen Mitgliedstaat auszuüben, DÄ 1989, S. B-1294. In der Bundesrepublik Deutschland gab es 1990 bei den niedergelassenen Ärzten etwa 500 aus anderen Mitgliedstaaten, DÄ 1990, S. B-1843. Die Schwierigkeiten, die sich trotz der gegenseitigen Anerkennung der Diplome und der uneingeschränkten Berufserlaubnis aufgrund der unterschiedlichen Organisation der Aus- und Weiterbildung ergaben, beschrieb *Gaffga* am Beispiel von Frankreich, DÄ 1989, S. B-2185.

338 *Sewering* begründete es mit Sprachbarrieren, DÄ 1987, S. B-1595 <B-1602>.

hin die Berücksichtigung der Frage, ob die Anerkennung von Drittstaatendiplomen durch einen Mitgliedsstaat die anderen Mitgliedsstaaten binden würde, sie also zur automatischen Anerkennung des Diploms ohne eigene Prüfungskompetenz verpflichtet seien.[339]

Bei dieser Aktualisierung der Ärzterichtlinien durch die Richtlinie 89/594/EWG wurden zunächst die Veränderungen aufgrund der Erweiterung der EWG durch den Beitritt von Griechenland, Portugal und Spanien eingearbeitet, ebenso die bis dahin erfolgten Änderungen am EWGV, besonders durch die Einheitliche Europäische Akte[340]. Weiterhin wurde berücksichtigt, daß in Deutschland als Voraussetzung für die Erteilung der Approbation inzwischen die Ableistung der Tätigkeit als Arzt im Praktikum eingeführt worden war[341], also erst mit einer Bescheinigung hierüber die ärztliche Ausbildung in Deutschland als abgeschlossen und gleichwertig zu der anderer Mitgliedstaaten angesehen werden sollte. Auch für einige andere Mitgliedstaaten wurden die jeweiligen Diplom- oder Facharztbezeichnungen angepaßt, ebenso wie der Schaffung bestimmter neuer medizinischer Fachrichtungen oder der Streichung einiger alter Fachrichtungen in manchen Mitgliedstaaten Rechnung getragen. Somit gehörten die Bereiche Pathologie, Neurologie und Psychiatrie nunmehr zu den Facharztgebieten, die von allen Mitgliedstaaten, die Bereiche Nuklearmedizin, Mund-Kiefer-Gesichtschirurgie (Grundausbildung als Arzt) und Zahn-, Mund-, Kiefer- und Gesichtschirurgie (Grundausbildung als Arzt und Zahnarzt) mindestens von zwei Mitgliedstaaten gegenseitig anerkannt wurden.

Der Richtlinie angehängt wurde eine Liste über die Zeitpunkte, zu denen einige Mitgliedstaaten die Rechts- und Verwaltungsvorschriften über die Ausstellung von einigen Diplomen abgeschafft und diesbezüglich für ihre eigenen Staatsangehörigen erworbene Rechte bestimmt hatten, welche sie aufgrund dieser Richtlinie auch den Staatsangehörigen anderer Mitgliedstaaten einzuräumen verpflichtet wurden. Erstaunlich ist dabei, daß in diesem Anhang von „Ausbildung“ gesprochen wurde[342], obwohl es sich um die zur Erlangung eines Facharzttitels notwendige Weiterbildung handelte.

---

339 Bereits 1976 hatte der Ständige Ausschuß der Ärzte der EG auf dieses Problem aufmerksam gemacht, Tagungsbericht in DÄ 1976, S. 3215 <3216>.

340 Vom 28. Februar 1986, in Kraft getreten am 01. Juli 1987, ABl. L 169 vom 29. Juni 1987; durch die EEA wurde nicht nur die Versammlung in EP umbenannt, sondern auch ein Verfahren der Zusammenarbeit zwischen Rat und EP eingerichtet unter anderem für Rechtsakte nach den auch hier relevanten Art. 49 und 57 Abs. 1 und 3 EWGV.

341 Einführung am 01. Juli 1987 durch die BÄO.

342 Beispielsweise: „... Nervenheilkunde (Neurologie und Psychiatrie) 1. August 1987, außer für die Personen, die die Ausbildung vor diesem Zeitpunkt begonnen haben ...“

Die oben genannten Kritikpunkte des WSA blieben in der Richtlinie 89/594/EWG unberücksichtigt, ebenso die 1982 für dieses Jahr geplante Überprüfung der Möglichkeit von Teilzeitweiterbildung.

4. Richtlinie 90/658/EWG

Aufgrund der Herstellung der deutschen Einheit[343] mußten die sektoralen Richtlinien für Ärzte 1990 erneut angepaßt werden, da das Gemeinschaftsrecht mit dem Beitritt der Deutschen Demokratischen Republik zum Grundgesetz auf das wiedervereinigte Deutschland erstreckt wurde. Es galt, mit der Richtlinie des Rates 90/658/EWG[344] die Besonderheiten dieser Lage zu berücksichtigen: Durch die Änderungsrichtlinie wurden die Befähigungsnachweise, die eine vor der Herstellung der deutschen Einheit in der Deutschen Demokratischen Republik aufgenommene Ausbildung abschlossen, als gleichwertig mit den mitgliedstaatlichen Befähigungsnachweisen anerkannt und als erworbene Rechte geschützt, selbst wenn die dortigen Aus- und Weiterbildungsvorschriften nicht mit den gemeinschaftsrechtlichen Anforderungen übereinstimmten. Dazu wurde die schon durch die Richtlinie 89/594/EWG aufgenommene Vorschrift über erworbene Rechte auf Deutsche aus dem Gebiet der Deutschen Demokratischen Republik übertragen.

V. Besonderheit in der Allgemeinmedizin: Richtlinie 86/457/EWG

Zwischen der zweiten und dritten Änderungsrichtlinie ergänzte der Rat am 15. September 1986 die früheren Ärzterichtlinien um die weitere sektorale Richtlinie 86/457/EWG „über eine spezifische Ausbildung in der Allgemeinmedizin".[345] Der Rat begnügte sich hierbei nicht damit, die Richtlinien 75/362/EWG und 75/363/EWG auf das Gebiet der Allgemeinmedizin zu über-

---

[343] Siehe hierzu die Ausführungen unter B.II.5.

[344] Richtlinie vom 04. Dezember 1990, ABl. L 353 vom 17. Dezember 1990, S. 73, aufgrund des Kommissionsvorschlags in ABl. L 266 vom 28. September 1990, S. 12, geändert am 28. November 1990, und nach den Stellungnahmen vom EP sowohl in ABl. C 295 vom 26. November 1990, S. 47, als auch in ABl. C 324 vom 24. Dezember 1990, S. 143, und vom WSA in ABl. C 41 vom 18. Februar 1991, S. 14.

[345] Richtlinie 86/457/EWG (im Folgenden RL 86/457/EWG), ABl. L 267 vom 19. September 1986, S. 26, aufgrund des Kommissionsvorschlags in ABl. C 13 vom 15. Januar 1985, S. 3, geändert in ABl. C 125 vom 24. Mai 1986, S. 8, nach den Stellungnahmen vom WSA in ABl. C 218 vom 29. August 1985, S. 9, und vom EP in ABl. C 36 vom 17. Februar 1986, S. 147.

tragen, weshalb sich die RL 86/457/EWG durch einige Besonderheiten von jenen abhebt.

Der in der deutschen Fassung verwendete Begriff „Ausbildung" war in diesem Zusammenhang unglücklich[346] gewählt, weil es sich nicht um eine Alternative zur medizinischen Ausbildung in Form des Studiums handelte, sondern rechtssystematisch um Weiterbildung.[347] Die Erteilung des Diploms über diese „spezifische Ausbildung" konnte gem. Art. 2 Abs. 3 RL 86/457/EWG erst nach Abschluß der Hochschulausbildung, also in Deutschland nach Erteilung der Approbation, erfolgen. Entsprechend der deutschen Terminologie im ärztlichen Bildungswesen handelte es sich hier um eine „spezifische Weiterbildung" in der Allgemeinmedizin, spezifisch deshalb, weil mit ihrem Abschluß nicht der Facharzttitel in Allgemeinmedizin, sondern der Titel „Praktischer Arzt" erworben wurde.[348] Um möglichen Einordnungsschwierigkeiten in das deutsche Aus- und Weiterbildungssystem vorzubeugen, wird im Folgenden daher statt „spezifische Ausbildung" der Ausdruck „spezifische Weiterbildung" verwendet[349], bei wörtlichen Zitaten der Ausdruck „spezifische Ausbildung" durch „spezifische *Weiter*bildung" ersetzt.

1. Vorgeschichte

Sowohl während der Ausarbeitung der beiden Ärzterichtlinien von 1975 als auch bei späteren Änderungen wurde schon über mögliche Regelungen hinsichtlich der Weiterbildung in der Allgemeinmedizin diskutiert. Der Ständige Ausschuß der Ärzte der EWG hatte bereits 1967 eine besondere Arbeitsgruppe für die Ausbildung der Praktischen Ärzte eingerichtet, die es für erforderlich hielt,

---

[346] Wie bereits eben in C.IV.3 und Fn. 342 dargestellt, wurde schon in der Richtlinie 89/594/EWG der Begriff „Ausbildung" fälschlicherweise für den Zeitraum der Weiterbildung verwendet.

[347] Einhellige Meinung, siehe nur *Haage*, MedR 2002, 301 <303>.

[348] Vgl. Veröffentlichung der Liste der Bezeichnungen der Diplome und Berufsbezeichnungen aufgrund Art. 12 Abs. 2 RL 86/457/EWG in ABl. C 268 vom 24. Oktober 1990, S. 2 und aufgrund von Art. 41 RL 93/16/EWG in ABl. C 393 vom 31. Dezember 1996, S. 4; für *Hespeler* ist die Bezeichnung „Praktischer Arzt" keine Qualifikation des Weiterbildungsrechts, sondern eine Qualifikation eigener Art, *Hespeler* in Lexikon des Arztrechts, Nr. 4210, Rdnr. 1.

[349] Auch die deutschen Ärzte und ihre Verbände bezeichneten von Anfang an den durch die RL 86/457/EWG behandelten Teil der ärztlichen Bildung nicht als Ausbildung, sondern als Weiterbildung; vgl. nur für den fachnähesten Berufsverband der Praktischen Ärzte und Ärzte für Allgemeinmedizin Deutschlands *Clade*, DÄ 1983, Heft 39, S. 23 (B); *Hess* umschreibt ihn als „spezifische allgemeinmedizinische Zusatzausbildung", KassKomm-*Hess*, § 95a Rdnr. 6.

„daß die Allgemeinmedizin nach Abschluß des Studiums Gegenstand einer für diese spezifische Tätigkeit notwendigen Weiterbildung ist ... [und] jede Regierung die tatsächlichen Werte der Allgemeinmedizin und die Stellung des Praktischen Arztes in der Gesellschaft anerkennt“.[350] In Form einer Empfehlung sandte er im Frühjahr 1972 an den Rat seine Vorstellungen über eine zweijährige Weiterbildung zum Arzt für Allgemeinmedizin.[351]

Es zeichnete sich aber schon weit vor Erlaß der Ärzterichtlinien ab, daß die Vorschläge des Ständigen Ausschusses unberücksichtigt bleiben würden, obwohl sich auch andere europäische Institutionen wie beispielsweise das EP der Schwierigkeiten bewußt waren, auf welche die Ausübung der Allgemeinmedizin aufgrund der zunehmenden Zahl von Fachärzten und abnehmenden Zahl beim allgemeinmedizinischen Nachwuchs in den sechs Mitgliedstaaten stieß.[352] Im Rat hatte man sich bis 1975 nicht auf eine alle zufriedenstellende Regelung einigen können[353], weshalb der Praktische Arzt beziehungsweise Allgemeinarzt bei der Abfassung der Ärzterichtlinien zunächst bewußt ausgelassen worden war. Als Erwägungsgrund für die RL 86/457/EWG liest sich das folgendermaßen: „Der Rat hatte es seinerzeit nicht für zweckmäßig gehalten, hierfür entsprechende Vorschriften auf Gemeinschaftsebene zu erlassen.“[354]

Allmählich führten neben Deutschland auch andere Mitgliedstaaten Regelungen über die allgemeinmedizinische Weiterbildung ein.[355] Laut des 3. Erwägungsgrundes der RL 86/457/EWG wurde Anfang 1985 das Bedürfnis für eine spezifische Weiterbildung zum Praktischen Arzt unter den Mitgliedstaaten na-

---

350 Entschließung des Plenums des Ständigen Ausschusses von 1967, zitiert nach dem Tätigkeitsbericht der Bundesärztekammer an den 72. Deutschen Ärztetag, DÄ 1969, S. 1449 <1563>.

351 „Die Freizügigkeit läßt noch auf sich warten“, Tagungsbericht über den Stand der Brüsseler Beratungen über die Richtlinie zur Niederlassungsfreiheit der Ärzte in der EWG, DÄ 1973, S. 161.

352 Zunächst war noch von einer Übergangslösung gesprochen worden, vgl. den Tagungsbericht über den Stand der Brüsseler Beratungen über die Richtlinie zur Niederlassungsfreiheit der Ärzte in der EWG „Die Freizügigkeit läßt noch auf sich warten“, DÄ 1973, S. 161.

353 Vgl. die kurze Darstellung verschiedener damaliger Tendenzen aus Holland, Frankreich, Großbritannien und Deutschland über eine zwangsweise Einführung einer allgemeinmedizinischen Weiterbildung im Tagungsbericht des Ständigen Ausschusses der Ärzte der EG „Weiterbildung darf nicht Zwang für die jungen Ärzte werden“, DÄ 1976, S. 3215 <3215 f.>.

354 Zweiter Erwägungsgrund der RL 86/457/EWG.

355 Vgl. für die Länder Dänemark, Großbritannien und die Niederlande Ende der 1970er Jahre *Häußler*, DÄ 1979, S. 374 <375> und *Burkart*, DÄ 1980, S. 7 <8>.

hezu allgemein anerkannt. Da sich nach Ansicht des Rates diese Entwicklung mit unterschiedlicher Geschwindigkeit in den einzelnen Mitgliedstaaten vollzog, wollte er durch eine Richtlinie eine etappenweise Annäherung erreichen und ersuchte die Kommission um die Prüfung dieser Entwicklung.

Aber schon der erste Entwurf für den Kommissionsvorschlag[356] sorgte Anfang der 1980er Jahre bereits für erhebliche Diskussionen zwischen deutschen Ärzten, vornehmlich wegen der geplanten Pflichtweiterbildung.[357] Der Entwurf fiel zusammen mit einem enormen Anstieg der Studenten- und Absolventenzahlen, mit den daraufhin erarbeiteten Plänen über die Einführung der AiP-Zeit und mit der Diskussion um die bisherige Vorbereitungszeit des Kassenarztes. Immer wiederkehrendes Schlagwort aus dieser Zeit ist der Begriff „Pflichtweiterbildung".

In der Allgemeinmedizin sah der Kommissionsentwurf eine zweijährige Weiterbildung vor, die nach einer dreijährigen Übergangszeit Voraussetzung für die Ausübung des allgemeinärztlichen Berufes im Rahmen der gesetzlichen Krankenversicherung sein sollte, also eine Pflichtweiterbildung für allgemeinmedizinisch tätige Kassenärzte. Die Bundesärztekammer, unterstützt vom Ständigen Ausschuß der Ärzte der EG, versuchte – vornehmlich über den damaligen deutschen EG-Kommissar – vergeblich, sich für die Berücksichtigung bundesdeutscher Besonderheiten bei dem Richtlinienvorschlag der Kommission einzusetzen, weil nach Ansicht der Bundesärztekammer zum einen das deutsche Weiterbildungsrecht mit einer vierjährigen Weiterbildung zum Arzt für Allgemeinmedizin von dem geplanten Weiterbildungsrecht und dem der übrigen Mitgliedstaaten erheblich abweichen würde und zum anderen die freiwillige Weiterbildung nicht über EG-Recht unter Außerachtlassung der deutschen föderalen Struktur in eine obligatorische Weiterbildung umfunktioniert werden dürfe.[358]

---

356 Vom 31. März 1981 (III/D/129/1/81 – DE).

357 *Kosanke*, DÄ 1980, S. 2113: „Die Diskussion über die Weiterbildung zum Allgemeinarzt prägte wesentlich die Deutschen Ärztetage 1979 in Nürnberg und 1980 in Berlin. Sie kann keineswegs als abgeschlossen gelten." Hauptdiskussionspunkt war die Einführung einer Pflichtweiterbildung; pro: nach *Clade*, DÄ 1983, Heft 39, S. 23 (B), der Berufsverband der Praktischen Ärzte und Ärzte für Allgemeinmedizin Deutschlands (BPA), der Deutsche Ärztetag 1983 in Kassel, die Vertreterversammlung der Kassenärztlichen Bundesvereinigung, die Krankenkassenspitzenverbände und die Gewerkschaft Öffentliche Dienste, Transport und Verkehr; *Hess*, DÄ 1983, Heft 42, S. 59 <61> (B) trotz verfassungsrechtlicher Bedenken; contra: *Sewering*, DÄ 1983, Heft 27/28, S. 47 <51> (B); *Vilmar*, Präsident der Bundesärztekammer, nach einer Mitteilung in DÄ 1984, S. 2397 (B) und S. 2609 (B).

358 Vgl. Mitteilung in DÄ 1984, S. 2397 und S. 2609 <2610>; diese Bemühungen der Bundesärztekammer blieben ohne Erfolg, da sich die genannte Regelung unverändert in der RL 86/457/EWG unter Art. 7 wiederfindet.

Die Pflichtweiterbildung im Rahmen der Allgemeinmedizin stieß weitestgehend auf Zustimmung von Seiten der betroffenen Allgemeinärzte[359], die jedoch befürchteten, daß die damals vom Bundesgesundheitsministerium geplante Einführung einer AiP-Zeit diese Pläne zunichte machen würde[360].

Heftige Diskussionen entbrannten auch über die Regelung des Entwurfs, nach Ablauf einer Übergangszeit die Berufsausübung im Rahmen der gesetzlichen Krankenversicherung nicht nur bei der Allgemeinmedizin, sondern auch in den anderen Gebieten von einem Weiterbildungsdiplom als Facharzt abhängig zu machen, wodurch insgesamt aus der freiwilligen eine Pflichtweiterbildung werden sollte.[361] Gerade diese Regelung fand sich aber weder in dem endgültigen Vorschlag der Kommission[362] wieder, noch in der RL 86/457/EWG, sondern tauchte erst später in bundesdeutschen Gesetzen wieder auf[363].

2. Kommissionsvorschlag

Im Kommissionsvorschlag wurden neben den bereits genannten Erwägungen noch folgende Gründe für den Erlaß der Richtlinie angeführt: zum einen der immer größer werdende Gegensatz zwischen einerseits Ausbildung und Forschung in der Medizin und andererseits Praxis in der Allgemeinmedizin, so daß wichtige Aspekte der Allgemeinmedizin nicht mehr auf befriedigende Weise in

---

359 Vgl. *Clade*, DÄ 1983, Heft 39, S. 23 (B) unter anderem über den Berufsverband der Praktischen Ärzte und Ärzte für Allgemeinmedizin Deutschlands, den Deutsche Ärztetag 1983 oder über die Vertreterversammlung der Kassenärztlichen Bundesvereinigung, wobei sie statt der geplanten zweijährigen Weiterbildung an der bisherigen Dauer von vier Jahren festhalten wollten.

360 Vgl. nur *Jachertz*, DÄ 1983, Heft 45, S. 13 (B), der ausführlich dem Standpunkt *Häußlers* (als Vertreter der Vereinigung der Hochschullehrer und Lehrbeauftragten für Allgemeinmedizin) den eine Pflichtassistentenzeit befürwortenden Standpunkt der übrigen Medizinfakultäten oder des Marburger Bundes (damaliger Vorsitzende war *Hoppe*) gegenüberstellt, oder *Clade*, DÄ 1983, Heft 39, S. 23 (B); in „EG-Richtlinie Allgemeinmedizin: Ein Schritt weiter", DÄ 1985, S. 471 <472> wird die Hoffnung formuliert, AiP-Zeit, kassenärztliche Vorbereitungszeit und die Weiterbildung als Voraussetzung für die Kassenzulassung „unter einen Hut zu bringen".

361 Wiedergegeben nach *Clade*, DÄ 1983, Heft 39, S. 23 <24> (B) und *Hess*, DÄ 1983, Heft 42, S. 59 (B), der diese Regelung rechtlich würdigt und für verfassungswidrig hält; auch *Sewering* bestand bei seinem Vortrag vor dem 86. Deutschen Ärztetag 1983 darauf, daß der Charakter der Approbation als Zulassung des Arztes zur selbständigen und selbstverantwortlichen Ausübung der Heilkunde erhalten bleiben müsse, DÄ 1983, Heft 27/28, S. 47 <51> (B).

362 ABl. C 13 vom 15. Januar 1985, S. 3, geändert in ABl. C 125 vom 24. Mai 1986, S. 8.

363 Vgl. oben bei B.I.3.

der medizinischen Grundausbildung enthalten seien, zum anderen das Anerkennen „aus allgemein gesundheitspolitischer Sicht, daß eine bessere Anpassung des praktischen Arztes an seine besondere Funktion dazu beitragen würde, die ärztliche Versorgung insgesamt vor allem insofern zu verbessern, als die Inanspruchnahme von Fachärzten sowie von Laboratorien und sonstigen hochspezialisierten Einrichtungen und Ausrüstungen auf einer selektiveren Grundlage erfolgen würde." Schließlich könne die Verbesserung der allgemeinmedizinischen Bildung dazu führen, „daß sich mehr Bewerber für die Aufgaben des praktischen Arztes berufen fühlen". Der Kommissionsvorschlag zielte also darauf ab, den fachlichen und ökonomischen Gegensätze zwischen Hochleistungs- und Allgemeinmedizin gerecht zu werden und dadurch Ärzte für den Berufsweg des Allgemeinmediziners zu motivieren.

Die Reform in der Allgemeinmedizin sollte zunächst durch die Einführung einer spezifischen Weiterbildung, die qualitativ und quantitativ bestimmten Mindestanforderungen genügen müsse, in allen Mitgliedstaaten so in Gang gesetzt werden, daß spätestens am 01. Januar 1990 die ersten Diplome erteilt werden könnten. In einer zweiten Etappe[364] war die Einführung einer Regelung geplant, wonach diese spezifische Weiterbildung Voraussetzung für das Tätigwerden eines Allgemeinmediziners im Rahmen eines Sozialversicherungssystems sein sollte. Die Koordinierung der Mindestanforderungen in der spezifischen Weiterbildung würde es den Mitgliedstaaten ermöglichen, die Diplome hierüber gegenseitig anzuerkennen und ihnen die gleiche Wirkung wie vom Heimatstaat selbst ausgestellten Diplomen zukommen zu lassen, die zur Ausübung des ärztlichen Berufs als Praktischer Arzt im Rahmen seines Sozialversicherungssystems befähigen.

Als letzte Erwägung führte die Kommission an, daß ein Mitgliedstaat aufgrund der RL 75/362/EWG nicht berechtigt sei, an die Ausübung des ärztlichen Berufes im Rahmen eines Sozialversicherungssystems neben einem aufgrund dieser Richtlinie anerkannten, in einem anderen Mitgliedstaat erworbenen Diplom die Teilnahme an weiterbildenden Maßnahmen zu verlangen, selbst wenn dies von Inhabern inländischer Diplome verlangt werden würde. Bis zur zweiten Reformetappe müsse diese Wirkung auch für die Tätigkeit des Praktischen Arztes gelten. Danach sei zusätzlich der Nachweis über die spezifische Weiterbildung erforderlich, aber auch ausreichend. Für den Bereich der Allgemeinmedizin bedeutete dies die Regelung einer Ausnahme zu dem in Art. 21 RL 75/362/EWG festgeschriebenen Grundsatz, daß von Inhabern mitgliedstaatlicher Arztdiplome

---

[364] Die Kommission ging in ihrem Vorschlag noch davon aus, daß die zweite Etappe bereits am 01. Januar 1993 beginnen könnte.

für ein Tätigwerden im Sozialversicherungssystem eines anderen Mitgliedstaates nicht die Ableistung einer Vorbereitungszeit verlangt werden durfte.

Jeder Mitgliedstaat sollte gem. Art. 1 Abs. 2 des Vorschlags unabhängig von den Bestimmungen über erworbene Rechte ab 01. Januar 1990 die Führung des Titels Praktischer Arzt von einer spezifischen Weiterbildung nach Art. 2 abhängig machen. Dieser Artikel nannte die qualitativen und quantitativen Mindestanforderungen für die Erteilung des Diploms in der spezifischen Weiterbildung, und zwar ein mindestens sechsjähriges Studium zuzüglich eines Diploms nach Art. 3 RL 75/362/EWG[365], eine mindestens zweijährige Vollzeitweiterbildung unter Aufsicht der zuständigen Behörden oder Stellen, der Art nach mehr praktisch als theoretisch, unter persönlicher Mitarbeit und Mitverantwortung des Anwärters, in Krankenhäusern und während mindestens sechs Monaten in anerkannten Allgemeinpraxen. Art. 3 gestattete Ausnahmen vom Grundsatz der Vollzeitweiterbildung, wobei die Anforderungen an die Teilzeitweiterbildung denen aus den schon ergangenen Ärzterichtlinien entsprachen, nämlich qualitative Entsprechung zur Vollzeitweiterbildung und keine zeitliche Verkürzung der Gesamtdauer.

Art. 4 Abs. 1 des Vorschlags eröffnete den Mitgliedstaaten die Möglichkeit, das Diplom der spezifischen Weiterbildung auch dann zu erteilen, wenn der Arzt zwar nicht die Weiterbildung im Sinne von Art. 2 absolviert hatte, aber dafür eine andere Zusatzausbildung nachweisen konnte, die qualitativ der spezifischen Weiterbildung nach Art. 2 entsprach. Zusätzlich mußten persönliche Umstände die Anwendung der Ausnahmevorschrift rechtfertigen. Nach Abs. 2 mußten die Mitgliedstaaten für diese Weiterbildungsvariante regeln, inwiefern eine bereits absolvierte Zusatzausbildung sowie Berufserfahrung völlig oder teilweise vergleichbar war mit der Weiterbildung im Sinne von Art. 2. Diese Regelung eröffnete für Deutschland die Möglichkeit, die geplante AiP-Zeit auf diese spezifische Weiterbildung derart abzustimmen, daß sie als Zusatzausbildung angerechnet werden konnte.

In der Zusammenschau mit dem eben genannten Art. 1 Abs. 2 ist fraglich, welcher Anwendungsspielraum für beide Regelungen nebeneinander bestand. Denn nach Art. 1 Abs. 2 in Verbindung mit Abs. 1 sollten spätestens ab 01. Januar 1990 nicht nur die ersten Diplome über die spezifische Weiterbildung mit

[365] Dabei handelt es sich um das gegenseitig anzuerkennende Abschlußdiplom der medizinischen Ausbildung zur Aufnahme und Ausübung der ärztlichen Tätigkeit, das beispielsweise in Deutschland nicht bereits nach dem Studium, sondern erst nach einer Vorbereitungszeit als Medizinalassistent in Form der Approbation erteilt wurde. Für den Zugang zur spezifischen Weiterbildung war der Abschluß des Studiums ausreichend, die Erteilung des spezifischen Weiterbildungsdiploms hingegen erforderte die Approbation.

dem Titel Praktischer Arzt erteilt, sondern die Führung des Titels Praktischer Arzt von der spezifischen Weiterbildung nach *Art. 2* abhängig gemacht werden. Eine gleichwertige Weiterbildung nach *Art. 4 Abs. 1* dürfte danach nicht ausreichend gewesen sein, um den Titel Praktischer Arzt zu führen. Damit wäre diese Regelung nur dann zur Anwendung gekommen, wenn ein Mitgliedstaat schon vor dem 01. Januar 1990 die ersten Diplome erteilt hätte, und zwar aufgrund sowohl der spezifischen als auch der gleichwertigen Weiterbildung. Ab dem 01. Januar 1990 hätte Art. 4 Abs. 1 dann nicht mehr angewendet werden können. Versteht man seinen Ausnahmecharakter aber derart, daß entgegen Art. 1 Abs. 2 nach dem 01. Januar 1990 auch eine Weiterbildung gem. Art. 4 Abs. 1 zur Erteilung eines Diploms als Praktischer Arzt ausreichend gewesen wäre, so würde Art. 1 Abs. 2 eine irreführende Vorstellung erwecken, nämlich daß alle nach dem 01. Januar 1990 erworbenen Diplome den Anforderungen der spezifischen Weiterbildung nach Art. 2 entsprechen würden, obgleich der Titel auch mit der gleichwertigen Weiterbildung nach Art. 4 Abs. 1 erworben werden konnte.

Neben gewissen Vorgaben in Art. 5 für nationale Regelungen hinsichtlich erworbener Rechte wurde vorgeschlagen, daß der Inhaber eines Diploms nach dieser Richtlinie das Recht haben sollte, die in seinem Heimatstaat gebräuchliche Berufsbezeichnung zu führen, unabhängig davon, in welchem Mitgliedstaat er das Diplom erworben hat oder sich niederlassen wollte.

3. Stellungnahmen

Die Stellungnahmen des WSA und des EP beschränkten sich thematisch nicht allein auf Vorschläge zur spezifischen Weiterbildung in der Allgemeinmedizin, sondern umfaßten ebenso Forderungen hinsichtlich der bisherigen Ärzterichtlinien.

Der WSA verdeutlichte in seiner Stellungnahme[366], daß er die vorgesehene spezifische Weiterbildung als Ergänzung zur medizinischen Grundausbildung verstehe, bei der dem Menschen in seiner Gesamtheit große Beachtung geschenkt werden und Vorbeugung den gleichen Rang wie Heilung einnehmen müßte. Der Anwärter sollte nicht nur, wie bisher vorgesehen, persönlich zur ärztlichen Mitarbeit herangezogen werden, sondern auch für seinen persönlichen Anteil an der medizinischen Versorgung die alleinige Verantwortung übernehmen. Die Bestimmungen über die Teilzeitweiterbildung und über die gleichwertige Zusatzausbildung gem. Art. 4 des Vorschlags sollten Ausnahmeregelungen zur vollzeitigen Weiterbildung darstellen, damit nicht der eigentliche Sinn der spezifischen Weiterbildung verfehlt würde, daß nämlich zukünftig allgemein-

[366] ABl. C 218 vom 29. August 1985, S. 9.

ärztliche Tätigkeiten vom Spezialisten hierfür ausgeübt werden. Der WSA schlug vor, dem Beratenden Ausschuß für die ärztliche Ausbildung aufzugeben, einige Leitlinien für die Weiterbildungsinhalte und -methoden zu erarbeiten, da nur möglichst einheitliche Kriterien die Gewähr für ein vergleichbar hohes Weiterbildungsniveau böten. Daher sei empfehlenswert, derartige Leitlinien auch für die sonstige medizinische Grund- und Fachausbildung zu entwickeln, da sie in den bisherigen Ärzterichtlinien nicht enthalten seien.

Aufgrund dieser Stellungnahme änderte die Kommission ihren Vorschlag nur im dritten Erwägungsgrund ab: „... In diesem Zusammenhang ist es besonders wichtig, daß der Arzt das soziale Umfeld seiner Patienten persönlich kennt und letztere als Gesamtpersönlichkeit in Fragen der Krankheitsverhütung und des Gesundheitsschutzes berät und in geeigneter Weise behandelt".[367] Die übrigen Vorschläge des WSA blieben ebenso unberücksichtigt wie die vorher vom EP eingeholte Stellungnahme.

Das EP hatte unter anderem vorgeschlagen[368], die Vorgaben für die Weiterbildungszeit in anerkannten Allgemeinpraxen von 6 Monaten auf ein Jahr zu erhöhen. In der sich an die Stellungnahme anschließenden Entschließung[369] gab das EP zu bedenken, daß „die Einführung des Numerus clausus für den Zugang zu den medizinischen Fakultäten in allen Mitgliedstaaten im Hinblick auf die Freizügigkeit der Ärzte ein unabdingbares Erfordernis darstellt." Nicht nur in Deutschland[370] lag die Zahl der an einem Medizinstudium Interessierten weit über den Kapazitäten der Universitäten, doch es gab nicht in allen Mitgliedstaaten Zugangsbeschränkungen zum Studium[371].

4. Inhalt der Richtlinie

Obgleich der Rat die Formulierung der Erwägungsgründe nur unwesentlich veränderte, fanden sich bei den einzelnen Regelungen der Richtlinie erhebliche

367 ABl. C 125 vom 24. Mai 1986, S. 8.

368 ABl. C 36 vom 17. Februar 1986, S. 147.

369 ABl. C 36 vom 17. Februar 1986, S. 149.

370 Vgl. nur DÄ 1985, S. 2289: Im Jahr 1984 bewarben sich 35.000 für 7.000 Studienplätze, die von der ZVS nach einem Auswahlverfahren, das sich unter anderem an einem Numerus clausus orientierte, verteilt wurden.

371 Beispielsweise nicht in Italien oder Belgien, vgl. den Tagungsbericht des Ständigen Ausschusses der Ärzte in der EG in DÄ 1980, S. 7.

Abweichungen vom Kommissionspapier, die sich allerdings nicht durch ein Aufgreifen der Vorschläge vom WSA oder EP erklären lassen.[372]

Nach der in den Erwägungsgründen zum Ausdruck kommenden Ansicht des Rates sei es allgemein, also nicht mehr rein aus gesundheitspolitischer Sicht, anerkannt gewesen, daß die Einführung der spezifischen Weiterbildung zu einer besseren ärztlichen Versorgung beitragen würde. Grund für diese Abänderung könnten Befürchtungen des Rates hinsichtlich seiner Kompetenzen gewesen sein, da zum damaligen Zeitpunkt[373] Regelungen wie die heutigen Art. 3 Abs. 1 lit. p, 95 Abs. 3 und 152 EG, die die Gesundheitspolitik in die Tätigkeitsbereiche der Europäischen Gemeinschaft mit einbeziehen, noch nicht existierten.[374] Des weiteren bezweckte der Rat ausweislich seines sechsten Erwägungsgrundes mit dieser Richtlinie nicht mehr ausdrücklich eine größere Zahl von Bewerbern für die Allgemeinmedizin: „Die Verbesserung der allgemeinmedizinischen *Weiter*bildung[375] kann dazu beitragen, daß die Tätigkeit des praktischen Arztes aufgewertet wird." Hierbei erhoffte sich der Rat vermutlich als Konsequenz der Aufwertung einen Anstieg der Interessenten für Allgemeinmedizin.

Die erste Etappe – Erteilung von Diplomen über die spezifische Weiterbildung – sollte nach wie vor spätestens am 01. Januar 1990 beginnen gem. Art. 1 RL 86/457/EWG[376]. Allerdings schob der Rat den Beginn der zweiten Etappe, ab der ein Arzt im Rahmen des Sozialversicherungssystems nur noch mit dem Diplom über die spezifische Weiterbildung allgemeinärztlich tätig werden darf, durch Art. 7 weiter als ursprünglich vorgesehen hinaus, nämlich um zwei Jahre auf den

---

[372] Die Dokumente des Rates sind grundsätzlich nicht frei – beispielsweise über das Internet – einsehbar. Eine gewisse Transparenz schaffte der Beschluß 93/731/EG des Rates vom 20. Dezember 1993, ABl. L 340 vom 31. Dezember 1993, S. 43, geändert durch Beschluß 96/705/EG vom 06. Dezember 1996, ABl. L 325 vom 14. Dezember 1996, S. 19, und Beschluß 2000/527/EG vom 14. August 2000, ABl. L 212 vom 23. August 2000, S. 9, über den Zugang der Öffentlichkeit zu Ratsdokumeten und durch die Leitlinien des Rates vom 19. März 1998 über ein öffentliches Register der Ratsdokumente. Seitdem kann ein Antrag auf Einsicht in Ratsdokumente gestellt werden; siehe besonders *Bock*, europablätter 2001, S. 57, zu den rechtlichen Grundlagen und den Modalitäten des Antragsverfahrens, ebenso zu eventuellen Versagungsgründen. Fundstelle im Internet für das öffentliche Register der Ratsdokumente unter „register.consilium.eu.int".

[373] Vgl. für die zum Zeitpunkt des Richtlinienerlasses im September 1986 gültige Fassung des EWGV Fn. 258.

[374] Einführend in die Thematik der Europäischen Gesundheitspolitik und der neuen Rechtsgrundlage durch Art. 152 EG *Hanika*, MedR 1998, 193.

[375] Für die Erklärung der teilweisen Kursivschreibweise siehe C.V.

[376] Die im Folgenden in diesem Abschnitt genannten Artikel ohne Richtlinienbezeichnung sind solche der RL 86/457/EWG.

01. Januar 1995. Dabei überließ er es den Mitgliedstaaten, schon vor diesem Zeitpunkt die zweite Etappe einzuführen, sofern sich bis zum 01. Januar 1995 jeder Arzt mit einer Approbation aus einem anderen Mitgliedstaat, aber ohne spezifische Weiterbildung niederlassen und im Rahmen des Sozialversicherungssystems praktizieren durfte, Art. 7 Abs. 3.

Gerade mit Blick auf diese zweite Etappe betonte der Rat durch einen neu eingefügten Erwägungsgrund, daß durch diese Richtlinie die Zuständigkeit der Mitgliedstaaten für die Gestaltung ihres eigenen Sozialversicherungssystems sowie für die Festlegung der Tätigkeiten, die im Rahmen dieses Systems ausgeübt werden können, nicht berührt sei. Allein die Tatsache, daß der Rat dies ausdrücklich in die Richtlinie aufnahm, läßt vermuten, daß gegenteilige Befürchtungen Gegenstand der Ratsdiskussionen gewesen sein müssen.[377]

Über die Voraussetzungen an die spezifische Weiterbildung schrieb Art. 2 Abs. 1 lit. c nun nicht nur für die Zeit in Allgemeinpraxen, sondern auch für die in Krankenhäusern eine Weiterbildungsdauer von mindestens sechs Monate vor. Hingegen höchstens sechs Monate durften sich die Ärzte in anderen zugelassenen Einrichtungen oder Diensten des Gesundheitswesens, die sich mit Allgemeinmedizin befassen, weiterbilden. Für die Umsetzung dieser Bestimmung wurde den Mitgliedstaaten eine lange Umsetzungsfrist gewährt, nämlich bis zum Beginn der zweiten Etappe am 01. Januar 1995. Eine konkretere Regelung des Weiterbildungsinhalts als die schon von der Kommission vorgeschlagene Bestimmung „mehr praktischer als theoretischer Art“ wurde für die spezifische Weiterbildung nicht vorgegeben.

Hinsichtlich der Bedingungen für eine Teilzeitweiterbildung änderte der Rat den Kommissionsvorschlag dahin ab, daß die wöchentliche Teilzeitweiterbildungsdauer mindestens 60 % der wöchentlichen Vollzeitweiterbildung betragen sollte. Außerdem schrieb er in Art. 5 Abs. 1 Spiegelstrich 3 vor, daß sie einige Abschnitte einer Vollzeitausbildung umfassen müsse, „und zwar sowohl bei dem in Krankenhäusern stattfindenden *Weiter*bildungsteil[378] als auch bei dem in einer zugelassenen Allgemeinpraxis ... stattfindenden Teil.“ Nicht vorgeschrieben wurde hingegen, aus welchem Grund eine Teilzeitweiterbildung möglich sein sollte, also ob aus persönlichen Gründen, in einzelnen gerechtfertigten Fällen oder aufgrund der objektiven Situation des Arztes, wie es vorher von Kom-

[377] *Schirmer* in Lexikon des Arztrechts, Nr. 1690, Rdnr. 101, erklärt sich diese ausdrückliche Nennung dadurch, daß dieser Vorbehalt auf das Problem der bisher mangelnden Vereinbarkeit von institutionellen Regelungen zur Sozialversicherung und den freiheitsverbürgenden Garantien des Vertrages aufmerksam machen solle.

[378] Für die Erklärung der teilweisen Kursivschreibweise siehe C.V.

mission, WSA bzw. EP vorgeschlagen worden war. Damit war die Teilzeitweiterbildung ohne Vorliegen eines besonderen Grundes möglich.

Bei der qualitativ gleichwertigen Weiterbildung gem. Art. 6 Abs. 1 – ehemals Art. 4 Abs. 1 des Vorschlags – verzichtete der Rat auf eine von der Kommission vorgeschlagene Voraussetzung, nämlich auf die Rechtfertigung durch persönliche Umstände. Somit war für die Frage, ob einem Arzt das spezifische Weiterbildungsdiplom erteilt werden durfte, nur noch allein auf die qualitative Gleichwertigkeit seiner anderen Zusatzausbildung sowie seine Berufserfahrung abzustellen. Als Voraussetzung für die Gleichwertigkeit führte der Rat in Art. 6 Abs. 2 S. 2 eine Regelung ein, wonach der Antragsteller mindestens sechs Monate allgemeinmedizinische Erfahrung in einer Allgemeinpraxis oder einem Zentrum für Erstbehandlung erworben haben mußte.

Art. 10 gewährleistete den Ärzten für den Titel des Praktischen Arztes das Recht, die im Heimat- oder Herkunftsmitgliedstaat gültige Weiterbildungsbezeichnung führen zu dürfen. Zusätzlich hatten Angehörige eines Mitgliedstaates, denen ein anderer Mitgliedstaat ein Diplom über die spezifische Weiterbildung ausgestellt hatte, gem. Art. 9 das Recht, im Aufnahmemitgliedstaat die dort bestehende Berufsbezeichnung zu führen.

Nicht übernommen wurde Art. 1 Abs. 2 des Vorschlags, wonach ab dem 01. Januar 1990 die Führung des Titels Praktischer Arzt nur nach Durchlaufen der spezifischen Weiterbildung im Sinne von Art. 2 möglich sein sollte. Damit stellte sich nicht mehr das oben[379] beschriebene Problem der Anwendbarkeit von Art. 4 Abs. 1 des Vorschlags (jetzt Art. 6 Abs. 1 RL 86/457/EWG) neben Art. 1 Abs. 2. Den Mitgliedstaaten war es also auch nach dem 01. Januar 1990 erlaubt, anderen als den im Sinne von Art. 2 spezifisch Weitergebildeten den Titel Praktischer Arzt zu verleihen. Die Richtlinie selbst eröffnete neben der Alternative der qualitativ gleichwertigen Weiterbildung des Art. 6 noch eine weitere Möglichkeit durch Art. 3, nämlich die Weiterbildung „in Form praktischer Erfahrung in der Allgemeinmedizin, die der Arzt in seiner eigenen Praxis unter Aufsicht eines zugelassenen Praktikumsleiters erwirbt", soweit sie zum Zeitpunkt der Bekanntgabe der Richtlinie in dem Mitgliedstaat bereits existierte und den in Art. 3 aufgelisteten Voraussetzungen entsprach.

Schließlich wurden vom Rat die Bestimmungen in den Art. 4 und 11 neu eingefügt, wonach die Kommission dem Rat auf der Grundlage der gesammelten Erfahrungen und unter Berücksichtigung der Entwicklung der Weiterbildung in der Allgemeinmedizin zum einen spätestens am 01. Januar 1996 einen Bericht über die Anwendung der Art. 2 und 3 und Vorschläge zur weiteren Harmonisie-

[379] Vgl. oben unter C.V.2.

rung der allgemeinmedizinischen Weiterbildung unterbreiten und zum anderen spätestens am 01. Januar 1997 einen Bericht über die Anwendung der Richtlinie insgesamt und gegebenenfalls Vorschläge zur geeigneten Weiterbildung jedes Praktischen Arztes vorlegen sollte.

5. Empfehlung des Rates 86/458/EWG

Zu der RL 86/457/EWG sprach der Rat eine Empfehlung[380] aus, die sich – wie die Empfehlung 75/366/EWG zur RL 75/362/EWG – ausschließlich auf die Staatsangehörigen des Großherzogtums Luxemburgs bezog, die Inhaber eines in einem Drittland, also eines Staates außerhalb des EWG-Raumes, ausgestellten ärztlichen Diploms waren. Mangels der Möglichkeit, in Luxemburg eine spezifische Weiterbildung in der Allgemeinmedizin durchlaufen zu können, befänden sich die dortigen Staatsangehörigen in einer besonderen Lage, so daß der Rat den Regierungen der anderen Mitgliedstaaten empfahl, diese Drittlanddiplome anzuerkennen, wenn der luxemburgische Minister für Gesundheitswesen sie als Abschluß über eine spezifische Weiterbildung in der Allgemeinmedizin anerkannt habe.

Die RL 86/457/EWG verpflichtete zwar alle Mitgliedstaaten, die einen vollständigen medizinischen Studiengang anboten, zur Einführung einer spezifischen Weiterbildung in der Allgemeinmedizin. Jedoch war es in Luxemburg nicht möglich, ein medizinisches Studium zu absolvieren, so daß Luxemburg von der Verpflichtung durch die RL 86/457/EWG nicht betroffen war. Den luxemburgischen Ärzten blieb keine andere Wahl, als die allgemeinmedizinische Weiterbildung im Ausland zu durchlaufen. Diejenigen, die sie im EU-Ausland durchliefen, befanden sich anschließend in der vom Rat angesprochenen „besonderen Lage“. Sie sollten dieselben Rechte genießen können wie Absolventen medizinischer Fakultäten im EU-Ausland.

6. Besonderheiten im Verhältnis zu den früheren Ärzterichtlinien

Die RL 86/457/EWG weist im Verhältnis zu den früher erlassenen Ärzterichtlinien einige Besonderheiten auf, die sich nicht allein mit einer möglichen Andersartigkeit des Faches Allgemeinmedizin im Verhältnis zu den übrigen Fachgebieten erklären lassen.

a. Pflicht zur Einführung der spezifischen Weiterbildung

Eine grundsätzliche Neuerung war die Verpflichtung für alle Mitgliedstaaten, eine spezifische Weiterbildung in der Allgemeinmedizin *einzuführen.*

---

380 ABl. L 267 vom 19. September 1986, S. 30.

Ansatzpunkt der früheren Richtlinien 75/362/EWG und 75/363/EWG war, die schon vorhandenen Aus- oder Weiterbildungsmodelle der einzelnen Mitgliedstaaten miteinander zu koordinieren, damit die Diplome gegenseitig anerkannt werden konnten. Es wurde jedem Mitgliedstaat selbst überlassen, in welchen Facharztgebieten es seine Weiterbildung mit der der anderen Mitgliedstaaten koordinieren wollte, und es gab aufgrund der Richtlinien keine Verpflichtung, ein bestimmtes Weiterbildungs- oder Facharztdiplom einzuführen.

Für die RL 86/457/EWG wählte der Rat einen anderen Ansatzpunkt: Jeder Mitgliedstaat wurde verpflichtet, eine spezifische Weiterbildung in Allgemeinmedizin einzuführen bzw. seine bereits vorhandene allgemeinmedizinische Weiterbildungsmöglichkeit den Anforderungen von Art. 2, 3 und 6 RL 86/457/EWG anzupassen.[381] Der dritte Erwägungsgrund verdeutlicht, daß zum Zeitpunkt des Richtlinienerlasses nicht in allen Mitgliedstaaten eine wie auch immer geartete Zusatzqualifikation in Allgemeinmedizin zu erlangen war. Im Fall von Luxemburg sah sich der Rat im Gegensatz zu den bisherigen Richtlinien bei Erlaß der RL 86/457/EWG sogar zusätzlich zu der besonderen Empfehlung[382] verpflichtet, den Luxemburger Ärzten mit einem durch einen Drittstaat ausgestellten und von dem luxemburgischen Gesundheitsministerium anerkannten Diplom die Aufnahme und Ausübung des Berufs des Praktischen Arztes zu erleichtern.

Die Verpflichtungen aufgrund der RL 86/457/EWG beschränkten sich also nicht mehr allein auf die Koordinierung, sondern wurden erweitert auf die Einführung von Weiterbildungsgängen. Im Gegensatz zu den Richtlinien von 1975 war daher in der RL 86/457/EWG nicht mehr nur von Koordinierung, sondern auch von Harmonisierung die Rede.[383]

---

381 Vergleichbar hierzu war die sich für Italien ergebende Verpflichtung aus den Zahnarzt-Richtlinien 78/686/EWG und 78/687/EWG vom 25. Juli 1975 (ABl. L 233 vom 24. August 1978, S. 1 und S. 10), eine neue Berufsgruppe zu schaffen. Bis dahin war die Tätigkeit des Zahnarztes in Italien ausschließlich von Ärzten ausgeübt worden. Für Italien lief die Frist zu Umsetzung der Richtlinien nicht wie sonst üblich 18 Monate, sondern erst sechs Jahre nach deren Bekanntgabe ab, damit Italien eine entsprechende Fachausbildung einführen und geeignete Strukturen für diesen neuen Beruf schaffen konnte.

382 Empfehlung des Rates 86/458/EWG vom 15. September 1986, ABl. L 267 vom 19. September 1986, S. 30.

383 Art. 4 S. 1: „Die Kommission unterbreitet dem Rat ... geeignete Vorschläge im Hinblick auf die weitere Harmonisierung der *Weiter*bildung der Ärzte für Allgemeinmedizin." Zwar sind nach h.M. die Begriffe Koordinierung, Harmonisierung und Angleichung aufgrund der sprachlichen Inkongruenz des EG-Vertrages Synonyme und definieren eine identische Gemeinschaftsaufgabe, Groeben/Schwarze-*Taschner*, Bd. 2, Art. 94 EG, Rdnr. 1, Grabitz/Hilf-*Randelzhofer/Forsthoff*, Art. 47, Rdnr. 20. Andererseits ist die hier bei den Ärzterichtlinien erstmalige Verwendung des Begriffs „Harmonisierung" auffallend und läßt

b. Voraussetzungen für die Anerkennung der spezifischen Weiterbildung

In Art. 2 und 3 RL 86/457/EWG wurden die formalen Kriterien für eine anerkennungsfähige Weiterbildung detaillierter geregelt, als es in den bis dahin erlassenen Ärzterichtlinien der Fall war. Diese benannten als Bedingungen für eine anerkennungsfähige Weiterbildung zwar auch schon Mindestdauer und mögliche Weiterbildungsstellen. Allerdings wurde nicht vorgeschrieben, daß die Weiterbildungsstelle zu wechseln oder wie viel Zeit mindestens respektive höchstens bei der jeweiligen Stelle zu absolvieren war, so wie es nun Art. 2 Abs. 1 lit. c RL 86/457/EWG vorschrieb.

Art. 3 RL 75/363/EWG ermöglichte zwar ebenfalls schon Teilzeitweiterbildung, allerdings ohne Vorgaben über die wöchentliche Dauer im Verhältnis zur Vollzeitweiterbildung. Die RL 86/457/EWG schrieb nun eine Mindestdauer von 60 % der Vollzeitweiterbildung vor, ohne daß sich in den Materialien zu der Richtlinie oder durch Rückschlüsse aus anderen Teilzeitregelungen in thematisch verwandten sektoralen Richtlinien[384] ein Hinweis dazu findet, weshalb die Mindestdauer überhaupt bzw. in dieser Höhe festgeschrieben wurde. Eine Frage der Qualität war es jedenfalls nicht, wie sich aus Art. 5 Abs. 2 ablesen läßt, wonach die Qualität von Vollzeitweiterbildung auch in Teilzeit erreicht werden kann respektive muß. Ohne jeden Anknüpfungspunkt und ohne jegliche Begründung erscheint die Festlegung auf 60 % willkürlich.[385] Im Gegensatz zu Art. 3 Abs. 1 RL 75/363/EWG[386] fehlte in der RL 86/457/EWG jegliche Vorgabe darüber, bei Vorliegen welcher Gründe das Absolvieren der spezifischen Weiterbildung in Teilzeit gestattet werden sollte.

Ebenfalls neu und ohne Begründung in den Materialien war die Bedingung, daß im Rahmen einer Teilzeitweiterbildung einige Abschnitte vollzeitig zu ab-

---

gerade aufgrund der in C.V.6. genannten Besonderheiten auf einen anderen Regelungsgehalt als den der bloßen Koordinierung schließen.

384 In den thematisch verwandten sektoralen Richtlinien über die Tätigkeiten der Krankenschwester und des Krankenpflegers, die für die allgemeine Pflege verantwortlich sind, des Zahnarztes und der Hebamme wird die Ausgestaltung der Teilzeitmöglichkeiten den Mitgliedstaaten allein mit der Maßgabe gleicher Qualität und Gesamtdauer überlassen, vgl. die Richtlinien 77/453/EWG, 78/687/EWG und 80/155/EWG, Fundstellen in den Fn. 524, 525 und 527.

385 Diese 60 % wurden durch die Richtlinie 2001/19/EG auf 50 % reduziert; siehe dazu unten bei C.VII.4.

386 „... können die Mitgliedstaaten eine fachärztliche Weiterbildung auf Teilzeitbasis unter besonderen, von den zuständigen innerstaatlichen Behörden genehmigten Bedingungen zulassen, wenn eine Ausbildung auf Vollzeitbasis aus stichhaltigen Gründen nicht möglich wäre.“

solvieren waren. Allerdings wurde die genaue Dauer der Vollzeit nicht vorgeschrieben. Sie sollte sowohl *bei* dem mindestens sechsmonatigen Weiterbildungsteil im Krankenhaus als auch *bei* dem Weiterbildungsteil in einer Allgemeinpraxis abgeleistet werden und „eine entsprechende Vorbereitung auf die tatsächliche Ausübung der Tätigkeit des Praktischen Arztes gewährleisten", Art. 5 Abs. 1 Spiegelstrich 3 S. 2 RL 86/457/EWG. Die Formulierung ließ den Mitgliedstaaten somit einen Gestaltungsspielraum bei der Umsetzung der Richtlinie, weil die Richtlinie keine konkrete Dauer der vollzeitigen Weiterbildung vorschrieb. Für dieses Vollzeiterfordernis findet sich weder eine Entsprechung in den thematisch verwandten sektoralen Richtlinien noch eine Begründung in der Richtlinie selbst. Sowohl die Bundesärztekammer, als auch der Marburger Bund und der Deutsche Ärztinnenbund halten die Gründe für das Vollzeiterfordernis für nicht nachvollziehbar, weil die Facharztweiterbildung für Allgemeinmedizin das gleiche Tätigkeitsfeld darstelle, qualitativ wie quantitativ höhere Anforderungen stelle und trotzdem in Teilzeit zurückgelegt werden könne.[387] Jedoch hat der EuGH 2003 die Pflicht teilweiser Vollzeitweiterbildung für rechtmäßig erklärt.[388]

Gerade weil die formalen Kriterien für die spezifische Weiterbildung nach Art. 2 oder 3 in Verbindung mit Art. 5 so detailliert formuliert waren, erstaunt es besonders, daß die RL 86/457/EWG selbst eine Umgehung all dieser Kriterien ermöglichte, und zwar durch Art. 6: Solange der Antragsteller *qualitativ gleichwertige Kenntnisse* zur Weiterbildung nach Art. 2 oder 3 nachweisen konnte und mindestens sechs Monate Erfahrungen in einer Allgemeinpraxis gesammelt hatte, konnte der betreffende Mitgliedstaaten ihm das Diplom und damit den Titel Praktischer Arzt erteilen. Detaillierte Regelungen über die geforderte Qualität der spezifischen Weiterbildung, Hauptansatzpunkt für die Beurteilung der Weiterbildung nach Art. 6, ließen sich aus Art. 2 oder 3 nur hinsichtlich der Zugangsbedingungen, der Dauer, der möglichen Weiterbildungsorte oder der Art entnehmen. Sie enthielten zum Beispiel keine Auflistung des notwendigen Inhalts der Weiterbildung oder der vom Praktischen Arzt zu beherrschenden Fertigkeiten, so wie es inzwischen für deutsche Facharztgebiete in den Richtlinien über den Inhalt der Weiterbildung[389] der Fall ist.

---

[387] Siehe hierzu die Ausführungen im Beschluß der 2. Kammer des Ersten Senats des BVerfG vom 09. Januar 2001 (- 1 BvR 1036/99 -), Seite 8 des Umdrucks; NJW 2001, 1267.

[388] Urteil in der Rs. C-25/02 [Katharina Rinke – Ärztekammer Hamburg] vom 09. September 2003, Slg. 2003, S. I-8349; siehe die kritische Auseinandersetzung mit diesem EuGH-Urteil unten bei D.I.2.

[389] Vgl. Anhang 1 über WBO in Deutschland.

Den Mitgliedstaaten stand hier also ein viel größerer Umsetzungsspielraum als bei den Art. 2, 3 und 5 zu, weil ihnen die nähere Bestimmung dessen überlassen blieb, was als qualitativ gleichwertige Kenntnisse anzusehen war und wie sie erworben werden durften, beispielsweise ohne Tätigkeit von sechs Monaten an einem Krankenhaus[390], durch eine Teilzeittätigkeit von weniger als 60 % der wöchentlichen Vollzeitweiterbildung oder ausschließlich in Teilzeit ohne Abschnitte von Vollzeit. Schon die Richtlinien von 1975 enthielten keine derart detaillierten Qualitätskriterien, was sich allerdings dadurch erklären läßt, daß man nicht allein aufgrund der gegenseitigen Anerkennung von sachlicher Gleichwertigkeit der Aus- und Weiterbildungsgänge ausging, wie sich aus dem achten Erwägungsgrund der RL 75/362/EWG ablesen läßt.

c. Titel „Praktischer Arzt"

Die „spezifische Ausbildung" und der Titel „Praktischer Arzt" fügten sich nicht in das medizinische Aus- und Weiterbildungssystem ein, auf dem die Koordinierung der vorherigen Ärzterichtlinien aufbaute. Die Richtlinien von 1975 spiegelten die in den Mitgliedstaaten gebräuchliche Trennung von Ausbildung und Weiterbildung verbunden mit den sie abschließenden Diplomen entsprechend der Approbation und dem Facharzttitel wider.[391] Weitere ärztliche Bildungsabschnitte mit eigenen Titeln gab es in der Regel nicht und mußten daher jedenfalls nicht gegenseitig anerkannt werden.

Der Titel „Praktischer Arzt" war insofern neu, als er zwar wie ein Facharzttitel die Approbation voraussetzte und den Abschluß eines darauf aufbauenden Bildungsabschnittes dokumentierte, aber inhaltlich nicht einem Facharzttitel gleichgestellt war[392] und sich folgerichtig auch sprachlich von ihm unter-

---

390 Art. 2 Abs. 1 lit. c schrieb mindestens sechs Monate sowohl in einer Allgemeinpraxis als auch an einem Krankenhaus vor, Art. 6 nimmt explizit nur auf die erste Bedingung Bezug, so daß man davon ausgehen kann, daß eine Weiterbildung auch ohne sechs Monate Erfahrung an einem Krankenhaus als qualitativ gleichwertig angesehen werden kann.

391 Diese Trennung – wenn auch nicht immer mit den gleichen rechtlichen Folgen wie in Deutschland – herrschte ebenso in den anderen Mitgliedstaaten vor, selbst wenn dort sprachlich nicht ganz so deutlich zwischen diesen beiden Bildungsabschnitten unterschieden wurde: Statt des Begriffspaares „Ausbildung – Weiterbildung" wurde zum Beispiel im Englischen „training – training of specialist" verwandt, im Französischen „formation – formation de médecin spécialiste" und im Spanischen „formación – formación de los médicos especialistas"; für die verschiedenen Sprachfassungen der derzeit gültigen Richtlinie 93/16/EWG siehe im Internet unter europa.eu.int/eur-lex/lex/de/index.htm → einfache Suche → konsolidierte Fassung und Eingabe der Richtliniennummer.

392 Zehn Jahre vor Erlaß der RL 86/457/EWG war deshalb Frankreich noch dafür eingetreten, den „Facharzt für Allgemeinmedizin" europaweit einzuführen, weil die verschiedenen

schied[393]. Anscheinend war man sich unter den Mitgliedstaaten einig, daß die spezifische Weiterbildung nicht mit einem an die sonst üblichen Titel angelehnten „Facharzt für Allgemeinmedizin“ abgeschlossen werden sollte. Möglicherweise sollte schon durch den andersartigen Titel zum Ausdruck kommen, daß der Praktische Arzt qualitativ zwar ein Mehr gegenüber dem nur Approbierten darstellte, aber ein Weniger im Verhältnis zum Facharzt. Denn im Gegensatz zum Titel „Praktischer Arzt“ konnte kein gegenseitig anzuerkennender Facharzttitel nach der RL 75/363/EWG mit weniger als drei Jahren Weiterbildung erworben werden. Hinzu kam die in der deutschen Fassung unglückliche Wahl des Ausdrucks „spezifische *Aus*bildung“, obwohl es sich inhaltlich um eine Weiterbildungsart handelte.[394]

Hinsichtlich der Sprache, in der der spezifische Weiterbildungstitel zu führen war, wurde den Ärzten durch Art. 9 ein zusätzliches Recht eingeräumt. Bisher stand den Ärzten hinsichtlich der Ausbildungsbezeichnung nach der RL 75/362/EWG nur das Recht zu, die im Heimat- oder Herkunftsmitgliedstaat gültige Bezeichnung führen zu dürfen. Diese Regelung wurde für den Titel „Praktischer Arzt“ übernommen, aber dadurch ergänzt, daß ein Angehöriger eines Mitgliedstaates die Berufsbezeichnung des *Aufnahme*mitgliedstaates führen durfte, wenn ihm ein *anderer* Mitgliedstaat ein Diplom über die spezifische Weiterbildung erteilt hatte.

Gebührenordnungen in Frankreich die Praktischen Ärzte gegenüber den Fachärzten wirtschaftlich diskriminierten, vgl. Tagungsbericht des Ständigen Ausschusses der Ärzte der EG, DÄ 1976, S. 3215 <3216>.

[393] So wie im Deutschen der Praktische Arzt eben gerade kein Facharzt für Allgemeinmedizin war, war er in den anderen Mitgliedstaaten kein „Spezialist“ für Allgemeinmedizin: Für die Begriffe „Praktischer Arzt – Facharzt“ wurde zum Beispiel im Englischen „general medical practitioner – specialist", im Französischen „médecin généraliste – spécialiste“ und im Spanischen „médico generalista – especialista" verwandt, wobei inzwischen der Titel des Praktischen Arztes in Spanien geändert wurde in „especialista en medicina familiar y comunitaria"; vgl. für die verschiedensprachige Fundstelle Fn. 391 am Ende.

[394] Vgl. Einleitung von C.V.; obwohl die anderen Mitgliedstaaten sprachlich nicht so deutlich zwischen Aus- und Weiterbildung unterschieden, wurde doch deutlich, daß es sich im Bereich der Allgemeinmedizin um eine dritte Art von medizinischer Bildung handelte: vgl. für „spezifische *Weiter*bildung – Weiterbildung“ im Englischen „specific training – training of specialist", im Französischen „formation spécifique – formation de médecin spécialiste“, in Spanisch „formación específica – formación de los médicos especialistas"; vgl. für die verschiedensprachige Fundstelle Fn. 391 am Ende.

d. Weiterbildungspflicht für Allgemeinmediziner im Sozialversicherungssystem

Im Hinblick auf die mit der Richtlinie geplante zweite Etappe – allgemeinmedizinische Tätigkeit für ein Sozialversicherungssystem nur noch mit spezifischer Weiterbildung – betonte der Rat in seinem neunten Erwägungsgrund, daß „die Zuständigkeit der Mitgliedstaaten für die Gestaltung ihres eigenen Sozialversicherungssystems sowie für die Festlegung der Tätigkeiten, die im Rahmen dieses Systems ausgeübt werden können", von dieser Richtlinie nicht berührt seien. Diese vermutlich mit Bedacht gewählte Formulierung stand aber im Widerspruch[395] zum Regelungsinhalt der Richtlinie, da der Rat hier zum ersten Mal konkrete Vorgaben über die Anforderungen an einen im Rahmen des Sozialversicherungssystems tätigen Arzt festschrieb.

Bei den Richtlinien 75/362/EWG und 75/363/EWG ging es ausschließlich um die gegenseitige Anerkennung von Diplomen in Konkretisierung der europäischen Grundfreiheiten, nicht aber um die Festlegung der Wirkung dieser Diplome hinsichtlich der verschiedenen Sozialversicherungssysteme oder um die Festschreibung der Mindestqualifikationen für den Zugang zu diesen Systemen als Leistungserbringer. Es blieb jedem Mitgliedstaat selbst überlassen, ob die Entsprechung zur deutschen Approbation oder erst die Weiterbildungsqualifikation Voraussetzung für ein Tätigwerden als Kassen- bzw. Vertragsarzt sein sollte.[396] Art. 21 RL 75/362/EWG eröffnete den Mitgliedstaaten zwar, für eine gewisse Übergangszeit eine kassenärztliche Vorbereitungszeit zu verlangen, aber es wurde nicht vorgegeben, ob sie sich an die Aus- oder erst an die Weiterbildung anzuschließen hatte. Die Mindestqualifikation für den Kassen- bzw. Vertragsarzt war daher nicht Regelungsgegenstand der Richtlinien 75/362/EWG und 75/363/EWG.

Die RL 86/457/EWG beschränkte sich nun nicht mehr allein auf Anerkennungsregelungen. Mit der Vorgabe, daß nur noch spezifisch weitergebildete

---

[395] *Gassner*, ZfSH/SGB 1995, 470 <472> spricht von Verhüllung des Problems, daß institutionell geprägte sozialversicherungsrechtliche Strukturen der Mitgliedstaaten und grundrechtsgleiche Marktgarantien der Gemeinschaft hier aufeinanderprallen.

[396] In der Zulassungsverordnung für Vertragsärzte vom 28. Mai 1957 (BGBl. I S. 572, ber. S. 608), zuletzt geändert durch das Kostenrechtsmodernisierungsgesetz vom 05. Mai 2004 (BGBl. I S. 718) findet sich bis heute keine ausdrückliche Regelung, die die Zulassung von dem Besitz eines Facharzttitels abhängig macht. Der Facharztvorbehalt wurde erst durch das Gesundheitsstrukturgesetz vom 21. Dezember 1992 (BGBl. I S. 2266, im Folgenden: GSG) mit Wirkung ab 01. Januar 1994 ausdrücklich in das Gesetz aufgenommen, und zwar durch § 95a SGB V; näheres zu dem Verhältnis Vertragsarztrecht und Weiterbildung oben bei B.I.3.

Ärzte für die Sozialversicherung allgemeinmedizinisch tätig werden durften, griff sie entgegen ihres neunten Erwägungsgrundes sehr wohl in das Vertragsarztrecht ein.[397] Für die Allgemeinmedizin schrieb sie vor, daß die Approbation allein nicht mehr ausreichend war für einen Kassen- bzw. Vertragsarzt. Damit wurde durch diese Richtlinie vielleicht nicht „die Festlegung der Tätigkeiten, die im Rahmen dieses Systems ausgeübt werden können", berührt, aber sicherlich „die Zuständigkeit der Mitgliedstaaten für die Gestaltung ihres eigenen Sozialversicherungssystems"[398], die eine ausschließliche ist. Im Bereich der allgemeinmedizinisch tätigen Ärzte hatte der Rat nun mitgestaltet[399] und das Mindestniveau der Weiterbildung für ein allgemeinmedizinisches Tätigwerden im Rahmen der Sozialversicherung festgeschrieben, ohne allerdings eine Begründung dafür zu geben, warum neben der Verpflichtung zur Einführung der spezifischen Weiterbildung auch noch die Festschreibung dieses Weiterbildungsstandards für die Sozialversicherung notwendig und gemeinschaftsrechtlich geboten war.

7. Umsetzung der RL 86/457/EWG in Deutschland

Für die Umsetzung der RL 86/457/EWG gab es entsprechend der zwei geplanten Etappen zwei Umsetzungsfristen. Spätestens ab 01. Januar 1990 sollten die ersten Diplome über die spezifische Weiterbildung erteilt, aber erst ab 01. Januar 1995 zur Voraussetzung für die allgemeinmedizinische Tätigkeit in einem Sozialversicherungssystem gemacht werden. Die Umsetzung der RL 86/457/EWG gestaltete sich in Deutschland allerdings gerade aufgrund ihrer oben dargestellten Besonderheiten viel schwieriger als diejenige der vorherigen Ärzterichtlinien, weil ihr Regelungsgegenstand weit über eine bloße gegenseitige Anerkennung von Diplomen hinaus ging.[400]

---

[397] Die Umsetzung dieser Regelung findet sich daher nicht wie die der vorherigen Richtlinien in den Heilberufsgesetzen oder den Weiterbildungsordnungen, sondern im das Vertragsarztrecht regelnden SGB V, hier speziell § 95a.

[398] Zitate aus dem bereits oben wiedergegebenen neunten Erwägungsgrund der RL 86/457/EWG.

[399] Diese Mitgestaltung des Rates erfolgte in indirekter Art, weil Richtlinien nicht unmittelbar Bestandteil der nationalen Rechtsordnungen werden, sondern erst noch umgesetzt werden müssen. Allerdings eröffnete die RL 86/457/EWG den Mitgliedstaaten hier keinen Umsetzungsspielraum.

[400] Zu dem im Hinblick auf die Umsetzung der RL 86/457/EWG seitens der Kommission eröffneten Vertragsverletzungsverfahren (1999/2065) siehe unter D.II.2.c.

a. Umsetzungsverpflichtung bis 1990

Zunächst ging man in Deutschland davon aus, daß die Regelungen über die geforderte spezifische Weiterbildung nicht umgesetzt werden müßten, weil die damals bereits existierende vierjährige Weiterbildung zum Arzt für Allgemeinmedizin den Anforderungen der Richtlinie entsprechen würde.[401] Allerdings war seit Jahren ein Rückgang der Zahl weitergebildeter Allgemeinärzte festzustellen[402], der von ärztlicher Seite[403] als eine ernsthafte Gefährdung der bedarfsgerechten ambulanten Versorgung der Bevölkerung angesehen wurde. Weil alle bisherigen Bemühungen der Kassenärztlichen Bundesvereinigung (KBV) durch finanzielle Unterstützung von allgemeinmedizinischen Lehraufträgen und Weiterbildungsmöglichkeiten keine Änderung bewirkt hatten, sah die KBV in der Umsetzung der RL 86/457/EWG trotz der existierenden Weiterbildung zum Arzt für Allgemeinmedizin eine letzte Chance.

Schon damals drängte sich allerdings die Frage auf, wer nach der Einführung des Titels „Praktischer Arzt“ mit der Berechtigung zur kassenärztlichen Tätigkeit noch die zusätzliche Weiterbildung zum Arzt für Allgemeinmedizin absolvieren würde.[404] Über die Frage, ob jeder sich allgemeinmedizinisch betätigende

---

401 Vgl. „EG-Richtlinie Allgemeinmedizin: Ein Schritt weiter“, Mitteilung in DÄ 1985, S. 471 (B); ursprünglich auch die Haltung der Kassenärztlichen Bundesvereinigung (KBV) und Krankenkassen, dargestellt in „Dreijährige Weiterbildung zum Allgemeinarzt vor der Kassenzulassung“, Bericht über einen Kompromißvorschlag der KBV, DÄ 1987, S. B-1861.

402 Zum Zeitpunkt der Facharzt-Entscheidung des BVerfG gab es in Deutschland in der ambulanten Versorgung ca. 25.000 Allgemeinmediziner oder Praktische Ärzte und ca. 22.000 Fachärzte, DÄ 1973, S. 2747. Geplant war eine Verteilungsrelation von ungefähr 60 % zu 40 % zugunsten der Allgemeinärzte und Praktischen Ärzte gegenüber den Gebietsärzten, aber Ende 1986 war die Relation umgekehrt, nämlich 42,7 % zu 57,3 %, vgl. nur „Immer noch keine Trendwende bei der Allgemeinmedizin“, Beitrag über den Tätigkeitsbericht der Bundesärztekammer, DÄ 1987, S. B-1123. Bis Ende 2001 verstärkte sich dieser abnehmende Trend zu ca. 30 % Fachärzten der Allgemeinmedizin im Verhältnis zu allen niedergelassenen Fachärzten, vgl. homepage der Bundesärztekammer (www.baek.de), Stichwort „Ärztestatistik“, Tabelle 1.0, Ärztinnen / Ärzte nach Bezeichnungen und Tätigkeiten, Stand 31. Dezember 2001.

403 Insbesondere von der KBV, vgl. die Resolution ihrer Vertreterversammlung zur Umsetzung der EG-Richtlinie Allgemeinärzte, DÄ 1989, S. B-1004.

404 Siehe „Der Arzt im Praktikum verwirrt die Gemüter“, Bericht über den Sommerkongreß der Bundesärztekammer in Davos, DÄ 1986, S. 2205 <2206> (B); „Dreijährige Weiterbildung zum Allgemeinarzt vor der Kassenzulassung“, Bericht über einen Kompromißvorschlag der KBV, DÄ 1987, S. B-1861; bereits früher *Häußler*, DÄ 1979, S. 375 <378>: "Denn wer sollte dann noch so töricht sein, vier Jahre seines Lebens für etwas zu verwenden, was er mit genau den gleichen Folgen auch in zwei Jahren erreichen kann?";

Arzt eine Weiterbildung zum Allgemeinarzt nachweisen müsse, gab es ohnehin seit Jahrzehnten eine die Ärzteschaft „entzweiende Diskussion"[405]. Einigkeit herrschte nur darüber, daß ein innerärztlicher Konsens in dieser für die Gesamtärzteschaft wichtigen Frage notwendig war, damit sich die ärztlichen Argumentationen bei der politischen Meinungsbildung nicht gegenseitig blockieren würden.[406]

Diesmal war die Neugestaltung von Struktur und Dauer der allgemeinmedizinischen Weiterbildung nicht allein eine Frage der ärztlichen Selbstverwaltung. Vielmehr war sie auch abhängig von der Art der Richtlinienumsetzung hinsichtlich des Erfordernisses, die spezifische Weiterbildung zur Voraussetzung für den allgemeinmedizinischen Kassenarzt zu machen.[407] Im Zuge der generellen Überlegungen, eine die medizinische Ausbildung abschließende AiP-Zeit einzuführen und im Gegenzug die kassenärztliche Vorbereitungszeit zu verkürzen[408],

---

für die Beibehaltung der vierjährigen Weiterbildungszeit waren u.a. der Deutsche Hausärztetag und der Berufsverband der Praktischen Ärzte und Ärzte für Allgemeinmedizin (BPA): „Falls die Anforderungen für allgemeinärztlich tätige praktische Ärzte tatsächlich auf eine Minimalqualifikation von zwei Jahren heruntergestuft würden, wäre der Flurschaden für eine wirtschaftliche allgemeinärztliche Tätigkeit groß", so *Klotz*, BPA-Vorsitzender, beim 10. Deutschen Hausärztetag in Hamburg, DÄ 1987, S. B-1864; so auch *Vilmar*, Präsident der Bundesärztekammer, der sich bereits 1984 dafür ausgesprochen hatte, sowohl den Qualitätsstandard des deutschen Facharztes für Allgemeinmedizin mit vier Jahren Weiterbildung beizubehalten, als auch die Zulassung als Kassenarzt nach zwei Jahren spezifischer Weiterbildung zu ermöglichen, weil es deutschen Kollegen nicht zugemutet werden könne, länger als ihre EG-Kollegen zu warten; wiedergegeben nach einer Mitteilung in DÄ 1984, S. 2609 <2610> (B).

405 Aus „Allgemeinmedizin – 6 plus 2 oder 5 plus 3", Kommentar in DÄ 1989, S. B-993.

406 So *Vilmar*, Präsident der Bundesärztekammer, beim 92. Deutschen Ärztetag 1989, wiedergegeben nach „Allgemeinmedizin – 6 plus 2 oder 5 plus 3", Kommentar in DÄ 1989, S. B-993; Bestrebungen, Einigkeit innerhalb der Ärzteschaft herauszustellen, gab es beim Marburger Bund, siehe „Allgemeinmedizin: Suche nach einer tragfähigen Konzeption", DÄ 1989, S. B-1022.

407 *Sewering*, langjähriger Vorsitzende der Weiterbildungskonferenz der Bundesärztekammer, wies darauf hin, daß der Bundesminister für Arbeit und nicht die Gesundheitsminister zuständig waren, die Richtlinie hinsichtlich der Pflichtweiterbildung für den allgemeinmedizinischen Kassenarzt in das Kassenarztrecht samt Zulassungsordnung umzusetzen, DÄ 1987, S. B-2154; a.A., aber nicht überzeugend, *Knuth*, DÄ 1990, S. B-2665 <B-2666>: „Die Umsetzung der EG-Richtlinie ‚Allgemeinmedizin' erfolgt über gesetzliche Regelungen der Bundesländer." Knuth differenziert nicht hinsichtlich der verschiedenen Richtlinienteile, die es umzusetzen galt und die verschiedene Gesetzgebungszuständigkeiten berührten.

408 „Der Arzt im Praktikum verwirrt die Gemüter", Bericht über den Sommerkongreß der Bundesärztekammer in Davos, DÄ 1986, S. 2205 f (B); zu diesem Zeitpunkt schrieb be-

wurden verschiedene Modelle entwickelt, um dies mit den Vorgaben aus der Richtlinie zu kombinieren.[409] Es galt, dem gemeinsamen politischen Vorhaben zu entsprechen, daß die Aus- und Weiterbildung zum Arzt zuzüglich der Zugangsvoraussetzungen zur Kassenarztpraxis insgesamt acht Jahre nicht überschreiten sollte.[410]

Die Modelle setzten bei der Tatsache an, daß nach der Richtlinie für den *Zugang* zur spezifischen Weiterbildung nicht der Abschluß der Ausbildung und damit der geplanten AiP-Zeit erforderlich war, sondern allein die Beendigung des Medizinstudiums.[411] Der Titel „Praktischer Arzt" durfte hingegen erst nach Abschluß der Ausbildung erteilt werden. Somit war es erklärtes Ziel, die AiP-Zeit und die kassenärztliche Vorbereitungszeit entsprechend der RL 86/457/EWG zu strukturieren, um so diese Zeit vollständig auf die spezifische Weiterbildung anrechnen zu können.

Der unter Federführung des Bundesgesundheitsministeriums zustandegekommene Vorschlag[412] einer Bund-Länder-Kommission sah das sogenannte Integrationsmodell oder „6 plus 2 – Modell" vor: An das sechsjährige Medizinstudium sollte sich eine Zeit von zwei Jahren für AiP und kassenärztlicher Vorbereitung anschließen und die durch die Richtlinie vorgegebenen Anforderungen zur Erteilung des Titels „Praktischer Arzt" erfüllen. Daneben sollte weiterhin eine vierjährige Weiterbildung zum Arzt für Allgemeinmedizin möglich sein, wobei

---

reits die BÄO die Einführung des grundsätzlich zweijährigen AiP am 01. Juli 1988 vor aufgrund des vierten Gesetzes zur Änderung der Bundesärzteordnung vom 14. März 1985 (BGBl. I S. 555). Die Verkürzung auf 18 Monate erfolgte durch das GRG vom 20. Dezember 1988 (BGBl. I S. 2477), in Kraft getreten am 01. Januar 1989.

[409] Die wichtigsten Vorschläge waren das „6 plus 2 – Modell" der Bund-Länder-Kommission und das „5 plus 3 – Modell" der KBV und des Bundesarbeitsministers; graphischer Vergleich dieser beiden Modelle in DÄ 1989, S. B-1008.

[410] Vgl. die „Resolution der Vertreterversammlung der KBV zur Umsetzung der EG-Richtlinie Allgemeinärzte", DÄ 1989, S. B-1004; dieses Vorhaben bezog sich nur auf das Gebiet der Allgemeinmedizin, vermutlich um Anreize zu schaffen gegen das schwindende Interesse; in anderen Gebieten war die Dauer der Ausbildung zuzüglich der Erfüllung der Zugangsvoraussetzungen zum Kassenarzt ohnehin länger als acht Jahre, weil der Facharzttitel vorausgesetzt wurde, vgl. Erläuterungen in Fn. 396.

[411] Siehe Art. 2 Abs. 1a und Abs. 3 RL 86/457/EWG und die obigen Ausführungen hierzu am Ende von Fn. 365.

[412] Darstellung bei *Clade*, DÄ 1988, S. B-1892 <B-1893>; inhaltsgleiche Entschließung der 60. Konferenz der für das Gesundheitswesen zuständigen Minister und Senatoren der Länder vom 24. Februar 1989; „Allgemeinmedizin – 6 plus 2 oder 5 plus 3", Kommentar in DÄ 1989, S. B-993; graphischer Vergleich mit dem KBV-Modell in DÄ 1989, S. B-1008.

die ersten beiden Jahre dieser Weiterbildung mit den zwei Jahren für AiP und kassenärztlicher Vorbereitungszeit deckungsgleich waren. Dies bedeutete, daß ein Praktischer Arzt nach zusätzlich zwei Jahren Weiterbildung Arzt für Allgemeinmedizin werden konnte. Dieser Vorschlag wurde sowohl von der KBV und dem Berufsverband der Praktischen Ärzte und Ärzte für Allgemeinmedizin Deutschlands (BPA) als auch vom Bundesministerium für Arbeit und Sozialordnung scharf kritisiert. Sie bemängelten einerseits eine mangelhafte Umsetzung der durch die Richtlinie vorgegebenen Bedingungen, andererseits den Verzicht von spezifisch allgemeinmedizinischen Aspekten zugunsten genereller Regelungen, um den mit der AiP-Zeit verfolgten Zielen, das Studium durch eine praktische Phase abzurunden, gerecht werden zu können.[413]

Der vom Bundesarbeitsministerium unterbreitete Vorschlag[414] basierte auf dem sogenannten Weiterbildungsmodell oder „5 plus 3 – Modell“: Verkürzung des Medizinstudiums auf fünf Jahre und Zulassung zum Kassenarzt erst nach einer dreijährigen Weiterbildung, die mit der Anerkennung als Allgemeinarzt und nicht mit dem Titel „Praktischer Arzt“ abschließen sollte. Der Vorschlag ging konform mit dem von der KBV entwickelten Modell[415], barg allerdings zwei Probleme in sich: Zum einen gab es auch für die Dauer des Studiums eine europäische Koordinierungsvorschrift, nämlich Art. 1 Abs. 2 RL 75/363/EWG, der für die ärztliche Grundausbildung mindestens sechs Jahre oder 5.500 Stunden vorschrieb, zum anderen würde dadurch das Bundesgesundheitsministerium, welches das „6 plus 2 – Modell“ favorisierte, für die nach dem „5 plus 3 – Modell“ notwendige Reform des Medizinstudiums zuständig werden. Die Verkürzung des Studiums hätte eine Verlagerung von ca. 1.900 Stunden aus dem sechsten Studienjahr auf die vorherigen fünf Jahre bedeutet.[416]

---

413 Für nähere Einzelheiten hinsichtlich der Kritikpunkte vgl. *Clade*, DÄ 1988, S. B-1892 <B-1893>; der Marburger Bund mit seinem damaligen Vorsitzenden *Hoppe* war ursprünglich Befürworter der zweijährigen allgemeinmedizinischen Weiterbildung, Bericht über den Kompromißvorschlag der KBV, DÄ 1987, S. B-1861 ff.

414 Vgl. „Allgemeinmedizin – 6 plus 2 oder 5 plus 3“, Kommentar in DÄ 1989, S. B-993.

415 „Dreijährige Weiterbildung zum Allgemeinarzt vor der Kassenzulassung“, Bericht über einen Kompromißvorschlag der KBV inkl. graphischer Darstellung des Modells, DÄ 1987, S. B-1861; Bericht von *Oesingmann*, 1. Vorsitzender der KBV, vor der Vertreterversammlung, DÄ 1989, S. B-1005 <B-1008> mit graphischem Vergleich zum Modell der Bund-Länder-Kommission; Resolution der KBV zur Umsetzung der EG-Richtlinie Allgemeinmedizin in DÄ 1989, S. B-1004; unterstützt vom Marburger Bund in dem Bestreben, innerhalb der Ärzteschaft Einigkeit herauszustellen, vgl. „Allgemeinmedizin: Suche nach einer tragfähigen Konzeption“, DÄ 1989, S. B-1022.

416 Vertiefte Darstellung der sich aus dem 5 plus 3 – Modell ergebenden Probleme in „Allgemeinmedizin – 6 plus 2 oder 5 plus 3“, Kommentar in DÄ 1989, S. B-993.

Eine Einigung zwischen diesen beiden Standpunkten zeichnete sich über längere Zeit nicht ab. Die Ärzterichtlinien beeinflußten in dieser Zeit auch noch in anderer Hinsicht die Diskussionen innerhalb der Ärzteschaft: Im Zuge der Änderung der M-WBO 1984[417] scheiterten Vorstöße, die Weiterbildungszeiten auf die durch die europäischen Ärzterichtlinien vorgeschriebenen Mindestzeiten zu kürzen. Als Grund für das Scheitern wurde angeführt, daß die Richtlinien nur von einer Weiterbildung in Institutionen bzw. Krankenhäusern ausgingen[418] und daher eine Weiterbildung auch bei niedergelassenen Ärzten nur bei einer längeren als der Mindestweiterbildungszeit möglich sei.[419] Die Teilzeitarbeit wurde nach langen Diskussionen definiert als Arbeit an einem *halben Tag*. Unabhängig davon, ob rein tatsächlich, aufgrund eines Arbeitsvertrages oder der Regelungen über Bereitschaftsdienste beispielsweise sechs Stunden abgeleistet wurden, also Zweidrittel eines Arbeitstages, sollte dies nur als halber Tag im Rahmen der Weiterbildung anerkannt werden.[420] In diesem Zusammenhang wurde nicht diskutiert, daß die zu diesem Zeitpunkt noch umzusetzende RL 86/457/EWG bei Teilzeitweiterbildung in der Allgemeinmedizin mindestens 60 % der Vollzeitarbeit vorschrieb. Diese Weiterbildung von vorgeschriebenen 60 % dann aber nur als 50 %ige Weiterbildung anzuerkennen, führte zu Wertungswidersprüchen.

Mit Wirkung zum 01. Januar 1989[421] wurde die AiP-Zeit von zwei Jahren auf 18 Monate verkürzt, wovon sechs Monate auf die einjährige kassenärztliche Vorbereitungszeit angerechnet werden konnten. Eine besondere Berücksichtigung der RL 86/457/EWG ließ sich nicht erkennen.[422] Dies entsprach der allgemeinen deutschen Auffassung, daß die Richtlinie bzw. der Titel „Praktischer Arzt" erst am 01. Januar 1995 relevant werden würde, wenn es um die Gestal-

---

[417] Siehe unter B.II.4.b.

[418] Gemeint ist hierbei Art. 24 Abs. 1 lit. d RL 93/16/EWG, wonach die Weiterbildung in einem Universitätszentrum, einer Universitätsklinik oder gegebenenfalls in einer hierzu von den zuständigen Behörden oder Stellen zugelassenen Einrichtung der ärztlichen Versorgung erfolgen muß. Ob unter einer solchen „Einrichtung" nicht auch eine ärztliche Praxis – zumindest eine größeren Ausmaßes – verstanden werden kann, wurde nicht problematisiert, sondern einhellig abgelehnt, vgl. *Sewering*, DÄ 1987, S. B1595 <1601>. Im Bereich der Allgemeinmedizin schreibt die RL 93/16/EWG in Art. 31 Abs. 1 lit. c ausdrücklich vor, daß sie auch in Allgemeinpraxen stattzufinden hat.

[419] DÄ 1987, S. B-1091 <1092>.

[420] DÄ 1987, S. B-1091 <1093>.

[421] Durch die Art. 18 und 45 GRG vom 20. Dezember 1988 (BGBl. I S. 2477).

[422] Zur Frage der Erfüllung der Anforderungen der spezifischen Weiterbildung in der Allgemeinmedizin durch die Absolvierung der kassenärztlichen Vorbereitungszeit siehe Entscheidung des OVG Schleswig-Holstein vom 21. Januar 1994 (- 3 L 141/93 -), MedR 1994, 373.

tung der Voraussetzungen für den Zugang zum Sozialversicherungssystem gehen würde.[423]

Allerdings mahnte Anfang 1990 die Kommission bei der deutschen Bundesregierung die Umsetzung der RL 86/457/EWG an.[424] Obwohl die Bundesregierung der Ansicht war, daß die Anforderungen der Richtlinie hinsichtlich der Einführung einer spezifischen Weiterbildung durch die Regelungen über die AiP-Zeit[425] erfüllt würden[426], wollte die Bundesrepublik Deutschland nun die Richtlinie länderweise umsetzen.[427] Die nach und nach von den Bundesländern erlassenen Gesetze[428] beschränkten sich inhaltlich im Wesentlichen auf die Wiedergabe der Richtlinienvorgaben hinsichtlich der spezifischen Weiterbildung und der Anerkennung mitgliedstaatlicher Titel, ohne den oben beschriebenen Konflikt zwischen den verschiedenen Weiterbildungsmodellen zu lösen. Über diese Ländergesetze, durch die man sich erst endgültig auf die Bezeichnung des Titels „Praktischer Arzt" festlegte, informierte die Bundesregierung die Kommission

---

423 Vgl. nur „Ausbildung: Kompromißlinie – Reform des Medizinstudiums und EG-Richtlinie Allgemeinmedizin", DÄ 1989, S. B-1727: Die Bundesärztekammer und das Bundesgesundheitsministerium setzen sich dafür ein, ab 01. Januar 1990 zunächst nur die Mindestvorschriften der RL einzuführen. Der Titel „Praktischer Arzt" habe bis 1995 keine rechtliche Relevanz.

424 Vgl. „Allgemeinmedizin – Brüssel ist böse", Kommentar in DÄ 1990, S. B-373; *Tiemann*, DÄ 1990, S. B-1843.

425 Da die AiP-Zeit seit 1989 nur noch zusammen mit der kassenärztlichen Vorbereitungszeit 2 Jahre betrug und die spezifische Weiterbildung mindestens zwei Jahre dauern solle, ist vermutlich nicht nur die AiP-Zeit alleine, sondern in Verbindung mit der Vorbereitungszeit gemeint.

426 Diese Auffassung wurde auch von einer Mehrheit der Länder vertreten, vgl. „Allgemeinmedizin – Brüssel ist böse", Kommentar in DÄ 1990, S. B-373. Dies hätte bedeutet, daß jeder Arzt mit Abschluß der AiP-Zeit, also mit Abschluß seiner Ausbildung, nicht nur die Approbation, sondern gleichzeitig auch den Titel "Praktischer Arzt" erlangt hätte. Dieser Titel wurde den Ärzten allerdings auch nach dem 01. Januar 1990 nicht allein aufgrund der Ableistung der AiP-Zeit verliehen. Überhaupt ist fraglich, inwieweit die Struktur der AiP-Zeit den Anforderungen aus der RL 86/457/EWG gerecht wurde.

427 Ein Musterentwurf wurde allerdings nicht von allen Bundesländern akzeptiert, vgl. „Allgemeinmedizin – Brüssel ist böse", Kommentar in DÄ 1990, S. B-373.

428 Die Richtlinie wurde in den westlichen Bundesländern in der Zeitspanne von Ende 1989 bis 1992 entweder durch ein eigenständiges Gesetz oder in Abänderung der Heilberufsgesetze umgesetzt; siehe beispielsweise für Niedersachsen Achtes Gesetz zur Änderung des Kammergesetzes für Heilberufe vom 21. März 1990, besonders Art. I Nr. 5, GVBl. S. 81, oder für Rheinland-Pfalz das Landesgesetz über eine spezifische Ausbildung in der Allgemeinmedizin vom 28. Dezember 1989, GVBl. S. 261; für weitere Umsetzungsgesetze siehe Anhang 1.

noch im Sommer 1990.[429] Daraufhin konnte die Kommission im Herbst desselben Jahres ihrer Verpflichtung gem. Art. 12 Abs. 2 der RL 86/457/EWG durch Veröffentlichung der Liste der durch die spezifische Weiterbildung zu erlangenden Diplome und Berufsbezeichnungen nachkommen.[430]

Der eingeführte Titel „Praktischer Arzt" war in Deutschland nicht neu, aber er bezeichnete vor Erlaß der RL 86/457/EWG einen anderen Qualifikationsstandard, nämlich einen allgemeinmedizinisch praktizierenden Arzt ohne Weiterbildung, der im Rahmen des Sozialversicherungssystems nur nicht-gebietsspezifisch tätig werden konnte.[431] Wegen seiner fehlenden Unterscheidungskraft war der Begriff „Praktischer Arzt" seit 1980 zwar formell in Deutschland abgeschafft.[432] Allerdings wurde er trotz dieses Beschlusses des 83. Deutschen Ärztetages auch danach weiterhin verwendet[433], sogar in der RL

---

[429] Laut der Angaben bei juris über die nationalen Umsetzungsbestimmungen, die sich für diese Richtlinie unter der Nr. 386L0457 finden; Übersicht über den Umsetzungsstand in den einzelnen europäischen Mitgliedstaaten aufgrund eigener Mitteilung an die Kommission im Internet unter europa.eu.int/smartapi/cgi/sga_doc?smartapi!celexapi!prod!CELEXnumdoc&lg=de&numdoc=71986L0457&model=guicheti (Stand: 31. Dezember 2004); diese Auflistung ist jedoch nicht vollständig. Im elften Jahresbericht über die Kontrolle der Anwendung des Gemeinschaftsrechts (1993) ist vermerkt, daß alle Mitgliedstaaten der Kommission Durchführungsmaßnahmen mitgeteilt haben, ABl. C 154 vom 06. Juni 1994, S. 1 ff.

[430] ABl. C 268 vom 24. Oktober 1990, S. 2; die italienische Bezeichnung war bis zu diesem Zeitpunkt noch nicht mitgeteilt worden, obwohl es gem. Art. 1 RL 86/457/EWG spätestens am 01. Januar 1990 auch in Italien hätte möglich sein müssen, ein derartiges Diplom zu erwerben. Weitere Veröffentlichungen im Sinne von Art. 12 Abs. 2 RL 86/457/EWG erfolgten in ABl. C 292 vom 31. Dezember 1996, S. 4 und ABl. C 228 vom 24. September 2003, S. 9.

[431] Siehe hierzu die Ausführungen am Ende von Fn. 396; nach dem Beschluß des BSG vom 20. September 1988 (- 6 BKa 12/88 -, MedR 1989, 261) können Ärzte für Allgemeinmedizin gegenüber praktischen Ärzten im Rahmen der Wirtschaftlichkeitsprüfung keine eigene Vergleichsgruppe beanspruchen, weil die wesentlichen Leistungsbedingungen beider Gruppen übereinstimmen.

[432] Auf dem 83. Deutschen Ärztetag 1980 wurde ein Antrag angenommen, wonach der Begriff „Praktischer Arzt" abgeschafft werden sollte, weil er nicht in das Konzept der WBO passe, da er innerhalb der Gruppe der nicht Weitergebildeten kein Unterscheidungskriterium zwischen langjährig niedergelassenen, erfahrenen Ärzten und den jungen Ärzten, die sich direkt nach der Approbation niederlassen würden, darstelle; sie alle sollten sich von nun an nur „Arzt" nennen dürfen; vgl. Bericht über den Tagesordnungspunkt III – WBO in DÄ 1980, S. 1499 <1500>.

[433] Z.B. im Tätigkeitsbericht der Bundesärztekammer, siehe DÄ 1987, S. B-1123; allerdings sprach *Vilmar*, damaliger Präsident der Bundesärztekammer, beim Fortbildungskongreß in Grado von „einer Wiedergeburt des Praktischen Arztes über den Umweg des EG-Rechts",

86/457/EWG selber[434] als Umschreibung für den allgemeinmedizinisch praktizierenden Arzt.

Die inhaltliche Neubelegung des Begriffs „Praktischer Arzt" mußte zwangsläufig zu Irritationen[435] führen, weil ihn auch nach 1990 neben weitergebildeten Ärzten auch die nicht weitergebildeten führen durften. Denn obwohl vor der Umsetzung der Richtlinie dieser Begriff nur einen allgemeinmedizinisch praktizierenden Arzt ohne Weiterbildung umschrieb, wurde er bei der Umsetzung wie ein von offizieller Seite vergebener Titel behandelt, den es durch Regelungen wie für erworbene Rechte zu schützen galt: Wer den Titel bereits trug, durfte ihn weitertragen[436] bzw. konnte mit genügend allgemeinmedizinischer Erfahrung die Anerkennung als Facharzt für Allgemeinmedizin erhalten[437]. Aufgrund des oben genannten Beschlusses hätte ihn seit 1980 keiner mehr tragen dürfen. Faktisch

---

als wäre der Titel zwischendurch nicht verwendet worden, DÄ 1989, S. B-1789 <B-1799>.

434 Siehe beispielsweise Art. 7 Abs. 1: „... die Ausübung des ärztlichen Berufs als praktischer Arzt..."; dies kann sich nicht auf den Titel beziehen, der aufgrund der spezifischen Weiterbildung erteilt werden sollte, weil Deutschland der Kommission erst vier Jahre nach Erlaß der Richtlinie die Bezeichnung des eingeführten Diploms mitteilte.

435 Beispielsweise Klage gegen das schleswig-holsteinische Gesetz zur Ausführung der RL 86/457/EWG insbesondere wegen der unterschiedlichen Voraussetzungen zum Führen des Titels „Praktischer Arzt", die durch Urteil des OVG Schleswig-Holstein vom 21. Januar 1994 (- 3 L 141/93 -, MedR 1994, 373) abgewiesen wurde u.a. mit der Begründung, daß das Gesetz weder gegen das Verbot der Rückwirkung von Gesetzen noch gegen die Grundrechte aus Art. 3 und 12 GG verstoße: „Da die Bezeichnung „Praktischer Arzt" zuvor gesetzlich nicht geschützt war, stand dem Gesetzgeber hinsichtlich der Frage, welche Personen er in eine Übergangsregelung einbeziehen wollte, ein weiter Gestaltungsspielraum zu", MedR 1994, 373 <374>.

436 Die Landesgesetze zur Umsetzung der RL 86/457/EWG enthielten Regelungen, wonach derjenige den Titel „Praktischer Arzt" weiterführen durfte, der ihn –beispielsweise in Niedersachsen– am 01. April 1990 führte, vgl. den durch das Achte Änderungsgesetz vom 21. März 1990, GVBl. S. 81, eingeführten § 43e des niedersächsischen Kammergesetzes für die Heilberufe (heute § 42 Abs. 3), ebenso § 5 des rheinland-pfälzischen Landesgesetzes über eine spezifische Ausbildung in der Allgemeinmedizin vom 28. Dezember 1989, GVBl. S. 261 (heute § 36e Heilberufsgesetz mit dem Stichtag 01. Januar 1996). Zu dieser Zeit wurde jeder approbierte Arzt ohne Facharzttitel so bezeichnet, wenn er allgemeinmedizinisch tätig war.

437 Beispielsweise § 18b der niedersächsischen WBO in der Fassung vom 06. Februar 1993 entsprechend der Übergangsbestimmung in § 23 Abs. 11 M-WBO 1992; hierzu Entscheidung des niedersächsischen OVG vom 22. September 1994 (- 8 M 3820/94 -, MedR 1995, 160) hinsichtlich der Anforderungen an das Kriterium der allgemeinmedizinischen Tätigkeit in eigener Praxis.

wurde zu dieser Zeit aber jeder approbierte Arzt ohne Facharzttitel, der allgemeinmedizinisch tätig war, so bezeichnet.

Zusammenfassend läßt sich daher festhalten, daß den Titel „Praktischer Arzt", obwohl er 1990 zum ersten Mal als Weiterbildungstitel eingeführt wurde, auch solche Ärzte rechtmäßig tragen durften, die vor dem 01. Januar 1990 ihre Approbation erlangt hatten, aber die weder weitergebildet waren noch eine der Weiterbildung vergleichbare Berufserfahrung[438] nachweisen mußten. Neben der spezifischen Weiterbildung zum „Praktischen Arzt" existierte weiterhin die allgemeinmedizinische Weiterbildung zum „Facharzt für Allgemeinmedizin", damals noch „Arzt für Allgemeinmedizin".

b. Umsetzungsverpflichtung bis 1995

In der Diskussion um die Umsetzungsmodelle erfolgte der Durchbruch zumindest für eine innerärztliche Einigung auf dem 93. Deutschen Ärztetag 1990 in Würzburg durch einen Beschluß, in dem sich der Deutsche Ärztetag für eine mindestens dreijährige, strukturierte Weiterbildung in Allgemeinmedizin als obligatorische Voraussetzung für eine selbständige allgemeinärztliche Berufsausübung aussprach.[439] Dies wurde auch vom BPA und der Deutschen Gesellschaft für Allgemeinmedizin unterstützt, allerdings wurde die Verkürzung der Weiterbildung um ein Jahr nur unter der Voraussetzung akzeptiert, daß dann diese dreijährige Weiterbildung und nicht die zweijährige spezifische Weiterbildung zur Pflicht für die allgemeinmedizinische kassenärztliche Tätigkeit würde.[440]

---

438 Bei Einführung neuer Facharzttitel wurde bzw. wird regelmäßig ein Äquivalent zur neu eingeführten Weiterbildung in Form von Berufserfahrung von denen gefordert, die bereits in diesem Gebiet tätig sind und ohne neuerliche Weiterbildung den Facharzttitel anerkannt bekommen möchten, vgl. nur § 23 Abs. 3 M-WBO 1992, DÄ 1992, S. B-2480.

439 Vgl. Bericht „Weiterbildung soll Pflicht werden" über Punkt V der Tagesordnung des 93. Deutschen Ärztetages, DÄ 1990, S. B-1316; ebenso Entschließungen zum Tagesordnungspunkt V, DÄ 1990, S. B-1323; der Bericht stellt auch die Diskussion über die Realisierung dieses Beschlusses aufgrund der verschiedenen Gesetzgebungszuständigkeiten dar; laut Entschließung wurde der Vorstand der Bundesärztekammer aufgefordert, sich für seine Verwirklichung einzusetzen.

440 Vgl. Bericht „Ein Hauptthema beim Deutschen Ärztetag 1991: Weiterbildung", DÄ 1991, S. B-261; *Vilmar*, damaliger Präsident der Bundesärztekammer, hob hervor, daß die Vertreter des Fachgebietes Allgemeinmedizin die bisherige vierjährige Weiterbildungszeit aus qualitativer Sicht nach wie vor für erforderlich halten würden und nur im Interesse einer verbesserten Qualifikation des allgemeinmedizinisch tätigen Kassenarztes bereit seien, die Verkürzung auf drei Jahre als Kompromiß zu akzeptieren, weshalb eine schlichte Reduzierung der Weiterbildungszeit in der Allgemeinmedizin nicht in Frage käme, DÄ 1991, S. B-1572.

Die Ärzte stellten sich auf den Standpunkt, daß zunächst die Bundesregierung bzw. das Bundesgesundheitsministerium dahingehend tätig werden müßte, eine dreijährige Weiterbildung als Voraussetzung für einen kassenärztlichen Allgemeinarzt festzuschreiben.[441] Erst anschließend wollten sie ihren Entschluß in den Weiterbildungsordnungen umsetzen.

Aufgrund von Zusagen aus dem Bundesgesundheitsministerium[442], die Zulassungsvoraussetzungen in der Allgemeinmedizin zu ändern, fiel auf dem 95. Deutschen Ärztetag 1992 in Köln dann doch zuerst bei den Ärzten die dafür notwendige Entscheidung, die Weiterbildung in Allgemeinmedizin von vier auf drei Jahre zu verkürzen. Die Weiterbildung sollte mit der Erteilung des Titels „Arzt für Allgemeinmedizin“ abgeschlossen werden. Von dem Titel „Praktischer Arzt“ oder der spezifischen Weiterbildung war in diesem Zusammenhang nicht die Rede. Sie blieben also daneben bestehen.

Kurz danach gestaltete das Gesundheitsstrukturgesetz (GSG)[443] die Voraussetzungen der Zulassung von allgemeinmedizinischen Vertragsärzten neu: Die kassenärztliche Vorbereitungszeit entfiel, dafür bedurfte es ab 01. Januar 1994 einer vorherigen zweijährigen Qualifikation als Praktischer Arzt[444], ab 01. Januar 1996 einer dreijährigen Weiterbildung zum Facharzt für Allgemeinmedizin, die inhaltlich den Anforderungen der RL 86/457/EWG entsprechen sollte.[445] Damit machte Deutschland von den durch die Richtlinie eingeräumten Umsetzungsspielräumen Gebrauch, von den Inhabern einer Approbation schon vor dem

[441] Vgl. Bericht über den Tagesordnungspunkt III – Weiterbildung beim 94. Deutschen Ärztetag, DÄ 1991, S. B-1223 <B-1226>; diese Ansicht verkennt, daß der Bundesgesetzgeber nicht befugt ist, die Dauer der Weiterbildung festzulegen, sondern daß dies Teil der Länderkompetenz ist.

[442] Genauer gesagt von der damaligen Bundesgesundheitsministerin Hasselfeldt beispielsweise vor der Vertreterversammlung der KBV, DÄ 1991, S. B-1099 und S. B-1118 <1119>, oder schriftlich gegenüber dem Präsidenten der Bundesärztekammer Vilmar, vgl. DÄ 1991, S. B-1572.

[443] Vom 21. Dezember 1992 (BGBl. I S. 2266), mit Wirkung vom 01. Januar 1993; hier hauptsächlich relevant Art. 1 Nr. 52.

[444] Zum damaligen Zeitpunkt lief der Praktische Arzt nach Absolvierung der zweijährigen Weiterbildung aufgrund der Umsetzung der RL 86/457/EWG unter der Bezeichnung „Eurodoc“, vgl. *Hespeler*, Bearbeitung der Entscheidung des OVG Schleswig-Holstein vom 21. Januar 1994 (- 3 L 141/93 -), MedR 1994, 373.

[445] Für die Frage, ob diese Umsetzung den Vorgaben der RL 86/457/EWG entsprach, siehe unten bei D.II.2.; *Schneider*, MedR 1993, 83 <88>, bezeichnet die Regelungen in § 95a SGB V insgesamt als Anpassung an EG-Standards, obwohl außer im Bereich der Allgemeinmedizin von europäischer Seite keine Standards für Ärzte gesetzt werden, die an der Versorgung in einem Sozialversicherungssystem teilnehmen.

01. Januar 1995 für den Zugang als Vertragsarzt die Ableistung der spezifischen Weiterbildung zu verlangen[446] und die Dauer der allgemeinmedizinischen Weiterbildung über die geforderten zwei Jahre hinaus zu erhöhen. Diese höheren Anforderungen galten allerdings nicht für Inhaber von Diplomen aus anderen Mitgliedstaaten, weil Deutschland aufgrund der RL 86/457/EWG verpflichtet war, diese Diplome über eine spezifische Weiterbildung anzuerkennen.[447] Entsprechendes regelt § 95a Abs. 5 SGB V.

Mit dem Erfordernis der dreijährigen allgemeinmedizinischen Weiterbildung für die Zulassung als Vertragsarzt entschied man sich zugunsten des Weiterbildungsmodells, jedoch wurde die ursprüngliche Prämisse, das Studium auf fünf Jahre zu reduzieren, nicht realisiert.[448] Somit entsprach die Umsetzung der RL 86/457/EWG nicht dem ursprünglichen Vorhaben, daß die Aus- und Weiterbildung zum Arzt zuzüglich der Zugangsvoraussetzungen zur allgemeinmedizinischen Kassenarztpraxis insgesamt acht Jahre nicht überschreiten sollte. Denn an ein mindestens sechsjähriges Studium schlossen sich nun drei Jahre AiP- und allgemeinmedizinische Weiterbildungszeit an.

Schenkt man der im Internet einsehbaren Liste der Umsetzungsgesetze[449] der Kommission Vertrauen[450], teilte Deutschland der Kommission nur bruchstückhaft mit, wie die RL 86/457/EWG umgesetzt wurde. Dort finden sich nur 6 Hinweise auf Umsetzungsregelungen in Hessen, Hamburg, Brandenburg, Berlin und Thüringen, obwohl die Richtlinie sowohl durch Bundesgesetze wie das SGB V, als auch durch Landesgesetze in allen Bundesländern umgesetzt wurde.[451]

---

[446] Für die Inhaber von in anderen Mitgliedstaaten ausgestellten, der Approbation gleichgestellten Diplomen galt § 95a Abs. 5 S. 2 SGB V: Bis zum 31. Dezember 1994 reichte für die Eintragung in das Arztregister das der Approbation gleichgestellte Diplom gem. Art. 3 RL 75/362/EWG.

[447] Darauf hatte *Sewering*, langjähriger Vorsitzender der Weiterbildungskonferenz der Bundesärztekammer, schon frühzeitig aufmerksam gemacht: „EG-Richtlinie Allgemeinmedizin – Der Bundesarbeitsminister hat das Wort", *Sewering*, DÄ 1987, S. B-2154.

[448] Dies kristallisierte sich schon 1991 heraus, vgl. Bericht über den 94. Deutschen Ärztetag in Hamburg, DÄ 1991, S. B-1159 <1161>. Bei der Diskussion um eine Ausbildungsreform wurde sogar überlegt, die Ausbildung um die Weiterbildungszeit zu verlängern, vgl. Bericht über den Tagesordnungspunkt VIb – Ärztliche Ausbildung, DÄ 1991, S. B-1228 <B-1230 f.>.

[449] Bei EUR-Lex unter europa.eu.int/smartapi/cgi/sga_doc?smartapi!celexapi!prod!CELEX numdoc&lg=de&num doc=71986L0457&model=guicheti; Stand: 31. Dezember 2004.

[450] Trotz des ausdrücklichen Hinweises, daß für die Vollständigkeit und Richtigkeit der wiedergegebenen nationalen Durchführungsmaßnahmen keine Gewähr übernommen werde.

[451] Siehe Liste im Anhang 1.

c. Teilzeitweiterbildung

Die Teilzeitregelungen der Richtlinie wurden in den sie umsetzenden Landesgesetzen meist wortwörtlich übernommen.[452] Die Weiterbildung in Teilzeit mußte nach Vorgabe der Richtlinie mindestens 60 % der wöchentlichen Vollzeitweiterbildung betragen. Allerdings wurde weder in der Richtlinie noch in den landesrechtlichen Umsetzungsgesetzen angegeben, zu wie viel diese Teilzeit angerechnet werden sollte. Innerhalb der bisherigen Regelungen bedeutete Teilzeit grundsätzlich einen halben Tag.[453] Die M-WBO 1992[454] verlangte daher zur Erlangung eines Facharzttitels oder des Titels in Allgemeinmedizin nur eine Teilzeitweiterbildung von mindestens 50 % der regelmäßigen Arbeitszeit, die dann auch nur in dieser Höhe angerechnet wurde, selbst wenn sie faktisch darüber lag. Für die spezifische Weiterbildung mußten nun die durch die Richtlinie vorgeschriebenen 60 % übernommen werden. Dem bisherigen System entsprechend wurden die bei der Teilzeitweiterbildung zum Praktischen Arzt geforderten mindestens 60 % aber nur wie 50 % angerechnet.[455]

Die zeitlich unbestimmte Regelung aus Art. 5 Abs. 1 Spiegelstrich 3 RL 86/457/EWG, daß die Teilzeitweiterbildung einige Abschnitte in Vollzeit umfassen müsse,[456] wurde in den deutschen Bundesländern übereinstimmend so verstanden und umgesetzt, daß von den zwei Jahren ein Jahr in Vollzeit zu

---

[452] Vgl. für die Umsetzungsgesetze Anhang 1.

[453] Vgl. *Sewering*, „Weiterbildungsordnung: Von der ‚Schilderordnung' zu der modernen Regelung der Berufsausübung", DÄ 1987, S. B-1091 <B-1092>.

[454] Siehe hier nur § 4 Abs. 6 M-WBO 1992.

[455] Die Teilzeitarbeit wurde 1987 nach langen Diskussionen definiert als Arbeit an einem *halben Tag*. Unabhängig davon, ob rein tatsächlich, aufgrund eines Arbeitsvertrages oder der Regelungen über Bereitschaftsdienste beispielsweise sechs Stunden abgeleistet wurden, also Zweidrittel eines Arbeitstages, sollte dies nur als halber Tag im Rahmen der Weiterbildung anerkannt werden; siehe hierzu DÄ 1987, S. B-1091 <1093> und unten bei B.II.4.b.

[456] „... einige Abschnitte ... und zwar sowohl bei dem in Krankenhäusern stattfinden *Weiter*bildungsteil als auch bei dem in einer zugelassenen Allgemeinpraxis..." Der Wortlaut dieser Passage in anderen Amtssprachen läßt keine Rückschlüsse darauf zu, daß die deutsche Formulierung ungenau gewesen wäre und der gesamte Weiterbildungsteil, der in Krankenhäusern und in Allgemeinpraxen zu absolvieren war, zwingend in Vollzeit zu erfolgen hätte: „... a certain number of full-time periods, both for the training at ...", „... un certain nombre de périodes de formation à plein temps, aussi bien pour la partie dispensée en / dans ..." oder „... un determinado número de período de formación a tiempo completo, tanto en ...".

erbringen war[457]. Die Richtlinie eröffnete den Mitgliedstaaten einen weiten Gestaltungsspielraum über die Gesamtdauer des Vollzeiterfordernisses, den Deutschland mit der möglichen Maximaldauer ausschöpfte.[458] Dies entsprach nicht der durch § 4 Abs. 6 M-WBO 1992 vorgezeichneten Tendenz, daß die Weiterbildung in den Facharztgebieten, also auch in dem Gebiet der Allgemeinmedizin, *vollständig* in Teilzeit möglich war.[459]

VI. Zusammenführung der Ärzterichtlinien durch die Richtlinie 93/16/EWG

Die Richtlinien 75/362/EWG und 75/363/EWG wurden im Laufe der Zeit mehrfach geändert.[460] Im Interesse der Rechtssicherheit und Klarheit entschloß man sich daher, die Richtlinien samt ihrer Änderungen in einem einheitlichen Dokument neu zu kodifizieren. Dies wurde zum Anlaß genommen, die thematisch verwandte RL 86/457/EWG mit ihnen zu verbinden.

So erließ der Rat am 05. April 1993 die „Richtlinie 93/16/EWG zur Erleichterung der Freizügigkeit für Ärzte und zur gegenseitigen Anerkennung ihrer Diplome, Prüfungszeugnisse und sonstigen Befähigungsnachweise“[461]. Im Gegensatz zu den früheren Entscheidungen über Richtlinien mußte diese nicht mehr einstimmig von den Ministern des Rates getroffen werden, weil aufgrund des

457 Aus dem „bei“ des Richtlinientextes wurde „der gesamte Weiterbildungsteil“, was besonders daran deutlich wird, daß sich meist die Dauer des Vollzeitweiterbildungsteils aus einem Verweis auf die Regelung ergab, die Art. 2 Abs. 1 lit. c RL 86/457/EWG umsetzte und bei einer vollständigen Vollzeitweiterbildung für diese beiden Stellen jeweils mindestens sechs Monate vorschrieb.

458 Die Mitgliedstaaten setzen dieses Vollzeiterfordernis sehr unterschiedlich um, nicht nur im Hinblick auf die Dauer der Vollzeit, sondern auch im Hinblick auf die individuelle Ausgestaltung. Beispielsweise in den Niederlanden wird zur Erfüllung des Vollzeiterfordernisses für einen gewissen Zeitraum wöchentlich ein 24-Stunden-Dienst gefordert.

459 Vgl. Entschließungen zum Tagesordnungspunkt V „Tätigkeitsbericht“ des 93. Deutschen Ärztetages 1990, DÄ 1990, S. B-1323 <B-1324>: „Der Vorstand der Bundesärztekammer wird beauftragt, für den 94. Deutschen Ärztetag eine Änderung der M-WBO dahingehend vorzubereiten, daß die gesamte Weiterbildung auf Teilzeit erfolgen kann...“, wofür sich der 94. Deutsche Ärztetag in Bremen auch aussprach; siehe auch § 4 Abs. 6 S. 3 M-WBO 1992; in einigen Bundesländern wie Berlin oder Niedersachsen gab es bereits davor keine zeitliche Befristung der ärztlichen Weiterbildung in Teilzeit, siehe *Borchmann*, MedR 1992, 195 <198>.

460 Siehe oben unter C.IV.

461 ABl. L 165 vom 07. Juli 1993, S. 1; im Folgenden RL 93/16/EWG; siehe in Anhang 2 die konsolidierte Fassung dieser Richtlinie mit Stand Mai 2004.

Maastricht-Vertrages über die Europäische Union[462] der EG-Vertrag dahingehend geändert worden war, daß ab 01. Januar 1993 in diesem Bereich Mehrheitsentscheidungen ausreichten.

1. Zustandekommen

Der Kommissionsvorschlag[463] beschränkte sich ausschließlich darauf, den Inhalt der bestehenden Richtlinien zusammenzuführen. Deshalb änderte die Kommission deren Wortlaut allenfalls aus redaktionellen Gründen und zur Klarstellung des Textes geringfügig. Das EP[464] billigte ohne Änderungsvorschläge sowohl dieses Kommissionsdokument als auch den Gemeinsamen Standpunkt des Rates[465] hierzu.

Der WSA[466] begrüßte den Vorschlag grundsätzlich als notwendige Initiative, da sich auf diese Weise sowohl Ärzte als auch Patienten und andere interessierte Personenkreise leichter über die geltenden Bestimmungen informieren könnten. Allerdings zeigte er sich „ernsthaft beunruhigt" darüber, daß die von ihm schon früher geäußerten Veränderungsvorschläge wieder keine Berücksichtigung gefunden hatten. Er sei sich zwar darüber im klaren, daß eine Anpassungszeit bisher als Hindernis für die Freizügigkeit angesehen wurde. Aber besonders zur Vermeidung von Gefahren für Patienten aufgrund sprachlicher Probleme der Ärzte, wie sie dem WSA aufgrund ihm vorliegender Berichte bekannt seien, empfehle er erneut, eine Verpflichtung zur Ableistung einer Anpassungszeit einzuführen. Sie würde auch eine Einarbeitung in das Gesundheitswesen und in Regelungen des Sozialversicherungssystems des Aufnahmemitgliedstaates ermöglichen.

Des weiteren seien nach Ansicht des Berufsstandes der Ärzte die qualitativen Kriterien der 16 Jahre alten Richtlinien inzwischen nicht mehr angemessen und würden bereits vom Beratenden Ausschuß für die ärztliche Ausbildung[467] überprüft. Nähere Einzelheiten zum Inhalt der Aus- bzw. Weiterbildung würden außer im Bereich der Allgemeinmedizin immer noch fehlen. Für die spezifische

---

462 Vom 07. Februar 1992, ABl. C 191 vom 10. April 1992, S. 1; hier speziell Art. 57 EGV (jetzt Art. 47 EG) mit Verweis auf Art. 189b EGV (jetzt Art. 251 EG).

463 Kommissionsvorschlag SEK/91/2316 endg., nicht im Europäischen Amtsblatt veröffentlicht.

464 ABl. C 125 vom 18. Mai 1992, S. 170, und ABl. C 72 vom 15. März 1993, S. 72.

465 Gemeinsamer Standpunkt des Rates C3-0009/93 – SYN 404, nicht im Europäischen Amtsblatt veröffentlicht.

466 Stellungnahme in ABl. C 98 vom 21. April 1992, S. 6.

467 1975 eingesetzt durch die Richtlinie 75/364/EWG, siehe oben C.III.2.

Weiterbildung habe sich der Ärztestand bereits für eine Anhebung der Mindestweiterbildungszeit von zwei auf drei Jahre ausgesprochen. Der WSA forderte die Kommission auf, wegen des raschen medizinischen Fortschritts seinem Sachverständigenausschuß, dem Beratenden Ausschuß für die ärztliche Ausbildung, genügend Unterstützung zukommen zu lassen und die von den Fachgremien empfohlenen Änderungen in Richtlinienvorschläge umzusetzen.

2. Inhalt

Die vom WSA vorgeschlagenen Änderungen bleiben in der endgültigen Fassung der Richtlinie jedoch unberücksichtigt. Die RL 93/16/EWG besteht – von einer Ausnahme bei den Schlußbestimmungen abgesehen – ausschließlich aus Regelungen der drei Ärzterichtlinien samt ihren Änderungsrichtlinien.[468] Dabei sind die Richtlinien nicht einmal an den Stellen gekürzt oder abgeändert worden, an denen sie bereits aufgrund von Zeitablauf ihre Wirkung verloren haben. So regelt beispielsweise Art. 21 RL 93/16/EWG, ehemals Art. 21 RL 75/362/EWG, weiterhin, daß die Mitgliedstaaten eine kassenärztliche Vorbereitungszeit „während eines Zeitraums von fünf Jahren vom 20. Juni 1975 an auch von Staatsangehörigen der anderen Mitgliedstaaten verlangen“ können, obwohl diese Frist bei Richtlinienerlaß seit über zehn Jahren abgelaufen war.

a. Erwägungsgründe

Auch die der Richtlinie vorangestellten Erwägungsgründe bestehen aus der wortwörtlichen Wiedergabe von solchen der vorhergehenden Richtlinien. Einzige Ausnahme hiervon ist der erste Erwägungsgrund, der die schon oben genannte Begründung für die gemeinsame Kodifizierung der Ärzterichtlinien liefert. Anschließend werden hauptsächlich Passagen der RL 75/362/EWG und der RL 86/457/EWG wiedergegeben, in die ein paar Erwägungsgründe der RL 75/363/EWG und der Änderungsrichtlinien eingeflochten sind.

Bemerkenswert erscheint in diesem Zusammenhang, daß sich von der RL 75/362/EWG alle Erwägungsgründe in der neuen Richtlinie wiederfinden, abgesehen vom sechsten und siebten.[469] Der sechste Erwägungsgrund wies auf die zwischen den Mitgliedstaaten bestehenden Unterschiede in bezug auf die Zahl der ärztlichen Fachrichtungen und die Art oder Dauer der entsprechenden Weiterbildung hin, die bestimmte Koordinierungsmaßnahmen als Voraussetzung für

---

[468] Daher wird die RL 93/16/EWG teilweise auch nur als „Kodifizierungsrichtlinie“ bezeichnet, vgl. *Schirmer* in Lexikon des Arztrechts, Nr. 1690, Rdnr. 72.

[469] Das Fehlen von Teilen der ursprünglichen Richtlinien spricht gegen die eben erwähnte Annahme, es handele sich ausschließlich um eine Kodifizierungsrichtlinie.

eine gegenseitige Anerkennung der Diplome unerläßlich machen würden. Wenngleich der sechste Erwägungsgrund nicht übernommen wurde, so finden sich die ihn umsetzenden Koordinierungsmaßnahmen, vormals in der RL 75/363/EWG, auch in der RL 93/16/EWG wieder.[470] Von daher ist wenig verständlich, warum, wenn schon all die anderen Erwägungsgründe angeführt werden, auf die Wiedergabe gerade des sechsten verzichtet wird, obwohl es auch 1993 bei Erlaß der Richtlinie in den Mitgliedstaaten beispielsweise unterschiedlich viele ärztliche Fachrichtungen und damit noch Koordinierungsbedarf gibt.

Der siebte Erwägungsgrund der RL 75/362/EWG lautete: „Obgleich diese Koordinierung nicht die Harmonisierung aller Vorschriften der Mitgliedstaaten über die fachärztliche Weiterbildung zur Folge hat, muß die gegenseitige Anerkennung der nicht allen Mitgliedstaaten gemeinsamen Diplome, Prüfungszeugnisse und sonstigen Befähigungsnachweise des Facharztes erfolgen, ohne daß dadurch jedoch die Möglichkeit einer späteren Harmonisierung auf diesem Gebiet ausgeschlossen wird. Man war diesbezüglich der Auffassung, daß die Anerkennung der Diplome, Prüfungszeugnisse und sonstigen Befähigungsnachweise des Facharztes auf die Mitgliedstaaten beschränkt werden sollte, in denen die betreffenden Fachrichtungen bestehen.“ Hier kam ganz deutlich die Absicht des Rates zum Ausdruck, sich auf die Koordinierung bereits bestehender mitgliedstaatlicher Regelungen zu beschränken und die Mitgliedstaaten nicht zur Anerkennung oder gar zur Einführung von ihnen fremden Facharztdiplomen der anderen Mitgliedstaaten zu verpflichten. Dieser Grundsatz wird hinsichtlich der Facharztgebiete auch in der RL 93/16/EWG beibehalten[471], so daß der siebte Erwägungsgrund auch weiterhin relevant ist. Die Auslassung dieses Erwägungsgrundes könnte man allenfalls damit erklären, daß die Regelungen der ebenfalls integrierten RL 86/457/EWG sich gerade nicht auf eine derartige Koordinierung beschränken[472] und dieser Grundsatz dadurch seine Allgemeingültigkeit für die gesamte Richtlinie verloren hat.

Auffällig ist ebenfalls, daß in den Erwägungsgründen mit keinem Wort die Teilzeitweiterbildung erwähnt wird. Durch die RL 82/76/EWG[473] war die Kommission verpflichtet worden, die sich aufgrund der Teilzeitweiterbildung ergebende Lage zu überprüfen und dem Rat bis zum 25. Januar 1989 einen Vorschlag darüber zu unterbreiten, ob diese Ausnahme vom Grundsatz der Vollzeitweiterbildung beibehalten oder gestrichen werden sollte. Allerdings ist die Kommission dieser Verpflichtung weder bis 1989, noch bis zum Erlaß der RL

---

470 Art. 23 bis 29, siehe auch die Übereinstimmungstabelle in Anhang IV der RL 93/16/EWG.

471 Siehe Art. 6 RL 93/16/EWG.

472 Zu den Besonderheiten der RL 86/457/EWG siehe oben unter C.V.6.

473 Siehe oben unter C.IV.2.

93/16/EWG nachgekommen, weshalb sich neben den übernommenen Teilzeitregelungen in Art. 25 Abs. 3 S. 1 RL 93/16/EWG immer noch die Überprüfungsfrist von 1989 wiederfindet. Es läge insofern nahe, dieses Versäumnis in den Erwägungsgründen zumindest zu erwähnen. Vielleicht scheut man auch generell die Erwähnung von Teilzeitweiterbildung, um nicht auf die nun sich in einem Dokument befindlichen Diskrepanzen zwischen der Teilzeitweiterbildung in Allgemeinmedizin und in den übrigen Facharztgebieten[474] hinzuweisen.

b. Titel I und II: Anwendungsbereich und gegenseitige Anerkennung

Im Titel I, Art. 1[475] wird der Anwendungsbereich der RL 93/16/EWG definiert: „Diese Richtlinie gilt für die von Staatsangehörigen der Mitgliedstaaten ausgeübten Tätigkeiten des angestellten oder freiberuflich tätigen Arztes." Für die gegenseitige Anerkennung der Titel ist also nicht allein die Inhaberschaft eines mitgliedstaatlichen Diploms ausreichend, sondern der jeweilige Arzt muß zusätzlich Unionsbürger im Sinne von Art. 8 EGV[476] (Art. 17 EG) sein.

Titel II der RL 93/16/EWG befaßt sich mit den Voraussetzungen für die gegenseitige Anerkennung der Arztdiplome. Dabei wird unterschieden zwischen den die ärztliche Ausbildung abschließenden Diplomen, den allen Mitgliedstaaten gemeinsamen fachärztlichen Diplomen und den zwei oder mehreren Mitgliedstaaten eigenen Facharztdiplomen. Im Anschluß daran werden die erworbenen Rechte, das Führen der Ausbildungsbezeichnungen und Maßnahmen zur Erleichterung der tatsächlichen Ausübung des Niederlassungsrechts und des Rechts auf freien Dienstleistungsverkehr des Arztes geregelt. Damit stimmen die Art. 2 bis 22 von ihrem Wortlaut und weitestgehend auch von ihrer Abfolge her mit den Art. 2 bis 22 der RL 75/362/EWG überein, wobei die durch die RL 81/1057/EWG und 89/594/EWG vorgenommenen Änderungen hinsichtlich der erworbenen Rechte berücksichtigt wurden.[477]

Als allen Mitgliedstaaten gemeinsame Facharztdiplome werden in Art. 5 Abs. 3 statt der ursprünglichen elf inzwischen 14 Titel aufgelistet. Die Gruppe der zwei oder mehreren Mitgliedstaaten eigenen Facharztdiplome hat sich seit 1975 nur in ihrer Zusammensetzung, nicht aber hinsichtlich ihrer Anzahl von 36 geändert, wobei Deutschland davon statt bisher acht nun elf Titel anerkennt.

---

474 Siehe oben unter C.V.6.b.

475 Die im Folgenden genannten Artikel ohne Richtlinienbezeichnung sind solche der RL 93/16/EWG.

476 In der Fassung des Maastricht-Vertrages, siehe Fn. 462.

477 Vgl. auch Übereinstimmungstabelle in Anhang IV RL 93/16/EWG.

Nach Art. 10 Abs. 1 in Verbindung mit Art. 19 Abs. 1 müssen die Aufnahmemitgliedstaaten dafür Sorge tragen, daß die Staatsangehörigen der Mitgliedstaaten zum Führen ihrer im Heimat- oder Herkunftsstaat gültigen Ausbildungsbezeichnung und gegebenenfalls der betreffenden Abkürzung in der Sprache dieses Staates berechtigt sind, soweit nicht Vorschriften über das Führen der Berufsbezeichnung im Zusammenhang mit einer der Tätigkeiten des Arztes bestehen. Dieses *Recht* steht nicht in vollständigem Einklang mit dem neunten Erwägungsgrund, wonach das Fehlen der sachlichen Gleichwertigkeit zwischen den mitgliedstaatlichen Ausbildungsgängen zur Folge haben soll, daß die entsprechende Ausbildungsbezeichnung *nur* in der Sprache des Heimat- oder Herkunftsstaates geführt werden *darf*. Derartige Intentionen oder Regelungen hinsichtlich des Führens der Weiterbildungsbezeichnung finden sich weder in der RL 93/16/EWG noch in den vorhergehenden Richtlinien, abgesehen von Art. 19 Abs. 2, der das Führen der Facharztbezeichnung in der Sprache des Aufnahmemitgliedstaates nur für den Fall zwingend vorschreibt, in dem es im Zusammenhang mit einer Tätigkeit des Facharztes aufgrund nationaler Bestimmungen so vorgesehen ist. Den Mitgliedstaaten steht es also frei, ob sie die aufnehmenden Ärzte zum Führen der heimatstaatlichen oder der aufnahmestaatlichen Weiterbildungsbezeichnung verpflichten.

c. Titel III: Koordinierung der Rechts- und Verwaltungsbestimmungen

Titel III der RL 93/16/EWG regelt die „Koordinierung der Rechts- und Verwaltungsbestimmungen betreffend die Tätigkeit des Arztes". Damit entspricht Titel III mit seinen Art. 23 bis 29 den Regelungen der RL 75/363/EWG samt ihren Änderungen durch RL 82/76/EWG.[478]

Die Regelungen über Dauer der Aus- bzw. Weiterbildung bleiben unverändert, so daß das Medizinstudium weiterhin sechs Jahre oder 5.500 Stunden theoretischen und praktischen Unterrichts umfassen muß und die Weiterbildung in Vollzeit je nach Fachrichtung mindestens drei, vier oder fünf Jahren zu dauern hat. Vom Grundsatz der Vollzeitweiterbildung kann unter besonderen, von den Mitgliedstaaten selbst festzulegenden Bedingungen in Form von Teilzeitweiterbildung abgewichen werden, wobei durch die Richtlinie nur vorgeschrieben wird, daß das Niveau und die Gesamtdauer der Teilzeitweiterbildung entsprechend der Vollzeitweiterbildung gestaltet werden müssen.

---

[478] Siehe für eine detailliertere Darstellung des Inhalts dieser Richtlinien oben unter C.III.1.b(2) und C.IV.2.

d. Titel IV: Spezifische Weiterbildung in der Allgemeinmedizin

Getrennt von der Aus- und Weiterbildung wird im sich daran anschließenden Titel IV die spezifische Weiterbildung in der Allgemeinmedizin entsprechend den Bestimmungen der RL 86/457/EWG geregelt. Dadurch wird deutlich, daß diese Richtlinie zwar in das gemeinsame Dokument der Richtlinien 75/362/EWG und 75/363/EWG aufgenommen wurde, der Rat aber abgesehen von einer einzigen Schlußbestimmung keine Veranlassung sah, die Richtlinien wirklich miteinander zu verbinden oder gar aufeinander abzustimmen.

Wie schon Art. 1 RL 86/457/EWG verpflichtet nun Art. 30 die Mitgliedstaaten, eine spezifische Weiterbildung in der Allgemeinmedizin einzuführen. Diese Weiterbildung soll mindestens zwei Jahre dauern und hat grundsätzlich in Vollzeit zu erfolgen. Für die Möglichkeit, durch Teilzeitweiterbildung davon abzuweichen, schreibt Art. 34 zwar keine persönlichen Voraussetzungen vor, aber die Teilzeitweiterbildung darf wie bisher nicht unter 60 % der wöchentlichen Weiterbildungsdauer in Vollzeit liegen und muß einige Abschnitte einer Vollzeitweiterbildung umfassen.

Den Ärzten gewährleistet Art. 39 für den Titel des Praktischen Arztes wie Art. 10 für die Ausbildungsbezeichnung das Recht, die im Heimat- oder Herkunftsmitgliedstaat gültige Weiterbildungsbezeichnung zu führen. Zusätzlich haben Angehörige eines Mitgliedstaates, denen ein anderer Mitgliedstaat ein Diplom über die spezifische Weiterbildung ausgestellt hat, gem. Art. 38 das Recht, im Aufnahmemitgliedstaat die in diesem Staat bestehende Berufsbezeichnung zu führen.

Von der RL 86/457/EWG werden die Umsetzungsfristen ohne Änderung in die RL 93/16/EWG übernommen. So müssen die Mitgliedstaaten gem. Art. 30 sicherstellen, die ersten Diplome spätestens am 01. Januar 1990 erteilen zu können, obwohl die Richtlinie mehr als drei Jahre nach diesem Datum erlassen wurde und die Mitgliedstaaten diesen Teil der Richtlinie bereits umgesetzt hatten.[479] Durch Art. 36 wird den Mitgliedstaaten unverändert aufgegeben, ab dem 01. Januar 1995 die Ausübung des ärztlichen Berufes als Praktischer Arzt im Rahmen des Sozialversicherungssystems vom Besitz eines Diploms über die spezifische Weiterbildung abhängig zu machen.

---

479 In anderem Zusammenhang entschied man sich für die Bereinigung der Richtlinie von derartigen Widersprüchen: Durch die Richtlinie 2001/19/EG (ABl. L 206 vom 31. Juli 2001, S. 1) wird laut Erwägungsgrund 11 ein Artikel der Richtlinie 85/384/EWG (ABl. L 233 vom 21. August 1985, S. 15 für Befähigungsnachweise von Architekten) deswegen aufgehoben, weil sein Gültigkeitszeitraum bereits überschritten ist. Diese Art der Aktualisierung bzw. Bereinigung findet sich bei der Ärzterichtlinie nicht, auch nicht durch die Richtlinie 2001/19/EG.

Ebenfalls übernommen wurde in Art. 33 die Verpflichtung für die Kommission, dem Rat auf der Grundlage der gesammelten Erfahrungen spätestens am 01. Januar 1996 unter anderem geeignete Vorschläge im Hinblick auf die weitere Harmonisierung der Weiterbildung der Ärzte für Allgemeinmedizin zu unterbreiten. Da die Richtlinien von 1975 im Gegensatz zu der RL 86/457/EWG allein die Koordinierung mitgliedstaatlicher Bestimmungen beabsichtigten, ist dieser aus der RL 86/457/EWG übernommene Artikel die einzige Bestimmung in der RL 93/16/EWG, in der nicht nur von Koordinierung, sondern auch von Harmonisierung die Rede ist.

Durch Art. 41 wird die Kommission zu einer Mitteilung im Amtsblatt der Europäischen Gemeinschaften verpflichtet, sobald ein Mitgliedstaat ihr den Zeitpunkt des Inkrafttretens der von ihm beschlossenen Maßnahmen im Sinne von Art. 30 mitgeteilt hat. Wie gerade erwähnt, hatten die Mitgliedstaaten die nach Art. 30 erforderlichen Maßnahmen zur Einführung der spezifischen Weiterbildung bereits vor Erlaß der RL 93/16/EWG ergriffen, was die Kommission auch schon 1990 im Amtsblatt mitteilte.[480] Diese Liste über die eingeführten Diplome und Berufsbezeichnungen ist nicht in die RL 93/16/EWG integriert oder ihr zumindest als Anhang beigefügt, obwohl ansonsten alle gegenseitig anzuerkennenden Aus- und Weiterbildungsbezeichnungen in der Richtlinie selbst enthalten sind. Folgerichtig veröffentlichte die Kommission 1996[481] ein weiteres Mal die entsprechende Liste für die Bezeichnungen der Diplome und der Berufsbezeichnungen in Allgemeinmedizin.

e. Schlußbestimmungen und Anhänge

Die Art. 42 bis 45 bilden als Titel V die Schlußbestimmungen der RL 93/16/EWG. Art. 42 führt die fast wortgleichen Bestimmungen des Art. 23 RL 75/362/EWG und Art. 2 Abs. 4 RL 86/457/EWG zusammen und verpflichtet die Mitgliedstaaten, die für die Erteilung der in der Richtlinie erwähnten Diplome zuständigen Behörden sowohl den anderen Mitgliedstaaten als auch der Kommission unverzüglich mitzuteilen. Durch die RL 93/16/EWG werden keine neuen Diplome eingeführt, weshalb diese Regelung für die Mitgliedstaaten erst dann relevant wird, wenn sich nach ihren nationalen Bestimmungen die Zuständigkeiten für derartige Behörden ändern oder wenn aufgrund von Ergänzungen zur RL 93/16/EWG weitere Diplome gegenseitig anerkannt werden.

---

480 Vgl. oben Fn. 430.

481 ABl. C 393 vom 31. Dezember 1996, S. 4; gesonderte Mitteilung für die EFTA-Staaten in ABl. C 90 vom 20. März 1997, S. 11.

Die einzig neue Bestimmung der RL 93/16/EWG ist Art. 44, der durch Verweisung auf Anhang III regelt, inwieweit welche Richtlinien aufgrund dieser Richtlinie aufgehoben werden. Anhang III Teil A listet diese Richtlinien auf. Vollständig aufgehoben werden die Ausgangsrichtlinien 75/362/EWG, 75/363/EWG und 86/457/EWG samt der Änderungsrichtlinie 82/76/EWG, die übrigen Änderungsrichtlinien werden nur teilweise aufgehoben.

Trotz der Richtlinienaufhebung bleibt die Verpflichtung durch deren Umsetzungsfristen für die Mitgliedstaaten gem. Art. 44 S. 1 weiterhin bestehen. Diese Umsetzungsfristen sind in Anhang III Teil B aufgelistet und um die abweichenden Fristen für die nachträglich hinzugekommenen Mitgliedstaaten Griechenland, Spanien, Portugal und das Gebiet der ehemaligen Deutschen Demokratischen Republik ergänzt. Relevant ist dies nur für die Umsetzung der RL 86/457/EWG hinsichtlich ihrer zweiten Etappe, die bei Erlaß der RL 93/16/EWG noch aussteht. Im Übrigen sind die Mitgliedstaaten ihren Umsetzungsverpflichtungen aus den Richtlinien von 1975 bis 1990 bereits nachgekommen. Art. 44 S. 2 bestimmt, daß Bezugnahmen auf diese aufgehobenen Richtlinien als Bezugnahmen auf die RL 93/16/EWG nach Maßgabe der Entsprechungstabelle in Anhang IV zu lesen sind.

Anhang I gibt die Merkmale ärztlicher Weiterbildung in Vollzeit und Teilzeit gem. Art. 24 Abs. 1 Buchstabe c, 25 Abs. 2 S. 1 so wieder, wie es bereits durch die RL 82/76/EWG als Anhang für die RL 75/363/EWG eingeführt worden war. Durch Anhang II wird der Anhang der RL 89/594/EWG übernommen, in dem aufgelistet wird, zu welchen Zeitpunkten einige Facharzttitel in manchen Mitgliedstaaten nicht mehr erlangt werden konnten.

3. Umsetzung der Richtlinie 93/16/EWG in Deutschland

Die RL 93/16/EWG stellt hauptsächlich eine konsolidierte Fassung der bis dahin erlassenen Ärzterichtlinien samt ihren Änderungen dar. Dies bedeutet, daß sie keine Regelungen enthält, die erst aufgrund dieser Richtlinie in nationales Recht hätten umgesetzt werden müssen. Da Art. 44 S. 2 bestimmt, daß Bezugnahmen auf die aufgehobenen Richtlinien als Bezugnahmen auf die RL 93/16/EWG nach Maßgabe der Entsprechungstabelle in Anhang IV zu lesen sind, ist nicht einmal die Anpassung von Gesetzen dringend geboten. Danach würde es nicht verwundern, wenn man keine diese Richtlinie umsetzenden Gesetze oder Regelungen finden würde. Andererseits stehen bei Erlaß der RL 93/16/EWG noch Umsetzungsverpflichtungen bis 1995 aufgrund der früheren RL 86/457/EWG aus.[482]

---

482 Siehe die Darstellung unter C.V.7.b.

Nach der im Internet einsehbaren Umsetzungsliste[483] bzgl. der RL 93/16/EWG teilte Deutschland der Kommission ein einziges Umsetzungsgesetz mit, und zwar ein Gesetz zur Änderung des Heilberufegesetzes von Thüringen von 1994. Die Umsetzungsliste bzgl. der RL 86/457/EWG[484] enthält für Deutschland zwar sechs Angaben betreffend die Landesgesetze von Hessen, Hamburg, Brandenburg, Berlin und Thüringen, allerdings beziehen sich diese nicht auf die zweite Etappe der Umsetzungsverpflichtung bis 1995 und stellen mithin auch keine Umsetzungsgesetze für die RL 93/16/EWG dar.

In Wirklichkeit sind die deutschen Gremien – seien es nun die einzelnen Bundesländer und Landesärztekammern oder sei es der Bundesgesetzgeber – ihrer Regelungsverpflichtung aus der RL 86/457/EWG grundsätzlich nachgekommen.[485] Somit spiegelt die Umsetzungsliste der Kommission nicht den tatsächlichen Umsetzungsstand in Deutschland wider.[486] Aus der Unvollständigkeit der Umsetzungslisten läßt sich entweder folgern, daß die einzelnen Mitgliedstaaten entgegen ihrer Verpflichtung der Kommission nicht alle Umsetzungsregelungen mitteilen, oder daß die Kommission nicht alle Mitteilungen der Mitgliedstaaten in ihre Listen einfügt.

---

483 Bei EUR-Lex unter europa.eu.int/smartapi/cgi/sga_doc?smartapi!celexapi!prod!CELEX numdoc&lg=de&numdoc=71993L0016&model=guicheti; Stand: 31. Dezember 2004. Für einige Mitgliedstaaten wie z.B. Griechenland, Irland oder die Niederlande sind dort überhaupt keine Umsetzungsgesetze angegeben, wobei – wie zu erwarten – für die Vollständigkeit und Richtigkeit der wiedergegebenen nationalen Durchführungsmaßnahmen keine Gewähr übernommen wird.

484 Bei EUR-Lex unter europa.eu.int/smartapi/cgi/sga_doc?smartapi!celexapi!prod!CELEX numdoc&lg=de&numdoc=71986L0457&model=guicheti; Stand: 31. Dezember 2004. Auch hier ist für Irland keine Fundstelle verfügbar.

485 Siehe hierzu die Liste im Anhang 1; das laufende Vertragsverletzungsverfahren gegen Deutschland (1999/2065) wurde nicht aufgrund fehlender, sondern vermuteter fehlerhafter Umsetzung initiiert. Auch gegen Österreich (1998/4296) und Frankreich (1998/4265) laufen Vertragsverletzungsverfahren.

486 Dies trifft auch für andere Mitgliedstaaten zu. Beispielsweise für Belgien wird ein „arrêté ministériel du 09/06/1994“ angegeben, in dem es nicht um die ärztliches Aus- oder Weiterbildungsrecht geht, sondern um Substanzen zur Tiernahrung. Die zweite Fundstelle für Belgien bezieht sich nur auf Arbeitsmedizin, die dritte und letzte ausschließlich auf die Allgemeinmedizin. Damit geht eine Umsetzung der Richtlinien 75/362/EWG und 75/363/EWG aus der Liste für Belgien nicht hervor. Für Griechenland, Irland und die Niederlande ist laut der Liste keine Fundstelle verfügbar, obwohl es auch in diesen Mitgliedstaaten Umsetzungsgesetze gibt, z.B. in Irland durch „European Communities Regulations“, Statutory Instruments number 288 of 1976 oder „The Medical Practitioners Act of 1978“, Statutory Instruments number 4 of 1978.

Auf Anfrage eines Mitglieds des EP im Hinblick auf die Nachverfolgbarkeit der Umsetzung der RL 93/16/EWG und einer verläßlichen Informationsbeschaffung zum Umsetzungsstand teilt die Kommission[487] mit, daß die im Internet einsehbare europäische Datenbank keinen Anspruch auf Vollständigkeit erhebe und es nicht Ziel der Kommission sei, „ein einziges, umfassendes, fortlaufendes und stets aktualisiertes Verzeichnis all dieser Maßnahmen zu führen. Informationen über die Entwicklung der Systeme der Mitgliedstaaten werden auf unterschiedliche Weise mit den Mitgliedstaaten ausgetauscht, unter anderem bei den Sitzungen verschiedener Ausschüsse, an denen nationale Beamte teilnehmen."

Vor dem Hintergrund, daß die Kommission als Hüterin der Verträge für die Einhaltung des Primär- und Sekundärrechts und somit für die Rechtmäßigkeit der Richtlinienumsetzung Sorge zu tragen hat[488], verwundert diese Kommissionsansicht. Denn sie vermittelt den Anschein, die Kommission würde entgegen ihrer Verpflichtung nicht von sich aus die Umsetzung überwachen, sondern nur aufgrund von Beschwerden über fehlerhafte Umsetzungsmaßnahmen gegen die einzelnen Mitgliedstaaten vorgehen. Denn sonst stünde es im eigenen Interesse der Kommission, ein stets aktuelles Verzeichnis der Umsetzungsmaßnahmen zu führen und die Angaben der Mitgliedstaaten auf ihre Übereinstimmung mit den Richtlinien zu überprüfen.

Zwar mag der Informationsaustausch bei Ausschußsitzungen notwendig, wenn nicht gar für die Funktionsfähigkeit der Kommission unverzichtbar sein. Aber das Fehlen der öffentlich zugänglichen Dokumentation hierüber und die damit für Unionsbürger einhergehende fehlende Nachverfolgbarkeit der Richtlinienumsetzung entsprechen nicht einer größtmöglichen Transparenz europäischer Vorschriften, die eine elementare Grundlage für die Inanspruchnahme der Grundfreiheiten darstellt.

VII. Änderungen der Richtlinie 93/16/EWG

In der Zwischenzeit wurde die RL 93/16/EWG in einigen Punkten abgeändert, ohne dabei den oben dargestellten bisherigen Aufbau der Richtlinie oder das System der gegenseitigen Anerkennung der Diplome einschneidend zu verändern.

---

[487] Kommissar Bolkenstein an MdEP Dr. Wuermeling am 03. September 2001 (E-1926/01DE).

[488] Vgl. Art. 211 EG (ex-Art. 155 EGV).

1. Einführung des Aktualisierungsverfahrens durch Richtlinie 97/50/EG

Zunächst[489] wurde die Einführung eines Verfahrens als notwendig erachtet, mit dem die Diplomlisten der RL 93/16/EWG und die dort geforderten Mindestweiterbildungszeiten zeitnah zu den häufigen Veränderungen in der medizinischen Aus- und Weiterbildung durch einen effektiveren Entscheidungsprozeß in der Gemeinschaft angepaßt werden konnten.[490]

a. Zustandekommen

Ende 1994 schlug die Kommission[491] ein Verfahren vor, das auf dem Ratsbeschluß 87/373/EWG[492] basierte. In diesem sogenannten ersten Komitologiebeschluß hatte der Rat zur Festlegung der Modalitäten für die Ausübung der der Kommission übertragenen Durchführungsbestimmungen einen Numerus clausus von drei Ausschußarten, nämlich Beratender Ausschuß, Verwaltungsausschuß und Regelungsausschuß, und dazugehörende Entscheidungsverfahren vereinbart.[493]

Nach dem Kommissionsvorschlag sollte der Ausschuß hoher Beamter für das öffentliche Gesundheitswesen[494] einerseits die Kommission darin unterstützen, die Liste der gegenseitig anzuerkennenden Facharzttitel zu ändern. Geplant war ein Verfahren, wonach der Vertreter der Kommission dem Ausschuß einen Entwurf der zu treffenden Maßnahmen unterbreitete, zu dem der Ausschuß zügig Stellung nehmen sollte. Dieser Stellungnahme hatte die Kommission weitge-

---

489 Abgesehen von den rein redaktionellen Änderungen durch den Beitritt von Österreich, Finnland und Schweden aufgrund des Beschlusses des Rates vom 01. Januar 1995, ABl. L 1 vom 01. Januar 1995, S. 1.

490 Siehe die Erwägungsgründe des Kommissionsvorschlages in ABl. C 389 vom 31. Dezember 1994, S. 19.

491 ABl. C 389 vom 31. Dezember 1994, S. 19.

492 Beschluß des Rates vom 13. Juli 1987 in ABl. L 197 vom 18. Juli 1987, S. 33, in dem drei Ausschußarten vereinbart wurden; aufgehoben und neu gefaßt durch den zweiten Komitologiebeschluß des Rates 1999/468/EG vom 28. Juni 1999 in ABl. L 184 vom 17. Juli 1999, S. 23, und abgeändert durch drei Anpassungsverordnungen, siehe näheres in Fn. 187 bei Groeben/Schwarze-*Schmitt von Sydow*, Art. 211 EG.

493 Siehe hierzu die ausführliche Darstellung bei Groeben/Schwarze-*Schmitt von Sydow*, Art. 211 EG, Rdnr. 81 ff.

494 1975 eingesetzt, vgl. oben C.III.2.; einsetzender Beschluß zuletzt geändert durch den Beschluß des Rates 80/157/EWG vom 21. Januar 1980 in ABl. L 33 vom 11. Februar 1980, S. 15.

hend Rechnung zu tragen, was bedeutete, daß bei ihr das Recht zur Letztentscheidung verblieb.[495]

Andererseits sollte der Ausschuß die Kommission dabei unterstützen, die Mindestweiterbildungszeiten der neu aufzunehmenden Fachgebiete festzulegen und die für andere Fachgebiete gegebenenfalls anzupassen. Zu dem jeweiligen Kommissionsentwurf hinsichtlich der zu treffenden Maßnahmen war der Ausschuß zur Abgabe einer Stellungnahme berufen, die er mit einer Mehrheit gefaßt hatte, wie sie in Art. 148 Abs. 2 EGV[496] (jetzt Art. 205 Abs. 2 EG) für Beschlüsse des Rates vorgesehen ist, das heißt mit Stimmengewichtung je nach mitgliedstaatlicher Zugehörigkeit der Vertreter. Sollte die Stellungnahme des Ausschusses nicht mit den von der Kommission vorgeschlagenen Maßnahmen übereinstimmen, blieb dem Rat die Möglichkeit, hierüber mit qualifizierter Mehrheit einen anderslautenden Beschluß zu fassen.[497]

Bereits im März 1995 nahm der WSA zu diesem Kommissionsvorschlag Stellung.[498] Nach seiner Ansicht wurde mit diesem Vorschlag nicht nur die Einführung einer bloßen Aktualisierung, sondern darüber hinaus auch eines Rechtsetzungsverfahrens intendiert. Der Terminologie des zugrundeliegenden Komitologiebeschlusses des Rates 87/373/EWG folgend entspreche das geplante Verfahren zur Aktualisierung der Facharzttitellisten dem Verfahren „Beratender Ausschuß“ und das zur Änderung der Weiterbildungszeiten dem Verfahren „Verwaltungsausschuß“. Ferner wies der WSA darauf hin, daß der nach dem Vorschlag der Kommission in das Aktualisierungsverfahren einzubeziehende Ausschuß hoher Beamter grundsätzlich nicht nur Fragen der Ärzte, sondern auch der Krankenschwestern, Zahnärzte und Hebammen behandele.

Der WSA bezweifelte die gemeinschaftsrechtliche Zulässigkeit der nach dem Vorschlag für die Kommission eingeräumten Ermächtigung zur Aktualisierung der relevanten Artikel. Denn gem. Art. 145 EGV[499] (Art. 202 EG) „überträgt der Rat der Kommission in den von ihm angenommenen Rechtsakten die Befugnisse zur Durchführung der Vorschriften, die er erläßt“. Dieser Artikel stelle also keine Legitimation zur Abänderung oder Ergänzung, sondern nur zur Durchfüh-

---

495 Verfahren entspricht dem „Verfahren I“ (Beratender Ausschuß) nach Art. 2 des Beschlusses des Rates 87/373/EWG.

496 In der Fassung vom 24. Juni 1994, ABl. C 241, S. 22.

497 Verfahren entspricht dem „Verfahren II Variante b)“ (Verwaltungsausschuß) nach Art. 2 des Beschlusses des Rates 87/373/EWG.

498 ABl. C 133 vom 31. Mai 1995, S. 10.

499 In der Fassung vom 24. Juni 1994, ABl. C 241, S. 22.

rung von Rechtsakten dar. Zum anderen hielt er diese Ermächtigung für weiter, als es eine effizientere Aktualisierung der Ärzterichtlinie erfordere.

Hinsichtlich des Verfahrens „Verwaltungsausschuß" zur Anpassung der Weiterbildungszeiten teilte der WSA nicht die Ansicht der Kommission, daß die Dauer der Weiterbildung auch finanzielle Aspekte umfasse. Allein entscheidender Maßstab sei, „ob die vorzusehende Dauer der Weiterbildung dem Anspruch gerecht wird, daß der Arzt in der entsprechenden Fachrichtung als Arzt mit eingehenden Kenntnissen und Erfahrungen, also als Spezialist, anerkannt werden kann". Die Aktualisierung der Facharztdiplomlisten wollte der WSA nicht nur als eine technisch-redaktionelle Angelegenheit verstanden wissen, weil sie in Einzelfällen auch eine Bewertung ihrer qualitativen und inhaltlichen Übereinstimmung mit den jeweils vergleichbaren Spezialgebieten voraussetze.

Er schlug eine Präzisierung der Kommissionsbefugnisse vor, das hieß statt der allgemeinen eine ausdrücklich beschränkte Befugnis für die Aufnahme neuer und die Änderung vorhandener Facharztbezeichnungen sowie für die Änderung der Mindestdauer der Weiterbildung jeweils nach Vorgabe der Mitgliedstaaten. Außerdem hielt der WSA die Einbeziehung des Beratenden Ausschusses für die ärztliche Ausbildung[500] in das geplante Aktualisierungsverfahren für erforderlich, besonders im Hinblick auf die bereits angesprochene Bewertung der qualitativen und inhaltlichen Übereinstimmungen der Facharzttitel. Ebenso sprach er sich dafür aus, die Ärzteschaft selbst in Form ihres Ständigen Ausschusses der Europäischen Ärzte als sachverständiges Gremium mit einzubeziehen. In diesem Zusammenhang verwies er auf seine Stellungnahme im Vorfeld der RL 93/16/EWG, in der er bereits die Unterstützung der europäischen Gremien durch den ärztlichen Sachverstand gefordert hatte.[501] Zusätzlich sollte die Kommission verpflichtet werden, bei den Mitgliedstaaten darauf hinzuwirken, daß deren für Weiterbildungsfragen zuständige Behörden jeweils die Vorstellungen der nationalen Ärzteschaft einbeziehen.

Schließlich forderte der WSA, auf lange Sicht das System der gegenseitigen Anerkennung zu reformieren. Die bisherigen Einzelverweisungen auf die unterschiedlichen und ausdifferenzierten Facharztbezeichnungen der einzelnen Mitgliedstaaten könnten zugunsten eines einfacheren Systems der gegenseitigen Anerkennung von Stammfächern und der Zuordnung von Unterfächern ersetzt werden. Ein Vorschlag hierzu könnte vom Ständigen Ausschuß der Europäischen Ärzte erarbeitet werden.

---

500 1975 eingesetzt, vgl. oben C.III.2.

501 Stellungnahme vom 26. Februar 1992 in ABl. C 98 vom 21. April 1992, S. 6; siehe oben C.VI.1.

Auch das EP billigte das Kommissionsdokument nur unter Vorbehalt einiger Änderungen.[502] Zum einen müßte die Befugnis der Kommission zur Änderung der RL 93/16/EWG auf die Aktualisierung der Diplomlisten und der Weiterbildungsdauer beschränkt werden. Zum anderen sollte deutlich gemacht werden, daß die Änderungen zwar aufgrund des neu einzuführenden Verfahrens erfolgen *könne*, dies aber nicht die einzige Möglichkeit zur Abänderung darstelle. Schließlich müßte deutlich gemacht werden, daß die Anwendung der im Komitologiebeschluß 87/373/EWG vorgesehenen Verfahren bis zum Wirksamwerden der Revision der Verträge gem. Art. N Abs. 2 EUV nach dem modus vivendi[503] erfolge, den das EP, der Rat und die Kommission für die Komitologie vereinbart hatten.

Wie der WSA schlug auch das EP vor, sowohl dem Beratenden Ausschuß für die ärztliche Ausbildung als auch dem Ständigen Ausschuß der europäischen Ärzte die Möglichkeit einzuräumen, zu den Aktualisierungsvorschlägen der Kommission eine Stellungnahme abgeben bzw. selbst Änderungsvorschläge einbringen zu können.

Mit ihrem geänderten Vorschlag[504] übernahm die Kommission zwar den Vorschlag des EP hinsichtlich der Spezifizierung ihrer Änderungsbefugnisse. Jedoch der Zusatz, daß die Änderungen durch die neu einzuführenden Verfahren erfolgen *können*, fand ebenso wie die gesamte Stellungnahme des WSA keinen Niederschlag im neuen Kommissionsdokument.

Daraufhin legte der Rat einen gemeinsamen Standpunkt fest[505], der weitgehend dem geänderten Vorschlag der Kommission folgte. Der Rat bekräftigte, daß die Niederlassungs- und Dienstleistungsfreiheit der Fachärzte davon abhingen, daß die Diplomlisten und die Regelungen über die Weiterbildungsdauer auf dem neuesten Stand seien. Er hielt es „allerdings für zweckmäßig“[506], das Aktualisie-

---

[502] ABl. C 183 vom 17. Juli 1995, S. 24, dazugehörende legislative Entschließung vom 29. Juni 1995 auf S. 26.

[503] Vom 20. Dezember 1994 zwischen dem EP, dem Rat und der Kommission betreffend die Maßnahmen zur Durchführung der nach dem Verfahren des Art. 189b EGV erlassenen Rechtsakte, ABl. C 102 vom 04. April 1996, S. 1; Hintergrund für diese interinstitutionelle Vereinbarung war der sogenannte erste Komitologiebeschlusses des Rates vom 13. Juli 1987 über die Einzelheiten der Ausübung der der Kommission übertragenen Durchführungsbefugnisse, siehe Fn. 492. Das EP akzeptierte seit dem Inkrafttreten des EUV nicht die Anwendung dieses Beschlusses auf *gemeinsame* Akte des EP und des Rates.

[504] ABl. C 28 vom 01. Februar 1996, S. 7.

[505] Vom 18. Juni 1996 in ABl. C 248 vom 26. August 1996, S. 71.

[506] Siehe „III. Analyse des gemeinsamen Standpunktes“ in der Begründung des Rates in ABl. C 248 vom 26. August 1996, S. 73.

rungsverfahren vom Typ Verwaltungsausschuß[507] zur Änderung der Weiterbildungsdauer durch ein Verfahren vom Typ Regelungsausschuß[508] zu ersetzen. Der Rat begründete diese höhere Einstufung damit, daß einerseits die Verkürzung der Weiterbildungsdauer „die Gefahr einer Verringerung des der Öffentlichkeit gebotenen Schutzniveaus heraufbeschwören" und andererseits eine Verlängerung der Dauer beachtliche Kosten zur Folge haben könne, vermutlich zu Lasten der öffentlichen Hand.

Die beiden Verfahren unterscheiden sich nur in dem Fall, in dem die Kommissionsvorschläge nicht mit der Stellungnahme des unterstützenden Ausschusses übereinstimmen. Beim Verfahren „Verwaltungsausschuß" verschiebt die Kommission die Durchführung ihrer bereits erlassenen Maßnahmen längstens um drei Monate, während derer der Rat mit qualifizierter Mehrheit einen anderslautenden Beschluß fassen kann. Beim Verfahren „Regelungsausschuß" werden die von der Kommission dem Rat vorgeschlagenen Maßnahmen erst erlassen, wenn der Rat nicht innerhalb von längstens drei Monaten mit qualifizierter Mehrheit einen Beschluß gefaßt hat.

In seiner zweiten Lesung[509] bekräftigte das EP seine Ansicht, daß einerseits der Beratende Ausschuß für die ärztliche Ausbildung im Rahmen der Durchführung der RL 93/16/EWG miteinbezogen werden und andererseits die Änderungen der Weiterbildungsdauer – wie von der Kommission vorgeschlagen – nicht durch das Verfahren „Regelungsausschuß", sondern „Verwaltungsausschuß" erfolgen solle, um so für alle Aktualisierungsbeschlüsse das gleiche Maß an Flexibilität für die Kommission beizubehalten.

Bei der sich daran anschließenden zweiten Lesung in der Kommission[510] verwies diese schlicht auf ihre bereits erteilte Zustimmung zum gemeinsamen Standpunkt des Rates, sehr zur Verwunderung des EP[511], weil der Rat anschlie-

---

507 Verfahren entspricht dem „Verfahren II Variante b)" nach Art. 2 des Beschlusses des Rates 87/373/EWG.

508 Verfahren entspricht dem „Verfahren III Variante a)" nach Art. 2 des Beschlusses des Rates 87/373/EWG, also einem höher eingestuften Verfahren.

509 ABl. C 347 vom 18. November 1996, S. 31.

510 COM(1996) 0638 bzw. C4-0670/1996, nicht im Amtsblatt veröffentlicht; eine kurze Zusammenfassung findet sich im Internet bei „The Legislative Observatory" unter www.europarl.eu.int/oeil/file.jsp?id=90432.

511 Siehe Bericht der Delegation des EP im Vermittlungsausschuß über den vom Vermittlungsausschuß gebilligten zweiten gemeinsamen Richtlinienentwurf, A4-0246/97 (nicht im Amtsblatt veröffentlicht, aber zu finden als link unter der Internetadresse der Fn. 510), Punkt 6 und 8: Das EP erklärt sich diese unnötige Verlängerung des Entscheidungsverfahrens „mit einem Mangel an Erfahrung mit dem neuen Mitentscheidungsverfahren auf sei-

ßend im Vermittlungsverfahren alle Änderungsvorschläge des EP grundsätzlich annahm und man sich auf einen Kompromiß[512] einigen konnte. Daher billigte das EP in seiner dritten Lesung[513] den gemeinsamen Entwurf des Vermittlungsausschusses.

b. Inhalt

Die Richtlinie 97/50/EG des EP und des Rates[514] führte das für die Effizienz der Ärzterichtlinie notwendige Aktualisierungsverfahren als Art. 44a ein. Art. 44a Abs. 2 regelte die Änderung der Listen der gegenseitig anzuerkennenden Facharzttitel in Form des „Beratenden Ausschusses“, bei dem zwingend nur die Kommission und der Ausschuß hoher Beamter für das öffentliche Gesundheitswesen beteiligt sind. Nach Abs. 3 wurden die Regelungen über die Weiterbildungsdauer in Form des „Verwaltungsausschusses“ abgeändert. Im Rahmen dieses Verfahrens konnte es auch zu einer Beteiligung des Rates kommen.

Kein Mitgliedstaat wurde durch das Verfahren „Verwaltungsausschuß“ zur Anerkennung einer Weiterbildungsdauer gezwungen, die er nach dem bisherigen und parallel dazu noch immer gültigen Verfahren – das heißt Erlaß einer Richtlinie durch das EP und den Rat – hätte verhindern können, weil für diese Entscheidungen der Abstimmungsmodus des Ausschusses hoher Beamter dem des Rates angepaßt wurde und dem Rat bei Nichtübereinstimmung von Kommission und Ausschuß das letzte Wort zustand. Aus der Auswahl dieser Verfahren ließ sich ableiten, daß der Bestimmung der für die gegenseitige Anerkennung notwendigen Weiterbildungsdauer höhere Bedeutung beigemessen wurde als der Aktualisierung der Listen der in allen oder in mindestens zwei Mitgliedstaaten anerkannten Facharzttitel.

Im Gegensatz zu der Formulierung im sechsten Erwägungsgrund kam in Art. 44a nicht zum Ausdruck, daß diese Art der Änderungen durch die Kommission mit Unterstützung des Ausschusses hoher Beamter nur eine Alternative zur Aktualisierung darstellte. Ebenso wenig fand sich in der Richtlinie selbst ein Hinweis darauf, daß laut Erwägungsgrund acht vorgesehen war, daß der Beratende Ausschuß für die ärztliche Ausbildung Stellungnahmen und Empfehlungen an die Kommission und die Mitgliedstaaten richtete. Bei den Regelungen

---

ten der betreffenden Dienststellen der Kommission..., die es eher gewohnt sind, den Standpunkt des Parlaments außer acht zu lassen, und nur darauf bedacht sind, einzig und allein mit dem Rat Einvernehmen zu erzielen.“

512 CSL 3615/1997 bzw. C4-0307/97, nicht im Amtsblatt veröffentlicht.

513 ABl. C 286 vom 02. September 1997, S. 177.

514 Vom 06. Oktober 1997, ABl. L 291 vom 24. Oktober 1997, S. 35.

zur spezifischen *Weiter*bildung in der Allgemeinmedizin wurde kein Verweis auf die Verfahren in Art. 44a eingefügt, so daß beispielsweise die Änderung der spezifischen *Weiter*bildungsdauer nicht nach dem neuen Verfahren durchgeführt werden konnte.

In Erwägungsgrund neun fand sich der Hinweis, daß die Problematik von Staatsangehörigen der Mitgliedstaaten mit Drittstaatendiplomen nicht in dieser Richtlinie, sondern im Rahmen der allgemeinen Regelungen zur Anerkennung der eine Berufsausbildung abschließenden Hochschuldiplome behandelt werden sollen. Derartige allgemeine Regelungen fanden sich in der Richtlinie 89/48/EWG des Rates vom 21. Dezember 1988.[515] Art. 2 Abs. 2 RL 89/48/EWG grenzte den Anwendungsbereich der Richtlinie auf die Berufe ein, die <u>nicht</u> Gegenstand einer Einzelrichtlinie über gegenseitige Diplomanerkennung sind. Auf Ärzte fand sie also grundsätzlich keine Anwendung.[516]

2. Entschließung des Rates 97/C 241/01

Zweieinhalb Monate vor Erlaß der Richtlinie 97/50/EG beschloß der Rat in einer Entschließung[517], die Kommission um die Überprüfung der Anwendung der RL 93/16/EWG in den Mitgliedstaaten zu ersuchen. Er begründete dies hauptsächlich damit, daß die Tätigkeit der Gemeinschaft „zur Erreichung eines hohen Gesundheitsschutzniveaus sowie zur Verbesserung des Verbraucherschutzes beitragen“ sollte. Die Entschließung war außerdem eine Folge des Symposiums „Quality of Medical Practice and Professional Misconduct in the European Union“, das Anfang 1997 im Rahmen der niederländischen Präsidentschaft stattgefunden und Fehlentwicklungen aufgrund der Anwendung der RL 93/16/EWG dahingehend aufgezeigt hatte, daß bisher die berufliche Suspendierung eines Arztes in einem Mitgliedstaat nicht auch gleichzeitig seine Tätigkeit in einem anderen Mitgliedstaat unterband. „Dadurch kann der Anspruch des Patienten auf gute Versorgung in Frage gestellt werden.“

Art. 12 Abs. 1 RL 93/16/EWG sah vor, daß die Mitgliedstaaten die erforderlichen Auskünfte beim Zu- und Abwandern der Ärzte übermittelten. Da sich aber anscheinend bei der Anwendung dieser Vorschrift Schwierigkeiten ergeben hät-

---

515 Richtlinie über eine allgemeine Regelung zur Anerkennung der Hochschuldiplome, die eine mindestens dreijährige Berufsausbildung abschließen, ABl. L 19 vom 24. Januar 1989, S. 16, im Folgenden RL 89/48/EWG.

516 Die Regelungen hinsichtlich der Anerkennung von Drittstaatendiplomen erfolgen erst in der die RL 93/16/EWG abändernden Richtlinie 2001/19/EG (siehe unten C.VII.4).

517 Vom 24. Juli 1997, ABl. C 241 vom 07. August 1997, S. 1.

ten, forderte der Rat die Kommission auf, sie gem. Art. 43 RL 93/16/EWG in Zusammenarbeit mit dem Ausschuß hoher Beamter zu prüfen.

Dieser Entschließung des Rates, in der zum ersten Mal im Rahmen der Ärzterichtlinien das Gesundheitsschutzniveau als Gemeinschaftsaufgabe genannt wurde, ist auch acht Jahre später kein Kommissionsvorschlag oder gar eine Änderungsrichtlinie gefolgt.[518]

3. Richtlinie 98/21/EG, Richtlinie 98/63/EG, Richtlinie 99/46/EG

Bereits kurze Zeit nach Einführung des Art. 44a RL 93/16/EWG erfolgten die ersten Änderungen in den Diplomlisten entsprechend der neuen Verfahren: Zunächst[519] nur in der Arbeitsmedizin und „community medicine", weniger als ein halbes Jahr später[520] in vielen medizinischen Facharztgebieten besonders für Griechenland, Luxemburg und das Vereinigte Königreich und durch Einführung der Facharztbereiche Notfallmedizin mit mindestens fünf Jahren Weiterbildung und Neurophysiologie mit vier Jahren Weiterbildung in Art. 7 Abs. 2 RL 93/16/EWG, jeweils ohne Pendant in Deutschland. Durch die Richtlinie 1999/46/EG[521] ergänzte die Kommission neben zahlreichen Änderungen zugunsten von Italien die Liste der von allen Mitgliedstaaten gegenseitig anzuerkennenden Diplome um die Bereiche Radiodiagnose und Radiotherapie, die von Deutschland auch schon vorher anerkannt worden waren.

Diese drei Änderungen erfolgten aufgrund von Maßnahmen der Kommission, die ausweislich der Erwägungsgründe jeweils der Stellungnahme des Ausschusses hoher Beamter für das Gesundheitswesen entsprachen.

---

518 Auch durch Art. 56 RL 2005/36/EG (siehe zu dieser Richtlinie unten bei E.II.1.) wird nur die gegenseitige Unterrichtung der Mitgliedstaaten von disziplinarischen und strafrechtlichen Sanktionen geregelt, nicht aber die europaweite Geltung dieser Sanktionen.

519 Durch die Richtlinie 98/21/EG der Kommission vom 8. April 1998, ABl. L 119 vom 22. April 1998, S. 15.

520 Durch die Richtlinie 98/63/EG der Kommission vom 03. September 1998, ABl. L 253 vom 15. September 1998, S. 24.

521 Vom 21. Mai 1999, ABl. L 139 vom 02. Juni 1999, S. 25.

4. Richtlinie 2001/19/EG

Eine über die bloße Aktualisierung hinausgehende Änderung erfuhr die RL 93/16/EWG im Mai 2001 durch die RL 2001/19/EG[522], die auch 13 weitere Richtlinien abänderte: die Richtlinie über die allgemeine Anerkennung beruflicher Befähigungsnachweise[523] und die für die speziellen Befähigungsnachweise von Krankenschwestern und Krankenpflegern[524], von Zahnärzten[525], Tierärzten[526], Hebammen[527], Apothekern[528] und von Architekten[529]. Die folgende Darstellung beschränkt sich im wesentlichen auf die Änderungen bzgl. der Ärzterichtlinie.

a. Zustandekommen

Die Vorschläge hierfür erfolgten von der Kommission[530] bereits zwei Monate nach Erlaß der RL 97/50/EWG.[531] Sie bezogen sich im Hinblick auf die Ärzte-

---

522 Richtlinie 2001/19/EG des EP und des Rates vom 14. Mai 2001, ABl. L 206 vom 31. Juli 2001, S. 1, im Folgenden RL 2001/19/EG, siehe in Anhang 2 die konsolidierte Fassung der Ärzterichtlinie mit Stand Mai 2004.

523 Richtlinien 89/48/EWG und 92/51/EWG über allgemeine Regelungen zur Anerkennung beruflicher Befähigungsnachweise, ABl. L 19 vom 24. Januar 1989, S. 16, und ABl. L 209 vom 24. Juli 1992, S. 25.

524 Richtlinien 77/452/EWG und 77/453/EWG, ABl. L 176 vom 15. Juli 1977, S. 1 und S. 8.

525 Richtlinien 78/686/EWG und 78/687/EWG, ABl. L 233 vom 24. August 1978, S. 1 und S. 10.

526 Richtlinien 78/1026/EWG und 78/1027/EWG, ABl. L 362 vom 23. Dezember 1978, S. 1 und S. 7.

527 Richtlinien 80/154/EWG und 80/155/EWG, ABl. L. 33 vom 11. Februar 1980 S. 1 und S. 8.

528 Richtlinien 85/432/EWG und 85/433/EWG, ABl. L 253 vom 24. September 1985, S. 34 und S. 37.

529 Richtlinie 85/384/EWG, ABl. L 223 vom 21. August 1985, S. 15.

530 KOM(1997) 638 endg vom 02. Dezember 1997, ABl. C 28 vom 26. Januar 1998, S. 1.

531 Ausgangspunkt hierfür ist der Bericht der Kommission an das EP und den Rat (KOM(96) 46 endg. vom 15. Februar 1996, nicht im Amtsblatt veröffentlicht, aber im Internet zu finden unter europa.eu.int/smartapi/cgi/sga_doc?smartapi!celexapi!prod!CELEXnumdoc &lg=de&numdoc=51996DC0046&model=guicheti; Stand: 31. Dezember 2004) über den Stand der Anwendung der allgemeinen Regelung zur Anerkennung von Hochschuldiplomen aufgrund von Art. 13 der Richtlinie 89/48/EWG (ABl. L 19 vom 24. Januar 1989, S. 16), die Entschließung des EP zu diesem Bericht (ABl. C 132 vom 28. April 1997, S. 311) sowie die Entscheidungen des EuGH in der Rs. C-340/89 [Irène Vlassopoulou – Ministerium für Justiz, Bundes- und Europaangelegenheiten Baden-Württemberg] vom 07. Mai 1991, Slg. 1991, S. I-2357, und in der Rs. C-319/92 [Salomone Haim – Kassen-

richtlinie hauptsächlich auf Modalitäten bei der Anerkennung der in einem Drittstaat ausgestellten Diplome[532], insbesondere auf die Berücksichtigung von Berufserfahrung, und auf die Teilzeitbestimmungen bei der spezifischen *Weiter*bildung in der Allgemeinmedizin. Zusätzlich schlug die Kommission vor, die Listen der gegenseitig anzuerkennenden Diplome nicht mehr in den Text einzelner Artikel zu integrieren, sondern sie zur besseren Übersicht der Richtlinie als Anhänge anzufügen und die vormalige Aufteilung nach allen oder nur manchen Mitgliedstaaten gemeinsamen Facharztdiplomen aufzugeben.

Hinsichtlich der gerade eingeführten Aktualisierungsverfahren in Art. 44a schlug die Kommission nun vor, das Verfahren „Beratender Ausschuß" vollständig zu streichen und die Aktualisierungsmöglichkeit der Kommission auf das Verfahren „Verwaltungsausschuß" zu beschränken. In den Erwägungsgründen fand sich kein erläuternder Hinweis dazu, warum Art. 44a, um dessen Ausgestaltung man gerade fast drei Jahre debattiert hatte, nach bereits zwei Monaten Gültigkeit wieder abgeändert werden sollte. Vielmehr erläuterte der Erwägungsgrund 5, daß die leichte Aktualisierungsmöglichkeit der RL 93/16/EWG für die Anerkennung der Diplome, Prüfungszeugnisse und sonstigen Befähigungsnachweise des Arztes einen einfachen und für die Rechtssicherheit ausreichenden Ansatz darstelle, der in die übrigen sektoralen Richtlinien aus dem Bereich des Gesundheitswesens übernommen werden solle.

Der WSA unterstützte in seiner Stellungnahme[533] die Ansicht der Kommission, daß die Anerkennung von in Drittstaaten ausgestellten Diplomen durch einen Mitgliedstaat die übrigen Mitgliedstaaten nicht binden solle, selbst dann nicht, wenn diese Diplome in mehreren Mitgliedstaaten als gleichwertig anerkannt worden seien. Des weiteren befürwortete der WSA die Bestrebungen der Kommission, die Bestimmungen über die allgemeine und berufliche Bildung in den sektoralen Richtlinien mehr kompetenz- und ergebnisorientiert zu gestalten, anstelle auf strenge inhaltliche Vorgaben abzustellen.[534]

---

zahnärztliche Vereinigung Nordrhein] vom 09. Februar 1994, Slg. 1994, S. I-425 („Haim I").

532 Siehe hierzu bereits Erwägungsgrund 9 der RL 97/50/EG und Fn. 515.

533 Vom 27. Mai 1998 in ABl. C 235 vom 27. Juli 1998, S. 53.

534 Hierbei orientiert sich der WSA an den Reformvorschlägen aufgrund der Initiative SLIM (Simpler Legislation for the Internal Market – Vereinfachung der Rechtsvorschriften im Binnenmarkt; Stellungnahme der Kommission hierzu an den Rat und das EP: KOM(96) 559 endg. vom 06. November 1996), einem Prozeß, in dessen Rahmen kleine Arbeitsgruppen von Sachverständigen Vorschläge für Maßnahmen zur Vereinfachung des Binnenmarktrechts im weitesten Sinn erarbeiten. Danach seien die Beratenden Ausschüsse Expertengruppen mit nur beratender Funktion, deren Aufgabe – Informationsaustausch

Das EP billigte den Vorschlag der Kommission nur vorbehaltlich der von ihm vorgenommenen Änderungen.[535] Hauptanliegen des EP war die Bindung der übrigen Mitgliedstaaten an die Entscheidung eines Mitgliedstaates über die Anerkennung eines Drittstaatendiploms. Des weiteren forderte das EP, zukünftig in der allgemeinen medizinischen Ausbildung verstärkt Kenntnisse in Allgemeinmedizin zu vermitteln. Die Mindestdauer der spezifischen *Weiter*bildung in der Allgemeinmedizin sollte auf drei Jahre[536] verlängert werden.

Der Rat orientierte sich in seinem gemeinsamen Standpunkt[537] weitgehend am Kommissionsvorschlag und ließ die Änderungsvorschläge des EP vollständig unberücksichtigt. Jedoch im Erwägungsgrund 5 des einstimmig[538] festgelegten Standpunktes bezog sich der Rat hinsichtlich der Aktualisierung der jeweiligen Diplomlisten nicht wie die Kommission auf das Anerkennungsverfahren der Ärzte, sondern auf das der Praktischen Ärzte, das auf die übrigen sektoralen Richtlinien erweitert werden sollte. Dies erstaunt insofern, als die in Art. 44a RL 93/16/EWG neu eingeführten Aktualisierungsverfahren gar nicht auf die Diplome des Praktischen Arztes Anwendung finden.[539] Inhaltlich schlug der Rat für die Aktualisierung der Diplomlisten vor, daß die Mitgliedstaaten der Kommission ihre Rechts- und Verwaltungsvorschriften mitteilen, die sie bezüglich der Ausstellung von Diplomen im Bereich der Richtlinie erlassen. Die Kommission habe dann für die ordnungsgemäße Veröffentlichung der Diplombezeichnungen im Amtsblatt zu sorgen.

über Aufbau und Inhalte der Ausbildungsmethoden – inzwischen erfüllt sei, weshalb ihr Mandat grundsätzlich verändert werden müsse; anders hingegen die Ausschüsse hoher Beamter, denen Entscheidungsbefugnisse zustehen und die auch im Rahmen des Komitologieverfahrens tätig werden.

535 Erste Lesung am 02. Juli 1998 in ABl. C 226 vom 20. Juli 1998, S. 19; zuvor erging bereits eine Entschließung des EP zum Bericht der Kommission (KOM(96) 46 endg, siehe Fn. 531), ABl. C 132 vom 28. April 1997, S. 311.

536 Dies entspricht der Empfehlung des Beratenden Ausschusses für Ärztliche Ausbildung unter Punkt 3.3 im Bericht der Kommission vom 09. September 1996 über die spezifische *Weiter*bildung in der Allgemeinmedizin gem. Titel IV der RL 93/16/EWG, KOM(96) 434 endg., siehe Fn. 308.

537 Gemeinsamer Standpunkt (EG) Nr. 20/2000 vom 20. März 2000, ABl. C 119 vom 27. April 2000, S. 1.

538 Siehe Entwurf der Begründung des Rates vom 14. Februar 2000, im Internet zu finden auf der Seite des Rates „ue.eu.int" unter „Zugang zu Dokumenten/Register" und mit Hilfe der Dokumentennummer 5103/00.

539 Siehe bereits oben bei C.VII.1.b.

Auch in seiner 2. Lesung[540] billigte das EP den Richtlinienvorschlag wiederum nur unter Vorbehalt einiger Änderungen. Zum einen forderte es die Organe auf, die sektoralen Richtlinien samt ihrer zahlreichen Änderungen[541] den Unionsbürgern in einer konsolidierten Fassung zur Verfügung zu stellen, um dem eigenen Postulat nach einer besseren und transparenteren Rechtsetzung zu entsprechen.[542] Des weiteren forderte es wegen des rasch fortschreitenden technischen und wissenschaftlichen Fortschritts gerade im Bereich der Medizin, Fortbildung als Bestandteil der Qualifikation aufzunehmen.[543] Das EP bestand weiterhin auf der verpflichtenden Vermittlung von allgemeinmedizinischen Kenntnissen im Rahmen der allgemeinen Ausbildung, da auch Spezialisten die allgemeinen Zusammenhänge und Wechselwirkungen kennen müßten[544], und auf einer Verlängerung der Mindestdauer der spezifischen Weiterbildung in der Allgemeinmedizin auf drei Jahre[545].

Die Kommission, die die Änderungen des Rates in seinem gemeinsamen Standpunkt akzeptiert hatte[546], stimmte zwar in seiner zweiten Lesung[547] einigen

---

[540] Am 05. Juli 2000 in ABl. C 121 vom 24. April 2001, S. 35 und S. 119.

[541] Die neben der Ärzterichtlinie durch die RL 2001/19/EG abgeänderten Richtlinien wurden seit ihrem Erlaß zusätzlich zu den Änderungen durch die Beitrittsakte jeweils schon drei bis fünf mal abgeändert.

[542] Die Forderung nach konsolidierten Fassungen erhebt das EP hier nicht erstmals, sondern es fordert die Kommission hierzu regelmäßig auf, wie die Kommission in ihrer zweiten Lesung festhält (bisher nicht im Amtsblatt veröffentlicht, zu finden im Internet unter „europa.eu.int" bei „eur-Lex" mit der Dokumentennummer 500PC0527). Die Kommission kommt dieser Forderung jedoch nicht in dem vom EP gewünschten Maße nach.

[543] Ein Ergebnis des ersten Europäischen Fortbildungskongresses in Paris am 17. März 1990 war, daß zwei Drittel der Mitgliedstaaten Fortbildung als eine fakultative berufsethische Aufgabe des Arztes und nicht als eine Rechtspflicht ansehen, *Schirmer*, DÄ 1995, S. 1398 <1399>. In Deutschland ist ein Arzt zur Fortbildung verpflichtet, siehe B.I.1.c(1).

[544] Siehe Begründung zum Änderungsantrag 7 der Empfehlung für die zweite Lesung vom 22. Juni 2000, A5-0174/2000, S. 12, zu finden im Internet bei „The Legislative Observatory" (kurz „oeil", www.europarl.eu.int/ oeil/file.jsp?id=154292).

[545] „Die Qualität eines Arztes/einer Ärztin steigt mit seiner/ihrer in der Ausbildungszeit und unter Aufsicht gewonnenen Erfahrung." siehe Erläuterung 3.2. der Inhaltlichen Kommentare bei der Empfehlung für die zweite Lesung vom 22. Juni 2000, A5-0174/2000, S. 18 zu finden im Internet bei „The Legislative Observatory" (kurz „oeil", www.europarl.eu.int/oeil/file.jsp?id=154292).

[546] Siehe Erläuterung bei Commission assessment of common position am 27. März 2000 im Internet bei der Darstellung der Legislativverfahren durch „The Legislative Observatory" (kurz „oeil") unter www.europarl.eu.int/ oeil/file.jsp?id=154292.

[547] Am 21. August 2000, nicht im Amtsblatt veröffentlicht, zu finden im Internet unter „europa.eu.int" bei „eur-Lex" mit der Dokumentennummer 500PC0527.

Änderungsvorschlägen des EP zu. Darunter befanden sich jedoch nicht die Forderungen des EP nach Einführung der Fortbildungspflicht und der Vermittlungspflicht von allgemeinmedizinischen Kenntnissen. Die Kommission begründete ihre Ablehnung damit, daß die RL 93/16/EWG die Freizügigkeit erleichtern solle und zu diesem Zweck die Anerkennung von Diplomen aufgrund einer Mindestkoordinierung der Ausbildung vorsehe. Für die Harmonisierung seien gem. Art. 149 und 150 EG[548] ausdrücklich die Mitgliedstaaten zuständig. Die Einführung der Fortbildungspflicht und der Vermittlungspflicht von allgemeinmedizinischen Kenntnissen käme einer Erweiterung der Mindestkoordinierung über das notwendige Maß hinaus gleich und stünde damit im Widerspruch zum EGV und zur Erleichterung der Freizügigkeit.[549] Die Forderung nach einer Verlängerung der Mindestdauer der spezifischen Weiterbildung in der Allgemeinmedizin wurde von der Kommission ebenfalls damit abgelehnt, daß dies über das notwendige Maß hinaus gehe.

In dem daraufhin angerufenen Vermittlungsausschuß[550] einigten sich Kommission, EP[551] und Rat[552] dann trotzdem darauf, sowohl die Fortbildungspflicht einzuführen als auch die Mindestdauer der spezifischen Weiterbildung auf drei Jahre zu verlängern.

---

548 Heutige Fassung des EGV, siehe Fn. 245.

549 *Schirmer*, DÄ 1995, S. B-1398 <1401> sieht die rechtliche Grundlage für die Einführung einer Fortbildungspflicht auf europäischer Ebene in der Sicherung einer qualitativen Konvergenz der gegenseitig anerkannten Aus- und Weiterbildungen unter Verweis auf Art. 57 Abs. 3 EGV (jetzt Art. 47 Abs. 3 EG). Dabei verkennt er, daß schon bei Erlaß der Ärzterichtlinien 1975 auf eine sachliche Gleichwertigkeit der gegenseitig anzuerkennenden Diplome verzichtet wurde – siehe oben bei C.III.1.b(1) – und Art. 57 Abs. 3 EGV (jetzt Art. 47 Abs. 3 EG) keine Rechtsgrundlage für eine Gleichschaltung nationaler Regelungen, sondern für eine Verringerung der Unterschiede der bereits in den einzelnen Mitgliedstaaten bestehenden Bedingungen der Berufsausübung darstellt; siehe hierzu ausführlich unten bei D.I.1.b(1). Am Ende seines Beitrags ist *Schirmer* allerdings unter Verweis auf Art. 3b EGV (jetzt Art. 5 EG) [Subsidiaritätsprinzip] der Ansicht, daß es „*wohl*" rechtlich doch nicht zulässig sei, auf europäischer Ebene den Problembereich der Fortbildung zu harmonisieren.

550 Beschluß vom 11. Januar 2001, C5-0680/2000, nicht im Amtsblatt veröffentlicht, zu finden im Internet bei oeil (siehe Fn. 546).

551 Angenommen in seiner 3. Lesung am 01. Februar 2001, ABl. C 267 vom 21. September 2001, S. 20 und S. 48.

552 Angenommen in seiner 3. Lesung am 26. Februar 2001.

b. Inhalt

Die Listen der gegenseitig anzuerkennenden Arztdiplome der RL 93/16/EWG wurden zur besseren Übersicht[553] aus dem Text einzelner Artikel ausgegliedert und der Richtlinie in Form von drei Anhängen beigefügt. Anhang A enthält die Liste der Ausbildungsbezeichnungen des Arztes – für Deutschland „Zeugnis über die Ärztliche Prüfung" –, der sie jeweils national ausstellenden Stelle und der eventuell zusätzlich erforderlichen Bescheinigungen, wie beispielsweise in Deutschland die über die bisherige Ableistung des AiP[554]. Anhang B benennt allgemein den Titel des Befähigungsnachweises des Facharztes – für Deutschland „Fachärztliche Anerkennung" – und die für die Ausstellung zuständigen Stellen.

Im Anhang C befindet sich die Liste der Bezeichnungen der gegenseitig anzuerkennenden 52 fachärztlichen Weiterbildungen. Diese Liste wird nicht mehr unterteilt nach Facharzttiteln, die allen Mitgliedstaaten gemeinsam sind, und solchen, die nur zwei oder mehreren Mitgliedstaaten eigen sind. Diese Differenzierung ergibt sich aus dem Fehlen der entsprechenden nationalen Bezeichnung in der jeweiligen Tabelle der einzelnen Weiterbildungsbezeichnung. Dadurch und aus dem neu gefaßten Art. 5[555] wird deutlich, daß die Mitgliedstaaten nicht zur Anerkennung aller 52 Facharzttitel, sondern weiterhin nur dann zur automatischen Anerkennung verpflichtet sind, wenn sie den entsprechenden Facharzttitel selbst auch verleihen. Mit den jeweiligen Weiterbildungstiteln wird in der Tabelle die zur gegenseitigen Anerkennung nach der RL 93/16/EWG erforderliche Mindestdauer der fachärztlichen Weiterbildung angegeben. Von den insgesamt 52 aufgeführten Facharzttiteln erkannte Deutschland 30 automatisch an, 17 wurden von allen Mitgliedstaaten gegenseitig anerkannt.

Bereits ohne eine konsolidierte Fassung gewinnt die RL 93/16/EWG durch diese tabellarische Darstellung der Diplome an Übersichtlichkeit, da nun leichter

---

553 Da die RL 93/16/EWG durch die RL 2001/19/EG nicht konsolidiert wird, ergibt sich diese Übersichtlichkeit nur indirekt. Bei „eur-Lex" sind allerdings konsolidierte Fassungen derzeit geltender Rechtsakte unter den Stichworten „einfache Suche", „konsolidierte Fassung" und mit Hilfe der Dokumentennummer zu finden. Die Aktualität dieser Fassungen ist jedoch nicht gewährleistet. So wurden erst mit „Stand 13. Juni 2002" die Änderungen durch die RL 2001/19/EG eingearbeitet.

554 Die Abschaffung des AiP erfordert eine Änderung des Anhangs A der RL 93/16/EWG zumindest dahingehend, daß die Bescheinigung über die Ableistung der Tätigkeit als AiP nur von denen vorzulegen ist, die für den Abschluß der medizinischen Ausbildung nach den deutschen Rechtsvorschriften das AiP abzuleisten hatten.

555 Artikel ohne nähere Bezeichnung sind in dieser Inhaltsdarstellung solche der RL 93/16/EWG.

ersichtlich ist, in welchem Mitgliedstaat der jeweilige nationale Facharzttitel automatisch anerkannt wird. In diesen Anhängen ist jedoch weiterhin nicht die Auflistung der nationalen Diplome der spezifischen *Weiter*bildung in der Allgemeinmedizin und der für ihre Ausstellung zuständigen Stellen enthalten.

Als Folge der Rechtsprechung des EuGH[556] wurde die RL 93/16/EWG in Art. 8 dahingehend ergänzt, daß der Aufnahmemitgliedstaat zur Berücksichtigung von in einem anderen Mitgliedstaat erworbener Berufserfahrung verpflichtet ist, wenn der Unionsbürger den Erwerb einer nicht automatisch gegenseitig anzuerkennenden Facharztbezeichnung des Aufnahmemitgliedstaates begehrt. Ab Antragstellung hat der Aufnahmestaat hierüber innerhalb von vier Monaten eine Entscheidung zu treffen. Bei Diplomen, die außerhalb der Europäischen Union erworben und bereits von einem Mitgliedstaat anerkannt wurden, ist der Aufnahmemitgliedstaat nicht zur automatischen Anerkennung verpflichtet. Jedoch hat er aufgrund des neuen Art. 42c diese Diplome zuzüglich der Berufserfahrung innerhalb von drei Monaten ab Antragstellung zu prüfen. Nach Art. 42d Abs. 2 muß dem Antragsteller gegen ablehnende Entscheidungen, die gem. Abs. 1 ordnungsgemäß begründet seien müssen, und gegen das Ausbleiben der Entscheidung innerhalb der Frist ein Rechtsmittel nach den innerstaatlichen Regeln des Aufnahmemitgliedstaates zustehen.

Durch Erwägungsgrund 8 wurde zwar vom EP und vom Rat anerkannt, daß lebensbegleitendes Lernen angesichts des rasch fortschreitenden technischen und wissenschaftlichen Fortschritts im Bereich der Medizin besonders wichtig ist. Aber es bleibt gem. Art. 23 Abs. 6 weiterhin allein den Mitgliedstaaten überlassen, wie sie nach Ende der Ausbildung durch geeignete Fortbildung sicherstellen, daß Ärzte in ihren Kenntnissen am medizinischen Fortschritt teilhaben, ohne daß die Fortbildung durch die RL 93/16/EWG als Voraussetzung für die gegenseitige Anerkennung integriert würde.

Die vom EP geforderte Verpflichtung zur Vermittlung von allgemeinmedizinischen Kenntnissen regelt Art. 24 Abs. 1 lit. a S. 1 nun derart, daß während des sechsjährigen Studiums „angemessene Kenntnisse in der Allgemeinmedizin erworben" werden sollen. Konkretere Vorgaben, was als angemessen anzusehen ist, enthält die Richtlinie nicht.

Die Mitgliedstaaten werden durch die neuen Regelungen in Art. 30 und 31 verpflichtet, die Mindestdauer der spezifischen *Weiter*bildung in der Allge-

---

[556] Rs. C-319/92 [Salomone Haim – Kassenzahnärztliche Vereinigung Nordrhein] vom 09. Februar 1994, Slg. 1994, S. I-425 („Haim I"); Rs. C-340/89 [Irène Vlassopoulou – Ministerium für Justiz, Bundes- und Europaangelegenheiten Baden-Württemberg] vom 07. Mai 1991, Slg. 1991, S. I-2357.

meinmedizin spätestens ab dem 01. Januar 2006 auf drei Jahre zu erhöhen. Für Mitgliedstaaten, deren Weiterbildungsdauer am 01. Januar 2001 zwei Jahre betrug, eröffnet Art. 31 Abs. 2 die Möglichkeit, einen Teil der medizinischen Ausbildung, soweit er in einer allgemeinmedizinischen Praxis oder einem Krankenhaus mit allgemeinmedizinischer Ausstattung abgeleistet wird[557], bis zu maximal einem Jahr anzurechnen. Hinsichtlich der Teilzeitregelung in der Allgemeinmedizin erfolgte entsprechend der Empfehlung der Kommission[558] eine Angleichung an die Teilzeitregelung für die Facharztweiterbildung. Das bedeutet, daß gem. Art. 34 Abs. 1 zweiter Gedankenstrich der Großteil der spezifischen *Weiter*bildung in Teilzeit von nun nicht mehr 60 %, sondern jetzt von mind. 50 % der wöchentlichen Vollzeitweiterbildung erfolgen kann. Der Vorschlag des Beratenden Ausschusses für Ärztliche Ausbildung[559], das partielle Vollzeiterfordernis bei Teilzeitweiterbildung wegfallen zu lassen, wurde hingegen nicht übernommen, so daß weiterhin eine Diskrepanz zwischen den Teilzeitregelung für Allgemeinmedizin und für die Facharztweiterbildung besteht.

Der neu eingeführte Art. 42a vereinfacht die Anpassungsmöglichkeit der Ärzterichtlinie an Änderungen in den nationalen Regelungen bzgl. der Ausstellung von Diplomen im Rahmen der RL 93/16/EWG. Die Mitgliedstaaten werden durch dieses neue Verfahren verpflichtet, der Kommission derartige Rechts- und Verwaltungsvorschriften mitzuteilen, woraufhin die Kommission anschließend für die ordnungsgemäße Veröffentlichung der jeweiligen Bezeichnungen im Amtsblatt sorgt.[560] Dieses Verfahren basiert zwar auf dem für die spezifische *Weiter*bildung maßgeblichen Art. 41, so wie es Erwägungsgrund 5 der RL 2001/19/EG andeutet. Jedoch handelt es sich bei Art. 41 entgegen Erwägungsgrund 5 nicht um ein Verfahren zur Aktualisierung der Richtlinie, sondern um eines zur Bekanntmachung der Umsetzung der Richtlinie. Die danach mitzuteilenden Bezeichnungen für das allgemeinmedizinische Diplom und die dazu gehörende Berufsbezeichnung waren weder Teil der RL 86/457/EWG noch der RL 93/16/EWG, obwohl 1993 bereits alle Mitgliedstaaten die entsprechenden Be-

[557] Gemeint ist hier also eine praktische Ausbildung wie das Praktische Jahr. Die erforderliche Dauer von einem Jahr wird durch das Praktische Jahr nach § 3 der Approbationsordnung für Ärzte, das lediglich 48 Wochen umfaßt, nicht erreicht, so daß eine darauf aufbauende spezifische *Weiter*bildung in der Allgemeinmedizin von nur zwei Jahren nicht ausreicht.

[558] In ihrem Bericht vom 09. September 1996 über die spezifische *Weiter*bildung in der Allgemeinmedizin gem. Titel IV der RL 93/16/EWG, KOM(96) 434 endg., siehe Fn. 308.

[559] Unter Punkt 3.5 des Berichts der Kommission, vgl. Fn. 558.

[560] Beispielsweise Mitteilung von Italien und Schweden in ABl. C 67 vom 16. März 2002, S. 26 oder von den Niederlanden und Portugal in ABl. C 280 vom 21. November 2003, S. 10 oder von Italien und Belgien in ABl. C 22 vom 27. Januar 2005, S. 11.

zeichnungen mitgeteilt hatten. Auch in den neuen Anhängen der Ärzterichtlinie aufgrund der RL 2001/19/EG sind die allgemeinmedizinischen Bezeichnungen nicht enthalten. Durch die Mitteilung nach Art. 41 wird also nicht die Richtlinie aktualisiert, sondern die Kommission über den aktuellen Stand der Umsetzung informiert.

Anders verhält es sich bei den übrigen Weiterbildungstiteln. Die Mitgliedstaaten sind nicht verpflichtet, bestimmte Weiterbildungsgänge anzubieten bzw. Weiterbildungstitel zu vergeben. Daher steht es ihnen frei, neue Weiterbildungsgänge einzuführen oder Weiterbildungstitel wieder abzuschaffen. Informationen hierüber an die Kommission aufgrund des neuen Art. 42a bewirken daher tatsächlich eine Aktualisierung der Richtlinie selbst, nämlich in diesem Fall der Anhänge A – C. Der neue Art. 42b ergänzt diese Regelung derart, daß Diplome auch dann automatisch anerkannt werden müssen, wenn sie zwar nicht (mehr) in dieser Form in den Listen enthalten, aber mit einer Bescheinigung versehen sind, daß sie den Anforderungen der RL 93/16/EWG entsprechen.

Aufgrund des Art. 42a wurde der erst 1997 eingeführte Art. 44a Abs. 2 überflüssig und daher durch die RL 2001/19/EG wieder gestrichen. Diese Vorschrift regelte die Änderung der Listen der gegenseitig anzuerkennenden Facharzttitel in Form des „Beratenden Ausschusses". Erhalten bleibt Art. 44a Abs. 3, wonach die Regelungen über die Weiterbildungsdauer in Form des „Verwaltungsausschusses" aktualisiert werden.

Den Mitgliedstaaten wurde bis zum 01. Januar 2003 Zeit gegeben, die zur Umsetzung der RL 2001/19/EG erforderlichen Rechts- und Verwaltungsvorschriften zu erlassen und die Kommission unverzüglich davon in Kenntnis zu setzen.[561]

c. Gemeinsame Erklärung zur RL 2001/19/EG

Mit der RL 2001/19/EG gaben die drei beteiligten Organe eine gemeinsame Erklärung[562] dahingehend ab, daß es wichtig sei, über jedermann leicht zugängliche konsolidierte Fassungen der Rechtstexte zu verfügen.

Die Kommission erklärte, dieses Ziel in zwei Stufen zu verfolgen: Zunächst sollten die sektoralen Richtlinien in einen konsolidierten Rahmen aufgenommen

---

[561] Siehe für die Liste der an die Kommission mitgeteilten Änderungsgesetze bei Eur-Lex unter europa.eu.int/smartapi/cgi/sga_doc?smartapi!celexapi!prod!CELEXnumdoc&lg=de &numdoc=72001L0019&model=guicheti; Stand: 31. Dezember 2004. Für Deutschland befand sich dort bis zum Ablauf der Frist nur ein Umsetzungsgesetz für Nordrhein-Westfalen; siehe im Übrigen zur Umsetzung unten bei D.II.2.d.

[562] ABl. L 206 vom 31. Juli 2001, S. 51.

werden, anschließend würden die Möglichkeiten einer Konsolidierung der die allgemeine Regelung betreffenden Richtlinien geprüft, um die Vereinfachung der Rechtsvorschriften fortzusetzen und dadurch den freien Dienstleistungsverkehr weiter zu erleichtern. Die erste Stufe nahm die Kommission bereits im März 2002 durch einen neuen Richtlinienvorschlag in Angriff.[563] Im Übrigen halten die europäischen Institutionen im Internet konsolidierte Fassungen der derzeit geltenden Richtlinien bereit.[564] Gerade vor dem Hintergrund des neu eingefügten Art. 42a RL 93/16/EWG, nach dem die jeweils geltenden Bezeichnungen der Diplome dem Amtsblatt der Europäischen Gemeinschaften zu entnehmen sind, wäre eine regelmäßige Konsolidierung der Ärzterichtlinie zur Vermeidung von Unübersichtlichkeit nach mehrmaligen Änderungen wünschenswert.

Des weiteren erklärte die Kommission ihre Absicht, die Entwicklung der Fachausbildung von Allgemeinmedizinern in den Mitgliedstaaten und den Umfang der Probleme, die sich aus Unterschieden bei der Ausbildungsdauer ergeben könnten, zu prüfen und gegebenenfalls Vorschläge für eine spätere Koordinierung zu unterbreiten.

5. Änderungsverordnung Nr. 1882/2003/EG

Mit der Verordnung Nr. 1882/2003/EG vom 29. September 2003[565] setzten das EP und der Rat den Beschluß 1999/468/EG des Rates vom 28. Juni 1999[566] um.

a. Beschluß 1999/468/EG

Mit diesem Beschluß ersetzte der Rat seinen Beschluß 87/373/EWG[567] zur Festlegung der Modalitäten für die Ausübung der der Kommission übertragenen Durchführungsbefugnisse. Danach sollten die verschiedenen Ausschußverfahren durch die im Beschluß 1999/468/EG beschriebenen drei Verfahren ersetzt werden: Beratungs-, Verwaltungs- und Regelungsverfahren.

---

563 Vorschlag der Kommission für eine Richtlinie des EP und des Rates über die Anerkennung von Berufsqualifikationen vom 07. März 2002, COM(2002) 119, ABl. C 181 vom 30. Juli 2002, S. 183; siehe für den weiteren Verlauf im Internet bei oeil, www.europarl.eu.int/oeil/file.jsp?id=220062.

564 Siehe Hinweis in Fn. 553.

565 ABl. L 284 vom 31. Oktober 2003, S. 1.

566 ABl. L 184 vom 17. Juli 1999, S. 23; ergänzt durch die Erklärungen des Rates und der Kommission vom 28. Juni 1999, ABl. C 203, S. 1.

567 Siehe hierzu die Ausführungen unter C.VII.1.a.

In allen drei Verfahrensarten wird die Kommission von einem Ausschuß unterstützt, der sich aus Vertretern der einzelnen Mitgliedstaaten zusammensetzt und dessen Vorsitz der Vertreter der Kommission inne hat. Die Kommission hat das EP regelmäßig über die Arbeiten der Ausschüsse zu unterrichten, Art. 7 Abs. 3 des Beschlusses 1999/468/EG. Im Übrigen hat die Kommission vom Jahr 2000 an einen Jahresbericht über die Arbeit der Ausschüsse zu veröffentlichen, Art. 7 Abs. 4 des Beschlusses 1999/468/EG.

Der Beratungsausschuß hat gem. Art. 3 des Beschlusses 1999/468/EG zu den ihm unterbreiteten Maßnahmenentwürfen der Kommission eine Stellungnahme abzugeben, die von der Kommission soweit wie möglich berücksichtigt wird. Die Einflußmöglichkeiten des Beratungsausschusses auf Vorhaben der Kommission sind also sehr gering.

Der Verwaltungsausschuß gibt gem. Art. 4 des Beschlusses 1999/468/EG zu den ihm unterbreiteten Maßnahmenentwürfen der Kommission eine Stellungnahme ab, die innerhalb des Ausschusses mit den Mehrheitsverhältnissen nach Art. 205 Abs. 2 EG und mit gewichteten Stimmen zu beschließen ist. Der Vorsitzende nimmt an dieser Abstimmung nicht teil. Stimmt die anschließend von der Kommission endgültig beschlossene Maßnahme nicht mit der Stellungnahme des Verwaltungsausschusses überein, hat sie dies dem Rat mitzuteilen, der innerhalb einer Frist von längstens drei Monaten mit qualifizierter Mehrheit einen anderslautenden Beschluß fassen kann. Wahrend dieser Frist kann die Kommission die Durchführung der bereits beschlossenen Maßnahmen verschieben. Der Verwaltungsausschuß hat somit die Möglichkeit, mittelbar über den Rat auf Maßnahmen der Kommission einzuwirken.

Die größten Einflußmöglichkeiten auf die Maßnahmen der Kommission sind im Regelungsverfahren gem. Art. 5 des Beschlusses 1999/468/EG gegeben. Auch hier gibt der Ausschuß zu den ihm unterbreiteten Maßnahmenentwürfen der Kommission eine Stellungnahme ab, die innerhalb des Ausschusses mit den Mehrheitsverhältnissen nach Art. 205 Abs. 2 EG und mit gewichteten Stimmen zu beschließen ist. Der Vorsitzende nimmt auch an dieser Abstimmung nicht teil. Im Unterschied zum Verwaltungsverfahren kann hier die Kommission die beabsichtigte Maßnahme nur bei einer zustimmenden Stellungnahme des Regelungsausschusses erlassen. Ansonsten muß sie dem Rat unverzüglich einen Vorschlag für die zu treffenden Maßnahmen unterbreiten und das EP unterrichten. Dieses kann gegenüber dem Rat eine Stellungnahme abgeben. Um die von der Kommission unterbreiteten Maßnahmen zu verhindern, muß sich der Rat innerhalb einer Frist von längstens drei Monaten und gegebenenfalls in Anbetracht der EP-Stellungnahme mit qualifizierter Mehrheit gegen den Kommissionsvorschlag aussprechen. Daraufhin kann die Kommission dem Rat den gleichen oder einen geänderten Vorschlag unterbreiten oder einen Vorschlag für einen Rechtsakt auf der Grundlage des EGV vorlegen. Spricht sich der Rat nicht oder nicht mehr gegen die Kommissionsvorschläge aus, so wird der vorgeschlagene Durchführungsrechtsakt von der Kommission erlassen.

b. Verordnung Nr. 1882/2003

Als Folge des Beschlusses 1999/468/EG mußten die auf dem aufgehobenen Beschluß 87/373/EWG basierenden Bestimmungen angepaßt werden, so auch in der RL 93/16/EWG. Dies erfolgte durch die Verordnung Nr. 1882/2003 des EP und des Rates vom 29. September 2003 zur Anpassung der Bestimmungen über die Ausschüsse zur Unterstützung der Kommission bei der Ausübung von deren Durchführungsbefugnissen, die in Rechtsakten vorgesehen sind, für die das Verfahren des Art. 251 des EGV gilt, an den Beschluß 1999/468/EG des Rates. Durch Anhang II, Nr. 14 wurde Art. 44a Abs. 3 RL 93/16/EWG dahingehend geändert, daß nun das Verwaltungsverfahren gem. Art. 4 des Beschlusses 1999/468/EG des Rates anzuwenden ist.

Die Kommission erklärte zu diesem Art. 4 in einer Erklärung zum Beschluß 1999/468/EG[568], „daß sie stets bestrebt ist, einen befriedigenden Beschluß herbeizuführen, der im Ausschuß größtmögliche Unterstützung findet. Die Kommission wird den Standpunkten der Ausschußmitglieder Rechnung tragen und es vermeiden, sich einem im Ausschuß vorherrschenden Standpunkt zur Ablehnung der Zweckmäßigkeit einer Durchführungsmaßnahme entgegenzustellen." Diese Selbstbindung der Kommission erweitert die nach Art. 4 des Beschlusses 1999/468/EG nur mittelbar bestehende Einflußnahmemöglichkeit des Verwaltungsausschusses auf die Kommission.

6. EU-Osterweiterung 2004

Im Mai 2004 vergrößerte sich die EU um zehn neue Mitgliedstaaten: die Tschechische und die Slowakische Republik sowie die Republiken Estland, Lettland, Litauen, Zypern, Ungarn, Malta, Polen und Slowenien. Die Akte über die Bedingungen des Beitritts dieser zehn Republiken und über die Anpassungen der die EU begründenden Verträge[569] enthält in Anhang II. unter Ziffer 2. (Freizügigkeit) den Abschnitt C. über die gegenseitige Anerkennung beruflicher Qualifikationen. Im Unterabschnitt III. 1. werden die Änderungen bei der Ärzterichtlinie RL 93/16/EWG aufgelistet.[570]

---

568 1999/C 203/01, ABl. C 203 vom 17. Juli 1999, S. 1.

569 ABl. L 236 vom 23. September 2003, S. 33.

570 ABl. L 236 vom 23. September 2003, S. 258; siehe in Anhang 2 die konsolidierte Fassung der Ärzterichtlinie mit Stand Mai 2004.

Die Änderungen erfolgten zum einen in der Ergänzung der Mitteilung nach Art. 41 hinsichtlich der allgemeinmedizinischen Bezeichnungen sowie in der Ergänzung der Anhänge A, B und C um die jeweiligen Bezeichnungen in den zehn neuen Mitgliedstaaten. Von den im Anhang C aufgelisteten 52 fachärztlichen Weiterbildungstiteln werden nun 17 Facharzttitel von allen 25 Mitgliedstaaten gegenseitig ohne weitere Prüfung anerkannt. Zum anderen erfolgten Änderungen bei den Übergangsregelungen. Hierfür wurden die Regelungen über die erworbenen Rechte in Art. 9 RL 93/16/EWG ergänzt und ein neuer Art. 9a RL 93/16/EWG hinzugefügt.

Die Ergänzung von Art. 9 bewirkte, daß Befähigungsnachweise des Arztes und Facharztes der neuen Mitgliedstaaten zu den gleichen Bedingungen anerkannt werden müssen wie frühere Befähigungsnachweise von vormals beigetretenen Mitgliedstaaten. Das bedeutet, daß die bisherigen Mitgliedstaaten Befähigungsnachweise des Arztes und Facharztes der neuen Mitgliedstaaten anerkennen müssen, auch wenn sie nicht allen Mindestanforderungen der RL 93/16/EWG genügen, sofern die Ausbildung bzw. Weiterbildung vor dem Tag des Beitritts – mithin vor dem 01. Mai 2004 – begonnen wurde und die Bezeichnung in den Anhängen A und B der Richtlinie enthalten sind. Weitere Voraussetzung für die Anerkennung des Ausbildungstitels ist eine Bescheinigung[571] darüber, „daß sich der betreffende Staatsangehörige während der letzten fünf Jahre vor Ausstellung der Bescheinigung mindestens drei Jahre lang ununterbrochen tatsächlich und rechtmäßig den betreffenden Tätigkeiten gewidmet hat“, Art. 9 Abs. 1 RL 93/16/EWG.[572]

Diese Übergangsregelungen werden ergänzt durch Art. 9a, der die Anerkennungspflicht für Befähigungsnachweise aus der früheren Tschechoslowakei und aus der früheren Sowjetunion einschränkt. Sofern diese Befähigungsnachweise vor dem Stichtag der staatlichen Souveränität ausgestellt wurden, müssen die jeweiligen Mitgliedstaaten Tschechische Republik, Slowakei, Slowenien, Estland, Lettland und Litauen bescheinigen, daß diese Befähigungsnachweise im jeweiligen Hoheitsgebiet dieselbe Wirkung entfalten wie ärztliche und fachärztliche Befähigungsnachweise, die diese Mitgliedstaaten selbst ausgestellt haben,

---

[571] Wird eine solche Bescheinigung nicht vorgelegt, erfolgt die Anerkennung nach Art. 43 EGV. Sie erfolgt also nicht automatisch, sondern aufgrund der Überprüfung der Befähigungsnachweise und Berufserfahrung und gegebenenfalls nach einer Zusatzausbildung; siehe hierzu auch Urteil des EuGH in der Rs. C-31/00 [Conseil national de l'ordre des architectes – Nicolas Dreessen] vom 22. Januar 2002, Slg. 2002, S. I-663.

[572] Für die Anerkennung fachärztlicher Befähigungsnachweise schreibt Art. 9 Abs. 2 RL 93/16/EWG wie bisher ebenfalls eine weitere Voraussetzung hinsichtlich der Dauer der notwendigen fachärztlichen Berufserfahrung vor, die nach speziellen Berechnungsregeln festgelegt ist, vgl. C.III.1.b(1) und *Haage*, ZMGR 2004, 231 <234>.

und daß die betreffenden Ärzte in den letzten fünf Jahren vor Ausstellung der Bescheinigung mindestens drei Jahre lang ununterbrochen tatsächlich und rechtmäßig die ärztliche Tätigkeit im jeweiligen neuen Mitgliedstaat ausgeübt haben. Der Stichtag ist für Staatsangehörige der Tschechischen Republik und der Slowakei der 01. Januar 1993, für lettische Staatsangehörige der 21. August 1991, für Staatsangehörige aus Estland der 20. August 1991, für Slowenen der 25. Juni 1991 und für litauische Staatsangehörige der 11. März 1990.

7. Umsetzung der Änderungen in deutsches Recht

Abgesehen von der RL 2001/19/EG enthielt keine der die RL 93/16/EWG ändernden Richtlinien eine Umsetzungsfrist, woraus man schon die fehlende Verpflichtung zur Umsetzung dieser Richtlinien in nationales Recht ablesen kann. Dies gilt auch für die die RL 93/16/EWG abändernde Verordnung Nr. 1882/2003.

Die RL 97/50/EG betraf ausschließlich Verfahren zur Aktualisierung der Ärzterichtlinie und damit Vorgänge innerhalb der europäischen Institutionen, weshalb sie mangels Zuständigkeit der Mitgliedstaaten hierfür nicht in nationales Recht umgesetzt werden konnte. Die auf diesem Aktualisierungsverfahren basierenden Richtlinien 98/21/EG, 98/63/EG und 99/46/EG änderten und ergänzten die Diplomlisten. Für die Mitgliedstaaten, die diese Listen in ihren Umsetzungsregelungen wortwörtlich übernommen haben[573], resultierte aus dieser Regelungstechnik die Verpflichtung, ihre nationalen Bestimmungen den Richtlinienaktualisierungen anzupassen, wenngleich sie auch ohne diese Anpassung zur Anerkennung der Diplome verpflichtet sind.[574] Zu diesen Mitgliedstaaten gehört auch Deutschland.[575]

Die Änderungen an der RL 93/16/EWG durch die Beitrittsakte fand zwischenzeitlich Eingang in die BÄO: die Anlage zu § 3 Abs. 1 S. 1 BÄO – Liste der Be-

---

573 Beispielsweise Frankreich: Arrêté du 10 mai 1999 modifiant l'arrêté du 18 juin 1981 modifié fixant la liste des diplômes, certificats et autres titres de médecin spécialiste qui, délivrés conformément aux obligations communautaires aux ressortissants des Etats membres de la Communauté européenne par lesdits Etats, ont en France le même effet que les diplômes, certificats ou autres titres français de médecin spécialiste.

574 Aufgrund unmittelbarer Anwendbarkeit der RL 93/16/EWG entsprechend den vom EuGH entwickelten Grundsätzen seit seinem Urteil in der Rs. 41/74 [Yvonne von Duyn – Home Office] vom 04. Dezember 1974, Slg. 1974, S. 1337, Rdnr. 12; siehe hierzu im einzelnen Schwarze-*Biervert*, Art. 249, Rdnr. 29.

575 In der Anlage zu § 3 Abs. 1 S. 2 BÄO befindet sich die Liste der der Approbation gleichstehenden Diplome gem. Art. 3 RL 93/16/EWG.

zeichnungen der Diplome, Prüfungszeugnisse und sonstigen Befähigungsnachweise des Arztes – wurde um solche der neuen Mitgliedstaaten ergänzt.[576]

Die RL 2001/19/EG bedurfte der Umsetzung sowohl durch Bundes- als auch durch Landesrecht, wofür den Mitgliedstaaten ein Zeitraum bis zum 01. Januar 2003 eingeräumt wurde.[577]

a. Umsetzung der RL 2001/19/EG in Bundesrecht

Das Gesetz zur Änderung der BÄO und anderer Gesetze vom 21. Juli 2004 dient ausweislich seiner Fußnote der Umsetzung der RL 2001/19/EG.[578] Es fügt beispielsweise § 3 Abs. 2 BÄO zwei Sätze an, um Art. 42c RL 93/16/EWG in nationales Recht umzusetzen.[579]

Sowohl die BÄO als auch § 95a SGB V bezogen sich bei Erlaß der RL 2001/19/EG noch auf die ursprünglichen RL 75/362/EWG, 75/363/EWG und 86/457/EWG, die jedoch in der RL 93/16/EWG aufgegangen sind, oder auf Artikel der RL 93/16/EWG, die durch die RL 2001/19/EG aufgehoben wurden. Im Sinne der Rechtsklarheit wurden im Rahmen der Umsetzung der RL 2001/19/EG in die BÄO[580] die Zitierungen der Ärzterichtlinien auf die aktualisierte Fassung der RL 93/16/EWG umgestellt. Gleichzeitig wurden die Zitierungen des EWG-Vertrages durch solche des EG-Vertrages ersetzt.[581]

b. Umsetzung der RL 2001/19/EG in Landesgesetze

Auch einige Heilberufsgesetze[582] bezogen sich bei Erlaß der RL 2001/19/EG noch auf die ursprünglichen Ärzterichtlinien oder auf Artikel der RL

---

576 Gesetz zur Änderung der BÄO vom 21. Juli 2004 (BGBl. I S. 1776).

577 *Haage*, MedR 2002, 301 erläutert ausführlich die Umsetzungspflichten, besonders unter dem Blickwinkel der Auswirkungen auf die Weiterbildung in der Allgemeinmedizin.

578 BGBl. I S. 1776.

579 Siehe für den weiteren Inhalt des Änderungsgesetzes bei *Haage*, MedR 2004, 533 <536 ff.>, der seine Darstellung um Erläuterungen anhand der Rechtsprechung des EuGH ergänzt.

580 Bei den Änderungen der BÄO und des SGB V im Jahr 2002 wurde dies noch nicht berücksichtigt. In § 95a SGB V wurde selbst bis Ende 2004 nicht die Richtlinienbezeichnung auf die RL 93/16/EWG umgestellt.

581 Beispielsweise in § 10b Abs. 1 BÄO durch Gesetz zur Änderung der BÄO vom 21. Juli 2004 (BGBl. I S. 1776).

582 Beispielsweise das niedersächsische Kammergesetz für die Heilberufe vom 19. Juni 1996, in der damaligen Fassung der Neubekanntmachung vom 08. Dezember 2000; teilweise enthalten die anderen Heilberufsgesetze eine gleitende Verweisung auf das Recht der Europäischen Gemeinschaften wie beispielsweise das Heilberufe-Kammergesetz von Baden-

93/16/EWG, die durch die RL 2001/19/EG aufgehoben wurden. Im Rahmen der Umsetzung der RL 2001/19/EG in Landesrecht stellten die Landesgesetzgeber die Zitierungen der Ärzterichtlinien auf die aktualisierte Fassung der RL 93/16/EWG um.[583]

Aufgrund von Art. 14 Nr. 12 und Nr. 13 der RL 2001/19/EG wurden die Mitgliedstaaten verpflichtet, die Dauer der spezifischen Weiterbildung in der Allgemeinmedizin auf drei Jahre zu erhöhen und ab 01. Januar 2006 die entsprechenden Diplome zu erteilen. Den Mitgliedstaaten, die die RL 2001/19/EG nicht fristgerecht umsetzten, also nicht unmittelbar ab dem 01. Januar 2003 eine auf drei Jahre verlängerte spezifische Weiterbildung anboten, ist es entgegen ihrer Verpflichtung aus der Richtlinie auch nicht möglich, ab dem 01. Januar 2006 die entsprechenden Diplome nach dreijähriger Weiterbildung zu erteilen. In Deutschland waren hierfür je nach Regelungstechnik der einzelnen Bundesländer für die spezifische Weiterbildung[584] teilweise Heilberufsgesetze, teilweise die besonderen Gesetze zur Ausführung der RL 86/457/EWG zu ändern. Weniger als die Hälfte der Bundesländer verabschiedete vor dem 31. Dezember 2002 ein Gesetz zur Umsetzung der RL 2001/19/EG, nämlich nur Bayern, Bremen, Hessen, Thüringen und das Saarland.[585]

In der Mehrzahl der Bundesländer wird der Titel IV der RL 93/16/EWG – spezifische Weiterbildung in der Allgemeinmedizin – nicht ausschließlich im Heilberufsgesetz[586] umgesetzt. Hier ist die Umsetzungstechnik für diesen Titel zweistufig geregelt: Das Heilberufsgesetz enthält eine allgemein gehaltene Regelung über die spezifische Weiterbildung und verweist für die konkrete Ausgestaltung auf die WBO der Landesärztekammer.[587] Allerdings verweisen bis Ende 2004 nur in Bayern und Niedersachsen die Landesgesetze auf entsprechend geänderte WBO.

Württemberg vom 16. März 1995, zuletzt geändert durch Gesetz vom 09. Juni 2004, oder das Bremische Heilberufsgesetz in der Fassung der Bekanntmachung vom 05. Januar 2000, zuletzt geändert durch Gesetz vom 17. Dezember 2002; für die Fundstellen und die übrigen Heilberufsgesetze siehe die Aufstellung in Anhang 1.

583 In zwei Bundesländern gab es bis zum 31. Dezember 2004 noch keine Umsetzung der RL 2001/19/EG im Heilberufsgesetz, in Sachsen und Sachsen-Anhalt.

584 Siehe Liste der Heilberufsgesetze und der Gesetze zur Umsetzung der RL 86/457/EWG im Anhang 1.

585 Siehe zur Problematik der fristgerechten Umsetzung unten bei D.II.2.d.

586 Oder wie in Berlin im Weiterbildungsgesetz, siehe Anhang 1.

587 So in Baden-Württemberg, Bayern, Berlin, Brandenburg, Hessen, Mecklenburg-Vorpommern, Niedersachsen, Rheinland-Pfalz, Schleswig-Holstein, Thüringen und im Saarland.

Bis Ende 2004 waren keine Anzeichen dafür zu finden, daß in Sachsen oder Sachsen-Anhalt Gesetzentwürfe zur Umsetzung der RL 2001/19/EG in Landesrecht eingebracht worden waren. In diesen beiden Bundesländern wurde also die Richtlinienumsetzung zwei Jahre nach Ablauf der Umsetzungsfrist noch nicht einmal ernsthaft in Angriff genommen.

c. Umsetzung der RL 2001/19/EG in den Satzungen der Landesärztekammern

Die WBO der Landesärztekammern mußten ebenfalls aufgrund der Änderungen durch die RL 2001/19/EG angepaßt werden, und zwar unabhängig vom Regelungsbedarf wegen des eben beschriebenen zweistufigen Systems. Die WBO der Landesärztekammern basieren größtenteils auf der M-WBO, weshalb sich zunächst die Bundesärztekammer und der Deutsche Ärztetag mit den Neuerungen durch die RL 2001/19/EG zu befassen hatten. Dies geschah – wenn auch nicht fristgerecht – inzwischen auf dem 106. Deutschen Ärztetag 2003 in Köln, bei dem die M-WBO 2003 beschlossen wurde.[588] Allerdings haben diese Vorgaben zur Umsetzung der RL 2001/19/EG bis Ende 2004 nur in wenigen Satzungen von Landesärztekammern Eingang gefunden, so in Baden-Württemberg, Bayern, Niedersachsen und Sachsen.[589]

---

[588] Die Umsetzung der RL 2001/19/EG in Satzungsrecht erfolgt hauptsächlich durch Übernahme des § 18 M-WBO. Die M-WBO 2003 ist auf der Homepage der BÄK (www.baek.de) unter dem Stichwort „Weiterbildung“ zu finden. Die übrigen Neuerungen der M-WBO 2003 sind unter B.II.6. dargestellt.

[589] Siehe zu den näheren Angaben über die jeweilige WBO Anhang 1.

D. Rechtliche Würdigung der europäischen Ärzterichtlinien und ihrer Umsetzung in Deutschland

Im Folgenden werden sowohl die europäischen Ärzterichtlinien als auch ihre Umsetzung in Deutschland, jeweils bezogen auf die Bestimmungen zur Weiterbildung, rechtlich gewürdigt. Bei der Würdigung der europäischen Richtlinien steht die Überprüfung der Kompetenz der europäischen Institutionen zum Erlaß dieser Richtlinien im Verhältnis zu den Kompetenzen deutscher Gesetzgeber auf Bundes- wie auf Landesebene im Vordergrund. Daneben ist auf die Fragestellung der europarechtskonformen Ausgestaltung der Ärzterichtlinien einzugehen. Die Würdigung der Umsetzung der europäischen Richtlinien in deutsches Recht befaßt sich ebenfalls mit der Kompetenzfrage, diesmal hinsichtlich der Abgrenzung der Kompetenzen von Bundes- und Landesebene. Im Übrigen wird die Richtlinienumsetzung auf ihre Konformität mit den Ärzterichtlinien hin überprüft.

I. Die europäischen Ärzterichtlinien

1. Kompetenzen des Gemeinschaftsgesetzgebers zum Erlaß der Ärzterichtlinien

Bei Rechtsetzungsakten der europäischen Institutionen stellt sich wegen der für das Gemeinschaftsrecht fundamentalen Grundsätze der begrenzten Einzelermächtigung[590] und des Subsidiaritätsprinzips[591] stets die Frage, ob die Verfolgung von Gemeinschaftsinteressen im Rahmen der vertraglichen Kompetenzen erfolgt oder zu europarechtswidrigen Eingriffen in Rechte der Mitgliedstaaten führt.[592]

Es ist zunächst zu untersuchen, ob der Rat 1975 berechtigt war, die beiden Ärzterichtlinien 75/362/EWG und 75/363/EWG (jetzt Art. 1 ff. RL 93/16/EWG) für die gegenseitige Anerkennung der Diplome und für Maßnahmen zur Erleichterung des freien Dienstleistungsverkehrs und der Niederlassungsfreiheit sowie für die Koordinierung der Rechts- und Verwaltungsvorschriften zu erlassen. Im

---

[590] Dieser Grundsatz ist hauptsächlich verankert in den Art. 3 und 4 EG.

[591] Art. 5 EG (ex-Art. 3b EGV) nennt ausdrücklich das Subsidiaritätsprinzip als maßgeblich für die Bereiche, die nicht in die ausschließliche Zuständigkeit der europäischen Gemeinschaft fallen.

[592] Groeben/Schwarze-*Zuleeg*, Bd. 1, Art. 5 EG, Rdnr. 2; *Hofmann/Reich*, EuGRZ 2001, 371 <372> demonstrieren diese Problematik anhand der konkreten Überprüfung der Novelle der Geldwäsche-Richtlinie.

Übrigen weist die RL 86/457/EWG (jetzt Art. 30 ff. RL 93/16/EWG) im Verhältnis zu den 1975 erlassenen Ärzterichtlinien einige Besonderheiten[593] auf, welche ebenfalls Anlaß zu einer kompetenzrechtlichen Auseinandersetzung mit der europäischen Ärzterichtlinie aus dem Jahr 1986 geben. Es wird untersucht, ob den europäischen Institutionen die Kompetenz zustand, durch die RL 86/457/EWG (jetzt Art. 30 ff. RL 93/16/EWG) einerseits die Mitgliedstaaten zur Einführung der spezifischen Weiterbildung zu verpflichten und andererseits die Voraussetzungen für den Zugang zur vertragsärztlichen Versorgung mitzugestalten. Des weiteren wird die Frage beleuchtet, ob der Rat berechtigt war, durch die RL 75/362/EWG (jetzt Art. 1 ff. RL 93/16/EWG) das in Deutschland damals bestehende Erfordernis der kassenärztlichen Vorbereitungszeit für Staatsangehörige anderer Mitgliedstaaten auszuschließen.

Sofern Verstöße gegen die den europäischen Institutionen zustehenden Kompetenzen festgestellt werden, ist anschließend zu untersuchen, inwiefern den Mitgliedstaaten oder den Unionsbürgern prozessuale Möglichkeiten zur Beseitigung dieser Verstöße zur Verfügung stehen.

Da die Frage nach der Kompetenz für den Erlaß der Richtlinie anhand der Regelungen zu beantworten ist, die zum Zeitpunkt des Erlasses galten, wird in diesem Abschnitt zum einen auf die damals jeweils gültige Fassung des EWGV sowie auf die ursprünglichen Richtlinien 75/362/EWG, 75/363/EWG und 86/457/EWG Bezug genommen und der Nachvollziehbarkeit und Verständlichkeit halber um die ihnen entsprechenden, derzeit geltenden Artikel des EGV und der RL 93/16/EWG in Klammern ergänzt.

a. Kompetenz für die Verpflichtung zur gegenseitigen Anerkennung von ärztlichen Weiterbildungsdiplomen

In den Präambeln der Richtlinien 75/362/EWG und 75/363/EWG (jetzt Art. 1 ff. RL 93/16/EWG) gab der Rat neben den Erwägungsgründen die rechtlichen Grundlagen an, auf die er diese Richtlinien stützte. Er verwies einerseits auf den EWGV[594] allgemein, andererseits auf die Art. 49, 57 und 66 EWGV (jetzt Art. 40, 47 Abs. 1, Abs. 2 S. 1 und 3 und Abs. 3[595] und 55 EG) über die Herstel-

---

[593] Siehe C.V.6.

[594] Es wird in D.I.1.a. auf die damals gültige Fassung des EWGV (vom 25. März 1957, BGBl. II 1957, S. 766; ber. BGBl. II 1957, S. 1678 und 1958, S. 64; zuletzt geändert durch Beschluß des Rates vom 26. November 1974, ABl. L 318 vom 28. November 1974, S. 22) und die damalige Numerierung der Artikel des EWGV Bezug genommen.

[595] Art. 57 Abs. 2 S. 2 EWGV lautete damals folgendermaßen: „Hierbei ist Einstimmigkeit für die Sachgebiete erforderlich, die in mindestens einem Mitgliedstaat durch Gesetz geregelt sind, sowie für Maßnahmen, die sich auf den Schutz des Sparwesens, insbesondere

lung der Freizügigkeit der Arbeitnehmer und über die gegenseitige Anerkennung der Diplome, Prüfungszeugnisse und sonstigen Befähigungsnachweise im Rahmen der Niederlassungsfreiheit und des freien Dienstleistungsverkehrs sowie auf die ergänzende Rechtsetzungsbefugnis des Art. 235 EWGV (Art. 308 EG).

Von den in den Richtlinien genannten Kompetenzgrundlagen waren die Art. 57 EWGV (jetzt Art. 47 EG) und Art. 66 EWGV (jetzt Art. 55 EG) die maßgeblichen Rechtsgrundlagen[596] für die erlassenen Ärzterichtlinien. Art. 49 EWGV (jetzt Art. 40 EG) stellte die Grundlage für Maßnahmen zur Herstellung der Freizügigkeit von Arbeitnehmern dar.[597] Er wurde in den Kompetenzkatalog der Richtlinien aufgenommen, weil die Diplomanerkennung nicht vom arbeitsrechtlichen Status des Arztes – Freiberufler oder angestellter Arzt – abhängen sollte und durfte. Art. 235 EWGV (Art. 308 EG) wurde deshalb ausdrücklich angeführt, weil einige Mitgliedstaaten in der Erstreckung der Anerkennung auf Diplome von abhängig Beschäftigen eine Vertragsergänzung sahen.[598] Bei den später erlassenen sektoralen Richtlinien zur Diplomanerkennung für beispielsweise Hebammen oder Architekten setzte sich die Auffassung durch, daß diese Erstreckung bereits durch den ebenfalls genannten Art. 49 EWGV gedeckt ist[599], so daß Art. 235 EWGV (jetzt Art. 308 EG) nicht mehr in den Kompetenzkatalog aufgenommen wurde.

---

die Gewährung von Krediten und die Ausübung einer Banktätigkeit sowie auf die Voraussetzung für die Ausübung der ärztlichen, arztähnlichen und pharmazeutischen Berufe in den einzelnen Mitgliedstaaten beziehen." Aufgrund der Änderungen durch die EEA von 1986 und den Vertrag über die Europäische Union von 1992 erhielt Art. 47 Abs. 2 S. 2 EG folgende Fassung: „Der Rat beschließt im Rahmen des Verfahrens des Artikels 251 einstimmig über Richtlinien, deren Durchführung in mindestens einem Mitgliedstaat eine Änderung bestehender gesetzlicher Grundsätze der Berufsordnung hinsichtlich der Ausbildung und der Bedingungen für den Zugang natürlicher Personen zum Beruf umfaßt." Trotz dieses erheblichen Regelungsunterschiedes wird der Übersichtlichkeit halber im Folgenden darauf verzichtet, bei der Angabe des entsprechenden EG-Artikels für Art. 57 EWGV Abs. 2 S. 2 hiervon auszunehmen.

596 Grabitz/Hilf-*Randelzhofer/Forsthoff* bezeichnen Art. 47 EG sogar als „zentrale Kompetenzbestimmung" für die Niederlassungsfreiheit, Art. 47 EG, Rdnr. 3; ebenso Schwarze-*Schlag*, Art. 47 EG, Rdnr. 4.

597 Siehe die ausführliche Darstellung zu dieser Kompetenz, ihrer inhaltlichen Reichweite sowie der Entwicklung des Sekundärrechts zur stufenweisen Herstellung der Freizügigkeit der Arbeitnehmer in Groeben/Schwarze-*Wölker/Grill*, Bd. 1, Art. 40 EG, Rdnr. 1 ff.

598 Siehe hierzu bereits die Darstellung oben bei C.II.

599 Vgl. hierzu auch Groeben/Thiesing/Ehlermann-*Troberg*, 5. Auflage, Art. 57 EGV, Rdnr. 13.

Art. 66 EWGV (jetzt Art. 55 EG) verwies für den freien Dienstleistungsverkehr auf die entsprechenden Vorschriften hinsichtlich der Niederlassungsfreiheit, also auch auf Art. 57 EWGV (jetzt Art. 47 EG).[600] Die nachfolgende kompetenzrechtliche Untersuchung orientiert sich daher primär an Art. 57 EWGV (jetzt Art. 47 EG), allerdings sowohl unter dem Blickwinkel der Niederlassungsfreiheit als auch unter dem der Dienstleistungsfreiheit. Sofern Art. 57 EWGV (jetzt Art. 47 EG) keine ausreichende Kompetenzgrundlage darstellen sollte, wird des weiteren zu untersuchen sein, inwiefern andere Regelungen aus dem EWGV, auf den in der Präambel der Richtlinien 75/362/EWG und 75/363/EWG (jetzt Art. 1 ff. RL 93/16/EWG) insgesamt verwiesen wurde, als Kompetenzgrundlagen in Betracht kommen.

Es ist also zunächst zu untersuchen, ob die Maßnahmen der Richtlinien 75/362/EWG und 75/363/EWG (jetzt Art. 1 ff. RL 93/16/EWG) zur gegenseitigen Anerkennung von ärztlichen Weiterbildungsdiplomen bei Einhaltung gewisser Mindestvoraussetzungen von der Kompetenzgrundlage in Art. 57 EWGV (jetzt Art. 47 EG) gedeckt sind.

(1) Inhalt der Kompetenz gem. Art. 57 EWGV (jetzt Art. 47 EG)

Im Rahmen des Kapitels über das Niederlassungsrecht ermöglichte Art. 57 EWGV (jetzt Art. 47 EG) ausdrücklich den Erlaß von Richtlinien zur gegenseitigen Anerkennung von Diplomen, Prüfungszeugnissen und sonstigen Befähigungsnachweisen und von Richtlinien zur Koordinierung von Rechts- und Verwaltungsvorschriften der Mitgliedstaaten über die Aufnahme und Ausübung selbständiger Tätigkeiten. Für den freien Dienstleistungsverkehr verwies Art. 66 EWGV (jetzt Art. 55 EG) auf diese Regelung. Art. 57 und 66 EWGV (jetzt Art. 47 und 55 EG) dienten damit der Konkretisierung der allgemeinen Regelungen in den Art. 52 und 59 EWGR (jetzt Art. 43 und 49 EG) zur Aufhebung jeder auf der Staatsangehörigkeit beruhenden diskriminierenden Behandlung bei der Niederlassung und im Dienstleistungsverkehr. Art. 57 Abs. 2 S. 2 EWGV[601] bezog sich hierbei ausdrücklich auch auf die Ausübung des ärztlichen Berufes.

Art. 57 Abs. 3 EGWV (jetzt Art. 47 Abs. 3 EG) statuierte, daß die schrittweise Aufhebung der Beschränkungen für die ärztlichen, arztähnlichen und pharmazeutischen Berufe die Koordinierung der Bedingungen für die Ausübung dieser

---

600 Siehe zu den geringfügigen Abweichungen zwischen diesen beiden Kompetenzgrundlagen Grabitz/Hilf-*Randelzhofer/Forsthoff*, Art. 55 EG, Rdnr. 12-15 oder Schwarze-*Schlag*, Art. 55 EG, Rdnr. 4.

601 Art. 57 Abs. 2 S. 2 EWGV wurde durch die EEA abgeändert, so daß die ärztlichen, arztähnlichen und pharmazeutischen Berufe in Art. 47 Abs. 2 S. 2 EG jetzt nicht mehr ausdrücklich aufgeführt werden.

Berufe in den einzelnen Mitgliedstaaten voraussetze. Das bedeutet, daß die Koordinierungsrichtlinien vor oder zumindest zeitgleich mit den Anerkennungsrichtlinien zu erlassen waren. Diese Vorschrift ist zwar inzwischen gegenstandslos[602], denn mit Ende der Übergangszeit war das Verbot der Niederlassungsbeschränkung direkt anwendbar.[603] Aber bei Erlaß der Ärzterichtlinien hat man sich trotzdem an Art. 57 Abs. 3 EGWV (jetzt Art. 47 Abs. 3 EG) orientiert: Sie wurden zeitgleich erlassen.

(2) Überschreitung der Kompetenz des Art. 57 EWGV (jetzt Art. 47 EG)?

Die Richtlinien 75/362/EWG und 75/363/EWG (jetzt Art. 1 ff. RL 93/16/EWG) regeln für das Weiterbildungsrecht die gegenseitige automatische Anerkennung der von den Mitgliedstaaten ausgestellten Diplome, die eine allen Mitgliedstaaten gemeinsame fachärztliche Weiterbildung oder in einigen Mitgliedstaaten vorgesehene Facharztweiterbildung abschließen. Im letzten Fall beschränkt sich die automatische Anerkennung auf die Mitgliedstaaten, welche die betreffende Weiterbildung anbieten. Die Richtlinien sehen Mindestanforderungen an die ärztliche Weiterbildung vor, wobei diese Mindestanforderungen mit Ausnahme der Dauer sehr allgemein gehalten sind. Hinsichtlich der Aufnahme und Ausübung ärztlicher Tätigkeiten koordinieren sie die nationalen Regelungen, indem sie vorgeben, ob die Bestimmungen des Herkunfts- oder des Aufnahmestaates maßgeblich sind. Die Richtlinien enthalten keine Verpflichtung zur Angleichung der mitgliedstaatlichen Vorschriften im Weiterbildungsrecht.

Dieser Regelungsinhalt ist von Art. 57 EWGV (jetzt Art. 47 EG) umfaßt. Denn es werden nur die Modalitäten zur gegenseitigen Anerkennung der Weiterbildungsdiplome geregelt und die Rechts- und Verwaltungsvorschriften der Mitgliedstaaten zur Aufnahme und Ausübung der ärztlichen Tätigkeit koordiniert. Damit sind die Weiterbildungsregelungen der Richtlinien 75/362/EWG und 75/363/EWG (jetzt Art. 1 ff. RL 93/16/EWG) von den den europäischen Institutionen durch Art. 57 und 66 EWGV (jetzt Art. 47 und 55 EG) übertragenen Kompetenzen umfaßt.

b. Kompetenz für die Verpflichtung zur Einführung der spezifischen Weiterbildung

Ein wesentlicher Regelungsinhalt der RL 86/457/EWG (Art. 30 ff. RL 93/16/EWG) war die Verpflichtung der Mitgliedstaaten zur Einführung der spezifischen Weiterbildung in der Allgemeinmedizin sowie zur gegenseitigen au-

---

602 So auch Grabitz/Hilf-*Randelzhofer/Forsthoff*, Art. 47 EG, Rdnr. 23 m.w.N.

603 Ausdrücklich vom EuGH so entschieden in Rs. 2/74 [Jean Reyners – Belgischer Staat] vom 21. Juni 1974, Slg. 1974, S. 631.

tomatischen Anerkennung dieses Weiterbildungstitels. Die Richtlinie sah in ihrer Präambel wie die Richtlinien von 1975 als Kompetenzgrundlagen der Gemeinschaft für diesen Richtlinieninhalt den EWGV insgesamt sowie Art. 49, Art. 57 und Art. 66 EWGV[604] (jetzt Art. 40, Art. 47 sowie Art. 55 EG) vor.[605]

Es ist zu untersuchen, ob die Verpflichtung zur Einführung der spezifischen Weiterbildung in der Allgemeinmedizin durch Art. 1 RL 86/457/EWG (jetzt Art. 30 RL 93/16/EWG) von den in der Richtlinie genannten Kompetenzgrundlagen gedeckt ist. Auch bei der Ärzterichtlinie von 1986 sind die Art. 57 und 66 EWGV (jetzt Art. 47 und 55 EG) die maßgeblichen Rechtsgrundlagen, wobei sich entsprechend der vorherigen Prüfung die nachfolgende kompetenzrechtliche Untersuchung primär an Art. 57 EWGV (jetzt Art. 47 EG) sowohl unter dem Blickwinkel der Niederlassungsfreiheit als auch unter dem der Dienstleistungsfreiheit orientiert. Gegebenenfalls wird des weiteren zu untersuchen sein, inwiefern andere Kompetenzgrundlagen wie beispielsweise Art. 100 EWGV (jetzt Art. 94 EG) in Betracht kommen.

(1) Kompetenzgrundlage in Art. 57 EWGV (jetzt Art. 47 EG)

Im Rahmen des Kapitels über das Niederlassungsrecht ermöglichte Art. 57 EWGV (jetzt Art. 47 EG) den Erlaß von Richtlinien zur gegenseitigen Anerkennung von Diplomen, Prüfungszeugnissen und sonstigen Befähigungsnachweisen und von Richtlinien zur Koordinierung von Rechts- und Verwaltungsvorschriften der Mitgliedstaaten. Auf diese Regelung verwies Art. 66 EWGV (jetzt Art. 55 EG) für den freien Dienstleistungsverkehr.

(a) Inhalt der Kompetenz gem. Art. 57 EWGV (jetzt Art. 47 EG)

Art. 57 Abs. 1 EWGV (jetzt Art. 47 Abs. 1 EG) ermöglichte es dem Rat, auf Vorschlag der Kommission und nach Anhörung des EP Richtlinien für die gegenseitige Anerkennung der Diplome zu erlassen, um so die Aufnahme und Ausübung selbständiger Tätigkeiten zu erleichtern. Zum gleichen Zweck sollte der Rat entsprechend Art. 57 Abs. 2 EWGV (jetzt Art. 47 Abs. 2 EG) vor dem Ende der Übergangszeit Richtlinien zur Koordinierung der Rechts- und Verwaltungsvorschriften der Mitgliedstaaten über die Aufnahme und Ausübung selbständiger Tätigkeiten erlassen, ebenfalls auf Vorschlag der Kommission und

[604] Wie bereits erläutert, ist die Frage nach der Kompetenz für den Erlaß der Richtlinie anhand der Regelungen zu beantworten, die zum Zeitpunkt des Richtlinienerlasses galten. Daher wird in diesem Abschnitt auf die damals gültige Fassung des EWGV (zuletzt geändert durch den Grönlandvertrag von 13. März 1984, ABl. L 29 vom 01. Februar 1985, S. 1) und die damalige Numerierung der Artikel des EWGV Bezug genommen.

[605] Siehe hierzu ausführlich unter C.II.

nach Anhörung des EP. Bei den zuletzt genannten Richtlinien war Einstimmigkeit im Rat erforderlich einerseits für die Sachgebiete, die in mindestens einem Mitgliedstaat durch Gesetz geregelt sind, und andererseits für Maßnahmen, die sich auf die Voraussetzungen für die Ausübung der ärztlichen, arztähnlichen und pharmazeutischen Berufe in den einzelnen Mitgliedstaaten bezogen. Art. 57 Abs. 3 EWGV (jetzt Art. 47 Abs. 3 EG) ergänzte dies um die Maßgabe, daß die schrittweise Aufhebung der Beschränkungen für die ärztlichen, arztähnlichen und pharmazeutischen Berufe die Koordinierung der Bedingungen für die Ausübung dieser Berufe in den einzelnen Mitgliedstaaten voraussetzte.

Der Wortlaut von Art. 57 EWGV (jetzt Art. 47 EG) stellte also in Abs. 2 und 3 den Begriff der Koordinierung in den Vordergrund, so daß ihm zentrale Bedeutung zukam. Eine Legaldefinition für die Bedeutung von Koordinierung im EG-Vertrag fehlte und fehlt auch derzeit.[606] Es ist nach h.M. für die Bestimmung des Begriffsinhalts auf den Regelungszusammenhang abzustellen[607], um so den Inhalt und das Ausmaß der Koordinierungskompetenz aus Art. 57 EWGV (jetzt Art. 47 EG) bestimmen zu können.

Nach dem Wortlaut lagen der Sinn und Zweck von Art. 57 EWGV (jetzt Art. 47 EG) darin, die Aufnahme und Ausübung selbständiger Tätigkeit in Bezug auf die Niederlassungs- und Dienstleistungsfreiheit zu *erleichtern*, einerseits durch die Anerkennung beruflicher Qualifikationen (Abs. 1), andererseits durch Koordinierung (Abs. 2 S. 1 und Abs. 3).[608] „Erleichtern" bedeutete in diesem Zusammenhang nicht die Anpassung an die jeweils niedrigsten Zulassungsschranken, sondern die Einigung aller Mitgliedsstaaten auf einem gleichen Niveau, dessen Höhe sich nicht im Wege der Auslegung von Art. 57 EWGV (jetzt Art. 47 EG) oder sonstigen europäischen Normen bestimmen ließ, sondern aus

---

606 Groeben/Schwarze-*Tiedje/Troberg*, Bd. 1, Art. 47 EG, Rdnr. 43 ff. verdeutlichen, daß der Begriff der Koordinierung nicht in Abgrenzung zu den Begriffen Harmonisierung oder Angleichung definiert werden kann, insbesondere aufgrund der sprachlichen Inkongruenz des EG-Vertrages. Nach herrschender Meinung sind die Begriffe Koordinierung, Harmonisierung und Angleichung synonym und definieren eine identische Gemeinschaftsaufgabe, vgl. nur Groeben/Schwarze-*Taschner*, Bd. 2, Art. 94 EG, Rdnr. 1 oder Grabitz/Hilf-*Randelzhofer/Forsthoff*, Art. 47 EG, Rdnr. 20. Schwarze-*Schlag*, Art. 47 EG, Rdnr. 2 definiert Koordinierung als Abbau unterschiedlicher Anforderungen unter den einzelnen Mitgliedstaaten.

607 H.M., siehe nur Grabitz/Hilf-*Randelzhofer/Forsthoff*, Art. 47 EG, Rdnr. 20; Schwarze-*Schlag*, Art. 47 EG, Rdnr. 20; Groeben/Schwarze-*Tiedje/Troberg*, Bd. 1, Art. 47 EG, Rdnr. 45 interpretiert den Begriff der Koordinierung anhand der Aufgabe, die sich im Rahmen des Niederlassungsrechts stellt, und kommt zu denselben Ergebnissen.

608 So auch Schwarze-*Schlag*, Art. 47 EG, Rdnr. 20; Groeben/Schwarze-*Tiedje/Troberg*, Bd. 1, Art. 47 EG, Rdnr. 8 f.

sachlicher Zweckmäßigkeit und politischen Möglichkeiten ergab.[609] Der EuGH formuliert hierzu: „...die Gemeinschaft [trägt] dem von den verschiedenen Mitgliedstaaten verfolgten Allgemeininteresse Rechnung und legt zur Wahrung dieses Interesses ein Schutzniveau fest, das in der Gemeinschaft akzeptabel erscheint."[610]

Die Koordinierung im Sinne von Art. 57 Abs. 2 EWGV (jetzt Art. 47 Abs. 2 EG) befaßte sich mit Regelungen, nach denen ein Unionsbürger in einem anderen Mitgliedstaat eine selbständige Tätigkeit aufnehmen konnte, sei es nun in Form der Niederlassung oder der Dienstleistung. Dies diente der Realisierung des freien Personenverkehrs als einer der vier Grundfreiheiten innerhalb der Europäischen Wirtschaftsgemeinschaft. Denn es galt, das im wesentlichen wirtschaftliche Ziel der ursprünglichen drei Gemeinschaften[611] zu verwirklichen: Schaffung eines einheitlichen Marktes, Art. 2 EWGV (jetzt Art. 2 EG – Gemeinsamer Markt – und Art. 14 EG – Binnenmarkt –).[612] Nach Art. 14 Abs. 2 EG umfaßt der Binnenmarkt einen Raum ohne Binnengrenzen, in dem der freie Verkehr von Waren, Personen, Dienstleistungen und Kapital – also die vier Grundfreiheiten – gemäß den Bestimmungen des EGV gewährleistet ist.[613] Zur Verwirklichung dieses Ziels sollten gem. Art. 57 Abs. 2 S. 1 EWGV (jetzt Art. 47 Abs. 2 S. 1 EG) die Rechts- und Verwaltungsvorschriften der Mitgliedstaaten über die Aufnahme und Ausübung selbständiger Tätigkeiten koordiniert werden. Für die allgemeinärztlichen Tätigkeiten bedeutete dies die Koordinie-

---

609 Groeben/Schwarze-*Tiedje/Troberg*, Bd. 1, Art. 47 EG, Rdnr. 10; die Maßgabe des politisch Möglichen zeigt sich besonders deutlich bei der Richtlinie 85/384/EWG vom 10. Juni 1986, ABl. L 223 vom 21. August 1985, S. 15, zur gegenseitigen Anerkennung von Befähigungsnachweisen auf dem Gebiet der Architektur, um die 18 Jahre lang gerungen wurde – der Vorschlag der Kommission datiert von 1967 –, u.a. weil lange Zeit kein Kompromiß gefunden werden konnte zwischen der dreijährigen Fachhochschul-Ausbildung in Deutschland und der fünfjährigen Hochschulausbildung in den übrigen Mitgliedstaaten.

610 Urteil des EuGH in der Rs. C-233/94 [Bundesrepublik Deutschland – EP und Rat] vom 13. Mai 1997, Slg. 1997, S. I-2405, Rdnr. 17 („Einlagensicherungssysteme").

611 Europäische Gemeinschaft für Kohle und Stahl (EGKS) von 1951, Europäische Wirtschaftsgemeinschaft (EWG) und Europäische Atomgemeinschaft (EAG) von 1957.

612 Siehe Schwarze-*Hatje*, Art. 14 EG, Rdnr. 3 ff. für die Frage der Abgrenzung der Begriffe „Gemeinsamer Markt" und „Binnenmarkt" sowie seine Begründung für die vorzugswürdige Ansicht, daß zwischen diesen beiden Begriffen keine wesentlichen Unterschiede bestehen.

613 Dieser Binnenmarkt sollte gem. Art. 14 Abs. 1 EG bis zum 31. Dezember 1992 verwirklicht werden. Bei Ablauf der Frist waren über 90 % der von der Kommission im Weißbuch vorgeschlagenen Rechtsakte erlassen, vgl. Schwarze-*Hatje*, Art. 14 EG, Rdnr. 18.

rung des hierauf gerichteten Berufsordnungsrechts[614] der Mitgliedstaaten, bestehend vorwiegend aus dem jeweiligen Berufsrecht sowie Vorschriften, die Zulassungsschranken oder besondere Anforderungen an den jeweiligen Unionsbürger respektive den allgemeinmedizinischen Berufsstand vorgaben.

Koordinierung ist nur im Hinblick auf die Meinungsbildung auf europäischer Ebene ein grenzübergreifender Prozeß. Ansonsten bezieht sie sich auf die jeweils einzelstaatlichen Verhältnisse.[615] Koordinierung schafft also nicht eine zweite, die mitgliedstaatlichen Regelungen überlagernde Rechtsordnung.[616] Ziel ist es vielmehr, die Unterschiede existenter mitgliedstaatlicher Regelungen, die nicht schon gegen das unmittelbar wirksame Verbot aus Art. 43 und 49 EG verstoßen[617], zu koordinieren bzw. zu verringern.[618] Eine vollständige Vereinheitlichung der mitgliedstaatlichen Regelungen ist keine Voraussetzung für die gegenseitige Anerkennung von beruflichen Qualifikationen – dem Ziel der Richtlinien nach Art. 57 Abs. 1 EWGV (jetzt Art. 47 Abs. 1 EG). Vielmehr erfüllt die Anerkennung ihren eigentlichen Zweck gerade dort, wo die Mitgliedstaaten ungleichartige Voraussetzungen zum Erwerb eines Befähigungsnachweises aufstellen, weil durch die Anerkennungsrichtlinie die Gleichwertigkeit der für den Erwerb des Befähigungsnachweises maßgeblichen Anforderungen fingiert wird.[619] Eine derartige Anerkennung erfordert Beschlüsse der Mitgliedstaaten in Form von Richtlinien, also politische Entscheidungen, deren Inhalte durch das europäische Recht nicht zwingend vorgegeben sind.[620]

Anerkennung stellt sich gegenüber Koordinierung somit als umfassenderer Begriff dar, weil Anerkennung ohne Koordinierung möglich, aber auch nach

---

614 Schwarze-*Schlag*, Art. 47 EG, Rdnr. 23.

615 *Eichenhofer*, Rdnr. 9; Groeben/Schwarze-*Tiedje/Troberg*, Bd. 1, Art. 47 EG, Rdnr. 4.

616 H.M., siehe nur Grabitz/Hilf-*Randelzhofer/Forsthoff*, Art. 47 EG, Rdnr. 21.

617 Grabitz/Hilf-*Randelzhofer/Forsthoff*, Art. 47 EG, Rdnr. 4 mit Verweis auf zwei Urteile des EuGH in den Rs. C-233/94 [Bundesrepublik Deutschland – EP und Rat] vom 13. Mai 1997, Slg. 1997, S. I-2405 („Einlagensicherungssysteme") und C-168/98 [Luxemburg – EP und Rat] vom 07. November 2000, Slg. 2000, S. I-9131; Schwarze-*Schlag*, Art. 47 EG, Rdnr. 1.

618 Urteil des EuGH in der Rs. C-233/94 [Bundesrepublik Deutschland – EP und Rat] vom 13. Mai 1997, Slg. 1997, S. I-2405, Rdnr. 17 („Einlagensicherungssysteme"); *Hofmann/Reich*, EuGRZ 2001, 371 <373>; Grabitz/Hilf-*Randelzhofer/Forsthoff*, Art. 47 EG, Rdnr. 3; *Frenz*, Rdnr. 2161.

619 Schwarze-*Schlag*, Art. 47 EG, Rdnr. 5; Anerkennung bewirkt also eine verfahrensmäßige Vereinfachung des Wechsels vom System eines Mitgliedstaates in das eines anderen, Rdnr. 12.

620 Groeben/Schwarze-*Tiedje/Troberg*, Bd. 1, Art. 47 EG, Rdnr. 10.

vollständiger Koordinierung nicht entbehrlich ist.[621] Darüber hinaus ist Anerkennung eine Technik, die der Idee des Binnenmarktes besonders entgegenkommt: Der Aufnahmestaat verleiht den nationalen Maßnahmen des Herkunftstaates durch den Anerkennungsakt exterritoriale Wirkung; im Idealfall wirken sie im gesamten Gebiet der Europäischen Gemeinschaft.[622] Die Anerkennung von Befähigungsnachweisen gilt heute als eines der wichtigsten Instrumente zur Verwirklichung des Binnenmarktes.[623]

Im Hinblick auf die allgemeinärztlichen Weiterbildungsdiplome bedeutet dies, daß Art. 57 EWGV (jetzt Art. 47 EG) die Errichtung eines Systems der gegenseitigen Anerkennung dieser Diplome erforderlich machte, bei dem sich die Mitgliedstaaten auf Mindestvoraussetzungen für die gegenseitige Anerkennung einigen mußten. Im Rahmen dieses Systems durfte den Mitgliedstaaten die Möglichkeit gegeben werden, grundsätzlich ungleichartige Voraussetzungen für den Erwerb der jeweiligen allgemeinmedizinischen Weiterbildungsdiplome aufrecht zu erhalten, weil im Rahmen der gegenseitigen Anerkennung dieser Diplome deren qualitative Gleichwertigkeit fingiert wurde.

Mit der RL 86/457/EWG schuf der Rat ein solches System für die gegenseitige Anerkennung allgemeinmedizinischer Weiterbildungstitel und legte hierfür die Mindestvoraussetzungen der Weiterbildung fest, beispielsweise für deren Inhalt und Dauer in Art. 2 RL 86/457/EWG (jetzt Art. 31 RL 93/16/EWG). Teil dieses Anerkennungssystems war auch die Berücksichtigung von ungleichartigen Regelungen in den Mitgliedstaaten, zum Beispiel in Art. 3 und 6 RL 86/457/EWG (jetzt Art. 32 und 35 RL 93/16/EWG). Insoweit ist der Inhalt der RL 86/457/EWG von der Kompetenzgrundlage in Art. 57 EWGV (jetzt Art. 47 EG) umfaßt.

(b) Kompetenzgrenze: Grundsatz der Verhältnismäßigkeit

Ein weiterer Aspekt des Anerkennungssystems der RL 86/457/EWG ist die Verpflichtung aus Art. 1 RL 86/457/EWG (jetzt Art. 30 RL 93/16/EWG), eine spezifische Weiterbildung in der Allgemeinmedizin einzuführen – eine Besonderheit im Verhältnis zu den Ärzterichtlinien von 1975.[624] Diese Verpflichtung betraf diejenigen Mitgliedstaaten, in denen ein vollständiger Medizinstudien-

---

621 Groeben/Schwarze-*Tiedje/Troberg*, Bd. 1, Art. 47 EG, Rdnr. 6; es wird daher von einem komplementären Verhältnis zwischen Anerkennung und Koordinierung gesprochen, Schwarze-*Schlag*, Art. 47 EG, Rdnr. 2.

622 Groeben/Schwarze-*Tiedje/Troberg*, Bd. 1, Art. 47 EG, Rdnr. 33.

623 Grabitz/Hilf-*Randelzhofer/Forsthoff*, Art. 47 EG, Rdnr. 16 f.

624 Siehe weitere Einzelheiten zu dieser Besonderheit unter C.V.6.a.

gang im Sinne von Art. 1 RL 75/363/EWG (jetzt Art. 23 RL 93/16/EWG) angeboten wurde, mithin alle Mitgliedstaaten außer Luxemburg. Es stellt sich die Frage, ob dieser Aspekt der Koordinierungstechnik der Kompetenzgrundlage entsprach, denn 1975 sah der europäische Gesetzgeber keine Notwendigkeit, die Mitgliedstaaten zur Einführung all der Weiterbildungstitel zu verpflichten, die in anderen Mitgliedstaaten erteilt wurden; und die Kompetenz zur Koordinierung umfaßte nur das, was geeignet, notwendig und verhältnismäßig war, um die Aufnahme und Ausübung selbständiger Tätigkeiten zu erleichtern.[625]

Denn Art. 57 EWGV (jetzt Art. 47 EG) stellte für den Gemeinschaftsgesetzgeber keine allumfassende, sondern eine begrenzte Kompetenz zur Regelung des Binnenmarktes hinsichtlich selbständiger Tätigkeiten dar.[626] Diese Begrenzung resultierte aus dem auf europäischer Ebene allgemein anerkannten Grundsatz der Verhältnismäßigkeit, der durch den Vertrag von Maastricht[627] in Art. 3b Abs. 3 EGV (jetzt Art. 5 Abs. 3 EG) positiviert wurde. Das Verhältnismäßigkeitsprinzip galt schon vor dieser Positivierung als allgemeine Handlungsmaxime für alle Maßnahmen der Gemeinschaft.[628] Damit stellte es eine maßgebliche Grenze der Rechtsetzung sämtlicher Gemeinschaftsorgane dar[629], die insbesondere auch deshalb von großer Bedeutung war, weil die Vorgaben in den jeweiligen Kompetenznormen des EWGV – wie beispielsweise in Art. 57 EWGV (jetzt Art. 47 EG) – wegen ihres weiten Anwendungsbereichs häufig sehr unbestimmt formuliert waren, so daß diese Unschärfe durch den Verhältnismäßigkeitsgrundsatz kompensiert werden mußte und wurde.[630] Die Berücksichtigung dieses Grundsatzes forderte der EuGH auch schon vor seiner Positivierung ein[631],

---

[625] Schwarze-*Schlag*, Art. 47 EG, Rdnr. 21; Groeben/Schwarze-*Tiedje/Troberg*, Bd. 1, Art. 47 EG, Rdnr. 11.

[626] Grabitz/Hilf-*Randelzhofer/Forsthoff*, Art. 47 EG, Rdnr. 11.

[627] Vertrag über die Europäische Union vom 07. Februar 1992, ABl. C 191 vom 29. Juli 1992.

[628] Siehe nur Urteile des EuGH in der Rs. 114/1976 [Bela-Muehle Josef Bergmann KG – Grows-Farm GmbH und Co. KG] vom 05. Juli 1977, Slg. 1977, S. 1211, Rs. 265/87 [Hermann Schräder HS Kraftfutter GmbH & Co. KG – Hauptzollamt Gronau] vom 11. Juli 1989, Slg. 1989, S. 2237, Rdnr. 20 ff. und Rs. C-240/90 [Bundesrepublik Deutschland – Kommission] vom 27. Oktober 1992, Slg. 1992, S. I-5383, Rdnr. 18 ff.

[629] Grabitz/Hilf-*von Bogdandy/Nettesheim*, Art. 3b EGV, Rdnr. 49 unter Verweis auf das Urteil des EuGH in der Rs. 114/1976 [Bela-Muehle Josef Bergmann KG – Grows-Farm GmbH und Co. KG] vom 05. Juli 1977, Slg. 1977, S. 1211.

[630] Grabitz/Hilf-*von Bogdandy/Nettesheim*, Art. 3b EGV, Rdnr. 49.

[631] Der Grundsatz der Verhältnismäßigkeit ist – im Gegensatz zum Subsidiaritätsprinzip des Art. 5 Abs. 2 EG – eine justiziable Kompetenzausübungsregel, vgl. nur Entscheidung des

wenngleich er dem Gemeinschaftsgesetzgeber hier einen Entscheidungsspielraum zubilligte.[632] Die Überschreitung der durch den Verhältnismäßigkeitsgrundsatz gesetzten Grenzen führte zur Nichtigkeit der Maßnahme.[633] Folgende Elemente des Verhältnismäßigkeitsgrundsatzes galt es bei Maßnahmen des Gemeinschaftsgesetzgebers zu berücksichtigen: Geeignetheit und Erforderlichkeit des von ihm gewählten Mittels sowie die Verhältnismäßigkeit im engeren Sinne, also das angemessene Verhältnis zwischen den Belastungen und den angestrebten Zielen.[634]

Art. 57 EWGV (jetzt Art. 47 EG) räumte dem Gemeinschaftsgesetzgeber nur eine Zuständigkeit ein, die spezifisch den Erlaß von Maßnahmen zur Erleichterung des Niederlassungs- und Dienstleistungsrechts und dadurch zur Verbesserung des Funktionierens des Binnenmarktes erlaubte.[635] Die bloße Feststellung von Unterschieden zwischen den nationalen Vorschriften und damit die abstrakte Gefahr der Beeinträchtigung der Niederlassungs- und Dienstleistungsfreiheit reichten für eine Rechtsetzungskompetenz nach Art. 57 EWGV (jetzt Art. 47 EG) nicht aus.[636] Die jeweilige Maßnahme mußte die Verbesserung der Voraussetzungen für die Errichtung und das Funktionieren des Binnenmarktes bezwecken und tatsächlich zur Beseitigung von Hemmnissen der Niederlassungs- und

---

EuGH in der Rs. C-240/90 [Deutschland – Kommission], 27. Oktober 1992, Slg. 1992, S. I-5383, Rdnr. 20 ff.

632 Siehe nur Urteil in der Rs. C-84/94 [Vereinigtes Königreich Großbritannien und Nordirland – Rat] vom 12. November 1996, Slg. 1996, S. I-5755; nach den Ausführungen des EuGH in seinem Urteil in der Rs. C-376/98 [Bundesrepublik Deutschland – EP und Rat] vom 05. Oktober 2000, Slg. 2000, S. I-8419, Rdnr. 83 ff., besteht die Einschätzungsprärogative nur in begrenztem Umfang, denn andernfalls könnte der EuGH die ihm nach Art. 220 EG übertragene Aufgabe der Rechtmäßigkeitskontrolle über Maßnahmen des Gemeinschaftsgesetzgebers nicht effektiv ausüben.

633 Urteil des EuGH in den Rs. 114/1976 [Bela-Muehle Josef Bergmann KG – Grows-Farm GmbH und Co. KG] vom 05. Juli 1977, Slg. 1977, S. 1211.

634 Schwarze-*Lienbacher*, Art. 5 EG, Rdnr. 35 ff.

635 Urteil des EuGH in der Rs. C-376/98 [Bundesrepublik Deutschland – EP und Rat] vom 05. Oktober 2000, Slg. 2000, S. I-8419, Rdnr. 87; in diesem Sinne ist auch die herrschende Meinung zu verstehen, die davon ausgeht, daß der Begriff der Koordinierung auch die Vereinheitlichung der mitgliedstaatlichen Vorschriften umfaßt, siehe Schwarze-*Schlag*, Art. 47 EG, Rdnr. 21 und Grabitz/Hilf-*Randelzhofer/Forsthoff*, Art. 47 EG, Rdnr. 20.

636 Grabitz/Hilf-*Randelzhofer/Forsthoff*, Art. 47 EG, Rdnr. 11; Groeben/Schwarze-*Tiedje/Troberg*, Bd. 1, Art. 47 EG, Rdnr. 56.

Dienstleistungsfreiheit beitragen[637] – also für dieses Ziel zumindest geeignet und erforderlich sein.

Die vertragliche Maßgabe der Erleichterung der beiden genannten Grundfreiheiten schloß eine zwingend vollständige Vereinheitlichung des jeweils maßgeblichen Rechtsgebietes der Mitgliedstaaten auf dieser Kompetenzgrundlage aus.[638] Hingegen war nicht ausgeschlossen, daß diese Erleichterung zur Verschärfung bestehender und zur Einführung neuer Regelungen führen konnte, sofern nur die Unterschiede zwischen den einzelstaatlichen Regelungen verringert wurden.[639] Denn die Intensität und die Methoden der Koordinierung mußten sich an dem orientieren, was zur Erleichterung der Aufnahme und Ausübung selbständiger Tätigkeiten notwendig war. Das Koordinierungsziel war dann erreicht, wenn die in den Richtlinien vereinbarte Lösung den Mitgliedstaaten eine gegenseitige Anerkennung von beruflichen Qualifikationen ermöglichte.

(c) Überschreitung der Kompetenzgrenze des Art. 57 EWGV (jetzt Art. 47 EG)?

Die in Art. 1 RL 86/457/EWG (jetzt Art. 30 RL 93/16/EWG) enthaltene Verpflichtung an jeden Mitgliedstaat – mit Ausnahme von Luxemburg –, eine den Vorgaben der Richtlinie entsprechende spezifische Weiterbildung in der Allgemeinmedizin einzuführen, muß für seine Rechtmäßigkeit daher geeignet und erforderlich gewesen sein, um die Aufnahme und Ausübung allgemeinärztlicher Tätigkeiten in einem andere Mitgliedstaat zu erleichtern. Des weiteren muß die durch diese Verpflichtung entstandene Belastung in einem angemessenen Verhältnis zum angestrebten Ziel – Erleichterung der Aufnahme und Ausübung allgemeinärztlicher Tätigkeiten – stehen.

---

637 Urteil des EuGH in der Rs. C-233/94 [Bundesrepublik Deutschland – EP und Rat] vom 13. Mai 1997, Slg. 1997, S. I-2405, Rdnr. 19 („Einlagensicherungssysteme"); Urteil des EuGH in der Rs. C-376/98 [Bundesrepublik Deutschland – EP und Rat] vom 05. November 2000, Slg. 2000, S. I-8419, Rdnr. 84, 95.

638 *Hofmann/Reich*, EuGRZ 2001, 371 <373>; Schwarze-*Schlag*, Art. 47 EG, Rdnr. 21 unter Hinweis auf das Binnenmarktkonzept der Kommission; dabei fälschlicherweise Zitierung von Groeben/Thiesing/Ehlermann-*Troberg*, 5. Auflage, Bd. 1, Art. 57 EGV, Rdnr. 2 für die Gegenansicht. Seine übrigen Zitate für die Gegenmeinung datieren von 1962 bzw. 1971.

639 Groeben/Schwarze-*Taschner*, Bd. 2, Art. 94 EG, Rdnr. 33; *Hofmann/Reich*, EuGRZ 2001, 371 <373>; Schwarze-*Schlag*, Art. 47 EG, Rdnr. 25 mit Verweis auf Urteil des EuGH in der Rs. C-233/94 [Bundesrepublik Deutschland – EP und Rat] vom 13. Mai 1997, Slg. 1997, S. I-2405, Rdnr. 17 und 42 („Einlagensicherungssysteme").

(i) Geeignetheit

Durch die Einführung einheitlicher Kriterien für eine allgemeinärztliche Weiterbildung wurde die Voraussetzung für die gegenseitige Anerkennung dieses Weiterbildungstitels geschaffen. Den Inhabern eines solchen allgemeinärztlichen Weiterbildungstitels war es nach Umsetzung von Art. 1 RL 86/457/EWG (jetzt Art. 30 RL 93/16/EWG) somit leichter möglich, sich in einem anderen Mitgliedstaat niederzulassen und eine allgemeinmedizinische Tätigkeit aufzunehmen, weil sie kein Anerkennungsverfahren mehr durchlaufen mußten, sondern ihr Weiterbildungstitel automatisch anerkannt wurde. Die Maßnahme in Art. 1 RL 86/457/EWG (jetzt Art. 30 RL 93/16/EWG) war daher grundsätzlich geeignet, allgemeinmedizinischen Fachärzten die Aufnahme und Ausübung ihrer Tätigkeiten in einem anderen Mitgliedstaat zu erleichtern.

(ii) Erforderlichkeit

Weder in der Richtlinie selbst, noch in den Ausgangsdokumenten findet sich ein Hinweis darauf, weshalb die Verpflichtung zur Einführung einer allgemeinmedizinischen Weiterbildung als notwendig erachtet wurde.[640] Allein der Hinweis im dritten Erwägungsgrund der RL 86/457/EWG (jetzt 16. Erwägungsgrund der RL 93/16/EWG) darauf, daß unter den Mitgliedstaaten „das Bedürfnis für eine spezifische *Weiter*bildung zum Praktischen Arzt nahezu allgemein anerkannt" sei, begründet noch nicht, warum die Einführung einer solchen Weiterbildung in den Mitgliedstaaten, die bis dahin keine allgemeinmedizinische Weiterbildung ermöglichten, gerade durch eine europäische Richtlinie und nicht durch nationale Regelungen erfolgen mußte. Im Übrigen galt über Art. 57 Abs. 2 EWGV (jetzt Art. 47 Abs. 2 EG) das Einstimmigkeits- und nicht nur das Mehrheitsprinzip. Daher gibt der dritte Erwägungsgrund keine ausreichende Begründung für die Notwendigkeit, die Mitgliedstaaten durch eine europäische Richtlinie zur Einführung bzw. Beibehaltung der allgemeinmedizinischen Weiterbildung zu verpflichten.

Aber auch selbst wenn sich nicht nur nahezu alle, sondern tatsächlich die Gesamtheit der damaligen Mitgliedstaaten über das Bedürfnis der Einführung einer allgemeinmedizinischen Weiterbildung auf europäischer Ebene einig gewesen wäre, hätte es zusätzlich einer primärrechtlichen Kompetenz des Rates für den rechtmäßigen Erlaß einer diese Verpflichtung regelnden Richtlinie bedurft. Die bloße Feststellung von Unterschieden zwischen nationalen Vorschriften reicht

[640] Derartige Erwägungen über die Notwendigkeit eines geplanten Richtlinieninhalts finden sich aber beispielsweise bei der Änderung der RL 93/16/EWG durch die RL 2001/19/EG, vgl. oben bei C.VII.4.a.

für eine Rechtsetzungskompetenz nach Art. 57 EWGV (jetzt Art. 47 EG) nicht aus.[641] Der Rat hätte feststellen müssen, daß die in diesem Bereich bestehenden Bedingungen für die allgemeinmedizinische Weiterbildung harmonisiert werden *müssen*. Nur dann wäre unvermeidlich ein gemeinschaftsweites Vorgehen notwendig gewesen, um dieses Ziel zu erreichen.[642] Der Rat hat aber diese Feststellung nicht getroffen, zumindest findet sich eine solche weder in den Erwägungsgründen der Richtlinie noch in den Ausgangsdokumenten.

Der vierte Erwägungsgrund der RL 86/457/EWG (jetzt 17. Erwägungsgrund der RL 93/16/EWG) gibt wieder, weshalb der Rat die spezifische Weiterbildung in der Allgemeinmedizin für notwendig erachtete: „ ... durch die Entwicklung der Medizin [hat sich] zwischen der Forschung und medizinischen Ausbildung einerseits und der Praxis der Allgemeinmedizin andererseits eine immer größere Kluft gebildet ..., so daß wichtige Aspekte der Allgemeinmedizin im Rahmen der herkömmlichen medizinischen Grundausbildung in den Mitgliedstaaten nicht mehr auf befriedigende Weise gelehrt werden können." Unabhängig davon, ob diese Beobachtung zutreffend war, hätte dieser Argumentationsansatz nur dann die verpflichtende Einführung allgemeinmedizinischer Weiterbildung begründen können, wenn der europäische Gesetzgeber die Kompetenz zur Verbesserung der europaweiten ärztlichen Grundversorgung – durch eine Abrundung der ärztlichen Ausbildung durch eine allgemeinmedizinische Weiterbildung – innegehabt hätte. Über Art. 57 EWGV (jetzt Art. 47 EG) stand ihm jedenfalls diese Kompetenz nicht zu, denn hiernach durften nur Hindernisse bei der Aufnahme und Ausübung allgemeinmedizinischer Tätigkeiten verhindert bzw. beseitigt werden.

Auch aus der Erfahrung mit den ursprünglichen Ärzterichtlinien ergab sich diese Notwendigkeit nicht. Die Richtlinien 75/362/EWG und 75/363/EWG (jetzt Art. 1 bis 29 RL 93/16/EWG) zwangen die Mitgliedstaaten nicht zur Vereinheitlichung ihrer Facharzttitel, sondern beschränkten sich auf die Vorgabe weniger Kriterien, mit deren Erfüllung die Facharztdiplome von den Mitgliedstaaten gegenseitig automatisch anzuerkennen waren. Die Weiterbildung in der Allgemeinmedizin wurde 1975 bewußt nicht mit geregelt, weil die Mitgliedstaaten in dieser Hinsicht keine Einigung erzielen konnten.[643] Das Anerkennungssystem der Richtlinien von 1975 zeichnete sich also dadurch aus, daß die Existenz mitgliedstaatlicher Weiterbildung vorausgesetzt wurde und jeder Mitgliedstaat nur diejenigen Diplome anerkennen mußte, die er auch selber als Weiterbildungstitel

641 Siehe oben D.I.1.b(1)(b) und Fn. 636.

642 Urteil des EuGH in der Rs. C-84/94 [Großbritannien – Rat] vom 12. November 1996, Slg. 1996, S. I-5755, Rdnr. 47 ff. und 50 ff.

643 Siehe Darstellung der Vorgeschichte der RL 86/457/EWG oben unter C.V.1.

kannte und verlieh. Dies führte dazu, daß kein Mitgliedstaat aufgrund der Richtlinien verpflichtet war, einen Weiterbildungsgang einzuführen oder gar das eigene Weiterbildungssystem vollständig neu zu gestalten, nur um andere mitgliedstaatliche Diplome anerkennen zu können. Mehr erschien 1975 den beim Erlaß der Ärzterichtlinien beteiligten europäischen Institutionen und Beratern nicht notwendig, um die Aufnahme und Ausübung von Facharzttätigkeiten zu erleichtern und damit die Dienstleistungs- und Niederlassungsfreiheit von Fachärzten zu gewährleisten.[644] Unter Berufung auf die Ärzterichtlinien bestätigte der EuGH, dass dieses Anerkennungssystem ausreichend ist für die Gewährleistung des freien Dienstleistungsverkehrs.[645]

30 Jahre später gilt dieses ursprüngliche Prinzip durch die RL 93/16/EWG für die Facharzttitel mit Ausnahme des allgemeinmedizinischen Weiterbildungsdiploms fort, wobei es auch immer noch viele Weiterbildungstitel gibt, die nicht in allen Mitgliedstaaten anerkannt werden oder erst gar nicht in den Anhängen der RL 93/16/EWG aufgeführt sind, weil sie dem Anerkennungssystem der Richtlinie nicht entsprechen.[646] Eine Angleichung dieses Anerkennungssystems an die durch Art. 1 RL 86/457/EWG (jetzt Art. 30 RL 93/16/EWG) eingeführte Systematik für die Allgemeinmedizin hielt der europäische Gesetzgeber – auch mangels grundsätzlich geäußerter Kritik am ursprünglichen Anerkennungssystem – seither nicht für notwendig, um die Niederlassungs- und Dienstleistungsfreiheit in allen übrigen Facharztgebieten außer Allgemeinmedizin zu gewährleisten. Die Allgemeinmedizin unterscheidet sich von den übrigen ärztlichen Facharztgebieten nicht derart, als daß nicht auch hier 1986 ausreichend gewesen wäre, durch die allgemeinmedizinische Richtlinie die Voraussetzungen für eine automatische Diplomanerkennungspflicht allein für diejenigen Mitgliedstaaten einzuführen, die schon damals eine allgemeinmedizinische Weiterbildung anboten.

Daß eine solche Richtlinie, die sich am Anerkennungssystem der Ärzterichtlinien von 1975 orientiert hätte, ausreichend gewesen wäre, wird bei der nachfolgenden Darstellung der vier möglichen Fallkonstellationen deutlich: Ein in der Allgemeinmedizin weitergebildeter Facharzt (α) sowie ein Arzt ohne allgemeinmedizinische Weiterbildung (β) beabsichtigen jeweils die Niederlassung in

---

644 Siehe für das Zustandekommen der Richtlinien 75/362/EWG und 75/363/EWG oben unter C.III.1.a.

645 Urteil in der Rs. C-158/96 [Raymond Kohll – Union des caisses de maladie] vom 28. April 1998, Slg. 1998, S. I-1931, Rdnr. 47 f.: „Hieraus folgt, daß in anderen Mitgliedstaaten niedergelassene Ärzte … für die Zwecke des freien Dienstleistungsverkehrs als ebenso qualifiziert anerkannt werden müssen wie im Inland niedergelassene."

646 Hierunter fallen beispielsweise alle deutschen Weiterbildungstitel, die nach Erlangung des Facharzttitels erworben werden können, also Schwerpunkt- und Zusatzbezeichnungen.

einem Mitgliedstaat, der selbst keine allgemeinmedizinische Weiterbildung anbietet bzw. in dem eine allgemeinmedizinische Weiterbildung abgeschlossen werden kann:

(α) Der in der Allgemeinmedizin weitergebildete Facharzt könnte sich in beiden Mitgliedstaaten ohne weiteres niederlassen und seinen ärztlichen Beruf praktizieren. Denn der Mitgliedstaat, der selbst eine allgemeinmedizinische Weiterbildung anbietet, wäre aufgrund der europäischen Richtlinie verpflichtet, den Weiterbildungstitel des Niederlassungswilligen anzuerkennen. Der Mitgliedstaat ohne eigene allgemeinmedizinische Weiterbildung müßte zwar nicht den Weiterbildungs-, wohl aber den ärztlichen Ausbildungstitel automatisch anerkennen, so daß sich der allgemeinmedizinische Facharzt dort als Arzt niederlassen und als solcher praktizieren dürfte. Mangels weiterbildungsrechtlicher Vorgaben in diesem Mitgliedstaat für allgemeinmedizinische Tätigkeiten könnte dieser niedergelassene Arzt sein Fachgebiet auch dort ausüben. Eine Anerkennung seines allgemeinmedizinischen Weiterbildungstitels erhielte er möglicherweise nach Durchlaufen eines Anerkennungsverfahrens.

(β) Der Arzt ohne allgemeinmedizinische Weiterbildung erhielte in allen Mitgliedstaaten eine automatische Anerkennung seines Ausbildungstitels. In den Mitgliedstaaten, die selbst keine allgemeinmedizinische Weiterbildung anbieten, könnte dieser Arzt wie in seinem Herkunftsstaat tätig werden. Bei den übrigen Mitgliedstaaten, die also eine allgemeinmedizinische Weiterbildung selbst anbieten, ist nicht danach zu differenzieren, ob sie für die selbständige Ausübung des ärztlichen Berufs den Abschluß einer Weiterbildung voraussetzen[647] oder nicht[648]. Denn nach Art. 2 RL 75/362/EWG (jetzt Art. 2 RL 93/16/EWG) sind alle Mitgliedstaaten verpflichtet, die in Art. 3 RL 75/362/EWG (jetzt Anhang A der RL 93/16/EWG) aufgeführten Diplome als einander gleichwertig anzuerkennen, und zwar in Bezug auf die Aufnahme und Ausübung der selbständigen Tätigkeiten des Arztes.[649] Eine zusätzliche Weiterbildung, Ausbildungs- oder Vorbereitungszeit dürfen diese Mitgliedstaaten von Ärzten, die ihre Ausbildung in einem anderen Mitgliedstaat abgeschlossen und dort zur selbständigen Tätigkeit als Arzt berechtigt sind, nicht fordern. Der Arzt ohne allgemeinmedizinische Weiterbildung dürfte sich daher auch in den Mitgliedstaaten, die eine allgemeinmedizinische Weiterbildung selbst anbieten, als Arzt niederlassen und praktizieren. Zusätzlich könnte er in einem Anerkennungsverfahren seine – ge-

---

647 So beispielsweise in Finnland und Österreich.

648 So in der Mehrzahl der Mitgliedstaaten, z.B. in Belgien, Deutschland, Italien, Spanien und den Niederlanden.

649 Siehe schon Urteil des EuGH in der Rs. 246/80 [C. Broeckmeulen – Huisarts Registratie Commissie] vom 06. Oktober 1981, Slg. 1981, S. 2311

gebenenfalls langjährige – ärztliche Berufsausübung als allgemeinmedizinischen Weiterbildungstitel anerkennen lassen oder aber noch eine Weiterbildung durchlaufen.

Diese Fallbeispiele verdeutlichen, daß weder die Ärzte mit, noch die ohne allgemeinmedizinische Weiterbildung gehindert gewesen wären, sich in einem anderen Mitgliedstaat niederzulassen und ihre ärztliche Tätigkeit dort aufzunehmen. Es wäre also bei Erlaß der Richtlinie von 1986 ausreichend gewesen, die gegenseitige Anerkennung der allgemeinmedizinischen Weiterbildung entsprechend des bis dahin praktizierten Koordinierungs- und Anerkennungssystems der 1975er Richtlinien auszugestalten, also durch die neue Richtlinie einige Kriterien vorzugeben, mit deren Erfüllung der allgemeinmedizinische Facharzttitel von den Mitgliedstaaten gegenseitig automatisch anerkannt worden wäre, die selbst – ohne Verpflichtung hierzu – eine solche Weiterbildung angeboten hätten. Für die Aufnahme und Ausübung selbständiger allgemeinmedizinischer Tätigkeiten wäre einer vollständigen Regelung dieses Bereichs auf europäischer Ebene somit die Festlegung von gemeinsamen Mindeststandards vorzuziehen gewesen, da schon hierdurch die beabsichtigte Erleichterung bei der Aufnahme und Ausübung dieser Tätigkeiten hätte erreicht werden können. Die europaweite Vereinheitlichung der allgemeinmedizinischen Weiterbildung, wie sie in Art. 1 RL 86/457/EWG (jetzt Art. 30 RL 93/16/EWG) angelegt ist[650], war nicht notwendig und damit nicht von der Kompetenzgrundlage in Art. 57 EWGV (jetzt Art. 47 EG) umfaßt.

(2) Kompetenzgrundlage in Art. 100 EWGV (jetzt Art. 94 EG)

Selbst wenn Art. 100 EWGV[651] (jetzt Art. 94 EG) nicht als Kompetenzgrundlage in der RL 86/457/EWG genannt wird, ist doch zu prüfen, ob nicht diese Generalklausel als Kompetenzgrundlage für die Verpflichtung zur Einführung der spezifischen Weiterbildung herangezogen werden kann. Grundsätzlich fordert der EuGH die Nennung der maßgeblichen Kompetenzgrundlage in der Richtlinie selbst.[652] Falls allerdings nicht die in der Richtlinie genannte, sondern eine andere Kompetenzgrundlage für den Erlaß der Richtlinie ausreichen würde, ist zu erwarten, daß der EuGH zur Vermeidung von Nachteilen für die betroffenen Ärzte die fragliche Richtlinie zwar für nichtig, aber analog Art. 174 Abs. 2

---

650 So auch *Haage*, MedR 2002, 301 <305>.

651 Es wird im Folgenden Bezug genommen auf die bei Erlaß der RL 86/457/EWG gültige Fassung des EWGV (zuletzt geändert durch den Grönlandvertrag von 1984, ABl. L 29 vom 01. Februar 1985, S. 1) und die damalige Numerierung der Artikel des EWGV.

652 Siehe nur Urteil in der Rs. C-295/90 [EP – Rat] vom 07. Juli 1992, Slg. 1992, S. I-4193.

EWGV (jetzt Art. 231 Abs. 2 EG) für so lange wirksam erklären würde, bis aufgrund der zutreffenden Kompetenzgrundlage die Richtlinie erneut erlassen ist.[653]

Art. 100 EWGV (jetzt Art. 94 EG) stellte die Grundlage für den Erlaß von Richtlinien zur Angleichung von Rechts- und Verwaltungsvorschriften der Mitgliedstaaten dar, die sich unmittelbar auf die Errichtung oder das Funktionieren des Gemeinsamen Marktes auswirken. Basis hierfür war Art. 3 lit. h EWGV (jetzt Art. 3 Abs. 1 lit. h EG), wonach die Tätigkeit der Gemeinschaft die Angleichung der innerstaatlichen Rechtsvorschriften umfaßte, soweit dies für das Funktionieren des Gemeinsamen Marktes erforderlich war. Unterstrichen wurde dies insbesondere durch das Subsidiaritätsprinzip, das mit dem Vertrag über die Europäische Union[654] als Art. 3b EGV (jetzt Art. 5 EG) in den Vertrag über die Gründung der Europäischen Gemeinschaft ausdrücklich aufgenommen wurde.[655] Allerdings ist Art. 3b Abs. 2 EGV (jetzt Art. 5 Abs. 2 EG)[656] nicht auf Rechtsakte anwendbar, die vor 1992 erlassen wurden.[657]

(a) Subsidiarität

Art. 100 EWGV (jetzt Art. 94 EG) hatte jedoch gegenüber den Spezialvorschriften wie z.B. Art. 57 EWGV (jetzt Art. 47 EG) oder Art. 66 EWGV (jetzt Art. 55 EG) nachrangigen Charakter, soweit er gleiche Sachverhalte regelte.[658] Sowohl aufgrund von Art. 100 EWGV (jetzt Art. 94 EG) als auch aufgrund von

---

653 Durch das in der Fn. 652 genannte Urteil erklärte der EuGH die Richtlinie 90/366/EWG über das Aufenthaltsrecht der Studenten, in der die Kompetenz zum Richtlinienerlaß auf Art. 235 EWGV gestützt wurde, für nichtig. Da der EuGH den Rat allerdings aufgrund von Art. 7 Abs. 2 EWGV für den Erlaß einer derartigen Richtlinie für zuständig hielt, erklärte er zur Vermeidung von Nachteilen für die betroffenen Studenten alle Wirkungen der für nichtig erklärten Richtlinie für solange als wirksam, bis diese durch eine auf der zutreffenden Rechtsgrundlage erlassenen neuen Richtlinie ersetzt worden sei.

654 Titel II Art. G des Vertrages über die Europäische Union vom 07. Februar 1992, ABl. C 191 vom 29. Juli 1992, in Kraft getreten am 01. November 1993.

655 Grabitz/Hilf-*Randelzhofer/Forsthoff*, Art. 47 EG, Rdnr. 11.

656 „In den Bereichen, die nicht in ihre ausschließliche Zuständigkeit fallen, wird die Gemeinschaft nach dem Subsidiaritätsprinzip nur tätig, sofern und soweit die Ziele der in Betracht gezogenen Maßnahmen auf Ebene der Mitgliedstaaten nicht ausreichend erreicht werden können und daher wegen ihres Umfangs oder ihrer Wirkungen besser auf Gemeinschaftsebene erreicht werden können."

657 Urteil des EuGH in den verbundenen Rs. C-36/97 und 37/97 [Hilmar Kellinghusen – Amt für Land- und Wasserwirtschaft Kiel; Ernst-Detlef Ketelsen – Amt für Land- und Wasserwirtschaft Husum] vom 22. Oktober 1998, Slg. 1998, S. I-6337.

658 Schwarze-*Herrnfeld*, Art. 94 EG, Rdnr. 6; Groeben/Schwarze-*Taschner*, Bd. 2, Vorbemerkung zu Art. 94 bis 97 EG, Rdnr. 2.

Art. 57 Abs. 2 EWGV (jetzt Art. 47 Abs. 2 EG) durften Richtlinien zur Angleichung bzw. Koordinierung[659] der Rechts- und Verwaltungsvorschriften der Mitgliedstaaten erlassen werden. Art. 57 und 66 EWGV (jetzt Art. 47 und 55 EG) bezogen sich hierbei auf die Koordinierung von Regelungen über die Berufszulassung und -ausübung zur Herstellung der Voraussetzungen für eine gegenseitige Anerkennung von Befähigungsnachweisen, um die Aufnahme und Ausübung selbständiger Tätigkeit zu erleichtern. Mithin war in diesem Bereich die Anwendung von Art. 100 EWGV (jetzt Art. 94 EG) wegen Subsidiarität gegenüber Art. 57 und 66 EWGV (jetzt Art. 47 und 55 EG) ausgeschlossen.

Hinsichtlich der Verpflichtung zur Einführung einer allgemeinmedizinischen Weiterbildung dienten – wie soeben dargestellt – Art. 57 und 66 EWGV (jetzt Art. 47 und 55 EG) nicht als Kompetenzgrundlagen. Insoweit[660] war der Anwendungsbereich von Art. 100 EWGV (jetzt Art. 94 EG) trotzt Subsidiarität gegenüber Art. 57 und 66 EWGV (jetzt Art. 47 und 55 EG) eröffnet. Ebenso war der Anwendungsbereich von Art. 100 EWGV (jetzt Art. 94 EG), der über den der Spezialvorschriften hinausgeht, eröffnet, also hinsichtlich der Errichtung respektive des Funktionierens des Gemeinsamen Marktes.

(b) Inhalt der Kompetenz gem. Art. 100 EWGV (jetzt Art. 94 EG)

Art. 100 EWGV (jetzt Art. 94 EG) ermöglichte den Erlaß von Richtlinien zur Angleichung von Rechts- und Verwaltungsvorschriften der Mitgliedstaaten, die sich unmittelbar auf die Errichtung oder das Funktionieren des Gemeinsamen Marktes auswirkten. Voraussetzung für die Anwendung von Art. 100 EWGV (jetzt Art. 94 EG) waren Unterschiede zwischen Rechts- und Verwaltungsvorschriften der Mitgliedstaaten, die sich unmittelbar störend auf die Errichtung oder das Funktionieren des Gemeinsamen Marktes auswirkten. Weitere Voraussetzung war, daß die negativen Auswirkungen die Beseitigung durch Angleichung der fraglichen Vorschriften erfordern.[661]

Rechtsangleichung bedeutete hier Anpassung an den Gemeinsamen Markt, der den Maßstab dafür bestimmte, ob und wie weit eine mitgliedstaatliche Regelung

---

[659] Groeben/Schwarze-*Taschner*, Bd. 2, Art. 94 EG, Rdnr. 1 ff. m.w.N. erläutert überzeugend, weshalb die Begriffe „Angleichung“ und „Koordinierung“ bzw. „Harmonisierung“ im EG-Vertrag nebeneinander synonym verwendet werden, ohne daß eine inhaltliche Abgrenzung beispielsweise aufgrund systematischer Verwendung zu erkennen wäre. Relevant sei jeweils, den Gemeinsamen Markt störende Auswirkungen zu beseitigen.

[660] Siehe zu der Frage mehrerer konkurrierender Kompetenzgrundlagen die ausführliche Darstellung bei Schwarze-*Herrnfeld*, Art. 94 EG, Rdnr. 20 ff.

[661] Siehe insgesamt hierzu die ausführliche Darstellung bei Schwarze-*Herrnfeld*, Art. 94 EG, Rdnr. 6 ff. und Rdnr. 19.

angleichungsbedürftig war.[662] Sie war nicht Selbstzweck, sondern diente durch gemeinschaftsweit angeglichenes Recht der Verwirklichung spezifischer Ziele des E(W)GV. Für den Inhalt der Rechtsangleichung waren dabei die besonderen Erfordernisse des Gemeinsamen Marktes maßgeblich.[663]

Zielrichtung der Rechtsangleichung mußte die Beseitigung von Funktionsstörungen des Gemeinsamen Marktes bzw. von Wettbewerbsverzerrungen sein, die sich gerade aus der Unterschiedlichkeit der mitgliedstaatlichen Regelungen ergaben.[664] Dabei war es nicht erforderlich, daß bereits in allen Mitgliedstaaten einschlägige Regelungen existierten. Hierdurch eröffnete Art. 100 EWGV (jetzt Art. 94 EG) eine Kompetenz zu rechtsschöpferischer Tätigkeit[665], an die jedoch strenge Anforderungen im Hinblick auf den Grundsatz der Verhältnismäßigkeit, d.h. der Erforderlichkeit der Rechtsangleichung, gestellt wurden.[666] Art. 100 EWGV (jetzt Art. 94 EG) ermächtigte nur dann zur Rechtsangleichung, wenn von den Unterschieden zwischen den mitgliedstaatlichen Regelungen hinreichend relevante störende Auswirkungen auf das Funktionieren des Gemeinsamen Marktes ausgingen.[667] Auch Art. 100 EWGV (jetzt Art. 94 EG) gewährte dem Gemeinschaftsgesetzgeber keine allgemeine Kompetenz zur Regelung des Binnenmarktes.[668]

---

662 Groeben/Schwarze-*Taschner*, Bd. 2, Art. 94 EG, Rdnr. 2 ff.

663 Schwarze-*Herrnfeld*, Art. 94 EG, Rdnr. 2 und 7.

664 Grabitz/Hilf-*Langeheine*, Art. 100 EGV, Rdnr. 9; Schwarze-*Herrnfeld*, Art. 94 EG, Rdnr. 8.

665 Groeben/Schwarze-*Taschner*, Bd. 2, Art. 94 EG, Rdnr. 34; Schwarze-*Herrnfeld*, Art. 94 EG, Rdnr. 8.

666 Schwarze-*Herrnfeld*, Art. 94 EG, Rdnr. 8; Grabitz/Hilf-*Langeheine*, Art. 100 EGV, Rdnr. 9.

667 Schwarze-*Herrnfeld*, Art. 94 EG, Rdnr. 16.

668 Siehe Urteil des EuGH in der Rs. C-376/98 [Bundesrepublik Deutschland – EP und Rat] vom 05. Oktober 2000, Slg. 2000, S. I-8419, Rdnr. 83 hinsichtlich des Art. 100a EWGV (jetzt Art. 95 EG), der durch die EEA 1987 eingeführt wurde und der wie Art. 100 EWGV (jetzt Art94 EG) eine als Generalklausel formulierte Kompetenzgrundlage darstellt: „Diesen Artikel dahin auszulegen, daß er dem Gemeinschaftsgesetzgeber eine allgemeine Kompetenz zur Regelung des Binnenmarktes gewährte, widerspräche nicht nur dem Wortlaut der genannten Bestimmungen, sondern wäre auch unvereinbar mit dem in Art. 3b EGV (jetzt Art. 5 EG) niedergelegten Grundsatz, daß die Befugnisse der Gemeinschaft auf Einzelermächtigungen beruhen."

(c) Überschreitung der Kompetenzgrenzen des Art. 100 EWGV (jetzt Art. 94 EG)?

Für die Beantwortung der Frage, ob die Verpflichtung zur Einführung der allgemeinmedizinischen Weiterbildung durch Art. 1 RL 86/457/EWG (Art. 30 RL 93/16/EWG) von der Kompetenzgrundlage in Art. 100 EWGV (jetzt Art. 94 EG) gedeckt war, bedarf es keiner weiteren Ausführungen zu den sonstigen Anwendungsvoraussetzungen dieser Norm. Denn wie bei Art. 57 EWGV (jetzt Art. 47 EG) ist auch hier die Erforderlichkeit der Rechtsangleichung durch die Verpflichtung zur Einführung einer spezifischen Weiterbildung in der Allgemeinmedizin nicht gegeben.

Es ist nicht ersichtlich, inwiefern sich die Tatsache, daß nicht in allen Mitgliedstaaten eine allgemeinmedizinische Weiterbildung möglich war, störend auf das Funktionieren des Gemeinsamen Marktes auswirkte. Die Störungen des Gemeinsamen Marktes hätten aber hinreichend relevant und unmittelbar sein müssen, um Art. 100 EWGV (jetzt Art. 94 EG) als Kompetenzgrundlage für die Rechtsangleichung in Form der verpflichtenden Einführung einer allgemeinmedizinischen Weiterbildung heranziehen zu können.[669] Anzeichen für eine relevante und unmittelbare Störung lassen sich weder aus der RL 86/457/EWG selbst, noch aus den Entstehungsdokumenten der Kommission, des EP oder des WSA ablesen.

Schon aus diesem Grund scheidet Art. 100 EWGV (jetzt Art. 94 EG) als Kompetenzgrundlage für Art. 1 RL 86/457/EWG (jetzt Art. 30 RL 93/16/EWG) aus.

(3) Zwischenergebnis

Weitere Kompetenzgrundlagen, die einschlägig sein könnten, sind nicht ersichtlich. Die Verpflichtung zur Einführung einer spezifischen Weiterbildung in der Allgemeinmedizin durch Art. 1 RL 86/457/EWG (jetzt Art. 30 RL 93/16/EWG) entbehrt daher einer primärrechtlichen Kompetenzgrundlage und ist folglich rechtswidrig.

c. Kompetenz für die Gestaltung der Zugangsvoraussetzungen zur vertragsärztlichen Versorgung

Eine weitere Besonderheit der RL 86/457/EWG (jetzt Art. 30 ff. RL 93/16/EWG) stellte die Einwirkung auf die mitgliedstaatlichen Voraussetzungen für Tätigkeiten im jeweiligen Sozialversicherungssystem dar. Die Richtlinie schrieb in Art. 7 (jetzt Art. 36 RL 93/16/EWG) vor, daß spätestens ab 01. Januar

---

[669] Siehe Schwarze-*Herrnfeld*, Art. 94 EG, Rdnr. 6 ff und Rdnr. 19.

1995 nur noch die Ärzte, die entsprechend der RL 86/457/EWG allgemeinmedizinisch weitergebildet waren, für das jeweilige Sozialversicherungssystem der Mitgliedstaaten allgemeinmedizinisch tätig werden durften.[670] In den Ärzterichtlinien von 1975 fand sich keine derartige Regelung, d.h. in den übrigen Facharztbereichen wurde und wird auf europäischer Ebene nicht vorgegeben, daß die Facharztqualifikation für Tätigkeiten innerhalb des Sozialversicherungssystems notwendig war bzw. ist.

Für die Ausgestaltung der mitgliedstaatlichen Systeme der sozialen Sicherheit gab es keine Kompetenz auf Gemeinschaftsebene, weshalb die Mitgliedstaaten befugt waren, ihre jeweiligen Systeme nach ihren eigenen Vorstellungen zu regeln.[671] Dies wurde und wird durch die ständige Rechtsprechung des EuGH untermauert, wonach das Gemeinschaftsrecht die Befugnis der Mitgliedstaaten unberührt läßt, ihre Systeme der sozialen Sicherheit auszugestalten.[672] Der jeweilige Mitgliedstaat darf hiernach bestimmen, unter welchen Voraussetzungen ein Leistungserbringer am System der sozialen Sicherheit teilnehmen darf und welche Leistungen von diesem System umfaßt sind. Gleichwohl müssen die Mitgliedstaaten nach der Rechtsprechung des EuGH bei der Ausübung dieser Befugnisse das Gemeinschaftsrecht beachten[673], also auch die Regelungen über die Gewährleistung der europäischen Grundfreiheiten.

---

670 Siehe ausführlich zu dieser Besonderheit oben bei C.V.6.d.

671 Grabitz/Hilf-*Randelzhofer/Forsthoff*, vor Art. 39-55 EG, Rdnr. 190; zu berücksichtigen ist hierbei, daß bei Erlaß der RL 86/457/EWG Regelungen wie Art. 3 Abs. 1 lit. p EG (Beitrag zur Erreichung eines hohen Gesundheitsschutzniveaus) oder Art. 152 EG (Beitrag der Gemeinschaft zur Krankheitsverhütung) noch nicht existierten. Zwischenzeitlich ist Gesundheitspolitik auch ein Thema auf EU-Ebene, beispielsweise in der Lissabonner Strategie; siehe die allgemeine Internetseite der Kommission zur öffentlichen Gesundheit unter europa.eu.int/comm/ health/index_de.html (Stand: 31. Dezember 2004) oder die Empfehlungen des EU Forums zur Gesundheitspolitik unter europa.eu.int/comm/health/ph_ overview/health_forum/hforum_soc_en.pdf (Stand: 31. Dezember 2004).

672 Urteil in der Rs. 238/82 [Duphar und andere – Niederländischer Staat] vom 07. Februar 1984, Slg. 1984, S. 523, Rdnr. 16; Urteil in der Rs. C-120/95 [Nicolas Decker – Caisse de maladie des employés privés] vom 28. April 1998, Slg. 1998, S. I-1831, Rdnr. 21; Urteil in der Rs. C-158/96 [Raymond Kohll – Union des caisses de maladie] vom 28. April 1998, Slg. 1998, S. I-1931, Rdnr. 17; Urteil in der Rs. C-70/95 [Sodemare SA u.a. – Regione Lombardia] vom 17. Juni 1997, Slg. 1997, S. I-3395, Rdnr. 27; Urteil in der Rs. C-157/99 [B.S.M. Smits, verheiratete Geraets – Stichting Ziekenfonds VGZ; H.T.M. Peerbooms – Stichting CZ Groep Zorgverzekeringen] vom 12. Juli 2001, Slg. 2001, S. I-5473, Rdnr. 44.

673 Erstmals in den beiden Urteilen des EuGH in der Rs. C-120/95 [Nicolas Decker – Caisse de maladie des employés privés] vom 28. April 1998, Slg. 1998, S. I-1831, Rdnr. 23 und in der Rs. C-158/96 [Raymond Kohll – Union des caisses de maladie] vom 28. April 1998, Slg. 1998, S. I-1931, Rdnr. 19.

Art. 7 RL 86/457/EWG (jetzt Art. 36 RL 93/16/EWG) betraf einen Teilaspekt des Systems der sozialen Sicherheit eines jeden Mitgliedstaates, nämlich den Gesichtspunkt, mit welcher Qualifikation allgemeinmedizinische Tätigkeiten im Rahmen des Sozialversicherungssystems ab 1995 nur erbracht werden durften. Regelungsgegenstand war mithin nicht der Zugang zum ärztlichen Beruf, sondern der Zugang zu den allgemeinmedizinischen Tätigkeiten innerhalb der Sozialversicherungssysteme. Mangels einer Kompetenz des Gemeinschaftsgesetzgebers zur Ausgestaltung der mitgliedstaatlichen Sozialversicherungssysteme müßte Art. 7 RL 86/457/EWG (jetzt Art. 36 RL 93/16/EWG) für seine Rechtmäßigkeit von den europäischen Grundfreiheiten, hier insbesondere von der Niederlassungs- und Dienstleistungsfreiheit in ihrer Ausgestaltung durch Art. 57 EWGV (jetzt Art. 47 EG) i.V.m. Art. 66 EWGV[674] (jetzt Art. 55 EG), oder aber von sonstigen Kompetenzgrundlagen gedeckt sein.

(1) Kompetenzgrundlage in Art. 57 EWGV (jetzt Art. 47 EG)

Von den in der RL 86/457/EWG genannten Kompetenzgrundlagen ist wie bei den vorherigen Kompetenzprüfungen auch hier Art. 57 EWGV (jetzt Art. 47 EG) als maßgebliche Rechtsgrundlage zu prüfen.

(a) Inhalt und Grenzen der Kompetenz gem. Art. 57 EWGV (jetzt Art. 47 EG)

Art. 57 EWGV (jetzt Art. 47 EG) ermöglichte den Erlaß von Richtlinien zur gegenseitigen Anerkennung von Diplomen, Prüfungszeugnissen und sonstigen Befähigungsnachweisen und von Richtlinien zur Koordinierung der mitgliedstaatlichen Rechts- und Verwaltungsvorschriften, um die Aufnahme und Ausübung selbständiger Tätigkeiten zu erleichtern. Die Kompetenz umfaßte nur das, was zur Erreichung dieses Zwecks verhältnismäßig war.[675]

Art. 7 RL 86/457/EWG (jetzt Art. 36 RL 93/16/EWG) war vom Anwendungsbereich des Art. 57 EWGV (jetzt Art. 47 EG) umfaßt: Diese Regelung koordinierte die mitgliedstaatlichen Regelungen dahingehend, daß ab 1995 alle Mitgliedstaaten das Weiterbildungsdiplom gem. Art. 1 RL 86/457/EWG (jetzt Art. 30 RL 93/16/EWG) als Voraussetzung für ein allgemeinmedizinisches Tätigwerden im Rahmen des Sozialversicherungssystems vorschreiben mußten.

---

674 Wie bei den vorangegangenen Kompetenzprüfungen wird auch hier der EWGV in seiner 1986 geltenden Fassung herangezogen.

675 Siehe zum Inhalt und zu den Grenzen der Kompetenz gem. Art. 57 EWGV (jetzt Art. 47 EG) oben bei D.I.1.a., D.I.1.b(1)(a) und D.I.1.b(1)(b).

(b) Überschreitung der Kompetenzgrenzen des Art. 57 EWGV (jetzt Art. 47 EG)?

Diese koordinierende Einwirkung auf die mitgliedstaatlichen Regelungen müßte geeignet, notwendig und verhältnismäßig im engeren Sinne gewesen sein, um die Aufnahme und Ausübung selbständiger allgemeinmedizinischer Tätigkeit zu erleichtern.

Weder in den der RL 86/457/EWG vorangegangenen Dokumenten[676], noch in ihren Erwägungsgründen findet sich ein Hinweis darauf, warum neben der Verpflichtung zur Einführung der allgemeinmedizinischen Weiterbildung diese als Voraussetzung für die Zulassung als Leistungserbringer zum jeweiligen Sozialversicherungssystem auf europäischer Ebene zwingend vorgeschrieben werden mußte. Im neunten Erwägungsgrund[677] der RL 86/457/EWG (jetzt 22. Erwägungsgrund der RL 93/16/EWG) wurde nur betont, daß „die Zuständigkeit der Mitgliedstaaten für die Gestaltung ihres eigenen Sozialversicherungssystems sowie für die Festlegung der Tätigkeiten, die im Rahmen dieses Systems ausgeübt werden können", von dieser Richtlinie nicht berührt seien. Wenigstens in einem Punkt aber griff Art. 7 RL 86/457/EWG (jetzt Art. 36 RL 93/16/EWG) in die Ausgestaltung des Sozialversicherungssystems ein: auf Seiten der Zugangsvoraussetzung für allgemeinmedizinische Leistungserbringer.

Nach dem Kommissionsentwurf[678] zielte die Richtlinie darauf ab, „daß jeder Arzt, der als Praktischer Arzt praktizieren will, seine gemäß der RL 75/363/EWG erforderliche ärztliche Ausbildung durch eine spezifische *Weiter*bildung in der Allgemeinmedizin ergänzen muß."[679] Die spezifische Weiterbildung in der Allgemeinmedizin war nach Ansicht des europäischen Gesetzgebers laut der Erwägungsgründe vier bis sechs der RL 86/457/EWG (jetzt 17. bis 19. Erwägungsgrund der RL 93/16/EWG) notwendig, um einerseits die universitäre Ausbildung insbesondere um allgemeinmedizinische Praxis zu ergänzen und andererseits „die ärztliche Versorgung vor allem insofern zu verbessern, als die Inanspruchnahme von Fachärzten sowie von Laboratorien und sonstigen hochspezialisierten Einrichtungen und Ausrüstungen auf einer selektiveren Grundla-

---

676 Siehe hierzu ausführlich oben bei C.V.1. bis C.V.3.

677 Dieser Erwägungsgrund war noch nicht in den Kommissionsentwürfen enthalten, sondern wurde erst vom Rat in den endgültigen Richtlinientext eingefügt; siehe oben bei C.V.4.

678 ABl. C 13 vom 15. Januar 1985, S. 3, geändert in ABl. C 125 vom 24. Mai 1986, S. 8.

679 Dies findet sich im 7. Erwägungsgrund der RL 86/457/EWG (jetzt 20. Erwägungsgrund der RL 93/16/EWG) in etwas abgeschwächter Form wieder: „... wobei eine geeignete *Weiter*bildung jedes praktischen Arztes, die den spezifischen Anforderungen an die Ausübung der Allgemeinmedizin entspricht, anzustreben ist." Ergänzung des obigen Textes in Form von Unterstreichung erfolgte durch die Autorin.

ge erfolgen würde".[680] Insgesamt sollte es zu einer Aufwertung der Tätigkeit des Praktischen Arztes kommen.[681] Die „Verwirklichung dieser Reform"[682] strebte der Rat in zwei Phasen an: Zunächst durch die bereits kompetenzrechtlich überprüfte Verpflichtung zur Einführung der spezifischen Weiterbildung in der Allgemeinmedizin (Art. 1 RL 86/457/EWG, jetzt Art. 30 RL 93/16/EWG)[683] und anschließend durch die Vorgabe, diese Weiterbildung für allgemeinmedizinische Tätigkeiten im Rahmen eines jeden Sozialversicherungssystems vorauszusetzen (Art. 7 RL 86/457/EWG, jetzt Art. 36 RL 93/16/EWG).

Der europäische Gesetzgeber verfolgte also mit der RL 86/457/EWG (jetzt Art. 30 ff. RL 93/16/EWG) ausdrücklich andere Ziele als die Erleichterung der Aufnahme und Ausübung selbständiger allgemeinmedizinischer Tätigkeiten. Diese Erleichterung war mangels Geeignetheit nicht einmal Nebenwirkung der Maßnahme in Art. 7 RL 86/457/EWG (jetzt Art. 36 RL 93/16/EWG), weshalb sich weitergehende Überlegungen zu Notwendigkeit und Verhältnismäßigkeit im engeren Sinne dieser Maßnahme erübrigen.

Die Vorgabe aus Art. 7 RL 86/457/EWG (jetzt Art. 36 RL 93/16/EWG), die spezifische Weiterbildung in Allgemeinmedizin für allgemeinmedizinische Tätigkeiten im Rahmen eines Sozialversicherungssystems vorauszusetzen, war nicht geeignet, einem Arzt die Aufnahme seines Berufs in einem anderen Mitgliedstaat für allgemeinmedizinische Tätigkeiten zu erleichtern, wie sich an folgenden zwei Fallkonstellationen verdeutlichen lässt: Der Aufnahmemitgliedstaat setzte bei den allgemeinmedizinisch tätigen Leistungserbringern für sein Sozialversicherungssystem schon vor Erlass der RL 86/457/EWG (jetzt Art. 30 ff. RL 93/16/EWG) den erfolgreichen Abschluß einer allgemeinmedizinischen Weiterbildung voraus (α) oder er setzte dies gerade nicht voraus (β). Hierbei ist zwischen der Aufnahme des ärztlichen Berufs an sich und der Aufnahme und Ausübung allgemeinärztlicher Tätigkeiten innerhalb eines Sozialversicherungssystems zu differenzieren.

(α) In den Mitgliedstaaten, die bereits vor Erlaß der RL 86/457/EWG (jetzt Art. 30 ff. RL 93/16/EWG) von den allgemeinmedizinischen Leistungserbringern innerhalb ihres Sozialversicherungssystems den Abschluß einer Weiterbil-

[680] Das Streben nach einer hausarztzentrierten Versorgung ist also auf europäischer Ebene bereits 1986 vorhanden, siehe fünfter Erwägungsgrund der RL 86/457/EWG (jetzt 18. Erwägungsgrund der RL 93/16/EWG).

[681] Siehe sechster Erwägungsgrund der RL 86/457/EWG (jetzt 19. Erwägungsgrund der RL 93/16/EWG).

[682] So formuliert im achten Erwägungsgrund der RL 86/457/EWG (jetzt 21. Erwägungsgrund der RL 93/16/EWG).

[683] Siehe hierzu oben bei D.I.1.b.

dung in Allgemeinmedizin voraussetzten, erforderte Art. 7 RL 86/457/EWG (jetzt Art. 36 RL 93/16/EWG) keine gesonderte Umsetzung. Weil sich also an der Rechtslage nichts änderte, wurden in diesen Mitgliedstaaten daher die Aufnahme und Ausübung allgemeinmedizinischer Tätigkeiten innerhalb wie außerhalb des Sozialversicherungssystems durch die fragliche Maßnahme der RL 86/457/EWG (jetzt Art. 30 ff. RL 93/16/EWG) weder erleichtert noch erschwert.

(β) In den Mitgliedstaaten, die vor Erlaß der RL 86/457/EWG (jetzt Art. 30 ff. RL 93/16/EWG) von den allgemeinmedizinischen Leistungserbringern ihres Sozialversicherungssystems keinen Abschluß einer Weiterbildung in Allgemeinmedizin voraussetzten, wurden durch Art. 7 RL 86/457/EWG (jetzt Art. 36 RL 93/16/EWG) die Bedingungen für die Aufnahme und Ausübung des ärztlichen Berufs außerhalb des Sozialversicherungssystems ebenfalls nicht geändert. Allein für Ärzte, die eine Teilnahme am Sozialversicherungssystem als allgemeinmedizinische Leistungserbringer anstrebten, änderte die Maßnahme aus Art. 7 RL 86/457/EWG (jetzt Art. 36 RL 93/16/EWG) die Zugangsvoraussetzungen. Die neu eingeführte Vorgabe, eine abgeschlossene Weiterbildung in Allgemeinmedizin vorzuweisen, erleichterte jedoch nicht die Aufnahme und Ausübung dieser Tätigkeit, sondern erschwerte sie. Es wurde ein höherer qualitativer Standard – abgeschlossene allgemeinmedizinische Weiterbildung – für den Zugang als allgemeinmedizinischer Leistungserbringer zum Sozialversicherungssystem vorausgesetzt.

Dies bedeutet, daß die Maßnahme aus Art. 7 RL 86/457/EWG (jetzt Art. 36 RL 93/16/EWG) in der einzigen Fallkonstellation, in der sie sich auswirkte, die Aufnahme und Ausübung allgemeinmedizinischer Tätigkeiten nicht erleichterte, sondern erschwerte.

Die Beseitigung von Hemmnissen der Niederlassungs- und Dienstleistungsfreiheit aufgrund von Art. 57 EWGV (jetzt Art. 47 EG) konnte zwar auch zur Verschärfung bestehender oder zur Einführung neuer Regelungen führen, sofern die Unterschiede zwischen den einzelstaatlichen Regelungen verringert wurden.[684] Allerdings mußte die Verschärfung in einzelnen Mitgliedstaaten für die europaweite Erleichterung der Aufnahme und Ausübung selbständiger Tätigkeiten notwendig sein sowie das Ziel der Koordinierung der mitgliedstaatlichen Regelungen über die Aufnahme und Ausübung dieser Tätigkeiten verfolgen. Art. 7 RL 86/457/EWG (jetzt Art. 36 RL 93/16/EWG) führte zwar nur in einzelnen Mitgliedstaaten zu einer Verschärfung bestehender Regelungen, europaweit

[684] Siehe oben Fn. 639 sowie die Erläuterungen vor und nach dieser Fußnote im Text.

führte diese Koordinierungsmaßnahme aber nicht zu einer Erleichterung der Aufnahme und Ausübung allgemeinmedizinischer Tätigkeiten.

Wie bei den übrigen Facharztbereichen hätte es auch bei der Allgemeinmedizin ausgereicht, durch die RL 86/457/EWG (jetzt Art. 30 ff. RL 93/16/EWG) die Voraussetzungen für die gegenseitige Anerkennung des allgemeinmedizinischen Diploms zu schaffen. Mit dem gegenseitig anzuerkennenden Diplom wäre es jedem Allgemeinarzt möglich gewesen, sich in einem anderen Mitgliedstaat niederzulassen, allgemeinmedizinisch tätig zu werden und sich um die Teilnahme am Sozialversicherungssystem als allgemeinmedizinischer Leistungserbringer zu bemühen.[685] Dies wäre – wie für die anderen Fachärzte auch – aus wirtschaftlichen Gründen vorteilhaft gewesen, weil der überwiegende Anteil der Patienten sozialversichert war. Allein die Erfüllung des durch Art. 7 RL 86/457/EWG (jetzt Art. 36 RL 93/16/EWG) gesetzten fachlichen Standards garantierte noch nicht die Zulassung als Leistungserbringer. In Deutschland beispielsweise mußte und muß ein Bedarf für die Zulassung eines neuen Leistungserbringers bestehen, der weitere persönliche Voraussetzungen zu erfüllen hat.[686]

Der freie Dienstleistungsverkehr und die Niederlassungsfreiheit scheitern – wenn überhaupt – nicht daran, daß in den Mitgliedstaaten die Voraussetzungen für Leistungserbringer des jeweiligen Sozialversicherungssystems unterschiedlich sind, sondern daran, daß Leistungserbringer mit Befähigungsnachweisen, die nicht in der Ärzterichtlinie aufgelistet sind, schon keinen Anspruch auf automatische Anerkennung ihres Titels im Aufnahmemitgliedstaat innehaben. Die fachlichen Zulassungskriterien richten sich verständlicherweise nach den jeweiligen Weiterbildungsstrukturen. In Frankreich beispielsweise darf nur ein

---

685 Die Grundsätze aus den nach Erlaß der RL 86/457/EWG ergangenen Entscheidungen des EuGH in den Rechtssachen Kohll, Decker u.a. (siehe Fn. 672) sind nicht auf die Frage der Ausgestaltung der Zugangsvoraussetzungen zu den Sozialversicherungssystemen anwendbar, denn die Urteile betreffen die Gewährleistung von grenzüberschreitender Dienstleistung, nicht aber Fragen der Niederlassung. Die Teilnahmevoraussetzungen zum Sozialversicherungssystem als Leistungserbringer in dem Mitgliedstaat der Niederlassung ist ein Teilaspekt der Berufsausübung nach der Niederlassung, wenngleich auch ohne grenzüberschreitendes Moment. Der EuGH hatte noch keine Gelegenheit, über Behinderungen durch Bedürfnisregelungen (wie z.B. die bedarfsabhängige Zulassung zur vertragsärztlichen Versorgung) zu befinden, vgl. Grabitz/Hilf-*Randelzhofer/Forsthoff* Art. 43 EG, Rdnr. 93.

686 Siehe §§ 95-105 SGB V i.V.m. der Zulassungsverordnung für Vertragsärzte (Ärzte-ZV) vom 28. Mai 1957, zuletzt geändert durch Gesetz vom 05. Mai 2004 (BGBl. I, S. 718), und den Richtlinien über die Bedarfsplanung sowie die Maßstäbe zur Feststellung von Überversorgung und Unterversorgung in der vertragsärztlichen Versorgung („Bedarfsplanungs-Richtlinien-Ärzte") in der Fassung vom 09. März 1993, zuletzt geändert durch Bekanntmachung vom 15. Juni 2004 (BAnz. 2004, Nr. 165, S. 19677).

„Facharzt für Nephrologie“ Dialyseleistungen zu Lasten der Sozialversicherung erbringen. Der deutsche Facharzt für Innere Medizin mit Schwerpunkt Nephrologie hat keinen Anspruch auf automatische Anerkennung seines Titels in Frankreich als „Facharzt für Nephrologie“, weshalb dieser deutsche Internist allenfalls nach konkreter Überprüfung seiner Weiterbildung samt Berufserfahrung und gegebenenfalls weiteren Prüfungen eine Anerkennung seines Facharzttitels erhält und damit die fachlichen Voraussetzungen zur Zulassung erfüllen kann. Ebenso ergeht es dem französischen Nephrologen: Für seinen Titel gibt es keine direkte Entsprechung im deutschen Weiterbildungssystem. Somit sind die Ärztekammern zur konkreten Überprüfung der Weiterbildung und Berufserfahrung sowie gegebenenfalls zu weitergehenden fachlichen Prüfungen berechtigt. Solange kann dieser französische Nephrologe in Deutschland nicht als Vertragsarzt zugelassen werden.

Die Vorgabe aus Art. 7 RL 86/457/EWG (jetzt Art. 36 RL 93/16/EWG), die spezifische Weiterbildung in Allgemeinmedizin für allgemeinmedizinische Tätigkeiten im Rahmen eines Sozialversicherungssystems vorauszusetzen, war zur Verfolgung der Ziele von Art. 57 EWGV (jetzt Art. 47 EG) nicht geeignet und damit nicht von dieser Kompetenzgrundlage gedeckt.

(2) Kompetenzgrundlage in Art. 100 EWGV (jetzt Art. 94 EG)

Trotz der grundsätzlichen Nachrangigkeit von Art. 100 EWGV[687] (jetzt Art. 94 EG) gegenüber den in der Richtlinie genannten Kompetenzgrundlagen in Art. 57 und 66 EWGV (jetzt Art. 47 und 55 EG) ist auch hier zu prüfen, ob die Vorgabe aus Art. 7 RL 86/457/EWG (jetzt Art. 36 RL 93/16/EWG) an die Sozialversicherungssysteme der Mitgliedstaaten von dieser Generalklausel gedeckt ist[688], weil diese Maßnahme gerade nicht auf Art. 57 und 66 EWGV (jetzt Art. 47 und 55 EG) gestützt werden kann.

Art. 100 EWGV (jetzt Art. 94 EG) ermöglichte den Erlaß von Richtlinien zur Angleichung von Rechts- und Verwaltungsvorschriften der Mitgliedstaaten, die sich auf Errichtung oder Funktionieren des Gemeinsamen Marktes unmittelbar auswirkten. Weitere Voraussetzung war, daß sich die Unterschiede zwischen den bestehenden mitgliedstaatlichen Vorschriften unmittelbar störend auf die Errichtung oder das Funktionieren des Gemeinsamen Marktes auswirkten. Hier-

687 Es wird auch hier Bezug genommen auf die bei Erlaß der RL 86/457/EWG gültige Fassung des EWGV und die damalige Numerierung der Artikel des EWGV.

688 Zu Subsidiarität, Inhalt und Grenzen der Kompetenz nach Art. 100 EGV (jetzt Art. 94 EG) siehe oben bei D.I.1.b(2).

bei war in besonderem Maße auf die Erforderlichkeit der Rechtsangleichung zu achten.[689]

Es sind schon keine Anhaltspunkte dafür ersichtlich, daß sich bei Erlaß der RL 86/457/EWG (jetzt Art. 30 ff. RL 93/16/EWG) die qualitativen Unterschiede zwischen den Mitgliedstaaten bei den Zugangsvoraussetzungen für allgemeinmedizinische Leistungserbringer zu den Sozialversicherungssystemen unmittelbar störend auf den Gemeinsamen Markt auswirkten. Um Art. 100 EWGV (jetzt Art. 94 EG) als Kompetenzgrundlage heranziehen zu können, hätten diese Störungen des Gemeinsamen Marktes aber hinreichend relevant und unmittelbar sein müssen. Von derartigen Störungen berichteten weder die Richtlinie selbst noch die der RL 86/457/EWG (jetzt Art. 30 ff. RL 93/16/EWG) vorausgegangenen Dokumente im Rechtsetzungsverfahren.

Hinsichtlich der anderen medizinischen Fachgebiete gab und gibt es keine zu Art. 7 RL 86/457/EWG (jetzt Art. 36 RL 93/16/EWG) vergleichbare Vorschrift, so daß es hier jedem Mitgliedstaat überlassen bleibt, ob er eine abgeschlossene Facharztweiterbildung für die Zulassung des Leistungserbringers zum Sozialversicherungssystem voraussetzt oder nicht. Nach Art. 43 RL 93/16/EWG (früher Art. 26 RL 75/362/EWG und Art. 10 RL 75/363/EWG) werden, sofern sich bei der Anwendung der Ärzterichtlinie für einen Mitgliedstaat größere Schwierigkeiten ergeben, diese von der Kommission zusammen mit dem betreffenden Mitgliedstaat geprüft. Gegebenenfalls hat die Kommission dem Rat geeignete Vorschläge zur Abhilfe vorzulegen. Es sind keine Kommissionsvorschläge zur Änderung der RL 93/16/EWG erfolgt, die darauf abgezielt hätten, auch für die übrigen Facharztgebiete eine zu Art. 7 RL 86/457/EWG (jetzt Art. 36 RL 93/16/EWG) vergleichbare Regelung einzuführen, also auch hier den erfolgreichen Abschluß einer Facharztweiterbildung als Zugangsvoraussetzung für die Teilnahme am jeweiligen Sozialversicherungssystem vorzugeben. Es ist daher davon auszugehen, daß es bei den anderen Facharztdiplomen keine größeren Schwierigkeiten gab, obwohl es hier keine vereinheitlichende Regelung hinsichtlich der Zugangsvoraussetzungen für das jeweilige Sozialversicherungssystem gab und gibt.

Auch dies spricht dafür, daß es bei Erlaß der RL 86/457/EWG keine hinreichend relevanten Störungen des Gemeinsamen Marktes im Hinblick auf die mitgliedstaatlich verschiedenen Zugangsvoraussetzungen für allgemeinmedizinische Leistungserbringer zu den Sozialversicherungssystemen gab. Aus diesem Grund scheidet auch Art. 100 EWGV (jetzt Art. 94 EG) als Kompetenzgrundlage für Art. 7 RL 86/457/EWG (jetzt Art. 36 RL 93/16/EWG) aus.

---

[689] Zu weiteren Einzelheiten siehe oben bei D.I.1.b(2)(b).

(3) Zwischenergebnis

Weitere Kompetenzgrundlagen, die einschlägig sein könnten, sind nicht ersichtlich. Die Vorgabe durch Art. 7 RL 86/457/EWG (jetzt Art. 36 RL 93/16/EWG), die Zulassung von allgemeinmedizinischen Leistungserbringern zum Sozialversicherungssystem von dem erfolgreichen Abschluß einer Weiterbildung in Allgemeinmedizin abhängig zu machen, entbehrt daher einer primärrechtlichen Kompetenzgrundlage und ist folglich rechtswidrig.

d. Kompetenz für die Einschränkung der kassenärztlichen Vorbereitungszeit

Art. 21 RL 75/362/EWG (jetzt Art. 21 RL 93/16/EWG) griff schon früher und in ganz anderer Form als Art. 7 RL 86/457/EWG (jetzt Art. 36 RL 93/16/EWG) in die Regelungen zu den Systemen der sozialen Sicherheit ein. Danach durften Mitgliedstaaten, die von ihren eigenen Staatsangehörigen für die Zulassung zur Tätigkeit als Kassenarzt[690] die Ableistung einer Vorbereitungszeit verlangten, diese während eines Zeitraums von fünf Jahren ab dem Erlaß der Richtlinie, also ab dem 16. Juni 1975, auch von den Staatsangehörigen der anderen Mitgliedstaaten verlangen. Dabei durfte die Dauer dieser Vorbereitungszeit sechs Monate nicht überschreiten. Seit Mitte Juni 1980 darf kein Mitgliedstaat mehr von Staatsangehörigen anderer Mitgliedstaaten die Ableistung einer Vorbereitungszeit für die Zulassung als Leistungserbringer im Sozialversicherungssystem verlangen.

Zum Zeitpunkt des Erlasses der RL 75/362/EWG (jetzt Art. 1 ff RL 93/16/EWG) war nur in Deutschland[691] die Ableistung einer solchen, allerdings längeren Vorbereitungszeit für die kassenärztliche Zulassung eine zwingende Voraussetzung.[692] Der deutsche Gesetzgeber war also aufgrund von Art. 21 RL 75/362/EWG (jetzt Art. 21 RL 93/16/EWG) gezwungen, im Rahmen der Umsetzung dieser Richtlinie die Regelung des eigenen Sozialversicherungssystems über die Vorbereitungszeit zugunsten von Angehörigen anderer Mitgliedstaaten abzuändern. Die aufgrund dieser Ärzterichtlinie nur noch von eigenen Staatsangehörigen geforderte Vorbereitungszeit wurde in Deutschland erst mit Wirkung ab 01. Januar 1994 endgültig abgeschafft.

Auch bzgl. Art. 21 RL 75/362/EWG (jetzt Art. 21 RL 93/16/EWG) ist zu prüfen, ob dieser Eingriff in die Ausgestaltung der Sozialversicherungssysteme auf

---

690 Zwischenzeitlich wird dieser als Vertragsarzt bezeichnet.

691 Der WSA kritisierte den Regelungsvorschlag der Kommission zu Art. 21 RL 75/362/EWG als Sonderbestimmung für Deutschland, ABl. C 36 vom 28. März 1970, S. 15.

692 Siehe hierzu ausführlicher unter C.V.7.

europäischer Ebene mit einer primärrechtlichen Kompetenzgrundlage in Einklang zu bringen ist. Wie bereits bei dem vorherigen Prüfungspunkt dargestellt, darf der jeweilige Mitgliedstaat sein System der sozialen Sicherheit nach eigenen Vorstellungen und unter Beachtung des Gemeinschaftsrechts ausgestalten.[693] Mangels einer Kompetenz des Gemeinschaftsgesetzgebers für die Ausgestaltung der mitgliedstaatlichen Sozialversicherungssysteme müßte Art. 21 RL 75/362/EWG (jetzt Art. 21 RL 93/16/EWG) für seine Rechtmäßigkeit von den europäischen Grundfreiheiten, hier insbesondere von der Niederlassungs- und Dienstleistungsfreiheit in ihrer Ausgestaltung durch Art. 57 und 66 EWGV[694] (jetzt Art. 47 und 55 EG), oder aber von sonstigen Kompetenzgrundlagen gedeckt sein.

(1) Kompetenzgrundlage in Art. 57 EWGV (jetzt Art. 47 EG)

Von den in der RL 75/362/EWG (jetzt Art. 1 ff. RL 93/16/EWG) genannten Kompetenzgrundlagen ist auch hier zunächst Art. 57 EWGV (jetzt Art. 47 EG) als maßgebliche Kompetenzgrundlage zu prüfen.

(a) Inhalt und Grenzen der Kompetenz gem. Art. 57 EWGV (jetzt Art. 47 EG)

Art. 57 Abs. 2 EWGV (jetzt Art. 47 Abs. 2 EG) ermöglichte den Erlaß von Richtlinien zur Koordinierung der Rechts- und Verwaltungsvorschriften der Mitgliedstaaten über die Aufnahme und Ausübung selbständiger Tätigkeiten, um diese zu erleichtern. Die Kompetenz umfasste nur das, was zur Erreichung des Ziels – Erleichterung der Aufnahme und Ausübung selbständiger Tätigkeiten – geeignet, erforderlich und verhältnismäßig im engeren Sinne war.[695]

Art. 21 RL 75/362/EWG (jetzt Art. 21 RL 93/16/EWG) war vom Anwendungsbereich des Art. 57 Abs. 2 EWGV (jetzt Art. 47 Abs. 2 EG) umfaßt: Diese Regelung koordinierte die mitgliedstaatlichen Regelungen dahingehend, daß alle Mitgliedstaaten ab dem 20. Juni 1980 nicht mehr berechtigt waren, die Ableistung einer Vorbereitungszeit für die Zulassung zur Tätigkeit als Leistungserbringer im eigenen Sozialversicherungssystem von Staatsangehörigen anderer

---

693 *Frenz*, MedR 2004, 296 <298> spricht hierbei von einer faktischen Harmonisierung aufgrund der geforderten Beachtung des Gemeinschaftsrechts bei der Ausgestaltung der Sozialversicherungssysteme.

694 Der EWGV wird in diesem Textabschnitt in der bei Erlaß der Richtlinie geltenden Fassung herangezogen, also zuletzt geändert durch Beschluß des Rates vom 26. November 1974, ABl. L 318 vom 28. November 1974, S. 22.

695 Siehe zum Inhalt und zu den Grenzen der Kompetenz gem. Art. 57 EWGV (jetzt Art. 47 EG) ausführlich oben bei D.I.1.a., D.I.1.b(1)(a) und D.I.1.b(1)(b).

Mitgliedstaaten zu verlangen. Zwar wies nur der Titel der RL 75/363/EWG[696] und nicht der der RL 75/362/EWG[697] explizit auf die Koordinierung mitgliedstaatlicher Regelungen und damit indirekt auf Art. 57 Abs. 2 EWGV (jetzt Art. 47 Abs. 2 EG) hin. Jedoch enthielt auch die RL 75/362/EWG (jetzt Art. 1 ff. RL 93/16/EWG), die auf Art. 57 EWGV (jetzt Art. 47 EG) insgesamt und nicht nur auf Art. 57 Abs. 1 EWGV (jetzt Art. 47 Abs. 1 EG) gestützt wurde, koordinierende Maßnahmen im Sinne von Art. 57 Abs. 2 EWGV (jetzt Art. 47 Abs. 2 EG) zur Verwirklichung der Niederlassungs- und Dienstleistungsfreiheit.

(b) Überschreitung der Kompetenzgrenze des Art. 57 EWGV (jetzt Art. 47 EG)?

Diese koordinierende Einwirkung auf die mitgliedstaatlichen Regelungen müßte für ihre Rechtmäßigkeit geeignet, notwendig und verhältnismäßig im engeren Sinne gewesen sein, um die Aufnahme und Ausübung selbständiger medizinischer Tätigkeit zu erleichtern.

(i) Geeignetheit

Mit dem gegenseitig anzuerkennenden (Fach-)Arztdiplom war es jedem Arzt bzw. Facharzt aus einem Mitgliedstaat möglich, sich in Deutschland niederzulassen und umgehend zumindest privatärztlich tätig zu werden. Außerhalb der jeweiligen Sozialversicherungssysteme war also Art. 21 RL 75/362/EWG (jetzt Art. 21 RL 93/16/EWG) nicht geeignet, die Aufnahme und Ausübung ärztlicher Tätigkeit zu erleichtern.

Weder in den der Richtlinie vorangegangenen Dokumenten, noch in den Erwägungsgründen zur RL 75/362/EWG (jetzt Art. 1 ff RL 93/16/EWG) wurden Gründe dafür genannt, weshalb die kassenärztliche Vorbereitungszeit nur noch während einer fünfjährigen Übergangsfrist von Ärzten anderer Mitgliedstaaten gefordert werden durfte. Nach dem Kommissionsvorschlag hätte jeder Mitgliedstaat das Erfordernis einer kassenärztlichen Vorbereitungszeit beibehalten dürfen.[698] Dies hielten das EP und der WSA ohne nähere Begründung zwar für un-

---

[696] „Richtlinie ... zur Koordinierung der Rechts- und Verwaltungsvorschriften für die Tätigkeiten des Arztes".

[697] „Richtlinie ... für die gegenseitige Anerkennung der Diplome, Prüfungszeugnisse und sonstigen Befähigungsnachweisen des Arztes und für Maßnahmen zur Erleichterung der tatsächlichen Ausübung des Niederlassungsrechts und des Rechts auf freien Dienstleistungsverkehr".

[698] ABl. C 54 vom 28. April 1969, S. 8 <11 f.>; Teil I. Art. 11 (Vorschlagsnorm zu Art. 21 RL 75/362/EWG) sah vor, daß ärztliche Tätigkeiten von gleicher Dauer wie die Vorbereitungszeit, die in einem anderen Mitgliedstaat absolviert wurden, zur Befreiung von der

gerechtfertigt.[699] Andererseits vermissten sie im Kommissionsvorschlag „eine Bestimmung, die von den Vertretern der Ärzte aller sechs Staaten dringend gefordert worden war“[700]: Die Einführung einer Anpassungszeit von sechs Monaten für jeden Arzt, der in einen anderen Mitgliedstaat einwandert, um ihm Gelegenheit zu geben, sich mit der Sprache, der Gesundheitsgesetzgebung und dem System der sozialen Sicherheit des Aufnahmestaates vertraut zu machen. Dies wäre nichts anderes als eine Vorbereitungszeit für privat- und kassenärztliche Tätigkeiten gewesen. Es setzte sich weder der Kommissionsvorschlag noch der von EP und WSA in Übereinstimmung mit den Ärztevertretern durch, sondern der Rat verabschiedete Art. 21 RL 75/362/EWG (jetzt Art. 21 RL 93/16/EWG) ohne weitere Erläuterung hierzu in den Erwägungsgründen.

In seinem Urteil „Haim I“[701] äußerte sich der EuGH folgendermaßen zum Sinn der Regelung über die Einschränkung nationaler Vorbereitungszeiten, wobei er sich hier auf die im wesentlichen gleichlautende Vorschrift aus der Zahnärzterichtlinie 78/686/EWG[702] bezog: „Das in Artikel 20 ausgesprochene Verbot, von Gemeinschaftsbürgern nach dem 30. Juni 1986 die Ableistung einer Vorbereitungszeit zu verlangen, erklärt sich dadurch, daß die in Artikel 3 der Richtlinie 78/686 aufgezählten Diplome[703] der Staatsangehörigen der Mitgliedsstaaten nach Ablauf des Zeitraums von acht Jahren[704] von der Bekanntgabe der Richtlinie an alle Garantien in bezug auf die Bedingungen der Ausbildung ihrer Inhaber bieten.“ Dieses Verbot verpflichtete die Mitgliedstaaten nach Ansicht des EuGH nur dann, wenn der betreffende (Zahn-)Arzt ein von den Mitgliedstaaten gegen-

---

Vorbereitungszeit hätten führen müssen. Nach *Schlögell* gab es eine derartige Vorbereitungszeit in keinem anderen Mitgliedstaat außer Deutschland, DÄ 1973, S. 614.

[699] Stellungnahme des EP zum Kommissionsvorschlag in ABl. C 101 vom 04. August 1970, S. 13 <14>; Stellungnahme des WSA zum Kommissionsvorschlag in ABl. C 36 vom 28. März 1970, S. 15 <17>.

[700] Stellungnahme des WSA zum Kommissionsvorschlag in ABl. C 36 vom 28. März 1970, S. 15 <18>; vgl. auch Stellungnahme des EP zum Kommissionsvorschlag in ABl. C 101 vom 04. August 1970, S. 13 <14>.

[701] Urteil des EuGH in der Rs. C-319/92 [Salomone Haim – Kassenzahnärztliche Vereinigung Nordrhein] vom 09. Februar 1994, Slg. 1994, S. I-425, Rdnr. 12 („Haim I“).

[702] Richtlinie 78/686/EWG vom 25. Juli 1975, ABl. L 233 vom 24. August 1978, S. 1; inhaltlich vergleichbar mit der RL 75/362/EWG (jetzt Art. 1 ff. RL 93/16/EWG).

[703] Hierbei handelt es sich um die der zahnärztlichen Approbation gleichgestellten Diplome, die seit 2001 nicht mehr in Art. 3, sondern im Anhang A der RL 78/686/EWG aufgelistet sind.

[704] Im Gegensatz zu Art. 21 RL 75/362/EWG (jetzt Art. 21 RL 93/16/EWG), der eine Übergangszeit von fünf Jahren ab dem 20. Juni 1975 vorsah, bestimmt Art. 20 RL 78/686/EWG eine Übergangszeit von acht Jahren.

seitig automatisch anzuerkennendes Arztdiplom besaß. Denn nur dann sei sichergestellt, daß der Betreffende „die Garantien, die sich aus den durch die Richtlinie 78/687[705] vorgeschriebenen Bedingungen der theoretischen und praktischen [zahnärztlichen] Ausbildung ergeben“[706], auch erfülle. Für den EuGH war somit entscheidend, daß der (Zahn-)Arzt theoretisch und praktisch in der Lage war, (zahn)ärztlich tätig zu werden.[707] Mit diesen Kenntnissen und Fertigkeiten sollte er nach Ansicht des EuGH dann auch Patienten im Rahmen eines jeden mitgliedstaatlichen Sozialversicherungssystems ohne Ableistung einer zusätzlichen Vorbereitungszeit behandeln dürfen.

Auf die Problematik, ob ein Tätigwerden in einem Sozialversicherungssystem Besonderheiten mit sich bringen könnte, ging der EuGH nicht ein. Ebenso wenig beschäftigte er sich mit der Frage, ob während einer kassen(zahn)ärztlichen Vorbereitungszeit besondere Kenntnisse vermittelt werden, die neben der (zahn)ärztlichen Tätigkeit für diejenige als Kassen- bzw. Vertrags(zahn)arzt notwendig waren oder sind. Dabei hatten schon die Ärztevertreter während des Verfahrens zum Erlaß der RL 75/362/EWG (jetzt Art. 1 ff. RL 93/16/EWG) zum Ausdruck gebracht, daß unter anderem die rechtlichen Rahmenbedingungen für ärztliche Tätigkeiten innerhalb eines Sozialversicherungssystems in den einzelnen Mitgliedstaaten so unterschiedlich waren, daß sie eine Art Einarbeitungszeit von sechs Monaten für erforderlich hielten.[708]

Der EuGH sah in seinem Urteil „Haim I“ die kassen(zahn)ärztliche Vorbereitungszeit als nationale Schranke der primärrechtlich garantierten Niederlassungsfreiheit an: Das Erfordernis der Vorbereitungszeit sei eine nationale Qualifikationsvoraussetzung, die zwar ohne Diskriminierung aufgrund der Staatsangehörigkeit angewandt werde, aber geeignet sei, die Staatsangehörigen der anderen Mitgliedstaaten in der Ausübung des ihnen durch Art. 52 EWGV (jetzt Art. 43 EG) gewährleisteten Niederlassungsrechts zu beeinträchtigen.[709] Art. 21 RL 75/362/EWG (jetzt Art. 21 RL 93/16/EWG) war zur schrittweisen Beseiti-

[705] Richtlinie 78/687/EWG vom 25. Juli 1975, ABl. L 233 vom 24. August 1978, S. 10; inhaltlich vergleichbar mit der RL 75/363/EWG (jetzt Art. 23 ff. RL 93/16/EWG).

[706] Rdnr. 13 des EuGH-Urteils in der Rs. C-319/92 [Salomone Haim – Kassenzahnärztliche Vereinigung Nordrhein] vom 09. Februar 1994, Slg. 1994, S. I-425 („Haim I“).

[707] Dies deckt sich mit dem Verständnis der Kommission von der kassenärztlichen Vorbereitungszeit, wie es in Teil I. Art. 11 des Kommissionsvorschlags zur RL 75/362/EWG zum Ausdruck kam, vgl. Fn. 698.

[708] Hierauf weist der WSA in seiner Stellungnahme zum Kommissionsvorschlag ausdrücklich hin, ABl. C 36 vom 28. März 1970, S. 15 <18>.

[709] Siehe Rdnr. 26 ff. des EuGH-Urteils in der Rs. C-319/92 [Salomone Haim – Kassenzahnärztliche Vereinigung Nordrhein] vom 09. Februar 1994, Slg. 1994, S. I-425 („Haim I“).

gung der Beschränkung der Niederlassungsfreiheit durch die kassenärztliche Vorbereitungszeit und damit zur Erleichterung der Niederlassungsfreiheit als Vertragsarzt geeignet.

(ii) Erforderlichkeit

Art. 52 EWGV (jetzt Art. 43 EG) steht nach Ansicht des EuGH[710] nur dann einer nationalen Regelung wie der über die kassenärztliche Vorbereitungszeit nicht entgegen, wenn sie folgende vier Voraussetzungen erfüllt: Die Regelung muß in nichtdiskriminierender Weise angewandt werden, aus zwingenden Gründen des Allgemeininteresses gerechtfertigt und zur Verwirklichung des mit ihr verfolgten Zieles geeignet und erforderlich sein. Ob die deutschen Regelungen zur kassenärztlichen Vorbereitungszeit diese vier Voraussetzungen für eine rechtmäßige Einschränkung der Niederlassungsfreiheit erfüllten oder nicht, wurde weder vom EuGH[711] noch ausdrücklich vom Gemeinschaftsgesetzgeber im Rahmen des Rechtsetzungsverfahrens der RL 75/362/EWG geprüft. Bei Vorliegen dieser vier Voraussetzungen wäre Art. 21 RL 75/362/EWG (jetzt Art. 21 RL 93/16/EWG) nicht erforderlich gewesen.

- Anwendung in nichtdiskriminierender Weise

Schon der EuGH[712] stellte fest, daß die Vorbereitungszeit ohne Diskriminierung aufgrund der Staatsangehörigkeit von allen Ärzten, die zur vertragsärztlichen Versorgung in Deutschland zugelassen werden wollten, gefordert wurde. Dies entsprach auch der Formulierung von § 3 Abs. 2 Zulassungsordnung für Kassenärzte (ZO-Ärzte)[713], wonach eine Eintragung in das Arztregister – Voraussetzung für die Tätigkeit als Kassenarzt – erst nach „Ableistung einer eineinhalbjährigen Vorbereitungszeit auf die kassenärztliche Tätigkeit nach Erteilung

---

[710] Vgl. Urteil in der Rs. C-19/92 [Dieter Kraus – Land Baden-Württemberg] vom 31. März 1993, Slg. 1993, S. I-1663, Rdnr. 32, Urteil in der Rs. C-55/94 [Reinhard Gebhard – Consiglio dell'ordine degli avvocati e procuratori di Milano] vom 30. November 1995, Slg. 1995, S. I-4165, Rdnr. 37 und Urteil in der Rs. C-424/97 [Salomone Haim – Kassenärztliche Vereinigung Nordrhein] vom 04. Juli 2000, Slg. 2000, S. I-5123, Rdnr. 57 („Haim II").

[711] Dies war auch nicht Gegenstand der im Rahmen des Vorabentscheidungsverfahrens in der Rs. C-319/92 („Haim I") gestellten Fragen.

[712] EuGH-Urteil in der Rs. C-319/92 [Salomone Haim – Kassenzahnärztliche Vereinigung Nordrhein] vom 09. Februar 1994, Slg. 1994, S. I-425, Rdnr. 26 („Haim I").

[713] Vom 28. Mai 1957 (BGBl. I S. 572, ber. S. 608), erstmals geändert durch Verordnung vom 20. Juli 1977 (BGBl. I S. 1332) mit Wirkung vom 27. Juli 1977; zwischenzeitlich mehrfach geändert und umbenannt in Zulassungsverordnung für Vertragsärzte (Ärzte-ZV).

der Berechtigung zur Ausübung des ärztlichen Berufes in eigener Praxis" möglich war. Die Vorbereitungszeit wurde also von allen und nicht nur von ausländischen Ärzten gefordert und damit in nichtdiskriminierender Weise angewandt.

- Rechtfertigung durch zwingende Gründe des Allgemeininteresses

Mit dem Erfordernis der kassenärztlichen Vorbereitungszeit müßten zwingende Gründe des Allgemeininteresses verfolgt worden sein. Die Rechtfertigung durch zwingende Gründe des Allgemeininteresses ist ein ungeschriebener Rechtfertigungsgrund für Beschränkungen von Grundfreiheiten.[714] Diese zwingenden Gründe des Allgemeininteresses wurden und werden nicht im europäischen Primär- oder Sekundärrecht definiert. Es existiert daher keine abgeschlossene Liste von rechtfertigenden Belangen, sondern es handelt sich um einen für die Erweiterung durch Schutzanliegen von Mitgliedstaaten offenen Rechtfertigungskanon. Der EuGH hat bereits zahlreiche Belange als zwingende Gründe des Allgemeininteresses anerkannt, beispielsweise Berufsregelungen zum Schutz des Dienstleistungsempfängers[715], Schutz der Sozialordnung[716], Schutz der Versicherten einer privaten Versicherung[717], erhebliche Gefährdung des finanziellen Gleichgewichts des Systems der sozialen Sicherheit[718], Aufrechterhaltung einer allen zugänglichen ärztlichen und klinischen Versorgung zur Erreichung eines hohen Gesundheitsschutzes.[719]

Der EuGH gesteht den Mitgliedstaaten eine gewisse Einschätzungsprärogative dahingehend zu, ob die Verfolgung bestimmter Belange erforderlich ist und auf welche Art und Weise dies zu geschehen hat. Gerade wenn die Anliegen über die Wirtschaftspolitik hinausgehen, ist in der Rechtsprechung des EuGH die

---

714 Siehe hierzu ausführlich bei Grabitz/Hilf-*Randelzhofer/Forsthoff* vor Art. 39-55 EG, Rdnr. 154 ff.

715 Urteil in den verbundenen Rs. 110/78 und 111/78 [Ministère public und „Chambre syndicale des agents artistiques et impresarii de Belgique" ASBL – Willy van Wesemael u.a.] vom 18. Januar 1979, Slg. 1979, S. 35, Rdnr. 28.

716 Siehe nur Urteil in der Rs. C-275/92 [Her Majesty's Customs and Excise – Gerhart Schindler und Jörg Schindler] vom 24. März 1994, Slg. 1994, S. I-1039, Rdnr. 58; weitere Urteile zitiert von Grabitz/Hilf-*Randelzhofer/Forsthoff* vor Art. 39-55 EG unter Rdnr. 161.

717 Urteil in der Rs. 205/84 [Kommission – Bundesrepublik Deutschland] vom 04. Dezember 1986, Slg. 1986, S. 3755, Rdnr. 30 ff.

718 Urteil in der Rs. C-158/96 [Raymond Kohll – Union des caisses de maladie] vom 28. April 1998, Slg. 1998, S. I-1931, Rdnr. 41.

719 Urteil des EuGH in der Rs. C-157/99 [B.S.M. Smits, verheiratete Geraets – Stichting Ziekenfonds VGZ; H.T.M. Peerbooms – Stichting CZ Groep Zorgverzekeringen] vom 12. Juli 2001, Slg. 2001, S. I-5473, Rdnr. 72 f.

Gewährung eines weiten Spielraums feststellbar.[720] Allein die Tatsache, daß in einem anderen Mitgliedstaat keine derartige, die Niederlassungsfreiheit einschränkende oder eine weniger strenge Regelung besteht, reicht nach Ansicht des EuGH nicht aus, um die jeweils streitgegenständliche Regelung als unverhältnismäßig und damit rechtswidrig erscheinen zu lassen.[721] Die Verpflichtung zur Ableistung einer speziellen Vorbereitungszeit für Leistungserbringer eines Sozialversicherungssystems gab es zum Zeitpunkt des Richtlinienerlasses nur in Deutschland.[722] Dies allein steht dem Vorliegen eines Rechtfertigungsgrundes also nicht entgegen. Vielmehr ist von einem weiten Spielraum für rechtfertigende Belange auszugehen, weil sich die kassenärztliche Vorbereitungszeit nicht auf den Schutz von Wirtschaftspolitik bezog.

Nach der Formulierung von § 3 Abs. 2 ZO-Ärzte sollte die Vorbereitungszeit der Vorbereitung auf die kassenärztliche Tätigkeit dienen. Dies sollte durch folgende konkrete Ausgestaltung der Vorbereitungszeit nach § 3 Abs. 3 ZO-Ärzte[723] erfolgen: Von den 18 Monaten mußten mindestens drei, höchstens sechs Monate als Vertreter oder Assistent bei einem niedergelassenen Kassenarzt absolviert werden, die übrige Tätigkeit war in Krankenhäusern abzuleisten. Der zuerst genannte Teil diente damit einem spezifisch kassenärztlichen Aspekt, nämlich der Einarbeitung in die Besonderheiten kassenärztlicher Tätigkeit im Hinblick auf beispielsweise die Rechte und Pflichten als Zwangsmitglied in der Kassenärztlichen Vereinigung, auf den Leistungsumfang für gesetzlich versicherte Patienten sowie auf die Abrechnung dieser kassenärztlichen Leistungen mit der Kassenärztlichen Vereinigung. Der zuletzt genannte Teil der Vorbereitungszeit diente einer praktischen ärztlichen Ausbildung, welche wegen der feh-

---

[720] Siehe Grabitz/Hilf-*Randelzhofer/Forsthoff* vor Art. 39-55 EG, Rdnr. 172 mit dem Ansatz einer Systematisierung der EuGH-Rechtsprechung hierzu und Verweisen auf die entsprechenden EuGH-Urteile.

[721] Urteile des EuGH in der Rs. C-384/93 [Alpine Investments BV – Minister van Financiën] vom 10. Mai 1995, Slg. 1995, S. I-1141, Rdnr. 51 und in der Rs. C-3/95 [Reisebüro Broede – Gerd Sandker] vom 12. Dezember 1996, Slg. 1996, S. I-6511, Rdnr. 42.

[722] Siehe Fn. 691.

[723] Die ZO-Ärzte basierte auf § 368c der Reichsversicherungsordnung, der selbst keine konkrete Vorgabe für die Ausgestaltung der kassenärztlichen Vorbereitungszeit enthielt. Maßgeblicher Prüfungsgegenstand ist daher § 3 ZO-Ärzte in der Fassung von 1957, der noch bei Richtlinienerlaß 1975 Gültigkeit besaß. Durch die erste Änderungsverordnung von 1977 (siehe Fn. 713) wurde die Vorbereitungszeit auf sechs Monate verkürzt, die vollständig als Vertreter oder Assistent bei einem niedergelassenen Vertragsarzt abzuleisten war.

lenden Praxisbezogenheit des Medizinstudiums als notwendig angesehen wurde.[724]

Ein ärztliches Tätigwerden innerhalb eines Sozialversicherungssystems umfaßte und umfaßt spezifisch kassen- bzw. vertragsarztrechtliche Aspekte, deren Einhaltung für das System der gesetzlichen Krankenversicherung und damit für jeden Kassen- bzw. Vertragsarzt notwendig war und ist. Durch die kassenärztliche Vorbereitungszeit sollte sichergestellt werden, daß die Ärzte, die zur kassenärztlichen Versorgung zugelassen werden wollten, bereits vor der Zulassung mit den vielfältigen Besonderheiten dieser Tätigkeit vertraut und in sie eingearbeitet sind, damit die Versorgung der gesetzlich versicherten Patienten sowie die dazugehörende Abrechnung reibungslos vom ersten Tag der Zulassung an erfolgen konnte. Durch die mindestens einjährige Tätigkeit in Krankenhäusern sollte der jeweilige Arzt in unselbständiger Tätigkeit und unter Anleitung und nicht erst bei eigener Niederlassung Praxiserfahrung sammeln. Das Erfordernis der kassenärztlichen Vorbereitungszeit stellte also eine Berufsregelung zum Schutz des Systems der gesetzlichen Krankenversicherung und der gesetzlich versicherten Patienten zur Erreichung eines hohen Gesundheitsschutzes dar. Mit § 3 Abs. 3 S. 1 ZO-Ärzte wurden mithin zwingende Gründe des Allgemeininteresses verfolgt.[725]

- Geeignet zur Verwirklichung des verfolgten Zieles

Das Erfordernis der kassenärztlichen Vorbereitungszeit müßte geeignet gewesen sein, um das soeben beschriebene Ziel zu verwirklichen. Der EuGH gesteht den Mitgliedstaaten eine gewisse Einschätzungsprärogative dahingehend zu, auf welche Art und Weise die Verfolgung bestimmter Belange zu geschehen hat. Die Mitarbeit in einer Kassenarztpraxis sowie in Krankenhäusern war sicherlich geeignet, sich einerseits in die kassenarztrechtlichen Besonderheiten einzuarbeiten und ärztliche Praxiserfahrung zu sammeln. Damit war die kassenärztliche Vorbereitungszeit geeignet, die mit ihr verfolgten zwingenden Gründe des Allgemeininteresses zu verwirklichen.

---

[724] Das BSG (Urteil vom 18. Mai 1989, - 6 RKa 6/88 -, BSGE 65, 89) hielt hieran sogar nach der Umsetzung der europäischen (Zahn-)Ärzterichtlinien fest, obwohl durch Art. 1 Abs. 2 RL 75/363/EWG (jetzt Art. 23 Abs. 2 RL 93/16/EWG) und Art. 1 Abs. 2 RL 78/687/EWG praktischer Unterricht für das (zahn-)medizinische Studium vorgeschrieben wurde.

[725] Vgl. BSG, Urteil vom 18. Mai 1989, - 6 RKa 6/88 -, BSGE 65, 89, Ziffer 4 der Entscheidungsgründe für die entsprechende Vorschrift in der Zulassungsordnung für Zahnärzte (§ 3 Abs. 3 ZO-Zahnärzte).

- Keine Überschreitung des Erforderlichen

Die Regelung über die kassenärztliche Vorbereitungszeit dürfte das zur Erreichung des Ziels Erforderliche nicht überschritten haben. Diese Prüfung umfaßt nach der Rechtsprechung des EuGH auch die dritte Stufe des Verhältnismäßigkeitsgrundsatzes, also die Angemessenheit.[726]

Vor Erlaß und Umsetzung der Ärzterichtlinien von 1975 war die kassenärztliche Vorbereitungszeit notwendig.[727] Im ärztlichen Studium wurde weder zwingend auf die besonderen Umstände kassenärztlicher Tätigkeiten eingegangen noch notwendigerweise ein Praxisbezug hergestellt. Zur Ereichung eines hohen Gesundheitsschutzes bei gesetzlich Versicherten und zum Schutz des Systems der gesetzlichen Krankenversicherung war es daher notwendig, die Ärzte vor ihrer Zulassung mithilfe der kassenärztlichen Vorbereitungszeit auf ihre zukünftige Tätigkeit vorzubereiten.

Allerdings ist für die hier zu treffende Feststellung des Notwendigen und seiner Angemessenheit nicht die Situation vor oder bei Erlaß der RL 75/362/EWG und 75/363/EWG (jetzt RL 93/16/EWG) maßgeblich, sondern der mit der Umsetzung der Ärzterichtlinien zu erreichende Zustand. Denn weitere Richtlinienregelungen neben Art. 21 RL 75/362/EWG (jetzt Art. 21 RL 93/16/EWG) könnten die Notwendigkeit und Angemessenheit der kassenärztlichen Vorbereitungszeit beeinflußt haben.

Bei der Umsetzung der RL 75/362/EWG und 75/363/EWG (jetzt RL 93/16/EWG) galt es, dem Erfordernis Rechnung zu tragen, die ärztliche Aus- und Weiterbildung in Form von theoretischem und praktischem Unterricht auszugestalten. Gerade auf den Umstand des praktischen Unterrichts stützte der EuGH in dem Urteil „Haim I" seine Aussage, daß mit Abschluß des Studiums alle Bedingungen für die Aufnahme ärztlicher Tätigkeiten erfüllt seien, auch für Tätigkeiten innerhalb eines Sozialversicherungssystems.[728] Der Praxisbezug des ärztlichen Studiums läßt die Notwendigkeit des Teils der kassenärztlichen Vorbereitungszeit, der in Krankenhäusern abzuleisten war und der praktischen Ausbildung des Arztes diente, entfallen. Nur folgerichtig wurde § 3 Abs. 3 VO-Ärzte bei seiner ersten Änderung im Jahr 1977 auf sechs Monate verkürzt, die vollständig als Vertreter oder Assistent bei einem niedergelassenen Vertragsarzt abzuleisten waren.[729]

---

[726] Siehe hierzu die von Grabitz/Hilf-*Randelzhofer/Forsthoff* vor Art. 39-55 EG unter Rdnr. 158 f. zitierte Rechtsprechung des EuGH.

[727] So auch das BSG in seinem Urteil vom 18. Mai 1989, siehe Fn. 724 und 725.

[728] Siehe Fn. 706.

[729] Verordnung vom 20. Juli 1977, BGBl. I S. 1332, mit Wirkung vom 27. Juli 1977.

Zwar schrieben die Ärzterichtlinien von 1975 nicht vor, daß während des Medizinstudiums auch Kenntnisse über die Sozialversicherungssysteme aller Mitgliedstaaten sowie die speziellen Anforderungen an die Erbringung ärztlicher Tätigkeiten innerhalb dieser Systeme zu vermitteln waren. Nach Art. 20 RL 75/362/EWG (jetzt Art. 20 RL 93/16/EWG) mußten die Mitgliedstaaten aber sicherstellen, daß es einem niederlassungswilligen Arzt aus einem anderen Mitgliedstaat möglich war, Informationen über die Gesundheits- und Sozialvorschriften sowie gegebenenfalls über die Standesregeln des Aufnahmestaates zu erhalten. „Zu diesem Zweck können sie Informationsstellen einrichten, bei denen sich die Begünstigten die erforderlichen Informationen beschaffen können. Die Aufnahmestaaten können den Begünstigten im Falle der Niederlassung die Verpflichtung auferlegen, mit diesen Stellen Verbindung aufzunehmen."[730]

Die Mitgliedstaaten waren zwar nicht gezwungen, derartige Informationsstellen einzurichten und niederlassungswillige Ärzte anderer Mitgliedstaaten zu verpflichten, sich mit diesen Stellen in Verbindung zu setzen. Aber es bestand für sie die Möglichkeit, die Niederlassung von einer Kontaktaufnahme mit den Informationsstellen abhängig zu machen, diese Kontaktaufnahme sowie den Inhalt der an den Arzt weiterzugebenden Informationen in eigenen Regelungen näher zu konkretisieren und so zu erreichen, daß sich der niederlassungswillige Arzt mit den Gesundheits- und Sozialvorschriften sowie den Standesregeln des Aufnahmestaates zu befassen hat. Mit der verpflichtenden Kontaktaufnahme mit einer der Informationsstellen konnte zwar der tatsächliche Kenntnisstand des niederlassungswilligen Arztes über die Gesundheits- und Sozialvorschriften sowie die Standesregeln nicht überprüft werden. Aber eine derartige Überprüfung fand auch nicht im Rahmen der der kassenärztlichen Vorbereitungszeit statt.

Der Teil der kassenärztlichen Vorbereitungszeit, der zur Einarbeitung in die spezifisch kassenärztliche Tätigkeit diente, wurde also durch die von Art. 20 RL 75/362/EWG (jetzt Art. 20 RL 93/16/EWG) eröffneten Möglichkeiten ersetzt.[731] Damit konnte jeder Mitgliedstaat weiterhin selbst entscheiden, ob er die Niederlassung und damit auch die Zulassung eines Arztes aus einem anderen Mitgliedstaat als Leistungserbringer im eigenen Sozialversicherungssystem von Kenntnissen über das Gesundheits- und Sozialrecht abhängig machen wollte.

---

[730] Art. 20 S. 2 und 3 RL 75/362/EWG (jetzt Art. 20 S. 2 und 3 RL 93/16/EWG).

[731] Ohne näheren Bezug zu den Möglichkeiten aufgrund von Art. 20 RL 75/362/EWG (Art. 20 RL 93/16/EWG) forderte der WSA im Rahmen seiner Anhörung zur RL 82/76/EWG wiederum die Anpassungszeit von sechs Monaten, die er schon im Rahmen des Richtlinenerlasses für die ersten Ärzterichtlinien gefordert hatte (ABl. C 36 vom 28. März 1970, S. 15; siehe hierzu oben bei C.III.1.a.).

Dies bedeutet, daß die kassenärztliche Vorbereitungszeit aufgrund der durch Art. 20 RL 75/362/EWG (jetzt Art. 20 RL 93/16/EWG) eröffneten Möglichkeiten nicht mehr notwendig war, um die mit ihr verfolgten zwingenden Gründe des Allgemeininteresses zu erreichen. Damit stand Art. 52 EWGV (jetzt Art. 43 EG) dem Fortbestand von § 3 VO-Ärzte entgegen, weshalb Art. 21 RL 75/362/EWG (jetzt Art. 21 RL 93/16/EWG) notwendig war.

(iii) Verhältnismäßigkeit

Die Verpflichtung zur schrittweisen Aufhebung der kassenärztlichen Vorbereitungszeit für Ärzte anderer Mitgliedstaaten in Verbindung mit den Maßnahmen aus Art. 20 RL 75/362/EWG (jetzt Art. 20 RL 93/16/EWG) war auch verhältnismäßig im engeren Sinne. In weniger einschneidender Form konnten die Interessen der niederlassungswilligen Ärzte sowie die Interessen der Mitgliedstaaten nicht sichergestellt werden: einerseits die Erleichterung der Niederlassung und Zulassung als Kassenarzt durch Abschaffung der kassenärztlichen Vorbereitungszeit, andererseits aber die Möglichkeit, diesen Arzt von Gesundheits- und Sozialvorschriften in Kenntnis zu setzen.

(2) Zwischenergebnis

Die bedeutet, daß Art. 21 RL 75/362/EWG (jetzt Art. 21 RL 93/16/EWG) von der Kompetenzgrundlage in Art. 57 EWGV (jetzt Art. 47 EG) gedeckt ist.

2. Ausgestaltung der Ärzterichtlinien

Bei Rechtsetzungsakten der europäischen Institutionen stellt sich nicht nur die Frage nach der Kompetenz, sondern auch die nach der europarechtskonformen Ausgestaltung der Rechtsetzungsmaßnahme. Unter diesem Gesichtspunkt kommen einem hinsichtlich der Besonderheit von Art. 5 Abs. 1 Spiegelstrich 3 RL 86/457/EWG (jetzt Art. 34 Abs. 1 Spiegelstrich 3 RL 93/16/EWG)[732] dahingehend Bedenken, ob diese Regelung mit europäischem Primärrecht vereinbar ist.

Art. 5 Abs. 1 Spiegelstrich 3 RL 86/457/EWG (jetzt Art. 34 Abs. 1 Spiegelstrich 3 RL 93/16/EWG) lautete:

> (1) Unbeschadet des in Artikel 31 Absatz 1 Buchstabe b) genannten Grundsatzes der Vollzeit*weiterbildung* können die Mitgliedstaaten neben der Vollzeit*weiterbildung* eine spezifische Teilzeit*weiterbildung* in der Allgemeinmedizin zulassen, sofern folgende Einzelbestimmungen erfüllt sind:

[732] Siehe hierzu die ausführliche Darstellung oben bei C.V.6.b.

- ...

- ...

- die Teilzeit*weiterbildung* muß einige Abschnitte einer Vollzeit*weiterbildung* umfassen, und zwar sowohl bei dem in Krankenhäusern stattfindenden *Weiterbildungs*teil als auch bei dem in einer zugelassenen Allgemeinpraxis oder in einem zugelassenen Zentrum für Erstbehandlungen stattfindenden Teil. Zahl und Dauer dieser Abschnitte der Vollzeit*weiterbildung* werden so festgelegt, daß sie eine entsprechende Vorbereitung auf die tatsächliche Ausübung der Tätigkeit des praktischen Arztes gewährleisten.

Für alle übrigen Weiterbildungen zum Facharzt schrieben die Ärzterichtlinien kein Vollzeiterfordernis bei Teilzeitweiterbildung vor, Art. 3 Abs. 1 und 2 RL 75/363/EWG (jetzt Art. 25 Abs. 1 und 2 RL 93/16/EWG). Hier war es möglich, die fachärztliche Weiterbildung vollständig in Teilzeit zu absolvieren. Das Vollzeiterfordernis bei allgemeinmedizinischer Teilzeitweiterbildung kollidierte möglicherweise mit dem gemeinschaftsrechtlichen Grundsatz der Gleichbehandlung von Männern und Frauen.[733]

Diese Frage war Gegenstand eines Vorabentscheidungsverfahrens beim EuGH[734], das vom BVerwG[735] nach ausdrücklicher Anweisung des BVerfG[736]

733 Eine Kollision mit der Richtlinie 76/207/EWG zur Verwirklichung des Grundsatzes der Gleichbehandlung von Männern und Frauen hinsichtlich des Zugangs zur Beschäftigung, zur Berufsbildung und zum beruflichen Aufstieg sowie in Bezug auf die Arbeitsbedingungen vom 09. Februar 1976, ABl. L 39 vom 14. Februar 1976, S. 40, zuletzt geändert durch Richtlinie 2002/73/EG des EP und des Rates vom 23. September 2002, ABl. L 269 vom 05. Oktober 2002, S. 15 wird im Folgenden nicht näher thematisiert, weil der hierfür maßgebliche Regelungsinhalt der Richtlinie 76/207/EWG – Schutz gegen Diskriminierung aufgrund des Geschlechts – bereits vom hier behandelten Primärrecht abgedeckt wird; siehe hierzu noch Fn. 744.

734 In der Rs. C-25/02 [Katharina Rinke – Ärztekammer Hamburg] stellte der Generalanwalt Geelhoed am 06. Februar 2003 seine Schlußanträge, Slg. 2003, S. I-8349. Der EuGH fällte am 09. September 2003 sein Urteil, Slg. 2003, S. I-8349.

735 Beschluß vom 08. November 2001 (- 3 C 7/01 -), DVBl. 2002, 856; das nach Durchführung des Vorabentscheidungsverfahrens wieder beim BVerwG unter dem Aktenzeichen 3 C 34.03 anhängige Verfahren wurde am 12. November 2003 durch Beschluß eingestellt, nachdem die Parteien den Rechtsstreit in der Hauptsache für erledigt erklärt hatten.

736 Beschluß der 2. Kammer des Ersten Senats vom 09. Januar 2001 (- 1 BvR 1036/99 -), NJW 2001, 1267; nach Ansicht des BVerfG verkannte das BVerwG (siehe Fn. 737) seine Vorlagepflicht zum EuGH, weil es sich mit der vorhandenen Rechtsprechung des EuGH zur Kollision von Richtlinien nicht erkennbar auseinandergesetzt und diese Kollision allein nach nationalen Maßstäben entschieden hatte, ohne zu begründen, weshalb diese Maßstäbe auch für die Kollision europäischer Normen Geltung beanspruchen konnten. Ein

angestrengt wurde. Aufgeworfen wurden diese Fragen im Ausgangsverfahren[737] von einer Ärztin[738] durch ihr Begehren gegenüber der Ärztekammer Hamburg, ihr aufgrund von Teilzeitweiterbildung ohne einen Abschnitt Vollzeitweiterbildung in einer Praxis für Allgemeinmedizin den Titel „Praktische Ärztin“ zu erteilen, da nach Ansicht der Ärztin das Vollzeiterfordernis aus Art. 5 Abs. 1 Spiegelstrich 3 RL 86/457/EWG (jetzt Art. 34 Abs. 1 Spiegelstrich 3 RL 93/16/EWG), umgesetzt in § 13b Abs. 2 S. 1 des Hamburgischen Ärztegesetzes, das gemeinschaftsrechtliche Verbot der Diskriminierung aufgrund des Geschlechts verletze.

---

weiterer Grund lag darin, daß das BVerwG nicht in Betracht gezogen hatte, daß das Verbot der ungerechtfertigten Schlechterstellung von Teilzeitbeschäftigten zum allgemeinen gemeinschaftsrechtlichen Grundsatz der Gleichbehandlung der Geschlechter gehört, den alle Gemeinschaftsorgane zu beachten haben (mit Verweis auf die Urteile des EuG in der Rs. T-45/90 [Alicia Speybrouck – EP] vom 28. Januar 1992, Slg. 1992, S. II-33 und des EuGH in der Rs. C-13/94 [P – S und Cornwall County Council] vom 30. April 1996, Slg. 1996, S. I-2143 sowie auf Urteil des Zweiten Senats des BVerfG vom 22. Oktober 1986 (- 2 BvR 179/83 -), BVerfGE 73, 339 <380> mit weiteren Nachweisen, unter anderem auf das Urteil des EuGH in der Rs. 149/77 [Gabrielle Defrenne – Société anonyme belge de navigation aérienne Sabena] vom 15. Juni 1978, Slg. 1978, S. 1365 („Defrenne III“) als grundlegende Entscheidung zum Grundsatz der Gleichbehandlung der Geschlechter).

[737] Urteil des VG Hamburg vom 02. Dezember 1997 (- 13 VG 6329/96 -); Urteil des BVerwG vom 18. Februar 1999 (- 3 C 10.98 -), BVerwGE 108, 289; siehe zum Ausgangsverfahren auch die ausführliche Darstellung samt Erläuterung und Stellungnahme von *Kube*, JuS 2001, 858 sowie die Anmerkung von *Giegerich/Richter* in EuZW 1999, 574, die den nachfolgenden prozeßualen Weg über BVerfG zum EuGH mit stichhaltigen Argumenten bereits vorzeichnen.

[738] Die Klägerin war approbierte Ärztin, die sich ursprünglich zur Fachärztin für Allgemeinmedizin weiterbilden wollte. Nach der Geburt von Zwillingen entschied sie sich für die Weiterbildung zur Praktischen Ärztin, da diese mit einer kürzeren Weiterbildungszeit, nämlich zwei statt damals vier Jahren, verbunden war. Die Klägerin arbeitete vor der Geburt ihrer Kinder ganztägig von 1988 bis 1992 in der Inneren Abteilung eines Krankenhauses, wovon ihr zwei Jahre als Vollzeitweiterbildung anerkannt wurden. Nach der Geburt arbeitete sie für ein Jahr als Weiterbildungsassistentin in einer Praxis für Allgemeinmedizin als Teilzeitbeschäftigte im Umfang von über 60 % einer durchschnittlichen Wochenarbeitszeit.

Im Anschluß daran verfolgte sie die Anerkennung ihrer Qualifikation in Form der Berechtigung, den Titel "Praktische Ärztin" führen zu dürfen. Die Ärztekammer Hamburg lehnte den Antrag ab, da die Klägerin die durch § 13b Abs. 2 S. 1 des Hamburgischen Ärztegesetzes vorgeschriebene sechsmonatige Vollzeitweiterbildung nicht absolviert habe. Weder der Widerspruch noch die Klage zum VG Hamburg noch die Revision zum BVerwG hatten Erfolg. Die hamburgische WBO enthielt kein Vollzeiterfordernis für die Weiterbildung zur Fachärztin für Allgemeinmedizin.

a. Verbot der Diskriminierung aufgrund des Geschlechts

Der EuGH leitete in der Verfolgung der Ziele der Gemeinschaft aus den Verfassungen der Mitgliedstaaten und der Europäischen Menschenrechtskonvention Grundrechte ab und gewährleistet dadurch einen gemeinschaftsrechtlichen Grundrechtsstandard, der Grundlage dafür ist, daß das BVerfG dem EuGH den Grundrechtsschutz in kooperativer[739] Zusammenarbeit überläßt.[740] Zweifelsfrei zählt die Beseitigung der auf dem Geschlecht beruhenden Diskriminierung zu den Grundrechten als allgemeinen Grundsätzen des Gemeinschaftsrechts[741], deren Einhaltung vom europäischen Gesetzgeber zu beachten[742] und vom EuGH zu sichern[743] ist.[744] Dies bedeutet, daß eine Richtlinienregelung, die gegen den

---

739 Urteil des Zweiten Senats des BVerfG vom 12. Oktober 1993 (- 2 BvR 2134/92 -, - 2 BvR 2159/92 -), BVerfGE 89, 155 <175>.

740 Urteil des Zweiten Senats des BVerfG vom 22. Oktober 1986 (- 2 BvR 197/83 -), BVerfGE 73, 339 <378 f.> („Solange-II").

741 Siehe hierzu Art. 13 EG (ex-Art. 6a EGV) [Antidiskriminierungsmaßnahmen] sowie Scharze-*Stumpf*, Art. 6 EUV, Rdnr. 35 und Urteil des EuGH in der Rs. 25/02 (Fn. 734), Rdnr. 25.

742 Urteil des EuGH in der Rs. C-249/96 [Lisa Jacqueline Grant – South-West Trains Ltd.] vom 17. Februar 1998, Slg. 1998, S. I-621, Rdnr. 45; in bezug auf die Wahrung der Menschenrechte siehe Gutachten des EuGH 2/94 bzgl. eines Beitritts der Gemeinschaft zur Konvention zum Schutze der Menschenrechte und Grundfreiheiten vom 28. März 1996, Slg. 1996, I-1759, Rdnr. 34 f.

743 Als grundlegende Entscheidung zum Grundsatz der Gleichbehandlung der Geschlechter nennt der EuGH in der Rs. C-25/02 (Fn. 734) seine Urteile in der Rs. 149/77 [Gabrielle Defrenne – Société anonyme belge de navigation aérienne Sabena] vom 15. Juni 1978, Slg. 1978, S. 1365, Rdnr. 26 f. („Defrenne III") und in der Rs. C-13/94 [P – S und Cornwall County Council] vom 30. April 1996, Slg. 1996, S. I-2143, Rdnr. 19; siehe auch Urteile in den verbundenen Rs. 75 und 117/82 [C. Razzouk und A. Beydoun – Kommission] vom 20. März 1984, Slg. 1984, S. 1509, in der Rs. T-45/90 [Alicia Speybrouck – EP] vom 28. Januar 1992, Slg. 1992, S. II-33, in der Rs. C-1/95 [Hellen Gerster – Freistaat Bayern] vom 02. Oktober 1997, Slg. 1997, S. 5253, in den verbundenen Rs. 270 und 271/97 [Deutsche Post AG – Elisabeth Sievers und Brunhilde Schrage] vom 10. Februar 2000, Slg. 2000, S. I-929, in der Rs. C-226/98 [Birgitte Jørgensen – Foreningen af Speciallæger und Sygesikringens Forhandlingsudvalg] vom 06. April 2000, Slg. 2000, S. I-2447, in der Rs. C-322/98 [Bärbel Kachelmann – Bankhaus Hermann Lampe KG] vom 26. September 2000, Slg. 2000, S. I-7505.

744 Nach Ansicht des EuGH (Rs. C-25/02, Fn. 734) war nur dieses Grundrecht maßgeblich und konnte es nicht zu einer Richtlinienkollision zwischen der RL 76/207/EWG und der RL 86/457/EWG (jetzt Art. 30 ff. RL 93/16/EWG) kommen (siehe Fn. 733), weil nach Art. 11 RL 76/207/EWG diese Richtlinie an die Mitgliedstaaten gerichtet ist und daher nicht den Gemeinschaftsgesetzgeber binde. Hierbei ließ der EuGH unberücksichtigt, daß beide Richtlinien an die Mitgliedstaaten gerichtet sind, diese also im Rahmen der Richtli-

Grundsatz der Gleichbehandlung von Männern und Frauen verstößt, rechtswidrig ist.

b. Verstoß gegen das Verbot der Diskriminierung aufgrund des Geschlechts?

Es ist daher die Frage zu klären, ob Art. 5 Abs. 1 Spiegelstrich 3 RL 86/457/EWG (jetzt Art. 34 Abs. 1 Spiegelstrich 3 RL 93/16/EWG) gegen das Verbot der Diskriminierung aufgrund des Geschlechts verstieß. Dem Wortlaut kann keine unmittelbare Diskriminierung aufgrund des Geschlechts entnommen werden[745], weil sie unterschiedslos für männliche und weibliche Ärzte galt.

(1) Mittelbare Diskriminierung

Eine Regelung, die entgegen ihrer neutralen Formulierung ein Geschlecht erheblich mehr benachteiligt als das andere Geschlecht, führt nach der Rechtsprechung des EuGH zu der Vermutung, daß diese Regelung eine mittelbare Diskriminierung darstellt, soweit diese unterschiedliche Wirkung nicht durch objektive Gesichtspunkte gerechtfertigt ist.[746] Die Beweislast dafür, daß doch keine

---

nienumsetzung die Zielsetzungen beider Rechtsetzungsakte zu gewährleisten haben. Eine möglicherweise bestehende inhaltliche Kollision der beiden Richtlinien würde sich als Umsetzungsverstoß jedenfalls gegen eine Richtlinie auswirken. Konsequenterweise ließ sich der EuGH bisher in seinen Entscheidungen zu Richtlinienkollisionen auch nicht vom Adressatenkreis der Richtlinien (Mitgliedstaaten) leiten, sondern von der Anwendbarkeit der jeweils kollidierenden Richtlinien auf den konkreten Sachverhalt, siehe beispielsweise im Urteil des EuGH in der Rs. C-423/97 [Travel Vac SL – Manuel José Antelm Sanchis] vom 22. April 1999, Slg. 1999, S. I-2195, Rdnr. 23.

[745] Siehe zum Begriff „Diskriminierung" und zu den verschiedenen Begrifflichkeiten der „unmittelbaren" Diskriminierung beispielsweise bei Streinz-*Streinz*, Art. 12 EG, Rdnr. 40 ff und bei Schwarze-*Holoubek*, Art. 12 EG, Rdnr. 39 ff.

[746] Urteile vom EuGH in der Rs. 96/80 [J.P. Jenkins – Kingsgate (Clothing Productions) Ltd.] vom 31. März 1981, Slg. 1981, S. 911, in der Rs. 170/84 [Bilka-Kaufhaus GmbH – Karin Weber von Hartz] vom 13. Mai 1986, Slg. 1986, S. 1607, in der Rs. 171/88 [Ingrid Rinner-Kühn – FWW Spezial-Gebäudereinigung GmbH & Co.KG] vom 13. Juli 1989, Slg. 1989, S. 2743, in der Rs. C-167/97 [Regina – Secretary of State for Employment, ex parte Nicole Seymour-Smith und Laura Perez] vom 09. Februar 1999, Slg. 1999, S. I-623, in der Rs. C-281/97 [Andrea Krüger – Kreiskrankenhaus Ebersberg] vom 09. September 1999, Slg. 1999, S. I-5127, in der Rs. C-226/98 [Birgitte Jørgensen – Foreningen af Speciallæger und Sygesikringens Forhandlingsudvalg] vom 06. April 2000, Slg. 2000, S. I-2447.

mittelbare Diskriminierung vorliegen soll, trägt dann der Urheber der Regelung.[747]

Der EuGH hat das Verbot der Benachteiligung von Teilzeitarbeit als klassischen Anwendungsfall des Verbots mittelbarer Diskriminierung von Frauen entwickelt und in den Mitgliedstaaten durchgesetzt.[748] Wie die statistischen Angaben des Generalanwalts[749], auf die sich auch der EuGH in seinem Urteil[750] bezog, zeigten, war und ist die Berufsausübung in Teilzeit im Allgemeinen für Frauen attraktiver als für Männer. Frauen widmeten sich nach diesen Daten[751] europaweit deutlich mehr der Betreuung von Kindern als Männer. Diese Kinderbetreuung wirkte sich maßgeblich darauf aus, ob Frauen einer Arbeit außer Haus nachgehen, weshalb für sie die Kombination von Kinderbetreuung und Arbeit meist nur in Form von Teilzeitarbeit möglich war. Daher war der Prozentsatz teilzeitbeschäftigter Frauen viel höher als der Prozentsatz teilzeitbeschäftigter Männer. „Teilzeitarbeit wirkt gerade für Frauen schwellensenkend“[752], womit der Generalanwalt die Schwelle für den Zugang zur Weiterbildung[753] bezeichnete. Durch das Vollzeiterfordernis entfiel dieser schwellensen-

---

[747] Urteile des EuGH in der Rs. C-127/92 [Dr. Pamela Mary Enderby – Frenchay Health Authority und Secretary of State for Health] vom 27. Oktober 1993, Slg. 1993, S. I-5535 und in der Rs. C-226/98 [Birgitte Jørgensen – Foreningen af Speciallæger und Sygesikringens Forhandlingsudvalg] vom 06. April 2000, Slg. 2000, S. I-2447; diese Rechtsprechung wurde kodifiziert in der Richtlinie 97/80/EG des Rates vom 15. Dezember 1997 über die Beweislast bei Diskriminierung aufgrund des Geschlechts, ABl. L 14 vom 20. Januar 1998, S. 6.

[748] Siehe hierzu nur *Fuchsloch*, S. 42 ff. m.w.N.; so hat auch das BVerfG (Beschluß des Ersten Senats vom 27. November 1997 - 1 BvL 12/91 -, BVerfGE 97, 35 <43 f.> zum Hamburgischen Ruhegeldgesetz) die Benachteiligung von Teilzeitbeschäftigten (grundlegende Ausführungen zu Teilzeitarbeit in Europa bei *Schmidt*) als Verstoß gegen das Diskriminierungsverbot wegen des Geschlechts im Sinne von Art. 3 Abs. 3 GG problematisiert und sich hierzu auf Entscheidungen des EuGH und des BAG zum gemeinschaftsrechtlichen Diskriminierungsverbot bezogen.

[749] Rdnr. 36 und 37 der Schlußanträge des Generalanwalts Geelhoed vom 06. Februar 2003 (Fn. 734) sowie seine Fn. 15.

[750] Rdnr. 35 des EuGH-Urteils in der Rs. C-25/02 (Fn. 734).

[751] Der Generalanwalt bezog sich u.a. auf Daten von Eurostat sowie *Employment in Europe 2001* und *2002*, herausgegeben von der Europäischen Kommission, Generaldirektion für Beschäftigung und Soziales.

[752] Rdnr. 38 der Schlußanträge des Generalanwalts Geelhoed vom 06. Februar 2003 (Fn. 734).

[753] Bei seinen Ausführungen (z.B. Rdnr. 38 ff. der Schlußanträge, Fn. 734) schwankt der Generalanwalt zwischen den Bezeichnungen „Ausbildung“ und „postgraduelle Weiterbil-

kende Effekt, weshalb „prozentual erheblich mehr Frauen als Männer, die sich in der Allgemeinmedizin weiterbilden möchten, Schwierigkeiten haben, während eines bestimmten Teils ihrer Weiterbildung einer Arbeit in Vollzeit nachzugehen. Ein solches Erfordernis benachteiligt daher tatsächlich besonders Frauen gegenüber Männern."[754]

Art. 5 Abs. 1 Spiegelstrich 3 RL 86/457/EWG (jetzt Art. 34 Abs. 1 Spiegelstrich 3 RL 93/16/EWG) wirkte daher mittelbar diskriminierend aufgrund des

---

dung", ohne zwischen diesen Begrifflichkeiten zu differenzieren. Seiner Einschätzung nach handelte es sich bei der in der RL 86/457/EWG (jetzt Art. 30 ff. RL 93/16/EWG) geregelten Weiterbildung um eine Möglichkeit des Berufszugangs: „Dass es hier um ein Ausbildungserfordernis geht, macht die Auswirkungen der mittelbaren Diskriminierung für die benachteiligte Gruppe noch schwerwiegender, als wenn es nur um das Erfordernis ginge, dass eine berufliche Aufgabe in Vollzeit ausgeübt werden müsste." (Rdnr. 40 der Schlußanträge, Fn. 734) Diese fehlerhafte Einschätzung, die sich nicht negativ auf seine rechtliche Würdigung auswirkte, rührte vermutlich aus den Verfahrensunterlagen her: Das BVerwG bezeichnete sowohl in seinem zunächst gefällten Urteil (siehe Gründe II des Urteils vom 18. Februar 1999 (Fn. 737), S. 5 ff. des Urteilsumdrucks) als auch in seinem Vorlagebeschluß (siehe Gründe II des Vorlagebeschlusses vom 08. November 2001 (Fn. 735)) die spezifische Weiterbildung durchgängig als „Ausbildung", ohne zu erläutern, daß es sich entgegen der in den RL 86/457/EWG und 93/16/EWG verwandten Begrifflichkeit rechtssystematisch um Weiterbildung handelt. Die Einordnung der „spezifischen Ausbildung" als Weiterbildung hätte sich bereits aus § 13a Abs. 1 des Hamburger Ärztegesetzes ablesen lassen: „Die spezifische Ausbildung in der Allgemeinmedizin nach der RL 93/16/EWG ist Weiterbildung im Sinne dieses Gesetzes." Die Vorbereitung und Einleitung des Vorabentscheidungsverfahrens läßt daher nicht die Sorgfalt erkennen, die man bei der Gewährung von Rechtsschutz im sensiblen Grundrechtsbereich wie hier dem Gleichheitsgrundrecht hätte erwarten können. Schon um einer Irreführung allein aufgrund der verwendeten Begriffe vorzubeugen, sollten vorlegende Gerichte ihre Vorlagefragen nicht nur präzise und unter Verwendung der entsprechenden Terminologie formulieren, sondern auch in das jeweilige Regelungssystem einbetten und erläutern. Denn die richtigen Antworten bekommt man nur auf die richtig formulierten Fragen – sowohl vom Generalanwalt, als auch vom EuGH. Diese stellen in der Regel keine eigenen weitreichenden Nachforschungen zum nationalen Recht des Ausgangsverfahrens an, sondern verlassen sich auf die Ausführungen der am Verfahren Beteiligten. Die maßgebliche Verantwortung der Einbettung der an den EuGH gestellten Vorabentscheidungsfragen liegt meiner Ansicht nach hier bei den vorlegenden Gerichten, die im Verhältnis zu den sonstigen Verfahrensbeteiligten geradezu prädestiniert sind, unbeeinflußt von Verfahrensinteressen die nationale Rechtslage objektiv und umfassend darzustellen. Die Verantwortung wiegt um so schwerer, wenn es um die Gewährleistung von Grundrechtsschutz geht, für den wie im vorliegenden Fall nicht mehr das BVerfG, sondern der EuGH zuständig ist. Gerade dann sollte das Vorabentscheidungsverfahren mit größtmöglicher Sorgfalt vorbereitet und eingeleitet werden.

754 Rdnr. 35 des EuGH-Urteils in der Rs. 25/02 (Fn. 734).

Geschlechts. Wie der Generalanwalt ausführlich darstellt und begründet, widerlegten weder der Rat noch die Kommission im Rahmen ihrer Stellungnahmen im Verfahren C-25/02 die Vermutung, daß sich das Vollzeiterfordernis mittelbar diskriminierend auswirkt.[755]

(2) Objektive Rechtfertigungsgründe

Art. 5 Abs. 1 Spiegelstrich 3 RL 86/457/EWG (jetzt Art. 34 Abs. 1 Spiegelstrich 3 RL 93/16/EWG) wäre dann nicht rechtswidrig, wenn seine mittelbare Diskriminierung aufgrund des Geschlechts durch ein berechtigtes Ziel mit dazu erforderlichen und angemessenen Mitteln gerechtfertigt wäre.

(a) Berechtigtes Ziel

Welches Ziel der europäische Gesetzgeber gerade mit dem Vollzeiterfordernis bei allgemeinmedizinischer Teilzeitweiterbildung verfolgte, lässt sich weder den Vorarbeiten zu der RL 86/457/EWG (jetzt Art. 30 ff. RL 93/16/EWG) noch der Richtlinie selbst entnehmen.[756]

Daher ist auf das allgemeine Ziel, das mit der Richtlinie von 1986 verfolgt wurde, abzustellen. Der EuGH zog den dritten Erwägungsgrund der RL 86/457/EWG (jetzt 16. Erwägungsgrund der RL 93/16/EWG) zur Formulierung des berechtigten Interesses heran: „... soll die spezifische *Weiter*bildung zum praktischen Arzt diesen besser auf seine ihm eigene Tätigkeit vorbereiten, wobei es für diese Tätigkeit besonders wichtig ist, daß der Arzt das soziale Umfeld seiner Patienten persönlich kennt und sie als Gesamtpersönlichkeit in Fragen der Krankheitsverhütung und des Gesundheitsschutzes berät und in geeigneter Weise behandelt."[757]

Im Übrigen sollte nach Ansicht des EuGH die durch die RL 86/457/EWG (jetzt Art. 30 ff. RL 93/16/EWG) verfolgte Harmonisierung der allgemeinmedizinischen Weiterbildung nicht nur die Freizügigkeit der Ärzte erleichtern, sondern auch zu einem höheren Gesundheitsschutzniveau in der Gemeinschaft beitragen.[758] Dem EWGV war zum Zeitpunkt des Erlasses der Richtlinie von 1986

---

[755] Rdnr. 41 bis 47 der Schlußanträge des Generalanwalts Geelhoed vom 06. Februar 2003 (Fn. 734).

[756] Siehe hierzu die ausführliche Darstellung der Richtlinie samt ihrer Vorarbeiten unter C.V.

[757] Rdnr. 37 des EuGH-Urteils in der Rs. 25/02 (Fn. 734); auch für den Generalanwalt stellte die ärztliche Primärversorgung das berechtigte Ziel dar, Rdnr. 60 und 61 der Schlußanträge des Generalanwalts Geelhoed vom 06. Februar 2003 (Fn. 734).

[758] Rdnr. 38 des EuGH-Urteils in der Rs. 25/02 (Fn. 734).

der Gesundheitsschutz als Gemeinschaftsaufgabe fremd.[759] Erst der Maastrichter Vertrag führte 1992 mit Art. 129 EGV (jetzt Art. 152 EG) das „Gesundheitswesen" als eigenständigen Politikbereich in den EGV ein.[760] Schon seit 1986 fanden regelmäßig formelle Sitzungen der für das Gesundheitswesen zuständigen Minister im Rat statt, ohne daß die EG vor dem Maastrichter Vertrag eine eigenständige Kompetenz für Gesundheitspolitik für sich beanspruchen konnte.[761]

Berechtigte Ziele zum Zeitpunkt des Richtlinienerlasses waren somit vornehmlich die ärztliche Primärversorgung sowie die Erleichterung der Freizügigkeit für Ärzte.

(b) Geeignetheit

Die allgemeinmedizinische Weiterbildung mit einigen Abschnitten in Vollzeit bei dem in Krankenhäusern stattfindenden Teil als auch bei dem in einer zugelassenen allgemeinmedizinischen Arztpraxis oder in einem zugelassenen Zentrum für Erstbehandlung stattfindenden Teil war geeignet, den Arzt auf seine Tätigkeit in der ärztlichen Primärversorgung vorzubereiten.[762]

(c) Erforderlichkeit

Zweifelhaft ist die Erforderlichkeit dieses Vollzeiterfordernisses für die mit ihr angestrebten Ziele. Die objektiven Rechtfertigungsgründe müssen gerade bei der Erforderlichkeit hohen Anforderungen genügen, weil sich das Vollzeiterfordernis nicht erst bei der allgemeinmedizinischen Berufsausübung, sondern bereits beim Zugang zur Erlangung des allgemeinmedizinischen Weiterbildungsdiploms – und damit bei der Voraussetzung für allgemeinmedizinische Tätigkeiten innerhalb eines Sozialversicherungssystems – auswirkte.[763]

---

759 Vgl. Streinz-*Lurger*, Art. 152 EG, Rdnr. 3.

760 Siehe zur Entstehungsgeschichte des Art. 129 EGV bzw. Art. 152 EG bei Grabitz/Hilf-*Schmidt am Busch*, Art. 152 EG, Rdnr. 1 ff.

761 Grabitz/Hilf-*Schmidt am Busch*, Art. 152 EG, Rdnr. 2 mit weiteren Nachweisen; Streinz-*Lurger*, Art. 152 EG, Rdnr. 3.

762 Rdnr. 40 des EuGH-Urteils in der Rs. 25/02 (Fn. 734); auch für den Generalanwalt scheint die Geeignetheit unzweifelhaft vorzuliegen, denn er prüft nicht einmal die Geeignetheit, sondern geht gleich auf die Erforderlichkeit und die Angemessenheit ein, Rdnr. 63 ff. der Schlußanträge des Generalanwalts Geelhoed vom 06. Februar 2003 (Fn. 734).

763 So auch Rdnr. 61 der Schlußanträge des Generalanwalts Geelhoed vom 06. Februar 2003 (Fn. 734).

(i) Argumentation auf der Basis der RL 86/457/EWG und der nachfolgenden Ärzterichtlinien

Weder in den Vorarbeiten noch in den Erwägungsgründen noch in der Richtlinie von 1986 selbst findet sich eine Begründung dafür, weshalb ein Teil der allgemeinmedizinischen Weiterbildung zwingend in Vollzeit zu absolvieren war.[764] Der ursprüngliche Richtlinienvorschlag der Kommission sah dieselben Teilzeitregelungen vor wie für die Facharztweiterbildungen in den Richtlinien 75/362/EWG und 75/363/EWG.[765] Es ist nicht ersichtlich, aus welchen Gründen der Rat diese Regelung nicht angenommen, sondern statt dessen das Vollzeiterfordernis verabschiedete.

Der Generalanwalt führte zur Entstehung der RL 86/457/EWG (jetzt Art. 30 ff. RL 93/16/EWG) aus, daß sich die Mitgliedstaaten hinsichtlich der Notwendigkeit des Vollzeiterfordernisses nicht einig gewesen seien und daß „deshalb [...] in der RL 86/457 und später in der RL 93/16 bestimmt" sei, daß die Teilzeitweiterbildung teilweise in Vollzeit zu absolvieren sei.[766] Der Generalanwalt sah also die Regelung in Art. 5 Abs. 1 Spiegelstrich 3 RL 86/457/EWG (jetzt Art. 34 Abs. 1 Spiegelstrich 3 RL 93/16/EWG) als Kompromiss der Mitgliedstaaten an, damit die Richtlinie von 1986 mit Einstimmigkeit verabschiedet werden konnte[767]. Die fehlende Begründung für das Vollzeiterfordernis bei Teilzeitweiterbildung oder auch nur eines Begründungsansatzes hierfür läßt entgegen der Ansicht des BVerwG[768] vermuten, daß sich der Rat bei Verabschiedung der RL 86/457/EWG (jetzt Art. 30 ff. RL 93/16/EWG) weder der diskriminierenden Wirkung des Vollzeiterfordernisses[769] noch seiner daraus resultierenden Verpflichtung bewußt war, die Erforderlichkeit des Vollzeiterfordernisses zu begründen.

Im Rahmen der Richtlinienänderung durch die RL 2001/19/EG schlug der Beratende Ausschuß für die Ärztliche Ausbildung vor, bei der allgemeinmedizini-

---

764 Siehe hierzu bereits die Ausführungen oben bei C.V.6.b. sowie Rdnr. 63 f. der Schlußanträge des Generalanwalts Geelhoed vom 06. Februar 2003 (Fn. 734).

765 Siehe die ausführliche Darstellung bei C.V.2.

766 Rdnr. 63 der Schlußanträge des Generalanwalts Geelhoed vom 06. Februar 2003 (Fn. 734); allerdings gibt der Generalanwalt keine Quellen für seine Kenntnisse über die unterschiedlichen Ansichten der Mitgliedstaaten an.

767 Siehe zu den notwendigen Mehrheitsverhältnissen und zum Einstimmigkeitserfordernis bei C.II.

768 Urteil vom 18. Februar 1999 (- 3 C 10.98 -), S. 10 des Umdrucks.

769 So auch Generalanwalt Geelhoed in Rdnr. 64 seiner Schlußanträge vom 06. Februar 2003 (Fn. 734).

schen Teilzeitweiterbildung das Vollzeiterfordernis zu streichen.[770] Dieser Vorschlag fand jedoch ohne Begründung keinen Eingang in eine der Richtlinienfassungen der Kommission[771], so daß sich auch hieraus keine Gründe für die Notwendigkeit des Vollzeiterfordernisses ablesen lassen. Nach Ansicht des Generalanwalts[772] hatte laut den Erwägungsgründen der RL 2001/19/EG die Kommission empfohlen, die Teilzeitregelungen in der Allgemeinmedizin denen bei der Facharztweiterbildung anzugleichen. Zwar enthielt Erwägungsgrund 15 der RL 2001/19/EG tatsächlich den Verweis auf eine solche allgemeine Empfehlung der Kommission gemäß ihrem Bericht nach Titel IV der RL 93/16/EWG. Jedoch bezog sich die Kommission bei ihrer Empfehlung[773] nur auf den notwendigen Prozentsatz der Teilzeit im Verhältnis zur wöchentlichen Vollzeitweiterbildung[774], schlug aber nicht vor, das partielle Vollzeiterfordernis bei Teilzeitweiterbildung zu streichen.

Gerade die Tatsache, daß sich die medizinischen Fachleute des Beratenden Ausschusses für die Ärztliche Ausbildung 1996 gegen das Vollzeiterfordernis bei allgemeinmedizinischer Teilzeitweiterbildung aussprachen, zeigt, daß die Notwendigkeit des Vollzeiterfordernisses nicht allgemein anerkannt wird[775] und sich das Vollzeiterfordernis auch nicht aufgrund seiner Anwendung seit Umsetzung der RL 86/457/EWG (jetzt Art. 30 ff. RL 93/16/EWG) als notwendig erwiesen hat. Nach Darstellung des Generalanwalts bestritten auch weder der Rat noch die Kommission in der Sitzung am 12. November 2002, daß die „Fachleute

---

770 Punkt 3.5 des Berichts der Kommission vom 09. September 1996 über die spezifische *Weiter*bildung in der Allgemeinmedizin gem. Titel IV der RL 93/16/EWG, KOM(96) 434 endg. (europa.eu.int/eur-lex/de/index.html [alte Startseite von Eur-Lex] unter der Rubrik „Dokumente von öffentlichem Interesse"; Stand: 31. Dezember 2004).

771 Siehe zur Entstehungsgeschichte und zum Inhalt der RL 2001/19/EG ausführlich bei C.VII.4.

772 Rdnr. 63 der Schlußanträge des Generalanwalts Geelhoed vom 06. Februar 2003 (Fn. 734).

773 Bericht der Kommission vom 09. September 1996 über die spezifische *Weiter*bildung in der Allgemeinmedizin gem. Titel IV der RL 93/16/EWG, KOM(96) 434 endg. (europa.eu.int/eur-lex/de/index.html [alte Startseite von Eur-Lex] unter der Rubrik „Dokumente von öffentlichem Interesse"; Stand: 31. Dezember 2004).

774 Reduktion des Umfangs der Teilzeitweiterbildung von 60 % auf 50 % der wöchentlichen Vollzeitweiterbildung.

775 So auch Generalanwalt Geelhoed unter Rdnr. 64 seiner Schlußanträge vom 06. Februar 2003 (Fn. 734); nach der Änderung der Ärzterichtlinie im Jahr 2005 führt dies dazu, daß nun auch bei der allgemeinmedizinischen Teilzeitweiterbildung kein Vollzeitabschnitt mehr gefordert wird, vgl. Art. 22 i.V.m. Art. 28 RL 2005/36/EG.

aus diesem Bereich selbst ... in einer vollständigen Teilzeit*weiterbildung* in der Allgemeinmedizin keine Nachteile erkennen".[776]

(ii) Argumente von Rat und Kommission im Verfahren C-25/02

Im Vorabentscheidungsverfahren trugen der Rat und die Kommission Sachargumente hinsichtlich der Notwendigkeit des Vollzeiterfordernisses vor, die der Generalanwalt zu folgenden drei Themen zusammenfaßte:

„das Sammeln der erforderlichen Erfahrung in der Beobachtung von Krankheitsbildern bei Patienten" und deren Entwicklung im Laufe der Zeit,

„den Erwerb ausreichender Erfahrung mit den unterschiedlichen Situationen, die insbesondere in einer allgemeinmedizinischen Praxis entstehen können

sowie die Unterschiede zwischen dem Beruf des praktischen Arztes und dem anderer Fachärzte und die damit zusammenhängenden anderen Ausbildungserfordernisse."[777]

Das Sammeln von Erfahrungen mit der Entwicklung von Krankheitsbildern und mit dabei eventuell auftretenden Komplikationen ist nicht nur für Allgemeinmediziner, sondern auch für die anderen Fachärzte eine notwendige Komponente ihrer Weiterbildung. Im übrigen deckten nicht nur die Allgemeinmediziner die Primärbehandlung ab. Hausärztlich tätige Internisten müssen die gleichen Krankheitsbilder erkennen und behandeln wie Allgemeinmediziner, trotzdem wird bei der internistischen Teilzeitweiterbildung kein Vollzeitabschnitt gefordert.

Daß der Erwerb ausreichender Erfahrung mit den unterschiedlichen Situationen, die insbesondere in einer allgemeinmedizinischen Praxis auftreten können, sichergestellt werden müsse, überzeugt als Argument für die Notwendigkeit des Vollzeiterfordernisses aus demselben Grund nicht. Jeder und nicht nur der allgemeinmedizinische Facharzt sollte durch seine Weiterbildung Erfahrungen mit den Situationen gesammelt haben, die nach eigener Niederlassung in seiner Praxis auftreten könnten. Beim Internisten wird der geforderte Erfahrungserwerb in ausschließlicher Teilzeitweiterbildung als sichergestellt angesehen. Sollte er sich als Hausarzt niederlassen, können bei ihm die gleichen Situationen auftreten wie

---

[776] Rdnr. 63 der Schlußanträge des Generalanwalts Geelhoed vom 06. Februar 2003 (Fn. 734).

[777] Rdnr. 65 der Schlußanträge des Generalanwalts Geelhoed vom 06. Februar 2003 (Fn. 734).

beim hausärztlich tätigen Allgemeinmediziner. Also ist die erforderliche Erfahrung in Teilzeitweiterbildung erwerbbar.[778]

Die Unterschiede zwischen dem Beruf des Praktischen Arztes und dem anderer Fachärzte und die damit zusammenhängenden anderen Weiterbildungserfordernisse werden von Rat und Kommission behauptet, aber nicht näher spezifiziert.[779] Der Allgemeinmediziner nimmt als Hausarzt zwar eine – je nach Mitgliedstaat kleinere oder größere – Rolle im jeweiligen Gesundheitssystem ein und ist häufig die erste Anlaufstelle für Patienten. Das gleiche gilt aber auch für den hausärztlich tätigen Internisten. Im übrigen kann auch nicht die hausärztliche Berufsausübung als Argument herangezogen werden, weil der Hausarzt jedenfalls in Deutschland nicht verpflichtet ist, in Vollzeit tätig zu werden.[780] Die von Rat und Kommission gegen das Votum des Beratenden Ausschusses für Ärztliche Ausbildung behauptete medizinische Notwendigkeit für das Vollzeiterfordernis wurde von ihnen nicht näher präzisiert. Der EuGH lässt jedoch allgemein gehaltene Aussagen wie beispielsweise vermeintlich geringere Verbundenheit von Teilzeitbeschäftigten oder geringere Fähigkeit zum Erwerb von Fähigkeiten und Erfahrungen nicht gelten, um eine objektive Rechtfertigung unterschiedlich wirkender Maßnahmen anzuerkennen.[781] Die von Rat und Kommission vorgetragenen Argumente rechtfertigen daher die Notwendigkeit des partiel-

[778] Der Generalanwalt führte zusätzlich aus, daß die ersten beiden Argumente auch bei der Angemessenheit scheitern würden, weil die geforderte Erfahrung auch durch weniger einschränkende Maßnahmen wie beispielsweise Anforderungen an die Gestaltung des Lehrplans hätte erreicht werden können, Rdnr. 68 der Schlußanträge vom 06. Februar 2003 (Fn. 734).

[779] Nach Rdnr. 70 der Schlußanträge des Generalanwalts Geelhoed vom 06. Februar 2003 (Fn. 734).

[780] Der zur vertragsärztlichen Versorgung zugelassene Hausarzt ist beispielsweise gem. § 101 Abs. 1 S. 1 Nr. 4 SGB V berechtigt, einen weiteren Allgemeinmediziner in Form des Jobsharings in seine Praxis aufzunehmen. Beide Partner der Gemeinschaftspraxis müssen sich hierbei zu einer Leistungsbegrenzung verpflichten, so daß der bisherige Praxisumfang nicht wesentlich überschritten wird. Dies bedeutet, daß die bisher erbrachten vertragsärztlichen Leistungen nun von zwei Ärzten erbracht werden, was zwangsläufig dazu führt, daß beide Vertragsärzte nicht in Vollzeit tätig sind. Die gesetzlichen Vorgaben des Vertragsarztrechts erfordern also nicht eine allgemeinmedizinische Berufsausübung in Vollzeit.

[781] Siehe Urteile in den Rs. 171/88 [Ingrid Rinner-Kühn – FWW Spezial-Gebäudereinigung GmbH & Co. KG] vom 13. Juli 1989, Slg. 1989, S. 2743; Rs. C-184/89 [Helga Nimz – Freie und Hansestadt Hamburg] vom 07. Februar 1991, Slg. 1991, S. I-297; Rs. C-1/95 [Hellen Gerster – Freistaat Bayern] vom 02. Oktober 1997, Slg. 1997, S. 5253; Rs. C-243/95 [Kathleen Hill und Ann Stapleton – The Revenue Commissioners und Departement of Finance] vom 17. Juni 1998, Slg. 1998, S. I-3739.

len Vollzeiterfordernisses bei allgemeinmedizinischer Teilzeitweiterbildung nicht, weil sie nicht über Verallgemeinerungen hinausgehen.[782]

(iii)Argumentation des EuGH im Verfahren C-25/02

Der EuGH räumte dem Gemeinschaftsgesetzgeber bei der Verfolgung der berechtigten Ziele einen weiten „Beurteilungsspielraum ein ..., der jedoch nicht dazu führen darf, dass ein tragender Grundsatz des Gemeinschaftsrechts wie der der Beseitigung mittelbarer Diskriminierungen aufgrund des Geschlechts ausgehöhlt wird." Nach Ansicht des EuGH überschritt der Gemeinschaftsgesetzgeber gerade aufgrund dieses Beurteilungsspielraums bei Erlaß der RL 86/457/EWG (jetzt Art. 30 ff. RL 93/16/EWG) nicht das, was zur Erreichung der Ziele erforderlich gewesen sei. Denn der Gemeinschaftsgesetzgeber habe es den Mitgliedstaaten überlassen, Zahl und Dauer der Vollzeitweiterbildungsabschnitte festzulegen mit der einzigen Vorgabe, daß sie eine entsprechende Vorbereitung auf die tatsächliche Ausübung der allgemeinmedizinischen Tätigkeiten zu gewährleisten hätten.[783] Der EuGH kam daher zu dem Ergebnis, daß Art. 5 Abs. 1 Spiegelstrich 3 RL 86/457/EWG (jetzt Art. 34 Abs. 1 Spiegelstrich 3 RL 93/16/EWG) nicht gegen das Verbot der Diskriminierung aufgrund des Geschlechts verstieß. Allerdings gibt die im Verhältnis zu den Schlußanträgen des Generalanwalts kurz gehaltene Urteilsbegründung Anlaß zu begründeten Zweifeln an der Rechtsauffassung des EuGH, die im Folgenden näher beleuchtet wird.

Weshalb der Beurteilungsspielraum hier weit zu fassen war, begründete der EuGH nicht. Die Annahme eines weiten Beurteilungsspielraums bei der Verfolgung der Ziele „ärztliche Primärversorgung" und „Erleichterung der ärztlichen Freizügigkeit" ist möglicherweise an die bisherige Rechtsprechung des EuGH angelehnt, wonach er den Mitgliedstaaten einen weiten Spielraum gewährt, wenn die verfolgten Ziele über die Wirtschaftspolitik hinausgehen.[784]

Liegt aber ein Beurteilungsspielraum vor, so ist der Gemeinschaftsgesetzgeber verpflichtet, das Gebrauchmachen von diesem Spielraum zu begründen.[785] Eine derartige Begründung für das Ausnutzen eines Gestaltungsspielraums bei der Ausgestaltung der allgemeinmedizinischen Teilzeitweiterbildung lässt sich aber

---

[782] So auch der Generalanwalt unter Rdnr. 70 seiner Schlußanträge vom 06. Februar 2003 (Fn. 734).

[783] Rdnr. 39 und 41 des Urteils in der Rs. C-25/02 (Fn. 734).

[784] Siehe Fn. 720; in dieser Richtung argumentierte auch die Kommission, vgl. Rdnr. 71 der Schlußanträge des Generalanwalts Geelhoed vom 06. Februar 2003 (Fn. 734).

[785] Urteil des EuGH in der Rs. C-228/99 [Silos e Mangimi Martini SpA – Ministero delle Finanze] vom 08. November 2001, Slg. 2001, S. I-8401, Rdnr. 27 ff.

ebenso wenig in der Richtlinie von 1986 finden wie eine Begründung für die Notwendigkeit des Vollzeiterfordernisses bei Teilzeitweiterbildung. Auf die fehlende Begründung für das Gebrauchmachen von diesem Spielraum wies bereits der Generalanwalt hin.[786] Der EuGH ging hierauf in seinem Urteil jedoch nicht ein, sondern gestand dem Gemeinschaftsgesetzgeber nur schlicht den Beurteilungsspielraum zu.

Der Gemeinschaftsgesetzgeber überließ es durch Art. 5 Abs. 1 Spiegelstrich 3 RL 86/457/EWG (jetzt Art. 34 Abs. 1 Spiegelstrich 3 RL 93/16/EWG) zwar den Mitgliedstaaten, Zahl und Dauer der Vollzeitweiterbildungsabschnitte so festzulegen, daß sie eine entsprechende Vorbereitung auf die tatsächliche Ausübung der allgemeinmedizinischen Tätigkeiten gewährleisten. Allerdings stand es den Mitgliedstaaten nach der Formulierung dieser Regelung nicht frei, bei ihrer Umsetzung der RL 86/457/EWG (jetzt Art. 30 ff. RL 93/16/EWG) gänzlich auf das Vollzeiterfordernis zu verzichten, wenn sie der Ansicht waren, daß eine entsprechende Vorbereitung in Teilzeitweiterbildung keine Abschnitte in Vollzeit erforderte. Wenn aber kein Grund für eine – wenn auch noch so kurze – Vollzeitweiterbildung ersichtlich war, dann hat die Festschreibung einer partiellen Vollzeitweiterbildung bei allgemeinmedizinischer Teilzeitweiterbildung in einer Richtlinie den – auch noch so weiten – Beurteilungsspielraum des Gemeinschaftsgesetzgebers überschritten.

So lag es hier, denn der EuGH benannte ebenfalls keinen Grund für die Notwendigkeit des Vollzeiterfordernisses. Er setzte sich in seiner Entscheidung auch nicht mit den detaillierten Ausführungen des Generalanwalts zur fehlenden Notwendigkeit des Vollzeiterfordernisses auseinander. Daher ist nicht nachvollziehbar, wie der EuGH die für das Urteil maßgebliche Feststellung treffen konnte: „Unter Berücksichtigung des Beurteilungsspielraums ... kann eine solche Maßnahme als nicht über das hinausgehend angesehen werden, was zur Erreichung der in Randnummer 38 dargelegten Ziele erforderlich ist.“[787]

Schon aus Art. 190 EWGV (jetzt Art. 253 EG) folgt, daß Rat und Kommission verpflichtet sind, ihre verbindlichen Rechtshandlungen mit Gründen zu versehen.[788] Die Überlegungen des Gemeinschaftsgesetzgebers müssen so klar und eindeutig zum Ausdruck kommen, daß die Betroffenen die Gründe für die erlassene Maßnahme erkennen können und der Gerichtshof seine Kontrolle ausüben

---

[786] Rdnr. 71 der Schlußanträge des Generalanwalts Geelhoed vom 06. Februar 2003 (Fn. 734).

[787] Rdnr. 41 des Urteils in der Rs. C-25/02 (Fn. 734).

[788] Siehe allgemein zu Inhalt und Umfang der Begründungspflicht bei Grabitz/Hilf-*Grabitz*, Art. 190 EGV, Rdnr. 4 f.

kann. Die verschiedenen tatsächlichen und rechtlichen Einzelheiten müssen nur dann nicht dargelegt werden, wenn sich der Rechtsakt im systematischen Rahmen der Gesamtregelung hält, zu der er gehört.[789] „Während also die Entscheidung, die eine ständige Entscheidungspraxis fortsetzt, summarisch, insbesondere unter Bezugnahme auf diese Praxis begründet werden kann, muss das Gemeinschaftsorgan seinen Gedankengang ausdrücklich darlegen, wenn seine Entscheidung erheblich über frühere Entscheidungen hinausgeht."[790]

Das partielle Vollzeiterfordernis bei allgemeinmedizinischer Teilzeitweiterbildung brach mit der bis dahin gewöhnlichen Praktik in den Ärzterichtlinien, die fachärztliche Weiterbildung vollständig in Teilzeit absolvieren zu können. Folglich hätte der Gemeinschaftsgesetzgeber ausdrücklich die Gründe hierfür darlegen müssen, um den Anforderungen aus Art. 190 EWGV (jetzt Art. 253 EG) zu genügen. „Gerade wenn der Gemeinschaftsgesetzgeber ein Mindestmaß an praktischer Erfahrung in Vollzeit für so wesentlich gehalten hat, daß dadurch eine Beschränkung der Geltung des Gleichheitsgrundsatzes gerechtfertigt ist, hätte er dies mit guten Gründen und präzise in der Richtlinie festhalten müssen."[791] Für diese Abweichung von den früheren Ärzterichtlinien findet sich in der Richtlinie von 1986 oder ihren Vorarbeiten keine hinreichende Begründung.[792]

(iv) Fehlende Erforderlichkeit

Gründe für die Erforderlichkeit des Vollzeiterfordernisses bei allgemeinmedizinischer Teilzeitweiterbildung sind nicht ersichtlich.[793] Der Ansicht des EuGH, daß die streitige Regelung nicht über das Erforderliche hinausgegangen sei, kann wegen unzureichender Begründung und mangels Auseinandersetzung mit

---

789 Urteile des EuGH in der Rs. C-244/95 [P. Moskof AE gegen Ethnikos Organismos Kapnou] vom 20. November 1997, Slg. 1997, S. I-6441, Rdnr. 57 und in der Rs. C-228/99 [Silos e Mangimi Martini SpA – Ministero delle Finanze] vom 08. November 2001, Slg. 2001, S. I-8401, Rdnr. 27.

790 Urteile des EuGH in der Rs. C-350/88 [Société française des Biscuits Delacre u.a. – Kommission] vom 14. Februar 1990, Slg. 1990, S. I-395, Rdnr. 15 mit Verweis auf vorangegangene Urteile, und in der Rs. C-244/95 [P. Moskof AE gegen Ethnikos Organismos Kapnou] vom 20. November 1997, Slg. 1997, S. I-6441, Rdnr. 54.

791 Rdnr. 74 der Schlußanträge des Generalanwalts Geelhoed vom 06. Februar 2003 (Fn. 734).

792 Rechtsfolge bei Verstößen gegen die Begründungspflicht ist die Anfechtbarkeit wegen Verletzung wesentlicher Formvorschriften; eine automatische Nichtigkeit ist im EGV nicht vorgesehen, Grabitz/Hilf-*Grabitz*, Art. 190 EGV, Rdnr. 7.

793 Dies führte bei der Änderung der Ärzterichtlinie im Jahr 2005 dazu, daß nun auch bei der allgemeinmedizinischen Teilzeitweiterbildung kein Vollzeitabschnitt mehr gefordert wird, vgl. Art. 22 i.V.m. Art. 28 RL 2005/36/EG; hierzu Näheres unten bei E.II.1.

der ausführlich begründeten und überzeugenden anderen Ansicht des Generalanwalts nicht gefolgt werden.

Die fehlende Erforderlichkeit führte dazu, daß auch keine objektiven Rechtfertigungsgründe für die mittelbare Diskriminierung aufgrund des Geschlechts durch die Einschränkung der Möglichkeiten zur Teilzeitweiterbildung vorlagen. Der Beweislast dafür, daß doch keine mittelbare Diskriminierung vorliegen soll, ist der Rat im Rahmen des Verfahrens C-25/02 nicht nachgekommen.

c. Zwischenergebnis

Entgegen der Ansicht des EuGH[794] stellte Art. 5 Abs. 1 Spiegelstrich 3 RL 86/457/EWG (jetzt Art. 34 Abs. 1 Spiegelstrich 3 RL 93/16/EWG) eine mittelbare Diskriminierung aufgrund des Geschlechts dar.[795] Daher ist diese Norm rechtswidrig.

II. Umsetzung der europäischen Ärzterichtlinien in Deutschland

Die Umsetzung der europäischen Ärzterichtlinien in deutsches Recht wird im Folgenden unter zwei Gesichtspunkten rechtlich gewürdigt: Beachtung der Kompetenzgrenzen auf Bundes- und Landesebene zur Umsetzung der Richtlinien sowie Richtlinienkonformität der erfolgten Umsetzung.

1. Kompetenzen des Bundes und der Länder zur Umsetzung der europäischen Ärzterichtlinien

Die Umsetzung der verschiedenen europäischen Ärzterichtlinien in deutsches Recht[796] veranlaßt nur bei der Richtlinie zur Allgemeinmedizin von 1986 zu einer kompetenzrechtlichen Würdigung einzelner Gesichtspunkte, weil die RL 75/362/EWG und 75/363/EWG offensichtlich entsprechend der im Grundgesetz vorgesehenen Kompetenzverteilung umgesetzt wurden. Es gilt zu klären, ob der Bundesgesetzgeber bei Einführung des § 95a SGB V im Rahmen seiner Kompetenz handelte.

Die Mitgliedstaaten sind zur Umsetzung der an sie gerichteten europäischen Richtlinien in nationales Recht verpflichtet. Hierbei wird ihnen nicht vorgeschrieben, in welcher Art die Umsetzung zu erfolgen hat, wodurch die individu-

---

[794] Rdnr. 42 des Urteils in der Rs. C-25/02 (Fn. 734).

[795] So auch der Generalanwalt in Rdnr. 84 seiner Schlußanträge vom 06. Februar 2003 (Fn. 734).

[796] Siehe oben bei C.III.3., C.V.7., C.VI.3. und C.VII.7.

ellen Rechtsstrukturen der Mitgliedstaaten, die trotz des verbindenden Charakters des Europarechts erhalten bleiben sollen, respektiert werden. Der nationale Gesetzgeber ist bei der Umsetzung europäischer Richtlinien an die Vorgaben des Grundgesetzes gebunden.[797] Es stellt sich daher stets die Frage, ob der Bundes- oder der Landesgesetzgeber der Umsetzungsverpflichtung nachzukommen hat.

Im Rahmen der Umsetzung der RL 86/457/EWG (jetzt Art. 30 ff RL 93/16/EWG) wurde § 95a in das SGB V eingeführt.[798] Besonders für das Gebiet Allgemeinmedizin enthält dieser Paragraph ausführliche Regelungen hinsichtlich der Anforderungen, die vom zulassungswilligen Arzt im Hinblick auf seine Weiterbildung zu erfüllen sind. Das Weiterbildungsrecht gehört jedoch traditionell zu den Rechtsgebieten, in denen der Bundesgesetzgeber gerade keine Gesetzgebungskompetenz hat.[799] Daher ist zu untersuchen, ob der Bundesgesetzgeber durch die Einführung des § 95a SGB V in die Gesetzgebungsbefugnis der Länder eingegriffen hat oder ob es sich hierbei um Regelungen über die Zulassung zur vertragsärztlichen Versorgung handelt, die unter die Gesetzgebungsbefugnis des Bundesgesetzgebers fällt.

a. Regelungsgehalt des § 95a SGB V

§ 95a SGB V regelt die Voraussetzungen für die Eintragung in das Arztregister für Vertragsärzte. Diese Eintragung stellt ein zwingendes Erfordernis für die Zulassung zur vertragsärztlichen Versorgung gem. § 95 SGB V dar. Jene Regelung wurde unter anderem im Rahmen der Umsetzung der europäischen Ärzterichtlinien durch das GSG mit Wirkung vom 01. Januar 1994 eingeführt.[800] Obwohl die Richtlinien 75/362/EWG, 75/363/EWG und 86/457/EWG vor Erlaß des GSG aufgehoben wurden und in der RL 93/16/EWG aufgegangen sind, wird im Gesetzestext von § 95a SGB V weiterhin auf die aufgehobenen Richtlinien Bezug genommen. Selbst durch das diese Regelung abändernde GKV-

---

[797] Beschluß der 2. Kammer des Zweiten Senats vom 12. Mai 1989 (- 2 BvQ 3/89 -), NJW 1990, 974.

[798] Siehe hierzu oben bei C.V.7.b.

[799] Einhellige Meinung seit dem Facharztbeschluß des BVerfG (Beschluß des Ersten Senats des BVerfG vom 09. Mai 1972 (- 1 BvR 518/62 -, - 1 BvR 308/64 -), BVerfGE 33, 125); ausführliche Darstellung der Gesetzgebungskompetenzen bzgl. des Aus- und Weiterbildungsrechts bei *Narr*, Ärztliches Berufsrecht, Rdnr. W 5 ff; *Riedel/Derpa*, S. 28 und S. 36 f., siehe auch oben bei B.I.1.b.

[800] Siehe hierzu ausführlich unter C.V.7.b.; der zum 01. Januar 1994 eingeführte § 95a SGB V blieb bis Ende 2004 unverändert.

Gesundheitsreformgesetz 2000 (GKV-GRG 2000)[801] erfolgte keine Anpassung der Richtlinienverweise.[802]

Nach § 95a Abs. 1 SGB V erfordert die Eintragung neben der Approbation den erfolgreichen Abschluß entweder einer allgemeinmedizinischen Weiterbildung oder einer Weiterbildung in einem anderen Fachgebiet mit der Befugnis zum Führen einer entsprechenden Gebietsbezeichnung oder den Nachweis einer Qualifikation, die gemäß Abs. 4 und 5 anerkannt ist. Nach der Begründung des Gesetzentwurfes zum GSG sollte durch die Einführung der Weiterbildungspflicht für Allgemeinärzte die Qualifikation der allgemeinmedizinischen Vertragsärzte verbessert werden, um sicherzustellen, daß auch in der Allgemeinmedizin ebenso wie in allen übrigen ärztlichen Fachgebieten nur weitergebildete Ärzte die Versicherten betreuen.[803]

---

801 Gesetz zur Reform der gesetzlichen Krankenversicherung ab dem Jahr 2000 (GKV-Gesundheitsreformgesetz 2000) vom 22. Dezember 1999, BGBl. I S. 2626.

802 Auch bei der nachfolgenden umfassenden Änderung des SGB V durch Art. 1 und 2 des Gesetzes zur Modernisierung der gesetzlichen Krankenversicherung (GKV-Modernisierungsgesetz – GMG) vom 14. November 2003 (BGBl. I S. 2190) wurden die Richtlinienverweise in § 95a SGB V nicht angepasst, ebenso wenig durch die nachfolgenden Änderungsgesetze in 2004.

803 BT-Dr. 12/3608, S. 83 f. (zu Nr. 33 [§ 73], zu Buchstabe b), vgl. auch *Schiwy*, Deutsches Arztrecht, Anmerkungen zu § 95a SGB V, KassKomm-*Hess*, § 95a, Rdnr. 3.

Die Mehrheit des 81. Deutschen Ärztetages 1978 in Köln hielt es noch für eine unberechtigte Forderung, nur noch weitergebildete Ärzte zur kassenärztlichen Tätigkeit zuzulassen; siehe bei *Häußler*, DÄ 1979, S. 374 ff., der seine diese Forderung befürwortende Haltung ausführlich erläuterte. Für einen sich bereits damals abzeichnenden möglichen Umschwung führte *Kanzow* in seiner Replik auf *Häußler* schon zu diesem Zeitpunkt nicht etwa qualitative Gründe an, sondern Existenzangst und unterschwelligen Verteilungskampf, DÄ 1979, S. 378 <379 f.>. Er vertrat den Standpunkt, daß die nachdrängende große Zahl junger Ärzte nicht durch Manipulationen an der Berufs- oder Zulassungsordnung von beruflicher Betätigung als Arzt ferngehalten werden dürfe. Die Approbation könne nur dann einen Sinn haben und behalten, wenn das durch Ausbildung vermittelte Wissen und Können für die Tätigkeit des Arztes ausreichend sei; so auch etwas später *Sewering*, der sich eindeutig gegen eine Pflichtweiterbildung aussprach, DÄ 1983, Heft 27/28, S. 47 (B). Allerdings waren schon zu dieser Zeit unter den selbständig niedergelassenen Ärzten diejenigen ohne Weiterbildung mit 10% die Ausnahme, *Wrede*, DÄ 1984, S. 21.

Die KBV dachte seit Anfang der 80er Jahre darüber nach, wie bei einem Ansturm von mehr als 100.000 neu approbierten Ärzten in den nächsten 10 Jahren die Qualität der ärztlichen Versorgung und das kassenärztliche System überhaupt gesichert werden könne. Das Ergebnis war das sogenannte Kölner Denkmodell: Änderung der Bedarfsplanung vom Anknüpfungspunkt der Unterversorgung zu dem der Überversorgung; Einführung der abgeschlossenen Weiterbildung als Zulassungskriterium, wobei nach Möglichkeit eine Verkürzung der Weiterbildungsgänge angestrebt wurde; Stärkung der Allgemeinmedizin

Die Anforderungen in der Allgemeinmedizin werden in Abs. 2 und 3 folgendermaßen konkretisiert:

> „(2) Eine allgemeinmedizinische Weiterbildung im Sinne von Absatz 1 Nr. 2 ist nachgewiesen, wenn der Arzt nach landesrechtlichen Vorschriften zum Führen der Facharztbezeichnung für Allgemeinmedizin berechtigt ist und diese Berechtigung nach einer mindestens dreijährigen erfolgreichen Weiterbildung in der Allgemeinmedizin bei zur Weiterbildung ermächtigten Ärzten und in dafür zugelassenen Einrichtungen erworben hat.
>
> (3) Die allgemeinmedizinische Weiterbildung muß unbeschadet ihrer mindestens dreijährigen Dauer inhaltlich mindestens den Anforderungen der Richtlinie des Rates der EG vom 15. September 1986 über die spezifische Ausbildung in der Allgemeinmedizin (86/457/EWG) entsprechen und mit dem Erwerb der Facharztbezeichnung für Allgemeinmedizin abschließen. Sie hat insbesondere folgende Tätigkeiten einzuschließen:
>
> 1. mindestens sechs Monate in der Praxis eines zur Weiterbildung in der Allgemeinmedizin ermächtigten niedergelassenen Arztes,
> 2. mindestens sechs Monate in zugelassenen Krankenhäusern,
> 3. höchstens sechs Monate in anderen zugelassenen Einrichtungen oder Diensten des Gesundheitswesens, soweit der Arzt mit einer patientenbezogenen Tätigkeit betraut ist."

Aufgrund einer Gesetzesänderung erhöht sich die in Abs. 2 und 3 genannte Mindestdauer für die Weiterbildung in der Allgemeinmedizin ab dem 01. Januar 2006 von drei auf fünf Jahre.[804] Zu den anderen Facharztgebieten gibt es in § 95a SGB V keinerlei Vorgaben hinsichtlich Dauer oder Inhalt wie hier in Abs. 2 und 3 bezüglich der allgemeinmedizinischen Weiterbildung.

---

durch die Bedarfsplanung, um auf ca. 60% Hausärzte (Allgemeinmediziner, Internisten ohne Schwerpunkt und Kinderärzte) und 40% Fachärzte zu kommen. Das Sozialversicherungssystem gehe kaputt, wenn alle neuen Ärzte integriert werden müßten, DÄ 1984, S. 2945. Die Berufsverbände der Praktischen Ärzte und der Ärzte für Allgemeinmedizin befürworteten verständlicherweise das von der KBV vorgeschlagene neue System zur Regelung der Bedarfsplanung, ebenso die Verkürzung der Weiterbildungszeit in der Allgemeinmedizin auf 3 Jahre, DÄ 1984, S. 2949.

[804] Änderung des § 95a SGB V durch das GKV-GRG 2000 vom 22. Dezember 1999, BGBl. I S. 2626. Diese Anhebung auf fünf Jahre soll die Verlängerung der Weiterbildungszeit in der M-WBO nachzeichnen, siehe KassKomm-*Hess*, § 95a Rdnr. 3. Dies ist jedoch nicht der Fall, da die Übergangsfristen in den Weiterbildungsordnungen langfristiger gestaltet sind als nur bis 2006, siehe Darstellung unter B.II.7.

§ 95a Abs. 4 SGB V regelt eine Ausnahme zu dem Erfordernis der allgemeinmedizinischen Facharztweiterbildung im Sinne von Abs. 2 und 3. Danach kann ein Arzt auch dann zur vertragsärztlichen Versorgung zugelassen werden, wenn er bis zum 31. Dezember 1995 den Titel „Praktischer Arzt" aufgrund von landesrechtlichen Vorschriften zur Ausführung der RL 86/457/EWG (jetzt Art. 30 ff. RL 93/16/EWG) erworben[805] hat. Wurde dieser Titel erst nach diesem Zeitpunkt erworben, reicht er also zur Zulassung nicht mehr aus.

Diese zeitliche Begrenzung von Abs. 4 ist jedoch gem. Abs. 5 S. 1 nur für die in Deutschland abgeschlossene spezifische Weiterbildung in der Allgemeinmedizin relevant. Soweit ein Arzt in einem anderen Mitgliedstaat eine spezifische Weiterbildung in Allgemeinmedizin im Sinne der RL 86/457/EWG erfolgreich abschließt, erfüllt er gem. § 95a Abs. 5 S. 1 SGB V die Voraussetzung zur Eintragung in das Arztregister. Dies gilt gem. Abs. 5 S. 2 auch für die mitgliedstaatlichen Diplome des Facharztes, die in Deutschland aufgrund der Richtlinien 75/362/EWG und 75/363/EWG (jetzt Art. 1 ff. RL 93/16/EWG) anzuerkennen sind.[806] Die konkrete Nationalität des Arztes ist für die Anwendung von Abs. 5 nicht von Bedeutung, soweit der Arzt nur überhaupt eine mitgliedstaatliche Nationalität inne hat.[807] Hauptanknüpfungspunkt für die Anwendung von Abs. 5 ist, daß der relevante Weiterbildungstitel nicht in Deutschland, sondern in einem anderen Mitgliedstaat erworben wurde. Dies bedeutet, daß beispielsweise ein deutscher Arzt, der nach dem 01. Januar 1996 den Titel „Praktischer Arzt" erworben hat, ausschließlich dann gem. § 95a SGB V die Registereintragung beanspruchen und zur vertragsärztlichen Versorgung zugelassen werden kann, wenn er diesen Titel nicht in Deutschland, sondern in einem anderen Mitgliedstaat erworben hat.

---

805 Nach dem Beschluß des LSG Baden-Württemberg vom 05. Februar 1997 (- L 5 Ka 313/97 -) ist das Tatbestandsmerkmal „Bezeichnung ... erworben" derart zu verstehen, daß bis zum Stichtag nicht nur die Voraussetzungen zur Erteilung der Bezeichnung „Praktischer Arzt" erfüllt sein müssen, sondern daß auch die förmliche Berechtigung zum Führen der Bezeichnung erworben sein muß. Hierfür spreche der Wortlaut sowie zwingende Gründe der Rechtssicherheit und der Praktikabilität, da sich oft nur mit erheblichem Aufwand ermitteln lasse, in welchem Zeitpunkt die Voraussetzungen für die Zulassung vorgelegen hätten, MedR 1997, 328 <330>.

806 Die Verweise in § 95a SGB V auf die Richtlinien 75/362/EWG, 75/363/EWG und 86/457/EWG sind als Verweise auf die RL 93/16/EWG zu lesen, in der die drei ursprünglichen Richtlinien zusammengeführt wurden.

807 *Hespeler* in Lexikon des Arztrechts, Nr. 4210, Rdnr. 4, formuliert fälschlicherweise: „Für Angehörige anderer EG-Staaten gilt § 95a Abs. 5 SGB V." Auch die Darstellung von *Narr* ist nicht richtig, daß für die Anwendung von Abs. 5 die Nationalität des Arztes relevant sei und nicht der Ort, an dem die Weiterbildung absolviert wurde, siehe *Narr*, Ärztliches Berufsrecht, Rdnr. W 18.

Zusammenfassend ist festzuhalten, daß § 95a SGB V für die Zulassung eines Allgemeinmediziners vorgibt, mit welchem Inhalt die Weiterbildung an welchen Stellen wie lange zu dauern hat und mit welchem Titel sie abzuschließen ist: Die allgemeinmedizinische Weiterbildung muß zwar einerseits inhaltlich den Anforderungen der RL 86/457/EWG (jetzt Art. 30 ff. RL 93/16/EWG) entsprechen, andererseits darf sie aber nicht mit dem Titel „Praktischer Arzt", sondern muß mit dem allgemeinmedizinischen Facharzttitel abschließen. Des weiteren wird vorgegeben, daß die Weiterbildung mindestens drei bzw. ab 01. Januar 2006 fünf Jahre zu dauern hat.

Es ist im Folgenden zu prüfen, ob der Bundesgesetzgeber mit diesen Vorgaben nur an das ärztliche Berufsrecht angeknüpft und damit seine Kompetenz nicht überschritten hat oder hierbei eine über das Berufsrecht hinausgehende Regelung getroffen hat, die dann eine Kompetenzüberschreitung darstellt.

b. Kompetenzgrundlage in Art. 74 Abs. 1 Nr. 19 GG

Art. 74 Abs. 1 Nr. 19 GG stellt keine Globalermächtigung des Bundes für den Bereich des Gesundheitswesens dar, sondern führt spezifische Felder auf, bei denen der Bund normierungsbefugt ist. Nach Art. 74 Abs. 1 Nr. 19 GG erstreckt sich die konkurrierende Gesetzgebung, bei der die Länder gem. Art. 72 Abs. 1 GG die Befugnis zur Gesetzgebung nur inne haben, solange und soweit der Bund von seiner Gesetzgebungszuständigkeit nicht durch Gesetz Gebrauch gemacht hat, unter anderem auf die Zulassung zu ärztlichen Heilberufen.

(1) Inhalt der Kompetenz gem. Art. 74 Abs. 1 Nr. 19 GG

Inhalt der Gesetzgebungskompetenz gem. Art. 74 Abs. 1 Nr. 19 GG im Hinblick auf die „Zulassung zu ärztlichen Heilberufen" ist nach allgemeiner Ansicht die Ermächtigung zum Erlaß von Vorschriften für den Arztberuf, die sich auf die Erteilung, Zurücknahme und den Verlust der Approbation und auf die Befugnis zur Ausübung des ärztlichen Berufs beziehen.[808] Hierunter fällt die Kompetenz zur Beschreibung des Berufsbildes sowie des Berufszieles im Sinne von *Zugang* zum ärztlichen Heilberuf, also die Voraussetzungen zur Aufnahme des Berufes in selbständiger Form.[809] Von dieser Gesetzgebungszuständigkeit hat der Bundesgesetzgeber ausführlich Gebrauch gemacht, beispielsweise in Form der Bundesärzteordnung und der Approbationsordnung.

---

808 Vgl. für die h.M. nur Dreier-*Stettner*, Bd. II, Art. 74, Rdnr. 89 mit weiteren Nachweisen in Fn. 251; zuletzt vom Zweiten Senat des BVerfG ausführlich dargestellt in seinem Urteil vom 24. Oktober 2002 (- 2 BvF 1/01 -), BVerfGE 106, 62.

809 Vgl. *Narr*, Ärztliches Berufsrecht, Rdnr. W 5; *Riedel/Derpa*, S. 18 f.

Nicht der Bundeskompetenz zuzuordnen sind alle Bereiche, die nicht dem Berufszulassungs-, sondern dem Berufsausübungsrecht zuzuordnen sind, somit alle Fragen, die die ärztliche Berufsausübung nach der Approbation betreffen.[810] Weiterbildungsrecht, Fortbildungswesen und Berufsgerichtsbarkeit fallen daher in die ausschließliche Kompetenz der Länder.[811] Hierzu gehört auch das Recht der Facharztbezeichnungen, da der Facharzt entsprechend der Rechtsprechung des BVerfG nicht als besonderer ärztlicher Beruf im Sinne des Art. 74 Abs. 1 Nr. 19 GG angesehen wird.[812]

(2) Anwendbarkeit des Art. 74 Abs. 1 Nr. 19 GG?

Art. 74 Abs. 1 Nr. 19 GG eröffnet dem Bundesgesetzgeber also Kompetenzen im Bereich des Zugangs zum ärztlichen Beruf. Der hier relevante § 95a SGB V regelt die Voraussetzungen zum Zugang zur vertragsärztlichen Versorgung. Der Zugang zur vertragsärztlichen Tätigkeit stellt nicht eine weitere Form des Zugangs zur ärztlichen Tätigkeit dar, weil die Tätigkeit als Vertragsarzt nämlich kein Beruf, sondern *eine* Form der freiberuflichen Berufsausübung des Arztes ist.[813] Aus diesem Grund ist Art. 74 Abs. 1 Nr. 19 GG nicht als Kompetenznorm für die oben dargestellten Regelungen zum vertragsärztlichen Zulassungsrecht einschlägig.[814]

c. Kompetenzgrundlage in Art. 74 Abs. 1 Nr. 12 GG

Regelungen über die Voraussetzungen für den Zugang zur vertragsärztlichen Versorgung wie § 95a SGB V gehören zum Vertragsarztrecht, somit zum Sozialversicherungsrecht. Das Recht der Sozialversicherung unterfällt der Bundeskompetenz nach Art. 74 Abs. 1 Nr. 12 GG, so daß zu prüfen ist, ob § 95a

---

810 Beschluß des Ersten Senats des BVerfG vom 09. Mai 1972 (- 1 BvR 518/62 -, - 1 BvR 308/64 -), BVerfGE 33, 125 <152 f.> (Facharztbeschluß).

811 Urteil des BVerwG vom 25. November 1971 (- I C 65.65 -), BVerwGE 39, 110 <112>; BVerfG, Urteil vom 24. Oktober 2002 (siehe Fn. 808), Rdnr. 246 und 248 des Entscheidungstextes auf der Homepage des BVerfG (www.bverfg.de).

812 Beschluß des Ersten Senats des BVerfG vom 09. Mai 1972 (- 1 BvR 518/62 -, - 1 BvR 308/64 -), BVerfGE 33, 125 <152 f.> (Facharztbeschluß).

813 Grundlegend hierzu Urteil des Ersten Senats des BVerfG vom 23. März 1960 (- 1 BvR 216/51 -), BVerfGE 11, 30 <41>; siehe ansonsten für die einhellige Meinung nur *Narr*, Ärztliches Berufsrecht, Rdnr. W 5.

814 Da dieser Kompetenztitel schon nicht einschlägig ist, entfaltet er auch keine Sperrwirkung hinsichtlich anderer Kompetenztitel, wie es beispielsweise das BVerfG in seiner Entscheidung vom 24. Oktober 2002 (siehe Fn. 808) angenommen hat hinsichtlich der für Altenpflegehelfer relevanten Regelungen des Altenpflegegesetzes, siehe Rdnr. 278 des Entscheidungstextes auf der Homepage des BVerfG (www.bverfg.de).

SGB V in seiner konkreten Ausgestaltung von dieser Gesetzgebungskompetenz gedeckt ist.

(1) Inhalt der Kompetenz gem. Art. 74 Abs. 1 Nr. 12 GG

Der Begriff „Sozialversicherung“ im Sinne von Art. 74 Abs. 1 Nr. 12 GG ist nicht identisch mit dem der klassischen Sozialversicherungszweige. Nach Auffassung des BVerfG handelt es sich vielmehr um einen Gattungsbegriff, der alles das umfaßt, was sich der Sache nach als Sozialversicherung darstellt.[815] Hierzu zählen Regelungen über die Verteilung des Bedarfs auf eine Solidargemeinschaft, über den Ausgleich besonderer Lasten sowie über die Art und Weise der organisatorischen Bewältigung.

Daher ist Art. 74 Abs. 1 Nr. 12 GG Kompetenzgrundlage für Beitragsregelungen und für das damit korrespondierende Leistungsrecht.[816] Im Bereich der gesetzlichen Krankenversicherung ist Teil des Leistungsrechts das Vertragsarztrecht, so daß dem Bund die Kompetenz zusteht, die Berufsausübung des Vertragsarztes samt seiner öffentlich-rechtlichen Pflichten zu regeln.[817] Allerdings ist dies eine funktionsspezifische Kompetenz und beschränkt sich auf das speziell zur Ausübung vertragsärztlicher Tätigkeit Notwendige. Der Bundesgesetzgeber kann daher über diese Kompetenznorm nicht die Materie des Weiterbildungsrechts regeln[818], sondern ist auf eine Bezugnahme zum Weiterbildungsrecht begrenzt.[819]

(2) Überschreitung der Kompetenzgrenzen des Art. 74 Abs. 1 Nr. 12 GG?

In § 95 Abs. 1 SGB V bezieht sich der Gesetzgeber durch das Zulassungskriterium „Arzt“ noch auf das allgemeine Standesrecht der Ärzte. § 95a Abs. 1 SGB V knüpft hingegen mit dem Erfordernis des erfolgreichen Abschlusses ei-

---

[815] Entscheidung des Ersten Senats des BVerfG vom 10. Mai 1960 (- 1 BvR 190, 363, 401, 409, 471/58 -), BVerfGE 11, 105 <111 f.>.

[816] Beschluß des Zweiten Senats des BVerfG vom 08. April 1987 (- 2 BvR 909, 934, 935, 936, 938, 941, 942, 947/82, 64/83, 142/84 -), BVerfGE 75, 108 <146 ff.>.

[817] Urteil des BVerwG vom 09. Juni 1982 (-3 C 21/81 -), BVerwGE 65, 362 <365>; Sachs-*Degenhart*, Art. 74, Rdnr. 53.

[818] So auch *Narr*, Ärztliches Berufsrecht, Rdnr. W 5 und *Sodan*, NZS 2001, 169 <171>, der ausführlich darstellt, weshalb die Kompetenz zur Regelung der Sozialversicherung nicht grundsätzlich als spezieller angesehen werden kann als diejenige zur Ausformung des allgemeinen Berufsrechts, wie es noch das BVerwG (Urteil vom 09. Juni 1982 (-3 C 21/81 -), BVerwGE 65, 362 <365>) postulierte.

[819] Siehe auch *Schneider*, MedR 1995, 175 <179>.

ner allgemeinmedizinischen Weiterbildung nur scheinbar[820] an das ärztliche Berufsrecht an, denn in § 95a Abs. 2 und 3 SGB V werden zusätzliche Qualitätsanforderungen an die allgemeinärztliche Weiterbildung aufgeführt.[821]

Die Gesetzgebungskompetenz des Bundes aufgrund von Art. 74 Abs. 1 Nr. 12 GG ist auf Regelungen beschränkt, die speziell zur Ausübung vertragsärztlicher Tätigkeit notwendigerweise erlassen werden müssen. Hierzu zählt zweifelsohne die Bestimmung der von einem Vertragsarzt zu erfüllenden fachlichen Qualitätsanforderungen, weshalb der Bundesgesetzgeber rechtmäßigerweise vorgeben darf, daß zur vertragsärztlichen Zulassung neben der Approbation auch die Facharztweiterbildung erforderlich ist. Warum er sich bei Allgemeinmedizin nicht auch auf die schlichte Forderung nach einer Facharztweiterbildung beschränkte, ist weder aus dem Gesetzgebungsverfahren ersichtlich noch rechtlich nachvollziehbar.

(a) Kompetenzüberschreitung hinsichtlich der Dauer der allgemeinmedizinischen Weiterbildung?

Im Gesetzgebungsverfahren zum GSG wurde die Verankerung der dreijährigen Weiterbildung in der Allgemeinmedizin für die vertragsärztliche Zulassung als „unverzichtbar" angesehen.[822] Die allgemeinmedizinische Qualifikation sollte verbessert werden, weshalb die Neuregelung erforderlich sei zur Gewährleistung, daß nun auch in der Allgemeinmedizin wie in allen anderen Facharztgebieten nur weitergebildete Ärzte die Versicherten behandeln.[823]

Zur Begründung wurde folgendes ausgeführt: „Die Forderung nach einer dreijährigen Weiterbildung in der Allgemeinmedizin als Zulassungsvoraussetzung ist deshalb in den letzten Jahren verstärkt und ohne Gegenstimmen erhoben worden (vgl. Beschluß des Deutschen Ärztetages 1990 zur Weiterbildung in der

820 Nach *Wenner*, GesR 2002, 1, verweist § 95a Abs. 1 SGB V mit dem Erfordernis der Weiterbildung auf Landesrecht. Den Inhalt der Abs. 2 und 3 thematisiert er bei seinen Ausführungen zu den einschneidenden Eingriffen des Vertragsarztrechts in das ärztliche Berufsrecht allerdings nicht.

821 Wannagat-*Lindemann*, § 95a SGB V, geht zwar detailliert auf die Facharztweiterbildung ein, problematisiert aber nicht einen möglichen Eingriff des Bundesgesetzgebers in die Gesetzgebungskompetenz der Länder für die Ausgestaltung der Facharztweiterbildung. Peters-*Hencke*, § 95a SGB V, Rdnr. 1 ff., gibt ausführlich die Gesetzesbegründung wieder, problematisiert aber ebenfalls nicht die Frage nach der Gesetzgebungskompetenz. Auch KassKomm-*Hess*, § 95a SGB V, Rdnr. 4 ff., und *Zipperer*, NZS 1993, 53 <57>, thematisieren diese Problematik nicht.

822 BTDrucks. 12/3608, S. 94 (zu Nr. 49 [§ 95a], 2. und 6. Absatz).

823 BTDrucks. 12/3608, S. 94 (zu Nr. 49 [§ 95a], 1. und 3. Absatz).

Allgemeinmedizin ...). ... Es ist unstreitig, daß die genannten qualitativen Anforderungen, die an den Allgemeinmediziner im Rahmen der Versorgung der Versicherten der gesetzlichen Krankenversicherung zu stellen sind, keinesfalls in einem Zeitraum unterhalb von drei Jahren erlernt werden können."[824]

Diese Begründung verwundert in doppelter Hinsicht: Zum einen stimmte Deutschland als Mitglied des Rates wenige Jahre zuvor beim einstimmigen Erlaß der RL 86/457/EWG einer Regelung zu, wonach die Weiterbildungsdauer für einen zum Sozialversicherungssystem zuzulassenden Allgemeinmediziner auch bei nur zwei Jahren liegen durfte. Zum anderen war es alles andere als unstreitig, wie man die Anforderungen der RL 86/457/EWG mit dem deutschen Weiterbildungsrecht in Einklang bringen sollte, was sich aus der oben dargestellten Umsetzungshistorie ablesen läßt.[825] Erst auf dem 95. Deutschen Ärztetag 1992 in Köln, also ca. sechs Monate vor der Verabschiedung des GSG, wurde nach jahrelangen Diskussionen die Verkürzung der allgemeinmedizinischen Facharztweiterbildung auf drei Jahre beschlossen. Daneben existierte aber weiterhin die Möglichkeit, innerhalb von nur zwei Jahren den Titel Praktischer Arzt zu erwerben, also einen Titel, der nach dem Willen der RL 86/457/EWG zum Tätigwerden innerhalb des Sozialversicherungssystems ausreichend sein sollte. Eine jahrelang einhellige Meinung hinsichtlich einer dreijährigen Weiterbildung für einen allgemeinmedizinischen Vertragsarzt läßt sich hieraus nicht ableiten. Aber selbst eine einhellige Meinung hierüber würde noch nicht eine Gesetzgebungszuständigkeit des Bundes begründen.

In der Gesetzesbegründung hieß es weiter: „Der Bundesgesetzgeber schreibt dabei eine mindestens dreijährige Dauer für die allgemeinmedizinische Weiterbildung vor, überläßt aber die inhaltliche Ausgestaltung der Qualifikation den landesrechtlichen Bestimmungen nach dem Weiterbildungsrecht. Auf diese Weise bleibt die Autonomie der Ärztekammern zur Ausgestaltung der Weiterbildungsanforderungen in der Allgemeinmedizin erhalten."[826]

Der Bundesgesetzgeber war also der Ansicht, daß die Gesetzgebungskompetenz der Länder allein auf die inhaltliche Ausgestaltung der allgemeinmedizinischen Weiterbildung beschränkt sei, die Dauer jedoch vom Bundesgesetzgeber vorgegeben werden könne – was er bei den übrigen Facharztgebieten jedoch weiterhin nicht für notwendig hält. Festzuhalten ist des weiteren, daß die Neuregelung im Gesetzgebungsverfahren ausdrücklich als bundesgesetzliche ärztliche Weiterbildungsregelung bezeichnet wurde. Eine Auseinandersetzung mit der

---

[824] BTDrucks. 12/3608, S. 94 (zu Nr. 49 [§ 95a], aus dem 2. und 5. Absatz).

[825] Siehe hierzu C.V.7.

[826] BTDrucks. 12/3608, S. 94 (zu Nr. 49 [§ 95a], aus dem 1. Absatz).

Frage nach einer dem Bundesgesetzgeber insoweit zugewiesenen Gesetzgebungskompetenz fand im Gesetzgebungsverfahren jedoch nicht statt.[827]

Die Trennung von Dauer und Inhalt der Weiterbildung, wie sie der Bundesgesetzgeber vorgenommen hat, entspricht jedoch nicht den vom Grundgesetz vorgegebenen Gesetzgebungskompetenzen. Denn die inhaltliche Ausgestaltung der Weiterbildung bedingt ihre Dauer, weil sie sich schon allein aus der Festlegung der notwendigen Weiterbildungsinhalte in Zusammenschau mit den tatsächlichen Weiterbildungsmöglichkeiten ergibt. Unstreitig steht dem Landesgesetzgeber die Kompetenz zu, die Weiterbildung inhaltlich auszugestalten. Damit ist dann aber zwingend auch die Festlegung der Mindestdauer der Weiterbildung verknüpft, so daß hier kein Raum für eine Gesetzgebungskompetenz des Bundes bleibt.[828]

Diese Gesetzgebungskompetenz hinsichtlich der Weiterbildungsdauer ist auch nicht notwendig, um eine erforderliche Qualifikationsvoraussetzung für den Vertragsarzt normieren zu können. Derartige Normen würden zwar unter die Bundesgesetzgebungskompetenz gem. Art. 74 Abs. 1 Nr. 12 GG aufgrund eines Sachzusammenhangs fallen. Es ist aber bereits fraglich, ob die Vorgabe der Mindestweiterbildungsdauer überhaupt die Festlegung einer *fachlichen Qualitätsanforderung* an den Vertragsarzt darstellt. Denn allein die Mindestdauer einer Weiterbildung ist nicht aussagekräftig für die angestrebte Qualität oder Fülle der Weiterbildungsinhalte. Sie ist hierfür nur ein Indiz. Wenn also die inhaltliche Ausgestaltung dem jeweiligen Landesgesetzgeber überantwortet ist, bestimmt dieser und nicht der Bund die Qualität und den Umfang der Weiterbildung. Denn der Landesgesetzgeber bestimmt, ob im Rahmen der vom Bund vorgegebenen Weiterbildungsdauer von drei Jahren Inhalte vermittelt werden, die auch in kürzerer Zeit vermittelbar wären oder die eine noch längere Weiterbildungsdauer bewirken. Der Bundesgesetzgeber hat allein durch die Festlegung

---

[827] *Schneider*, MedR 1995, 175 <179>, führt dies darauf zurück, daß die Festlegung der haus- und fachärztlichen Tätigkeit den Bundesgesetzgeber dazu veranlaßt haben dürfte, die Einbeziehung weiterbildungsrechtlicher Regelungen im Rahmen des GSG nicht weiter zu reflektieren. Diese Trennung ist gemäß der Rechtsprechung des BSG (Urteil vom 18. Juni 1997 (- 6 RKa 58/96 -), BSGE 80, 256 <262>) und BVerfG (Entscheidung der 2. Kammer des Ersten Senats vom 17. Juni 1999 (- 1 BvR 2507/97 -), SozR 3-2500 § 73 Nr. 3) mit dem Grundgesetz, insbesondere den Kompetenznormen, vereinbar.

[828] Nach *Riedel/Derpa*, S. 68, soll das BSG § 95a Abs. 2 und 3 SGB V für zulässig halten. Sie verweisen hierfür auf das Urteil des BSG vom 18. Mai 1989 (-6 RKa 6/88 -), BSGE 65, 89. Dieses Urteil erging, bevor die fragliche Regelung überhaupt in das SGB V aufgenommen wurde, weshalb sich das BSG in diesem Urteil nicht zur Rechtmäßigkeit von § 95a SGB V äußern konnte. Das Urteil beschäftigt sich mit der kassenzahnärztlichen Vorbereitungszeit (siehe oben bei D.I.1.d).

der Weiterbildungsdauer keinen Einfluß auf den Umfang und die Qualität der Weiterbildung. Die Dauer allein stellt somit keine fachliche Qualitätsanforderung dar.

Die Gesetzgebungskompetenz des Bundes ergibt sich auch nicht aus dem vom BVerfG[829] weit gefaßten verfassungsrechtlichen Begriff der Sozialversicherung.[830] Denn wenn die Gesetzgebungskompetenz nach Art. 74 Abs. 1 Nr. 12 GG auf alle Lebensbereiche erstreckt würde, die die gesetzliche Krankenversicherung sachlich berührt, liefe die von Art. 74 Abs. 1 Nr. 19 GG gewollte Kompetenzabgrenzung nach Berufszugangs- und Berufsausübungsregelungen ins Leere.[831] Der Bundesgesetzgeber müßte dann nur die ihm als regelungsopportun erscheinenden weiteren Sachverhalte im Bereich der gesetzlichen Krankenversicherung normativ einbeziehen, um sich letztlich einer Gesetzgebungskompetenz nach Art. 74 Abs. 1 Nr. 12 GG zu generieren, die ihm nach der grundgesetzlichen Kompetenzverteilung in Art. 74 Abs. 1 Nr. 19 GG nicht zugewiesen ist.

Es bleibt mithin dabei, daß die Regelungskompetenz des Bundesgesetzgebers auf das speziell zur Ausübung vertragsärztlicher Tätigkeit notwendige beschränkt ist. Die Festlegung der Weiterbildungsdauer ist – wie eben gezeigt – weder nützlich noch notwendig für die Bestimmung von fachlichen Qualitätsanforderungen für den Vertragsarzt. § 95a Abs. 2 und 3 SGB V wird daher hinsichtlich der Festlegung einer bestimmten Mindestweiterbildungsdauer nicht von der Gesetzgebungskompetenz aus Art. 74 Abs. 1 Nr. 12 GG gedeckt und ist somit verfassungswidrig.[832]

---

829 Beschluß des Zweiten Senats des BVerfG vom 08. April 1987 (- 2 BvR 909, 934, 935, 936, 938, 941, 942, 947/82, 64/83, 142/84 -), BVerfGE 75, 108 <146>; Entscheidung des Ersten Senats des BVerfG vom 10. Mai 1960 (-1 BvR 190, 363, 401, 409, 471/58 -), BVerfGE 11, 105 <111 f.>.

830 So aber *Ebsen*, VSSR 1996, 351 <357 f.>, nach dessen Ansicht aber auch viel für einen Kompetenzmißbrauch spricht, weil es vorrangig um die Weiterbildung und damit um einen Gegenstand ausschließlicher Länderkompetenz gehe. Hauck/Noftz-*Klückmann*, K § 95a SGB V, Rdnr. 13 f., erkennt zwar die Einflußnahme des Bundesgesetzgebers auf die Autonomie der Ärztekammern, hält aber wegen des „weit gefassten verfassungsrechtlichen Gattungsbegriffs" die Vorgaben an die allgemeinmedizinische Weiterbildung in § 95a SGB V im Rahmen des „kompetenzrechtliche(n) Bild(es) der Sozialversicherung".

831 So auch *Schneider*, MedR 1995, 175 <179>.

832 So auch *Riedel/Derpa*, S. 69; im Ergebnis auch *Schneider*, MedR 1995, 175 <179> mit Verweis auf ein 1994 erstelltes Gutachten von *Heinze* zur Verfassungswidrigkeit der ausschließlichen hausärztlichen und fachärztlichen Versorgung: *Schneider* sieht in § 95a Abs. 2 und 3 SGB V einen Verstoß allein gegen Art. 74 Abs. 1 Nr. 19 GG. *Kamps*, DÄ 2002, S. A-483 <A-484> problematisiert diese Frage aufgrund der Änderungen des § 95a

(b) Kompetenzüberschreitung hinsichtlich des Inhalts der allgemeinmedizinischen Weiterbildung?

§ 95a Abs. 3 SGB V schreibt für die vertragsärztliche Zulassung nicht nur eine Mindestdauer, sondern auch einen Mindestinhalt der allgemeinmedizinischen Weiterbildung vor, obwohl es in der Gesetzesbegründung heißt, daß der Bundesgesetzgeber „die inhaltliche Ausgestaltung der Qualifikation den landesrechtlichen Bestimmungen nach dem Weiterbildungsrecht" überläßt.[833] In Abs. 3 bezieht sich der Bundesgesetzgeber auf die RL 86/457/EWG (jetzt Art. 30 ff. RL 93/16/EWG) und gibt einen Teil von Art. 2 Abs. 1 lit. c RL 86/457/EWG (jetzt Art. 31 Abs. 1 lit. c RL 93/16/EWG) wieder.

„In den Absätzen 3 bis 5 trägt die Neuregelung den Anforderungen des EG-Rechts Rechnung."[834] Diese Begründung erläutert nicht, warum gerade der Bundesgesetzgeber im Vertragsarztrecht vorgeben muß, daß die allgemeinmedizinische Facharztweiterbildung dem Inhalt der RL 86/457/EWG (jetzt Art. 30 ff. RL 93/16/EWG) zu entsprechen hat, obwohl er für die Ausgestaltung des Inhalts der Facharztweiterbildung gerade keine Kompetenz hat, wie er selbst weiter oben in derselben Gesetzesbegründung ausführt.[835] Daß der Bundesgesetzgeber trotzdem eine derartige Regelung in § 95a SGB V aufnahm, läßt sich zwar anhand der langjährigen Diskussionen über die Umsetzung der RL 86/457/EWG (jetzt Art. 30 ff. RL 93/16/EWG) und des zwischen Ärztegremien und Bundesgesetzgeber gefundenen Kompromisses nachvollziehen.[836] Für die Beantwortung der Frage nach dem Vorliegen einer Gesetzgebungskompetenz des Bundes ist dieser Kompromiß jedoch nicht maßgeblich.

Vor dem Hintergrund unserer Kompetenzverteilung zwischen Bund und Ländern war der Bund nicht zur alleinigen Umsetzung der RL 86/457/EWG (jetzt Art. 30 ff. RL 93/16/EWG) verpflichtet oder gar berechtigt. Der Bundesgesetzgeber mußte gem. Art. 7 RL 86/457/EWG (jetzt Art. 36 RL 93/16/EWG) nur den Zugang zur vertragsärztlichen Versorgung für Ärzte ohne Facharzttitel vom

---

SGB V durch das GRG 2000 und kommt ebenfalls zu dem Ergebnis des Fehlens einer Bundesgesetzgebungskompetenz.

833 BTDrucks. 12/3608, S. 94 (zu Nr. 49 [§ 95a], aus dem 1. Absatz).

834 BTDrucks. 12/3608, S. 94 (zu Nr. 49 [§ 95a], 7. Absatz).

835 Siehe oben Fn. 826.

836 Siehe hierzu oben bei C.V.7.; allerdings hatte *Hess* bereits 1983 bei der Erläuterung der Pläne zu der RL 86/457/EWG dargestellt, daß „der Bund als Gesetzgeber die Qualifikation des Kassenarztes von Voraussetzungen abhängig machen muß, auf deren inhaltliche Gestaltung er keinen Einfluß hat, da sie als Weiterbildungsrecht in die Gesetzgebungskompetenz der Länder fallen", DÄ 1983, Heft 42, S. 59 (B) <60 (B)>.

Besitz des Diploms über die spezifische allgemeinmedizinische Weiterbildung sicherstellen.[837] Da der Bundesgesetzgeber aufgrund von Art. 74 Abs. 1 Nr. 12 GG nur zum Erlaß von Regelungen berechtigt ist, die speziell zur Ausübung vertragsärztlicher Tätigkeit notwendig sind, hätte er sich im Rahmen der Ausgestaltung der allgemeinmedizinischen Zulassungsvoraussetzungen in § 95a SGB V darauf beschränken müssen, ganz allgemein den Besitz des Titels vorauszusetzen, der in landesrechtlicher Umsetzung der RL 86/457/EWG (jetzt Art. 30 ff. RL 93/16/EWG) auf Landesebene jeweils vergeben wird. Daß dieser Titel nur aufgrund einer Weiterbildung, die inhaltlich den Anforderungen der RL 86/457/EWG (jetzt Art. 36 ff. RL 93/16/EWG) entspricht, erteilt werden darf, muß von den Landesgesetzgebern sichergestellt werden, nicht jedoch vom Bundesgesetzgeber, da er für die inhaltliche Ausgestaltung der Weiterbildung keine Kompetenz besitzt. Dies bedeutet, daß die Regelung in § 95a Abs. 3 SGB V entgegen der oben wiedergegebenen Gesetzesbegründung gerade nicht den Anforderungen des EG-Rechts Rechnung trägt.

Durch die Vorgabe eines Mindestinhaltes für die allgemeinmedizinische Facharztweiterbildung greift der Bundesgesetzgeber in unzulässiger Weise in die Gesetzgebungskompetenz der Länder ein, indem er die allgemeinmedizinische Facharztweiterbildung mit den Inhalten der RL 86/457/EWG (jetzt Art. 30 ff. RL 93/16/EWG) verknüpft, obwohl die Landesgesetzgeber für die Festlegung der Weiterbildungsinhalte zuständig sind. Unabhängig davon, ob rein tatsächlich die allgemeinmedizinische Facharztweiterbildung inhaltlich den Anforderungen der RL 86/457/EWG (jetzt Art. 30 ff. RL 93/16/EWG) entspricht, bedeutet die Festschreibung der Facharztweiterbildungsinhalte in § 95a SGB V durch den Bundesgesetzgeber, daß die Länder nicht mehr frei sind in der Gestaltung der Weiterbildungsinhalte für allgemeinmedizinische Fachärzte. Die Unfreiheit für die Landesgesetzgeber liegt darin, daß sie mit dem Wissen um die zulassungsrechtlichen Vorgaben durch § 95a SGB V schlechterdings nicht eine allgemeinmedizinische Facharztweiterbildung einführen können, die nicht zur vertragsärztlichen Zulassung berechtigt. Die Bindung, wie sie der Bundesgesetzgeber in § 95a Abs. 3 SGB V darstellt, ist den Landesgesetzgebern durch die RL 86/457/EWG (jetzt Art. 30 ff. RL 93/16/EWG) nicht vorgegeben[838], so daß sie durch die Vorgaben von § 95a Abs. 3 SGB V unnötig in ihrer Gestaltungsfreiheit eingeschränkt werden.

---

[837] Art. 7 Abs. 1 S. 1 RL 86/457/EWG (jetzt Art. 36 Abs. 1 S. 1 RL 93/16/EWG) lautet: „Ab 1. Januar 1995 macht jeder Mitgliedstaat vorbehaltlich der Vorschriften über erworbene Rechte die Ausübung des ärztlichen Berufs als praktischer Arzt im Rahmen seines Sozialversicherungssystems vom Besitz eines Diploms, Prüfungszeugnisses oder sonstigen Befähigungsnachweises im Sinne von Art. 30 abhängig."

[838] Siehe hierzu die ausführliche Darstellung unten bei D.II.2.c.

Es ist daher festzuhalten, daß § 95a Abs. 3 SGB V auch hinsichtlich der Festlegung eines bestimmten Mindestinhalts der allgemeinmedizinischen Weiterbildung nicht von der Gesetzgebungskompetenz aus Art. 74 Abs. 1 Nr. 12 GG gedeckt und damit verfassungswidrig ist.

(c) Ergebnis

Der Gesetzgeber des GSG hat in § 95a SGB V Weiterbildungsvoraussetzungen hinsichtlich Dauer und Inhalt der allgemeinmedizinischen Facharztweiterbildung normiert, die nicht von der Bundesgesetzgebungskompetenz gedeckt und damit verfassungswidrig sind.[839]

d. Auswirkungen der Kompetenzüberschreitung auf die Zulassung von Allgemeinmedizinern

Solange § 95a Abs. 2 und 3 SGB V mit den landesrechtlichen Bestimmungen über die Dauer und den Inhalt der allgemeinmedizinischen Weiterbildung übereinstimmen, wirkt sich dieser Eingriff des Bundesgesetzgebers in die Landesgesetzgebungsbefugnis nicht auf die Zulassung von Allgemeinmedizinern aus. Zur Kollision kommt es erst, wenn beispielsweise die Vorstellungen über die Mindestweiterbildungszeit auf Bundes- und Landesebene auseinanderfallen oder der Landesgesetzgeber z.B. den Bereich der Allgemeinmedizin mit einem anderen ärztlichen Bereich verbindet[840] und daher den Weiterbildungstitel „Facharzt für Allgemeinmedizin" in einen anderen Facharzttitel überführt, der Bundesgesetzgeber jedoch diese Entwicklung in § 95a SGB V nicht nachvollzieht.

Ein Kollisionsfall bahnt sich bereits in der Änderung von § 95a Abs. 2 und 3 SGB V zum 01. Januar 2006 an.[841] Von diesem Zeitpunkt an ist die Zulassung als Allgemeinmediziner nicht mehr mit einer dreijährigen, sondern nur noch mit einer fünfjährigen Weiterbildung möglich.[842] Diese Neuregelung steht jedoch

---

[839] Im Ergebnis so auch *Schneider*, MedR 1995, 175 <176>; *Kamps*, DÄ 2002, S. A-483 <A-484>; *Riedel/Derpa*, S. 69

[840] Eine derartige Verbindung zum „Facharzt für Innere und Allgemeinmedizin" wurde als Änderung der M-WBO vom 106. Deutschen Ärztetag 2003 in Köln beschlossen. Die Satzungen der Landesärztekammern, die diese M-WBO 2003 in ihre eigene WBO umsetzen wollten, wurden bis Ende 2004 jedoch nur in Bayern von den Aufsichtsbehörden genehmigt. Ursache hierfür ist das Vertragsverletzungsverfahren 1999/2065 der Kommission gegen Deutschland (siehe unten bei D.II.2.c).

[841] Änderung aufgrund des GKV-GRG 2000, siehe Fn. 804.

[842] Trotz des oben (siehe unter B.II.7.b.) erwähnten Initiativprogramms zur Förderung der Weiterbildung in der Allgemeinmedizin war schon im Jahr 2002 absehbar, daß der allgemeinmedizinische Nachwuchs allein nicht ausreichen wird, den Bedarf an Hausärzten

nicht im Einklang mit dem Landesrecht. Denn aufgrund der in den WBO der Landesärztekammern bestehenden Übergangsbestimmungen[843] kann auch noch nach dem 01. Januar 2006 ein allgemeinmedizinischer Facharzttitel aufgrund einer nur dreijährigen Weiterbildung erlangt werden.[844] Mit dieser dreijährigen Weiterbildung und der Berechtigung zum Führen der Facharztbezeichnung erfüllen diese Ärzte jedoch nach der derzeit vorgesehen Formulierung des § 95a Abs. 2 und 3 SGB V allein deshalb nicht mehr die Voraussetzungen für die Zulassung, weil der Bundesgesetzgeber über seine Kompetenzgrenzen hinaus auch die Mindestweiterbildungsdauer für den allgemeinmedizinischen Facharzttitel auf fünf Jahre vorgibt. Mit einer schlichten Aufstockung der abgeschlossenen dreijährigen Weiterbildung um weitere zwei Jahre ist es aufgrund der unterschiedlichen Strukturierung zur fünfjährigen Weiterbildung nicht getan.

Im Gesetzgebungsverfahren zum GKV-GRG 2000 hieß es zu der Verlängerung der Weiterbildungszeit: „Die WBO der Ärztekammern sind bereits entsprechend angepaßt. Es ist deshalb davon auszugehen, daß ab dem Jahre 2006 die die Niederlassung anstrebenden Allgemeinärzte diese Anforderungen erfüllen."[845] Die Übergangsbestimmungen der WBO hatte der Bundesgesetzgeber

---

neuer Prägung zu decken (siehe Bericht über den 105. Deutschen Ärztetag 2002 „Für Zündstoff ist gesorgt" in DÄ 2002, S. A-1405.). Es müßte somit im Bestreben des Bundesgesetzgebers liegen, durch die Gestaltung der Zugangsvoraussetzungen für Hausärzte die Attraktivität dieser Tätigkeit zu steigern, um möglichst viele der zukünftig approbierten Ärzte für die hausärztliche Versorgung zu gewinnen und so den Bedarf decken zu können. Abgesehen von der fehlenden Kompetenz des Bundesgesetzgebers hierfür ist es äußerst fraglich, ob die Festschreibung der allgemeinmedizinischen Mindestweiterbildungsdauer auf fünf Jahre als Zulassungsvoraussetzung hierfür das geeignete Mittel ist.

843 Beispielsweise § 22 der baden-württembergischen WBO in der Neubekanntmachung vom 10. Oktober 1997, zuletzt geändert durch Satzung vom 19. Februar 2003 (Ärzteblatt Baden-Württemberg 2003, S. 135) bestimmt in Abs. 2, daß der Arzt, der vor Inkrafttreten der Änderung der WBO die Weiterbildung in einem Gebiet nach der bisherigen WBO begonnen hat, diese nach der bisherigen WBO abschließen darf, soweit nicht die Weiterbildung für mehr als 10 Jahre unterbrochen wurde. Von dieser Einschränkung sind nach § 22 Abs. 2 S. 2, 2.HS Ausnahmen möglich.

844 Die von der KBV (DÄ 2002, S. A-1193) vertretene Ansicht, daß gem. § 95 Abs. 2 S. 1 SGB V i. V. m. § 18 Ärzte-ZV auch die dreijährige Weiterbildung für die Zulassung zur vertragsärztlichen Versorgung nach dem 01. Januar 2006 ausreichend sei, bezieht sich nur auf die Fälle, in denen die dreijährige Weiterbildung bis zum 31. Dezember 2002 abgeschlossen und die Eintragung in das Arztregister beantragt ist. Hiervon nicht umfaßt sind jedoch die Fälle, in denen die dreijährige Weiterbildung rechtmäßigerweise erst nach dem 01. Januar 2006 abgeschlossen wird.

845 BTDrucks. 14/1245, S. 76 (zu Nr. 50 [§ 95a]).

also nicht bedacht, denn sonst hätte er nicht von dieser Annahme ausgehen können.

Dieses Problem löst sich auch nicht im Zuge der Umsetzung der Beschlüsse des 106. Deutschen Ärztetages 2003 in Köln hinsichtlich der Zusammenfassung der Allgemeinmedizin und Inneren Medizin zum Facharzt für Innere und Allgemeinmedizin.[846] Die Mehrheit der Landesärztekammern[847] beabsichtigt zwar, diese Änderung der M-WBO in ihre jeweilige WBO zu übernehmen. Dem kann sich dann auch der Bundesgesetzgeber im Vertragsarztrecht nicht verschließen und wird insofern zu Änderungen im Vertragsarztrecht gezwungen sein. Allerdings wurde bis Ende 2004 die geänderte WBO nur in Bayern von der Aufsichtsbehörde auch genehmigt. Und eine derartig tiefgreifende Veränderung der WBO ist selbstverständlich mit der Einräumung von Übergangsfristen verbunden und hebt auch früher eingeräumte Übergangsregelungen nicht auf, so daß § 95a SGB V vermutlich nicht noch vor dem 01. Januar 2006 auf die M-WBO 2003 abgestimmt werden wird.

2. Richtlinienkonformität der Umsetzung der europäischen Ärzterichtlinien

Neben der Frage der Gesetzgebungskompetenz für die Umsetzungsnormen stellt sich die nach der Richtlinienkonformität der Umsetzung der europäischen Ärzterichtlinien in deutsches Recht. Die Mitgliedstaaten können bei der Umsetzung europäischer Richtlinien zwar einen gewissen Spielraum, insbesondere hinsichtlich Form und Mittel, ausschöpfen, jedoch dürfen hierdurch weder Regelungszweck noch -inhalt verkürzt oder verfälscht werden.[848] Im Folgenden

---

[846] Siehe Bericht über Top II: Novellierung der (Muster-)Weiterbildungsordnung, DÄ 2003, S. A-1478.

[847] Baden-Württemberg (Satzung vom 03. Juli 2004), Bayern (Satzung vom 24. April 2004), Berlin (Satzung vom 18. Februar 2004), Brandenburg (Satzung vom 13. März 2004), Bremen (Satzung vom 28. Juni 2004), Hamburg (Satzung aus Dezember 2003), Nordrhein (Satzung vom 20. März 2004), Saarland (Satzung aus Oktober 2004) und Sachsen (Satzung vom 26. Juni 2004); für die Beibehaltung eines Facharztes für allgemeine Innere Medizin sprachen sich die Landesärztekammern in Mecklenburg-Vorpommern (Satzung vom 01. Mai 2004) und Rheinland-Pfalz (Satzung vom 05. Mai 2004) aus.

[848] Ein prominentes Beispiel aus der jüngeren Vergangenheit ist die fehlerhafte Umsetzung der Richtlinie 93/104/EG des Rates vom 23. November 1993 über bestimmte Aspekte der Arbeitszeitgestaltung (ABl. L 307 vom 13. Dezember 1993, S. 18) in Spanien entsprechend der sogenannten SIMAP-Entscheidung des EuGH in der Rs. C-303/98 [Sindicato de Médicos de Asistencia Pública (Simap) – Consellería de Sanidad y Consumo de la Generalidad Valenciana] vom 03. Oktober 2000, Slg. 2000, S. I-7963, aber ebenso fehlerhafte Umsetzung dieser Richtlinie in Deutschland durch das Arbeitszeitgesetz entspre-

werden die bereits oben angesprochenen Umsetzungsregelungen bzgl. Weiterbildung[849] rechtlich gewürdigt. Gerade die bereits dargestellten Besonderheiten der RL 86/457/EWG (jetzt Art. 30 ff. RL 93/16/EWG)[850] scheinen auch im Rahmen der Umsetzung zu Schwierigkeiten geführt zu haben.

a. Automatische Anerkennung von Weiterbildungstiteln

Ein wesentlicher Regelungsgegenstand der RL 93/16/EWG ist die automatische gegenseitige Anerkennung von Weiterbildungstiteln, die in den Anhängen B und C der Richtlinie aufgeführt sind.[851] Nach Art. 4 RL 93/16/EWG müssen die Mitgliedstaaten in ihren Umsetzungsgesetzen zudem sicherstellen, daß sie den gegenseitig anerkannten Weiterbildungsnachweisen anderer Mitgliedstaaten die gleiche Wirkung verleihen wie den Diplomen, die sie selbst ausstellen.

Art. 4 RL 93/16/EWG zeigt deutlich die bei Berufsqualifikationen vorherrschende Regelungstechnik des Gemeinschaftsgesetzgebers: Koordinierung der mitgliedstaatlichen Regelungen mithilfe des Systems der gegenseitigen Anerkennung. Denn die Verpflichtung zur Anerkennung erfüllt ihren eigentlichen Zweck gerade dort, wo die Mitgliedstaaten ungleichartige Voraussetzungen zum Erwerb eines Befähigungsnachweises aufstellen, weil durch die Anerkennungsrichtlinie die Gleichwertigkeit der für den Erwerb des Befähigungsnachweises maßgeblichen Anforderungen fingiert wird. Darüber hinaus ist Anerkennung eine Technik, die der Idee des Binnenmarktes besonders entgegenkommt. Denn der Aufnahmestaat verleiht den nationalen Maßnahmen des Herkunftsstaates durch den Anerkennungsakt exterritoriale Wirkung.[852]

---

chend des Beschlusses des BAG vom 18. Februar 2003 (- 1 ABR 2/02 -), EuZW 2003, 511 und des Urteils des EuGH in der Rs. C-151/02 [Landeshauptstadt Kiel – Norbert Jaeger] vom 09. September 2003, Slg. 2003, S. 8389 aufgrund des Vorabentscheidungsersuchens des LAG Schleswig-Holstein.

849 Siehe hierzu bei C.III.3., C.V.7., C.VI.3. und C.VII.7.

850 Siehe ausführlich oben bei C.V.6.

851 Hinsichtlich der gegenseitigen Anerkennung von Ausbildungsdiplomen, die hier nicht näher untersucht wird, sei nur auf § 3 Abs. 1 S. 7 BÄO hingewiesen, wonach bei endgültigem Nichtbestehen der Approbationsprüfung in Deutschland auch dann keine Approbation erteilt wird, wenn das medizinische Studium im Ausland erfolgreich abgeschlossen wurde und der Antragsteller die Anerkennung seines mitgliedstaatlichen Approbationstitels beantragt. Siehe ausführlich *Haage*, MedR 2004, 533 <537 f.> zu der Frage, ob dies verfassungskonform und konform mit dem EGV ist.

852 Siehe zum Thema Koordinierung und Anerkennung oben bei D.I.1.b(1)(a).

Die deutschen Landesgesetzgeber[853] sowie die Landesärztekammern[854] sind dieser Verpflichtung aus Art. 4 RL 93/16/EWG in ihren Heilberufsgesetzen sowie Weiterbildungssatzungen nachgekommen. Zwischen den aus anderen Mitgliedstaaten anerkannten Weiterbildungstiteln und den in Deutschland erworbenen Weiterbildungstiteln wird im übrigen nicht mehr unterschieden, so daß den aus einem anderen Mitgliedstaat anerkannten Weiterbildungstiteln dieselbe Wirkung zukommt wie den in Deutschland erworbenen.

Im Anhang C der RL 93/16/EWG werden bei jedem aufgelisteten Facharztgebiet die Mitgliedstaaten kenntlich gemacht, die in diesem Fachgebiet selbst einen Weiterbildungstitel vergeben und daher verpflichtet sind, einen solchen aus einem ebenfalls dort aufgeführten Mitgliedstaat automatisch anzuerkennen. Die entsprechende deutsche Weiterbildungsbezeichnung wird daher nur bei den ärztlichen Gebieten genannt, die auch in Deutschland als Facharztgebiete anerkannt sind – mit drei Ausnahmen: Kardiologie, Pneumologie und Radiologie.

Pneumologie und Radiologie waren ehemals auch in Deutschland Facharztgebiete. Die Pneumologie wurde mit der M-WBO 1987 als Schwerpunktweiterbildung in die Innere Medizin integriert[855], die Radiologie hat sich zum Fachgebiet der diagnostischen Radiologie weiterentwickelt. So wie auch derzeit noch deutsche Ärzte dieser beiden Fachrichtungen ihren Facharzttitel in Pneumologie oder Radiologie weiterführen dürfen, können also mitgliedstaatliche Ärzte einen derartigen Facharzttitel automatisch anerkannt bekommen. Die Kardiologie hingegen ist in Deutschland noch kein anerkanntes selbständiges Facharztgebiet, sondern eine Schwerpunktweiterbildung zum Gebiet der Inneren Medizin.[856] Dies soll sich erst mit der Umsetzung der M-WBO 2003, die den Facharzt „Internist und Kardiologe" einführte, in den Satzungen der Landesärztekammern ändern.[857] Bis Ende 2004 wurde daher dieser neue Facharzt nur in Bayern eingeführt.[858]

---

[853] Siehe beispielsweise § 36 Abs. 3 des baden-württembergischen Heilberufe-Kammergesetzes oder § 20 Abs. 6 des sächsischen Heilberufekammergesetzes; für Fundstellen und weitere Heilberufsgesetze siehe Anhang 1.

[854] Siehe z.B. § 20 der niedersächsischen Weiterbildungsordnung oder § 20 der Weiterbildungsordnung der Ärztekammer Sachsen-Anhalt; für Fundstellen und weitere WBO siehe Anhang 1.

[855] Siehe hierzu oben bei B.II.4.b.

[856] Siehe nur § 2 Abs. 1 der baden-württembergischen WBO basierend auf der M-WBO 1992.

[857] Siehe Übersicht des Abschnitts B der M-WBO 2003 (zu finden auf der Homepage der Bundesärztekammer (www.baek.de) unter dem Stichwort „Weiterbildung").

[858] Die Satzungen der übrigen Landesärztekammern zur Umsetzung der M-WBO 2003 wurden bis Ende 2004 von den jeweiligen Aufsichtsbehörden nicht genehmigt.

Weshalb Deutschland der Kommission diese Änderung bei Kardiologie zwischen November 2003 und Mai 2004[859] mitteilte, ist nicht nachvollziehbar. Für die übrigen ärztlichen Gebiete, die erstmals durch die M-WBO 2003 als eigenständige Facharztgebiete festgelegt wurden[860], wird im Anhang C der RL 93/16/EWG Deutschland hingegen noch nicht aufgelistet. Es wurden der Kommission also noch nicht die Änderungen, die sich aufgrund der Umsetzung der M-WBO 2003 in den WBO der Landesärztekammern ergeben werden, mitgeteilt, sondern ausschließlich der Eintrag bei Kardiologie verändert. Die Landesärztekammern mit Ausnahme der in Bayern werden sich schwer tun, einen Antrag eines mitgliedstaatlichen Kardiologen auf automatische Anerkennung seines Facharztdiploms entsprechend Art. 4 und Anhang C der RL 93/16/EWG zu verbescheiden, weil sie grundsätzlich nur die Facharzttitel automatisch anerkennen können, die sie selbst auch vergeben. Andererseits verpflichtet die RL 93/16/EWG Deutschland und damit auch die Landesärztekammern, Weiterbildungsdiplome in Kardiologie, die entsprechend der RL 93/16/EWG erworben wurden, automatisch anzuerkennen. Mangels der Möglichkeit in Deutschland, den Facharzttitel „Kardiologe" zu erwerben, können die Landesärztekammern im Rahmen der Anerkennung nur auf den „Facharzt für Innere Medizin mit Schwerpunkt Kardiologie" zurückgreifen.[861]

b. Befristete Gesetze zur Umsetzung der RL 86/457/EWG

Die RL 86/457/EWG (jetzt Art. 30 ff. RL 93/16/EWG) verpflichtete alle Mitgliedstaaten zur Einführung einer spezifischen Weiterbildung in der Allgemeinmedizin, die seit 1995 für die allgemeinmedizinischen Tätigkeiten im Sozialversicherungssystem vorausgesetzt werden sollte. Die Mitgliedstaaten durften den Titel für den Abschluß dieser spezifischen Weiterbildung jeweils frei bestimmen. Aufgrund der Mitteilungen der einzelnen Mitgliedstaaten veröffentlichte die Kommission 1990 gem. Art. 12 Abs. 2 RL 86/457/EWG (jetzt Art. 41 RL 93/16/EWG) die Liste über die durch die spezifische Weiterbildung zu erlangenden Diplome, wonach in Deutschland die spezifische Weiterbildung mit dem

[859] In der konsolidierten Richtlinienfassung vom 20. November 2003 gab es für Deutschland bei Kardiologie noch keinen Eintrag, in der darauffolgenden konsolidierten Richtlinienfassung vom 01. Mai 2004 (europa.eu.int/eur-lex/de/consleg/pdf/1993/de_1993L0016_do_001.pdf; Stand: 31. Dezember 2004) ist der Eintrag dann enthalten.

[860] Beispielsweise Facharzt für Gefäßchirurgie.

[861] So wird es auch im entsprechenden Anhang der RL 2005/36/EG (ABl. L 255 vom 30. September 2005, S. 22 <S. 95> angegeben; zu dieser Richtlinie Näheres unten bei E.II.1.

Titel „Praktischer Arzt" abgeschlossen wurde.[862] Diese durch die RL 86/457/EWG eingeführte Verpflichtung ist auch nach den jüngsten Richtlinienänderungen, insbesondere durch die RL 2001/19/EG, weiterhin als Art. 30 ff. in der RL 93/16/EWG enthalten. 2003 teilte Deutschland der Kommission mit, daß der durch die spezifische Weiterbildung in Allgemeinmedizin zu erlangende Titel der des Facharztes für Allgemeinmedizin sei.[863] Für eine richtlinienkonforme Umsetzung der RL 86/457/EWG (jetzt Art. 30 ff. RL 93/16/EWG) müßte daher das Landesrecht[864] jedes einzelnen deutschen Bundeslandes bis September 2003 gewährleistet haben, daß Ärzte die spezifische Weiterbildung in der Allgemeinmedizin absolvieren und den Titel „Praktischer Arzt" erlangen konnten.

In Berlin und Sachsen-Anhalt war dies allerdings nicht möglich. In Umsetzung der RL 86/457/EWG wurde in Berlin zwar das „Gesetz zur Umsetzung der Richtlinie des Rates vom 15. September 1986 über eine spezifische Ausbildung in der Allgemeinmedizin (86/457/EWG) in deutsches Recht" erlassen[865], jedoch war dieses Gesetz bis zum 31. Dezember 1995 befristet. Ein Nachfolgegesetz erließ das Abgeordnetenhaus Berlin nicht. In Sachsen-Anhalt erließ zunächst die Ärztekammer eine Richtlinie zur Einführung der spezifischen Weiterbildung in der Allgemeinmedizin.[866] Seit Juli 1994 werden diese Regelungen überlagert durch die §§ 34 bis 39 Heilberufsgesetz von Sachsen-Anhalt[867], die unter anderem die Ärztekammer zum Erlaß einer Satzung für die Einzelheiten der spezifischen Weiterbildung ermächtigen. Allerdings bestimmt § 34 Abs. 2 S. 1 Heilberufsgesetz von Sachsen-Anhalt, daß nur derjenige, der bis zum 31. Dezember 1995 eine spezifische Weiterbildung nachweisen kann, auf Antrag ein Zeugnis erhält, das ihn berechtigt, die Bezeichnung „Praktischer Arzt" zu führen.

Dies bedeutet, daß entgegen der ausdrücklichen Vorgabe der RL 86/457/EWG (jetzt Art. 30 ff. RL 93/16/EWG) zur Einführung der spezifischen Weiterbildung in der Allgemeinmedizin seit dem 01. Januar 1996 weder in Berlin noch in

---

862 ABl. C 268 vom 24. Oktober 1990, S. 2 und ABl. C 393 vom 31. Dezember 1996, S. 4; siehe hierzu auch oben bei C.V.7.a.

863 ABl. C 228 vom 24. September 2003, S. 9. Hintergrund ist das Vertragsverletzungsverfahren 1999/2065 gegen Deutschland; siehe dazu bei D.II.2.c.

864 Regelungen über die Weiterbildung fallen in die Gesetzgebungskompetenz der Länder; siehe hierzu oben bei Fn. 799.

865 Gesetz vom 11. Dezember 1991 (GVBl. S. 283), zuletzt geändert am 26. September 1994 (GVBl. S. 379), samt Durchführungsverordnung vom 28. Mai 1993 (GVBl. S. 262).

866 Richtlinie der Ärztekammer Sachsen-Anhalt vom 05. März 1994 (Ärzteblatt Sachsen-Anhalt 1994, S. 12).

867 Gesetz über die Kammern für Heilberufe Sachsen-Anhalt vom 13. Juli 1994 (GVBl. S. 832), zuletzt geändert durch Gesetz vom 19. März 2002 (GVBl. S. 130).

Sachsen-Anhalt derartige Weiterbildungen angeboten werden bzw. bis September 2003 der Titel „Praktischer Arzt“ erlangt werden konnte. Damit lag seit Außerkrafttreten der entsprechenden landesrechtlichen Regelungen bis September 2003 keine Umsetzung der RL 86/457/EWG (jetzt Art. 30 ff. RL 93/16/EWG) vor.[868]

Eine ähnliche Situation fehlender Richtlinienumsetzung bestand vorübergehend in Hessen und im Saarland. In Hessen trat am 31. Dezember 1996 das Gesetz zur Umsetzung der RL 86/457/EWG[869] außer Kraft. Erst das Gesetz zur Änderung des hessischen Heilberufsgesetzes vom 26. September 2002[870], durch das auch die RL 2001/19/EG umgesetzt wurde, führte die §§ 38a bis 38c in das Heilberufsgesetz ein, mit denen nun auch in Hessen wieder die spezifische Weiterbildung durchlaufen und mit dem entsprechenden Titel abgeschlossen werden kann. Im Saarland erfolgte die Umsetzung der RL 86/457/EWG zunächst durch das Gesetz vom 27. Mai 1992[871], welches allerdings bis zum 31. Dezember 1994 befristet war. Erst das Gesetz vom 02. Oktober 2002[872] führte die §§ 26a bis 26e und damit die spezifische Weiterbildung in der Allgemeinmedizin in das saarländische Heilberufekammergesetz ein, weshalb nun auch wieder im Saarland der entsprechende Titel erworben werden kann. Für mehr als fünf Jahre war es also in diesen beiden Bundesländern nicht möglich, die spezifische Weiterbildung zu durchlaufen oder den entsprechenden Titel zu erwerben.

---

868 So auch *Haage*, MedR 2002, 301 <303>; *Haage* vertritt allerdings des weiteren die Ansicht, daß die Ärztekammern die Diplome im Bereich der spezifischen Weiterbildung nicht mehr erteilen dürften, um nicht bei den anderen Mitgliedstaaten den unzutreffenden Eindruck zu erwecken, mit dieser spezifischen Weiterbildung sei in Deutschland eine Zulassung zum Sozialversicherungssystem möglich, obwohl sie seit 1996 nicht mehr zur vertragsärztlichen Zulassung genügt. Diese deutschen Diplome im Bereich der spezifischen Weiterbildung seien daher nicht richtlinienkonform, weshalb ein Verstoß gegen Europarecht vorliege, soweit die Diplome doch erteilt würden. Bei dieser Schlußfolgerung berücksichtigt *Haage* nicht, daß erst die Formulierung des § 95a Abs. 4 SGB V mit seiner Befristung auf den 31. Dezember 1995 die deutschen Diplome über die spezifische Weiterbildung seit 1996 nicht mehr für die vertragsärztliche Zulassung ausreichen läßt und daher vielmehr in dieser Norm der Verstoß gegen Europarecht mangels richtlinienkonformer Umsetzung zu sehen ist.

869 Gesetz zur Ausführung der Richtlinie des Rates über eine spezifische Ausbildung in der Allgemeinmedizin (86/457/EWG) vom 25. Mai 1990 (GVBl. S. 177), zuletzt geändert am 11. Oktober 1994 (GVBl. S. 597).

870 Hessisches GVBl. 2002, S. 619.

871 Gesetz Nr. 1292 über die spezifische Ausbildung in der Allgemeinmedizin und die Weiterbildung im Apothekerwesen (Saarländisches ABl. 1992, S. 814).

872 Gesetz Nr. 1506 zur Änderung des Saarländischen Heilberufekammergesetzes (Saarländisches ABl. 2002, S. 2362).

Diese fehlerhafte bzw. befristete Umsetzung in den vier Bundesländern läßt sich allenfalls dadurch erklären, daß seit dem 01. Januar 1996 der in Deutschland erworbene Titel „Praktischer Arzt" nicht mehr zur vertragsärztlichen Zulassung berechtigt. Für die Zulassung in Allgemeinmedizin wird durch § 95a SGB V inzwischen der Facharzttitel vorausgesetzt[873], so daß sich ein Praktischer Arzt, der seinen Titel in Deutschland erworben hat, nicht mehr vertragsärztlich, sondern nur noch für privatärztliche Tätigkeiten niederlassen kann. Daher sahen die jeweiligen Landesgesetzgeber und die Ärztekammern keine Notwendigkeit, weiterhin die spezifische Weiterbildung in der Allgemeinmedizin neben der fachärztlichen allgemeinmedizinischen Weiterbildung vorzuhalten.[874]

Diese Sichtweise ist zwar nachvollziehbar, greift allerdings zu kurz. Zum einen sind die Mitgliedstaaten aufgrund der RL 86/457/EWG (jetzt Art. 30 ff. RL 93/16/EWG) verpflichtet, diese Weiterbildung zum Praktischen Arzt vorzuhalten.[875] Ob diese Verpflichtung rechtmäßig und sinnvoll ist oder ob sie abgeschafft werden sollte, kann nicht auf der Ebene jedes einzelnen Mitgliedstaates[876], sondern nur auf der des europäischen Gesetzgebers entschieden werden. Zum anderen wird bei der oben dargestellten Sichtweise nicht berücksichtigt, daß die spezifische Weiterbildung zum Praktischen Arzt, wenn schon nicht in Deutschland, so doch in den übrigen europäischen Mitgliedstaaten entsprechend der RL 86/457/EWG (jetzt Art. 30 ff. RL 93/16/EWG) für allgemeinmedizinische Tätigkeiten im jeweiligen Sozialversicherungssystem ausreicht. Damit war auch die spezifische Weiterbildung in Deutschland neben der fachärztlichen

---

[873] Siehe hierzu ausführlich oben bei D.II.1.a.

[874] Die Ärztekammer des Saarlandes teilte am 10. Mai 2001 auf eine Anfrage der Autorin bzgl. der spezifischen Weiterbildung mit: „Nach Änderung der Zulassungsvoraussetzungen zur kassenärztlichen Tätigkeit in Deutschland ist dieses Gesetz zum 31. Dezember 1994 ausgelaufen." Die Landesärztekammer Hessen äußerte sich auf die Anfrage der Autorin am 13. Juni 2001 folgendermaßen: „Leider müssen wir Ihnen mitteilen, daß das Gesetz ... am 31. Dezember 1996 außer Kraft getreten ist. Seit 01.01.1996 ist [die] Zulassung zur vertragsärztlichen Versorgung (Kassenarzttätigkeit) in der Bundesrepublik Deutschland an die Facharztanerkennung gebunden."

[875] Daß Deutschland dieser Verpflichtung auch nicht durch die allgemeinmedizinische Facharztweiterbildung nachkommt, wird unten bei D.II.2.c im Rahmen der Darstellung des gegen Deutschland laufenden Vertragsverletzungsverfahrens thematisiert.

[876] Jedem Mitgliedstaat steht die Möglichkeit offen, Nichtigkeitsklage gem. Art. 230 Abs. 2 EG gegen europäische Richtlinien zu erheben. Die Klagefrist hierfür läuft gem. Art. 230 Abs. 5 EG 2 Monate nach Erlaß bzw. Kenntnisnahme ab. Damit wird der entsprechende Rechtsakt bestandskräftig. Ab diesem Zeitpunkt steht es den Mitgliedstaaten nicht mehr offen, im Rahmen eines Vorlageverfahrens nach Art. 234 EG die Gültigkeit der europäischen Richtlinie zu bestreiten, weil ansonsten die Bestandskraftwirkung umgangen werden könnte; ausführlich hierzu *Pechstein/Kubicki*, NJW 2005, 1825.

Weiterbildung nicht überflüssig, sondern qualifiziert den betreffenden Arzt für seine Tätigkeit außerhalb Deutschlands.

Somit waren die Bundesländer selbst vor dem Hintergrund der Geltung des § 95a SGB V bis zur Mitteilung des geänderten Titels im September 2003 verpflichtet, eine spezifische Weiterbildung in der Allgemeinmedizin neben der fachärztlichen Weiterbildung vorzuhalten. Diese fehlerhafte Umsetzung steht im Zusammenhang mit der Annahme, daß die allgemeinmedizinische Facharztweiterbildung den Anforderungen der RL 86/457/EWG (jetzt Art. 30 ff. RL 93/16/EWG) gerecht würde und hierin die Umsetzung der Richtlinie zu sehen sei.[877] Ob dem so war bzw. ist, wird im Folgenden bei der Darstellung des von der Kommission gegen Deutschland angestrengten Vertragsverletzungsverfahrens wegen fehlerhafter Umsetzung der RL 86/457/EWG (jetzt Art. 30 ff. RL 93/16/EWG) thematisiert.

c. „Praktischer Arzt" oder „Facharzt für Allgemeinmedizin"?

Im Hinblick auf die Umsetzung der Regelungen über die spezifische Weiterbildung in der Allgemeinmedizin leitete die Kommission gegen drei Mitgliedstaaten Vertragsverletzungsverfahren[878] ein: gegen Österreich (1998/4293, 1998/4296), gegen Frankreich (1998/4265) und gegen Deutschland (1999/2065). Diese Vertragsverletzungsverfahren aus den Jahren 1998 und 1999 scheinen sehr zurückhaltend betrieben worden zu sein, da bis Mitte 2003 keines der Verfahren vor den EuGH gebracht oder anderweitig abgeschlossen wurde. In den Verfahren gegen Österreich und Frankreich, die im Folgenden nicht näher beleuchtet werden, geht es einerseits um die Zugangsvoraussetzungen zum österreichischen Sozialversicherungssystem, andererseits um die Anerkennung von Drittstaatendiplomen.

(1) Argumentativer Ansatzpunkt der Kommission

Das Vertragsverletzungsverfahren gegen Deutschland behandelte die Problematik, daß das Diplom, welches EU-Bürger in einem anderen Mitgliedstaat nach Absolvieren der spezifischen Weiterbildung erwarben, in Deutschland zum Führen des Titels „Praktischer Arzt" berechtigte. Bereits 1999 bemängelte die Kommission dies aufgrund von Beschwerden mehrerer Allgemeinärzte aus anderen Mitgliedstaaten. Die Bundesärztekammer verteidigte diese Praxis: Die allgemeinmedizinische Weiterbildung sei in einigen Ländern „weder von der

---

[877] Siehe oben bei C.V.7.a. und C.V.7.b.

[878] Siehe allgemein zum Vertragsverletzungsverfahren einschließlich des Vorverfahrens nach Art. 226 EG (ex-Art. 169 EGV) bei Streinz-*Ehricke*, Art. 226 EG, insbesondere Rdnr. 13 ff. und 25 ff.

Philosophie noch von der Tiefe der Ausbildung mit der fachärztlichen Weiterbildung im Fach Allgemeinmedizin zu vergleichen. ... Um den Vertrauensschutz der Patienten zu gewährleisten, könne deshalb der Facharzttitel nicht an Kandidaten vergeben werden, die lediglich die Minimalanforderung im Sinne der EU-Richtlinie erfüllten."[879] Die Kommission vertrat demgegenüber die Ansicht, daß diese Ärzte aufgrund von Art. 38 RL 93/16/EWG den Titel „Facharzt für Allgemeinmedizin" beanspruchen konnten.[880] Dieser Artikel lautet:

> „Die Angehörigen eines Mitgliedstaates, denen ein anderer Mitgliedstaat die Diplome, Prüfungszeugnisse und sonstigen Befähigungsnachweise im Sinne von Artikel 30 oder Artikel 36 Absatz 4 ausgestellt hat, haben das Recht, im Aufnahmemitgliedstaat die in diesem Staat bestehende Berufsbezeichnung zu führen und von ihrer Abkürzung Gebrauch zu machen."

Es ist nicht ersichtlich, weshalb den EU-Bürgern aus Art. 38 RL 93/16/EWG gerade das Recht auf Führung des allgemeinmedizinischen Facharzttitels zustehen sollte. Nach dieser Regelung waren die EU-Bürger mit Diplom aus einem anderen Mitgliedstaat berechtigt, die Berufsbezeichnung zu führen, die in Deutschland gem. Art. 30 RL 93/16/EWG nach Durchlaufen der spezifischen Weiterbildung erteilt wurde.[881] Diese Berufsbezeichnung war nicht etwa der allgemeinmedizinische Facharzttitel, sondern der Titel „Praktischer Arzt"[882], selbst wenn auch die allgemeinmedizinische Facharztweiterbildung inhaltlich den Anforderungen der Art. 30 ff. RL 93/16/EWG entsprochen haben sollte. Diese Argumentation der Kommission griff allenfalls in den Bundesländern, in denen es als Verstoß gegen die Umsetzungsverpflichtung nicht möglich war, die spezifische Weiterbildung zu absolvieren.

Nach Ansicht der Kommission wurde durch die RL 86/457/EWG (jetzt Art. 30 ff. RL 93/16/EWG) für die Allgemeinmedizin eine europaweit einheitliche Weiterbildung festgelegt. Diese Harmonisierung schlösse eine neben dieser einheitlichen Weiterbildung bestehende gesonderte, von den Art. 30 ff. RL 93/16/EWG

---

[879] DÄ 1999, S. A-3223

[880] Siehe hierzu auch *Haage*, MedR 2002, 301 <305 f.>.

[881] Art. 36 Abs. 4 RL 93/16/EWG betrifft Regelungen über erworbene Rechte.

[882] Vgl. einerseits die von der Kommission veröffentlichten Listen über die entsprechenden Berufsbezeichnungen in ABl. C 268 vom 24. Oktober 1990, S. 2 und ABl. C 393 vom 31. Dezember 1996, S. 4, andererseits beispielhaft für die übrigen Landesgesetze § 53 Abs. 6 des Gesetzes zur Neuregelung des Heilberufsrechts im Land Brandenburg vom 28. April 2003 (GVBl. S. 126).

abweichende fachärztliche Weiterbildung wie in Deutschland aus.[883] Auch mit dieser Begründung ist nicht offensichtlich erkennbar, warum den EU-Bürgern gerade ein Anspruch auf den Titel zustehen sollte, der aufgrund der „gesonderten" – nach Ansicht der Kommission nicht zu billigenden – Facharztweiterbildung erteilt wurde. Vielmehr wäre die Konsequenz aus der Begründung der Kommission, daß Deutschland keine von den Art. 30 ff. RL 93/16/EWG abweichende allgemeinmedizinische Facharztweiterbildung hätte anbieten dürfen, weshalb auch der Titel „Facharzt für Allgemeinmedizin" nicht mehr hätte erteilt werden dürfen.

Haage[884] schloß sich der Argumentation der Kommission an und zog hierfür die Rechtsprechung des EuGH aus der Rs. C-40/93[885] heran, wonach es den Mitgliedstaaten versagt ist, neben der in den Zahnärzterichtlinien 78/686/EWG und 78/687/EWG[886] festgelegten zahnärztlichen Ausbildung eine eigenständige Kategorie von Zahnärzten zu schaffen, die nur im Inland des jeweiligen Mitgliedstaates praktizieren dürften und daher nicht in den Genuß des Rechts auf gegenseitige Anerkennung in anderen Mitgliedstaaten gelangen könnten. Gegen die Übertragbarkeit dieser Rechtsprechung auf das Vertragsverletzungsverfahren 1999/2065 spricht jedoch, daß es sich um Rechtsprechung zur zahnärztlichen *Aus*bildung handelt, also zu Regelungen über den Zugang zum Beruf des Zahnarztes. Diese Rechtsprechung kann in diesem Punkt sicherlich auf die Berufszugangsregelungen der Ärzte übertragen werden. Hinsichtlich der Aufnahme und Ausübung der Tätigkeit des Zahnarztes bzw. Arztes haben sich die Mitgliedstaaten aufgrund der jeweiligen Richtlinien[887] tatsächlich verpflichtet, die Mindestanforderungen für den Berufszugang an den Richtlinien auszurichten und damit europaweit zu harmonisieren.[888] Die spezifische Weiterbildung in Allgemeinmedizin wird zwar in der deutschen Fassung der RL 93/16/EWG als spezifische

---

883 Vgl. die Wiedergabe der Ansicht der Kommission in der Begründung des Gesetzentwurfs des baden-württembergischen Landtags zur Änderung der heilberufsrechtlichen Vorschriften aufgrund der Umsetzung der RL 2001/19/EG, Drucks. 13/1621 vom 12.12.2002, S. 9. Danach sind das Bundesministerium für Gesundheit, die Gesundheitsressorts der Länder und die BÄK der Auffassung der Kommission entgegengetreten.

884 *Haage*, MedR 2002, 301 <305>.

885 Urteil vom 01. Juni 1995 [Kommission – Italienische Republik], Slg. 1995, S. I-1319; bestätigt durch das Urteil in der Rs. C-202/99 [Kommission – Italienische Republik] vom 29. November 2001, Slg. 2001, S. I-9319.

886 Vom 25. Juli 1978, ABl. L 233 vom 24. August 1978, S. 1 und S. 10.

887 RL 78/686/EWG und 78/687/EWG für Zahnärzte und RL 93/16/EWG für Ärzte.

888 Art. 23 RL 93/16/EWG: „Die Mitgliedstaaten machen die Aufnahme und Ausübung der Tätigkeit des Arztes vom Besitz eines ärztlichen Diploms, Prüfungszeugnisses oder sonstigen ärztlichen Befähigungsnachweises im Sinne von Artikel 3 abhängig ..."

*Aus*bildung bezeichnet, allerdings handelt es sich rechtssystematisch[889] um *Weiter*bildung, da der Zugang zum Beruf des Arztes hiervon nicht abhängt.

Anders als bei der Ausbildung gilt für die Weiterbildung, also für die fachärztlichen Bildung, seit Erlaß der ersten Richtlinien im Jahr 1975 das Prinzip, daß es jedem Mitgliedstaat unbenommen ist, neben den gegenseitig anzuerkennen Facharzttiteln beliebig viele andere Facharzt- oder sonstige Weiterbildungstitel und damit auch beliebig viele andere Weiterbildungsgänge anzubieten und eigenständig auszugestalten. In der RL 93/16/EWG findet sich keine Regelung, die der für die Ausbildung vereinbarten[890] Harmonisierung entspräche, weil die Weiterbildung gerade nicht harmonisiert, sondern koordiniert[891] wurde. Daher ist auch die Ausübung allgemeinmedizinischer Tätigkeiten nicht grundsätzlich vom Besitz des Diploms nach Art. 30 RL 93/16/EWG abhängig. Allein Art. 36 RL 93/16/EWG, der bereits oben[892] kompetenzrechtlich gewürdigt wurde, stellt eine Harmonisierungsregelung dar, jedoch bezieht er sich nur auf das allgemeinmedizinische Tätigwerden im Rahmen des Sozialversicherungssystems.

(2) Argumentativer Ansatzpunkt bei Art. 36 RL 93/16/EWG

In ganz anderer Hinsicht lag allerdings tatsächlich ein Umsetzungsverstoß gegen die RL 93/16/EWG vor. Nach Art. 36 Abs. 1 RL 93/16/EWG ist die Ausübung allgemeinmedizinischer Tätigkeiten im Rahmen des Sozialversicherungssystems vom Besitz des Diploms im Sinne von Art. 30 RL 93/16/EWG abhängig zu machen. Wie bereits oben[893] dargestellt, war in Deutschland dieser Titel im Sinne von Art. 30 RL 93/16/EWG der Titel „Praktischer Arzt". Zur vertragsärztlichen Zulassung berechtigte dieser in Deutschland erworbene Titel seit 1996 jedoch nicht mehr, sondern gem. § 95a Abs. 2 und 4 SGB V nur noch der Titel des Facharztes für Allgemeinmedizin, dessen Weiterbildungsgang wegen

---

[889] Siehe hierzu die Erläuterungen zu Beginn von C.V.

[890] Siehe Art. 23 RL 93/16/EWG, wiedergegeben in Fn. 888.

[891] Im Gegensatz zur synonymen Verwendung der Begriffe Koordinierung und Harmonisierung im EGV (siehe hierzu unter Fn. 606) sind im deutschen Sprachgebrauch diese Begriffe unterschiedlich konnotiert. Unter Harmonisierung wird die Gleichschaltung von Regelungen verstanden, mit Hilfe der Koordinierung werden unterschiedliche Regelungen aufeinander abgestimmt.

[892] Siehe oben bei D.I.1.c.

[893] Siehe oben bei C.V.7.a. sowie die Listen der Kommission über die durch die spezifische Weiterbildung zu erlangenden Diplome in ABl. C 268 vom 24. Oktober 1990, S. 2 und ABl. C 393 vom 31. Dezember 1996, S. 4.

§ 95a Abs. 3 SGB V inzwischen auch den Anforderungen der Art. 30 ff. RL 93/16/EWG entsprechen mußte.[894]

Also wurde seit 1996 die Ausübung allgemeinmedizinischer Tätigkeiten im Rahmen des Sozialversicherungssystems entgegen Art. 36 RL 93/16/EWG nicht von dem Diplom im Sinne des Art. 30 RL 93/16/EWG („Praktischer Arzt") abhängig gemacht, sondern von einem anderen Weiterbildungstitel („Facharzt für Allgemeinmedizin").[895] Die Umsetzungen von Art. 30 und Art. 36 RL 93/16/EWG fielen somit auseinander, selbst wenn der Weiterbildungsgang für den allgemeinmedizinischen Facharzt auch den Anforderungen der Art. 30 ff. RL 93/16/EWG entsprochen haben sollte.

Dieses Auseinanderfallen läßt sich nur vor dem Hintergrund der langjährigen Diskussionen anläßlich der Umsetzung der RL 86/457/EWG nachvollziehen.[896] Besonders die Ärzteschaft konnte sich nicht darauf verständigen, für die Zulassung zur vertragsärztlichen Versorgung die spezifische Weiterbildung von zunächst mindestens zwei Jahren ausreichen zu lassen, da sie besonders in den Augen der allgemeinmedizinischen Ärzte nicht umfassend genug sei.[897] Sie bestanden auf der längeren Facharztweiterbildung, weshalb die spezifische Weiterbildung zum Praktischen Arzt neben der allgemeinmedizinischen Facharztweiterbildung eingeführt wurde.

---

[894] Zu der Frage der Gesetzgebungskompetenz des Bundes bzgl. § 95a SGB V siehe oben bei D.II.

[895] Auch *Haage*, MedR 2002, 301 <303>, sieht diese Diskrepanz in der Umsetzung, folgert hieraus jedoch, daß „die Länder ... seit 1996 solche Diplome nicht mehr erteilen [dürften], um nicht in den anderen Mitgliedstaaten den unzutreffenden Eindruck zu erwecken, mit dieser spezifischen Ausbildung in der Allgemeinmedizin sei im Inland eine Zulassung zum Sozialversicherungssystem möglich. Soweit die Länder entsprechend verfahren, ist dies als Verstoß gegen das Europarecht anzusehen." Nicht die Länder verstoßen gegen „Europarecht", sondern der Bundesgesetzgeber verhindert durch seine zeitliche Befristung in § 95a Abs. 4 SGB V eine richtlinienkonforme Umsetzung. Schließlich wurde zunächst Art. 1 RL 86/457/EWG (jetzt Art. 30 RL 93/16/EWG) dahingehend umgesetzt, daß der maßgebliche Weiterbildungstitel der des Praktischen Arztes ist. Erst der Bundesgesetzgeber hat unter Verstoß gegen seine Gesetzgebungskompetenz (siehe oben bei D.II.) durch seine Art der Umsetzung von Art. 7 RL 86/457/EWG (jetzt Art. 36 RL 93/16/EWG) in § 95a SGB V dies wieder in Frage gestellt.

[896] Siehe oben bei C.V.7.a. und C.V.7.b.

[897] Siehe oben bei C.V.7.b.; KassKomm-*Hess*, § 95a, Rdnr. 7 sieht das Erfordernis des allgemeinmedizinischen Facharzttitels dadurch gerechtfertigt, daß § 73 SGB V für die hausärztliche Versorgung medizinische Fachgruppen benennt, die in ihrer fachlichen Qualifikation – Facharzttitel – einander anzugleichen sind, um Verunsicherung der Bevölkerung zu vermeiden. Ein Umsetzungsverstoß wird von ihm nicht thematisiert.

Jedoch seit 1996 qualifizierte diese spezifische Weiterbildung den Arzt nicht mehr für das Haupttätigkeitsfeld der Allgemeinmediziner, die vertragsärztliche Versorgung[898], sondern allenfalls für eine privatärztliche Niederlassung in Deutschland oder ein Tätigwerden im europäischen Ausland, dort dann auch im Rahmen des jeweiligen Sozialversicherungssystems. Die Beschränkung in Deutschland beruhte auf § 95a Abs. 4 SGB V, wonach ein Praktischer Arzt nur dann zur vertragsärztlichen Versorgung zugelassen werden konnte, wenn er seinen Titel bis zum 31. Dezember 1995 erworben hatte. Andererseits galt und gilt diese zeitliche Begrenzung nicht, wenn ein Arzt seine spezifische Weiterbildung im Sinne von Art. 30 ff. RL 93/16/EWG in einem *anderen* Mitgliedstaat erfolgreich abgeschlossen hat. Denn dann erfüllt dieser Arzt gem. § 95a Abs. 5 SGB V die Voraussetzung zur Eintragung in das Arztregister und somit eine wesentliche Voraussetzung für die vertragsärztliche Zulassung. Zu dieser Regelung ist Deutschland aufgrund von Art. 37 RL 93/16/EWG verpflichtet. Hier wird also – notgedrungen – die angeblich geringere Qualifikation des Praktischen Arztes für die Zulassung zum Sozialversicherungssystem hingenommen, aber eben nur, soweit sie in einem anderen Mitgliedstaat erworben wurde. Für die in Deutschland erworbene Qualifikation als Praktischer Arzt galt dies nicht.

Damit entsprach § 95a Abs. 4 SGB V entgegen der Gesetzesbegründung[899] zumindest in zeitlicher Hinsicht nicht den Anforderungen der Ärzterichtlinie, sondern begrenzte für Praktische Ärzte die durch Art. 36 RL 93/16/EWG eingeräumte Möglichkeit der Teilnahme am Sozialversicherungssystem zugunsten von Fachärzten für Allgemeinmedizin. Genau hieraus resultiert, wie oben dargelegt, das Auseinanderfallen der Umsetzung von Art. 30 und Art. 36 RL 93/16/EWG.

(3) Vorschläge für eine richtlinienkonforme Umsetzung von Art. 30 und Art. 36 RL 93/16/EWG

Das Auseinanderfallen der Umsetzung von Art. 30 und Art. 36 RL 93/16/EWG könnte in Deutschland auf einfache Weise behoben werden.

---

898 Laut der Informationen der BÄK sind von den im Jahr 2000 insgesamt 36.963 berufstätigen Fachärzten für Allgemeinmedizin 33.259 ambulant tätig, davon 32.523 in eigener Niederlassung, siehe Tabelle 3 „Ärztinnen / Ärzte nach Bezeichnungen und Tätigkeitsarten", Stand 31.12.2000, www.baek.de. Ein derart weit auseinander liegendes Verhältnis zwischen ambulant und stationär von ca. 33:1 ist in keinem anderen fachärztlichen Bereich zu finden. Im ambulanten Sektor sind ca. 90 % der Ärzte als Vertragsärzte niedergelassen, siehe Grunddaten der KBV, Stand 31.12.2000, www.kbv.de/publikationen/125.html.

899 BTDrucks. 12/3608, S. 94 (zu Nr. 49 [§ 95a], 7. Absatz): „In den Absätzen 3 bis 5 trägt die Neuregelung den Anforderungen des EG-Rechts Rechnung."

(a) Maßgeblicher Titel: „Facharzt für Allgemeinmedizin"

Als maßgebliches Diplom im Sinne des Art. 30 RL 93/16/EWG müßte der Titel angesehen werden, der nach einer allgemeinmedizinischen Facharztweiterbildung erworben werden kann. Dies ist derzeit nicht der Titel „Praktischer Arzt", sondern der Titel „Facharzt für Allgemeinmedizin".[900]

Die allgemeinmedizinische Weiterbildung entspricht inhaltlich schon jetzt wegen § 95a Abs. 3 SGB V den Anforderungen der Art. 30 ff. RL 93/16/EWG, so daß hier keine weitergehenden Anpassungen notwendig wären. Berücksichtigt werden müßten aber noch die speziellen Vorgaben hinsichtlich des Vollzeiterfordernisses bei allgemeinmedizinischer Teilzeitweiterbildung. Gem. Art. 36 RL 93/16/EWG wäre dann auch die Ausübung allgemeinmedizinischer Tätigkeiten im Rahmen des Sozialversicherungssystems vom Besitz des Diploms im Sinne von Art. 30 RL 93/16/EWG abhängig, nämlich vom „Facharzt für Allgemeinmedizin". Deutschland müßte der Kommission den neuen Titel mitteilen, damit diese entsprechend Art. 41 RL 93/16/EWG die Änderung der Liste der durch die spezifische Weiterbildung zu erlangenden Diplome und Berufsbezeichnungen über das Amtsblatt auch den anderen Mitgliedstaaten zur Kenntnis bringen könnte.

Die im Rahmen der Umsetzung der RL 86/457/EWG (jetzt Art. 30 ff. RL 93/16/EWG) in Deutschland geführten Diskussionen[901] lassen nicht erkennen, daß jemals darüber nachgedacht wurde, daß die Vorgaben der RL 86/457/EWG (jetzt Art. 30 ff. RL 93/16/EWG) weitestgehend Mindestvoraussetzungen darstellen, so daß es schon damals ohne weiteres möglich gewesen wäre, die allgemeinmedizinische Weiterbildung sowohl an den Vorgaben der RL 86/457/EWG (jetzt Art. 30 ff. RL 93/16/EWG) auszurichten, als auch die eigenen Vorstellungen über den Pflichtumfang für eine allgemeinmedizinische Facharztweiterbildung einfließen zu lassen. Man hätte also das Nebeneinander dieser beiden Qualifikationen und damit auch das Auseinanderfallen der Umsetzung von Art. 30

---

900 Ausgangspunkt hierbei ist, daß die M-WBO 2003 bis Ende 2004 noch nicht in die WBO der Landesärztekammern umgesetzt wurde mit Ausnahme von Bayern und daher der Titel „Facharzt für Innere und Allgemeinmedizin" noch nicht erworben werden kann. Der 59. Bayerische Ärztetag (Bayerisches Ärzteblatt 5/2005, S. 378 f.) hat in Ergänzung zur neuen WBO beschlossen, daß der Titel „Facharzt für Innere und Allgemeinmedizin" erst ab dem Tag nach der Veröffentlichung der Mitteilung von Deutschland gem. Art. 41 RL 93/16/EWG über den Ersatz der bisherigen Facharztbezeichnung „Facharzt für Allgemeinmedizin" durch die Facharztbezeichnung „Facharzt für Innere und Allgemeinmedizin" geführt werden dürfe. Bis dahin sei auch nach einer Weiterbildung zum Facharzt für Innere und Allgemeinmedizin nur der Titel „Facharzt für Allgemeinmedizin" führbar.

901 Siehe oben bei C.V.7.

und Art. 36 RL 93/16/EWG verhindern können, indem man diese beiden Weiterbildungsgänge von vornherein miteinander verbunden hätte, also beispielsweise die schon damals existierende allgemeinmedizinische Weiterbildung um die Anforderungen nach der RL 86/457/EWG (jetzt Art. 30 ff. RL 93/16/EWG) ergänzt hätte.[902] Der Abschluß dieser allgemeinmedizinischen Weiterbildung hätte dann als „Praktischer Arzt" oder als „Facharzt für Allgemeinmedizin" bezeichnet werden können, denn die RL 86/457/EWG (jetzt Art. 30 ff. RL 93/16/EWG) selbst enthält hierzu keinerlei Vorgaben. An der gewählten Bezeichnung hätte sich dann auch der Bundesgesetzgeber bei der Ausgestaltung der Regelungen über die Zulassungsvoraussetzungen orientieren müssen.

Der oben dargestellte Vorschlag für die richtlinienkonforme Umsetzung von Art. 30 und Art. 36 RL 93/16/EWG würde dazu führen, daß Unionsbürger, die im Ausland die spezifische Weiterbildung durchlaufen haben, nach der automatischen Anerkennung ihres Diploms in Deutschland den Titel „Facharzt für Allgemeinmedizin" führen dürften. Hierdurch stünden diesen Unionsbürgern in Deutschland die gleichen Rechte bei ihren Niederlassungsmöglichkeiten zu wie bereits derzeit mit ihrem automatisch anerkannten Titel „Praktischer Arzt". Und diese Art der Anerkennung entspräche dann sogar den Vorstellungen der Kommission im Rahmen des Vertragsverletzungsverfahrens 1999/2065.[903]

Der Vorschlag beinhaltet des weiteren, daß in Deutschland neben der allgemeinmedizinischen Facharztweiterbildung nicht noch die spezifische Weiterbildung zum Praktischen Arzt vorgehalten werden müßte. Nach Ansicht der badenwürttembergischen Landesregierung würde dies zu einer Benachteiligung der inländischen Ärzte führen, die in einem anderen Mitgliedstaat allgemeinmedizinisch tätig werden wollen.[904] Diese befürchtete Benachteiligung – nämlich die fehlende Wahl zwischen einer dreijährigen und einer fünfjährigen Weiterbildung – wird sich sicherlich nicht realisieren. Denn Ärzte, die in einem anderen Mitgliedstaat allgemeinmedizinisch tätig werden wollen, werden in Kenntnis der jeweiligen Weiterbildungsbedingungen nicht erst in Deutschland eine fünfjährige Facharztweiterbildung absolvieren und erst dann in das europäische Ausland abwandern, sondern werden gleich im gewünschten Mitgliedstaat die dreijährige

902 Wegen § 95a Abs. 3 SGB V soll die allgemeinmedizinische Facharztweiterbildung inhaltlich derzeit ohnehin die durch Art. 30 ff. RL 93/16/EWG gestellten Anforderungen erfüllen, selbst wenn dies der Bundesgesetzgeber mangels Kompetenz nicht vorschreiben dürfte, wie bereits oben bei D.II.1.c(2)(b) dargestellt wurde.

903 Siehe hierzu oben bei D.II.2.c(1).

904 Begründung des Gesetzentwurfs des baden-württembergischen Landtags zur Änderung der heilberufsrechtlichen Vorschriften aufgrund der Umsetzung der RL 2001/19/EG, Drucks. 13/1621 vom 12.12.2002, S. 9.

spezifische Weiterbildung durchlaufen. Zum einen verkürzt sich dadurch die ohnehin schon sehr lang dauernde Aus- und Weiterbildungszeit um zwei Jahre, zum anderen steht es den Ärzten mit dieser Weiterbildung auch weiterhin offen, nach Deutschland zurückzukehren und hier allgemeinmedizinisch tätig zu werden, weil ihr Weiterbildungstitel hier als „Facharzt für Allgemeinmedizin" anerkannt wird und sie dann ebenso wie deutsche Fachärzte für Allgemeinmedizin die Möglichkeit zur vertragsärztlichen Zulassung besitzen.

(b) Lösungsvorschläge von Haage

Haage[905] schlägt als erste Lösungsvariante vor, den „Facharzt für Allgemeinmedizin" in einen „Hausarzt", „Familienarzt" oder ähnliches umzubenennen. Damit könnte man den Titel „Praktischer Arzt" als Bezeichnung für eine absolvierte spezifische Weiterbildung und gleichzeitig die gesonderte Weiterbildung von fünf Jahren für den bisherigen Allgemeinarzt erhalten. Hierbei geht Haage davon aus, daß sich die Kommission möglicherweise mit ihrer Ansicht durchsetzen könnte, daß durch die RL 86/457/EWG (jetzt Art. 30 ff. RL 93/16/EWG) für die Allgemeinmedizin eine europaweit einheitliche Weiterbildung festgelegt worden sei, die eine neben dieser einheitlichen Weiterbildung bestehende gesonderte, von den Art. 30 ff. RL 93/16/EWG abweichende fachärztliche Weiterbildung in der Allgemeinmedizin wie in Deutschland ausschließe.

Dieser Lösungsvorschlag überzeugt nicht. Zur richtlinienkonformen Umsetzung von Art. 30 und 36 RL 93/16/EWG wäre es auch bei dem Modell von Haage notwendig, daß auch der Titel „Praktischer Arzt" zur vertragsärztlichen Zulassung berechtigt. Wenn aber sowohl der Praktische Arzt als auch der umbenannte Facharzt für Allgemeinmedizin zur vertragsärztlichen Versorgung zugelassen werden können und diese beiden Weiterbildungsgänge parallel in Deutschland angeboten werden, ist äußerst fraglich, wer bei einer dreijährigen Weiterbildung zum Praktischen Arzt noch die fünfjährige Weiterbildung zum „Hausarzt" durchlaufen würde.[906] Denn Unterschiede in den Tätigkeitsbereichen kann es in Anbetracht der gleichgelagerten Weiterbildungsgänge nicht geben, da ja auch der Praktische Arzt auf seine Tätigkeit in der Primärversorgung vorbereitet werden soll. Nicht zu Unrecht betitelt daher Spanien seinen Praktischen Arzt als „Especialista en Medicina Familiar y Comunitaria"[907]. Im Übrigen stört sich die Kommission im Rahmen des Vertragsverletzungsverfahrens nicht am

---

905 *Haage*, MedR 2002, 301 <306>.

906 Zu dieser Problematik äußerte sich bereits früher *Häußler* in DÄ 1979, S. 375 <378>: "Denn wer sollte dann noch so töricht sein, vier Jahre seines Lebens für etwas zu verwenden, was er mit genau den gleichen Folgen auch in zwei Jahren erreichen kann?"

907 Facharzt für Familienmedizin und öffentlichen Gesundheitsdienst.

Titel „Facharzt für Allgemeinmedizin", sondern daran, daß es zwei parallele Weiterbildungsgänge in Allgemeinmedizin gibt.

Als zweite Variante schlägt Haage vor, daß man die spezifische Weiterbildung auf fünf Jahre verlängert, um damit den Titel „Praktischer Arzt" halten zu können. Sollte dies wegen des europäischen Rechts nicht möglich sein, müßte man den Titel in „Allgemeinarzt" und den „Facharzt für Allgemeinmedizin" in „Hausarzt" oder ähnliches umbenennen. Nach der fünfjährigen Weiterbildung dürfte der Arzt dann auch zur vertragsärztlichen Versorgung zugelassen werden.[908] Auch diese Variante ist abzulehnen. Haage erläutert nicht, weshalb seiner Ansicht nach zwei allgemeinmedizinische Weiterbildungsgänge von jeweils fünf Jahren mit zwei verschiedenen Abschlüssen, die beide zur vertragsärztlichen Zulassung berechtigen, notwendig sind. Genau so gut könnten diese beiden Weiterbildungsgänge zu einem zusammengeführt werden, der den Anforderungen von Art. 30 ff. RL 93/16/EWG zu entsprechen hat.

Beide Varianten tragen jedenfalls nicht zur Lösung des Umsetzungsdefizits bei Art. 30 und 36 RL 93/16/EWG bei.

(4) Angebot der Bundesrepublik Deutschland zur Beendigung des Vertragsverletzungsverfahrens

Entsprechend des soeben zuerst dargestellten Lösungsvorschlags bot die Bundesrepublik Deutschland zur Beendigung des Vertragsverletzungsverfahrens der Kommission an, den Titel gem. Art. 30 RL 93/16/EWG von „Praktischer Arzt" in „Facharzt für Allgemeinmedizin" zu ändern. Sie teilte der Kommission am 09. Mai 2003 mit:[909]

> „Die Regierung der Bundesrepublik Deutschland hat in kooperativer Abstimmung mit den Ländern eine Lösung gefunden, die es ermöglicht, die in Rede stehende Vertragsverletzung kurzfristig zu beenden.
>
> Für die Beendigung des Vertragsverletzungsverfahrens übermittelt die Regierung der Bundesrepublik Deutschland hiermit die vorgängige Notifikation im Sinne von Art. 41 der RL 93/16/EWG, wonach entsprechend Landesrecht die spezifische *Weiter*bildung in der Allgemeinmedizin (im Sinne von Titel IV der RL 93/16/EWG) zur Bezeichnung „Facharzt für Allgemeinmedizin" führt. Dies ist die einzige Bezeichnung im Sinne von Art. 41 der RL 93/16/EWG.

---

[908] *Haage*, MedR 2002, 301 <306>.

[909] Siehe Begründung des Gesetzentwurfs der Landesregierung von Nordrhein-Westfalen, Drs. 13/5739 vom 29. Juli 2004, S. 35 f.

> Die Regierung der Bundesrepublik Deutschland stellt durch den Ländervollzug sicher, dass die Notifikation des vorgenannten Diploms unmittelbare Anwendung auch für Migranten findet, sodass deren Rechte im Anerkennungsverfahren unmittelbar berücksichtigt werden. Damit wird Personen, die eine spezifische *Weiter*bildung in der Allgemeinmedizin im Sinne von Titel IV der RL 93/16/EWG in einem anderen Mitgliedstaat erworben haben, die Führung der Bezeichnung „Facharzt für Allgemeinmedizin" gestattet.
>
> Das Modell für die Umsetzung im Landesrecht ist so ausgestaltet, dass es zur Umsetzung der spezifischen *Weiter*bildung in der Allgemeinmedizin im Sinne von Titel IV der RL 93/16/EWG nur noch die Weiterbildung zum „Facharzt für Allgemeinmedizin" gibt, deren Weiterbildungsdauer in Deutschland fünf Jahre beträgt. Staatsangehörige von EU-Mitgliedstaaten mit einem in einem anderen Mitgliedstaat erworbenen Diplom auf Grundlage einer mindestens dreijährigen spezifischen Weiterbildung erhalten ebenfalls das Diplom „Facharzt für Allgemeinmedizin", sodass Inländergleichbehandlung gewährt wird. Selbstverständlich ist mit diesem Diplom der Zugang zum deutschen Sozialversicherungssystem gewährleistet, unabhängig davon, in welchem Mitgliedstaat das Diplom über eine spezifische *Weiter*bildung in der Allgemeinmedizin erworben wurde.
>
> Hinsichtlich des Zeitplans streben die Länder eine kurzfristige Änderung der Landesgesetze an. Soweit geeignete Gesetzgebungsvorhaben bereits laufen, soll dies noch im Zuge deren Verabschiedung einbezogen werden. Sobald die ersten Landesregelungen vorliegen, werden diese der Kommission unverzüglich mitgeteilt."

Die Kommission nahm diesen Vorschlag an und veröffentlichte die vorgeschlagene Änderung des Eintrags nach Art. 41 RL 93/16/EWG im Herbst 2003 entsprechend.[910] Seitdem sind die Länder bemüht, diese Umstellung auch in ihren jeweiligen Regelungen nachzuvollziehen[911], damit anschließend das Ver-

---

[910] Vorabnotifizierung im ABl. C 228 vom 24. September 2003, S. 9.

[911] So beobachtet auch *Haage*, MedR 2004, 533 <535> die Umstellungsbestrebungen; Umstellungen beispielsweise in Baden-Württemberg durch Gesetz zur Änderung des Heilberufe-Kammergesetzes vom 09. Juni 2004 (GBl. S. 279), in Berlin durch Gesetz zur Änderung des Gesetzes über die Weiterbildung von Ärzten, Zahnärzten, Tierärzten und Apothekern vom 04. November 2004 (GVBl. S. 452), in Brandenburg durch Gesetz zur Änderung des Heilberufsrechts vom 29. Juni 2004 (GVBl. S. 281), in Mecklenburg-Vorpommern durch Gesetz zur Änderung des Heilberufsgesetzes vom 07. Januar 2004 (GVBl. S. 12), in Niedersachsen durch Gesetz zur Änderung des Kammergesetzes für die Heilberufe vom 16. Dezember 2004 (GVBl. S. 634), in Schleswig-Holstein durch Gesetz zur Änderung des Heilberufegesetzes vom 08. Juni 2004 (GVBl. S. 211) oder in Thüringen durch Gesetz zur Änderung des Heilberufegesetzes vom 25. November 2004 (GVBl. S. 860), wobei in diesen Bundesländern die WBO bis Ende 2004 noch nicht auf die jeweiligen Änderungen in den Landesgesetzen abgestimmt sind.

tragsverletzungsverfahren endgültig eingestellt werden kann. Hierzu müssen nicht nur die Heilberufsgesetze geändert und die teilweise zur Umsetzung der RL 86/457/EWG (jetzt Art. 30 ff. RL 93/16/EWG) speziell erlassenen Gesetze aufgehoben werden. Es müssen auch die WBO auf die Änderungen abgestimmt werden, damit z.B. die Teilzeitweiterbildung zum Facharzt für Allgemeinmedizin den Anforderungen von Art. 34 Abs. 1 Spiegelstrich 3 RL 93/16/EWG im Hinblick auf das Vollzeiterfordernis entspricht, obwohl weiterhin alle anderen fachärztlichen Weiterbildungen vollständig in Teilzeit absolvierbar sind.

Allerdings kollidiert dieses Vorhaben mit der Umsetzung der M-WBO 2003 in den Satzungen der Landesärztekammern, durch die der Facharzt für Allgemeinmedizin mit dem Facharzt für Innere Medizin zu einem Facharzt für Innere und Allgemeinmedizin zusammengeführt werden soll. Um dem deutschen Angebot vom 09. Mai 2003 an die Kommission und der Vorabnotifizierung im europäischen Amtsblatt gerecht zu werden, muß in Deutschland sichergestellt sein, daß der nach einer allgemeinmedizinischen Weiterbildung verliehene Titel mit dem im Amtsblatt veröffentlichten übereinstimmt und daher der des Allgemeinmediziners ist. Deshalb genehmigten die Aufsichtsbehörden – zumindest bis Ende 2004 – diejenigen Satzungen zur Änderung der WBO nicht, in denen die Zusammenführung von Innerer und Allgemeinmedizin aus der M-WBO 2003 nachvollzogen wird.[912]

Eine Lösungsmöglichkeit für den Konflikt zwischen den Landesärztekammern und den jeweiligen Aufsichtsbehörden der Länder wurde in Bayern bereits vorgelebt: Nach einem gesonderten Beschluß des 59. Bayerischen Ärztetages darf die neue Facharztbezeichnung „Facharzt für Innere und Allgemeinmedizin" nur in der Form „Facharzt für Allgemeinmedizin" geführt werden, bis im europäischen Amtsblatt für Deutschland der neue Facharzttitel als der nach Art. 41 RL 93/16/EWG maßgebliche Titel veröffentlicht wird.[913] Eine weitere Möglichkeit wäre, die jeweils neue WBO bis auf die Einführung des Gebietes Innere und Allgemeinmedizin zu genehmigen. Die Weiterbildung zum Allgemeinmediziner und zum Internisten würde dann noch nach den bisher gültigen Bestimmungen erfolgen, so daß auch weiterhin der Titel „Facharzt für Allgemeinmedizin" erteilt würde.

Alternativ käme ebenfalls in Betracht, der Kommission den neuen Titel „Facharzt für Innere und Allgemeinmedizin" als den nach Art. 41 RL

---

[912] Beispielsweise die neue WBO der Berliner Ärztekammer vom 18. Februar 2004 wurde von der Senatsverwaltung für Gesundheit und Soziales nicht genehmigt; diejenige von Brandenburg vom 13. März 2004 erhielt keine Genehmigung vom Ministerium für Arbeit, Soziales, Gesundheit und Frauen; einzige Ausnahme ist Bayern, siehe Fn. 900.

[913] Siehe Fn. 900.

93/16/EWG maßgeblichen mitzuteilen. Dies ist allerdings erst möglich, wenn sich alle Landesärztekammern dafür entschieden haben, diesen neuen Weiterbildungsgang in ihre Weiterbildungssatzungen zu übernehmen, und daher deutschlandweit dieser neue Titel als der allgemeinmedizinische Weiterbildungstitel vergeben wird.[914] Weitere Voraussetzung ist, daß dieser neue Weiterbildungsgang richtlinienkonform ausgestaltet ist.

(5) Richtlinienkonformität des neuen allgemeinmedizinischen Weiterbildungsgangs?

Bei der Diskussion[915] um die Zukunft des Hausarztes wurde nicht eingehend thematisiert, ob durch die geplante Weiterbildung zum Facharzt für Innere und Allgemeinmedizin auch die Anforderungen der europäischen Ärzterichtlinie hinsichtlich der allgemeinmedizinischen Weiterbildung erfüllt werden. Im Rahmen der Diskussion beim 105. Deutschen Ärztetag 2002 wurde den Delegierten ohne nähere Begründung[916] versichert, daß das Modell mit den Heilberufsgesetzen der Länder und den europäischen Richtlinien kompatibel sei.[917] Die stockende Genehmigungspraxis der Aufsichtsbehörden der Länder zeigt jedoch, daß es so unproblematisch nicht ist und jedenfalls auch die Heilberufsgesetze auf die neue WBO abgestimmt werden müssen.

Die Ersetzung des Facharztes für Allgemeinmedizin durch den Facharzt für Innere und Allgemeinmedizin muß berücksichtigen, daß die Weiterbildung zu diesem Facharzttitel die Voraussetzungen der Art. 30 ff. RL 93/16/EWG hinsichtlich einer dreijährigen allgemeinmedizinischen Weiterbildung zu erfüllen

---

914 Bis Ende 2004 war noch nicht absehbar, ob sich tatsächlich alle Landesärztekammern für die Zusammenführung von Innerer und Allgemeinmedizin entscheiden. Einige Landesärztekammern plädierten für eine Beibehaltung des Internisten für die gesamte Innere Medizin, also ohne Schwerpunktweiterbildung. Hier ist die Vereinbarkeit mit dem Facharzt für Innere und Allgemeinmedizin fraglich.

915 Siehe zur Entwicklung der M-WBO 2003 bei B.II.6.; die M-WBO 2003 ist auf der Homepage der BÄK (www.baek.de) unter dem Stichwort „Weiterbildung“ einsehbar; siehe hier insbesondere Abschnitt B.12.1.

916 Dabei hatte der Berufsverband der Allgemeinärzte Deutschlands – Hausärzteverband – e.V. sogar eine „Kurzgutachterliche Stellungnahme zur Vereinbarkeit der Zusammenfassung der Weiterbildung im Gebiet Allgemeinmedizin einerseits und im Gebiet der (allgemeinen) Inneren Medizin andererseits mit den europarechtlichen Rahmenbedingungen zur Erleichterung der Freizügigkeit für Ärzte“ eingeholt, die von den Rechtsanwälten *Kroel* und *Peikert* am 23. Mai 2002 erstellt wurde.

917 *Montgomery*, Vorsitzender des Marburger Bundes, hielt das BÄK-Modell ohne weitere Spezifizierung oder Begründung für „EU-kompatibel“, DÄ 2002, S. A-1568 <1570>; siehe des weiteren das Wortlautprotokoll des 105. Deutschen Ärztetages hierzu auf der Homepage der BÄK (www.baek.de).

hat, damit gem. Art. 36 RL 93/16/EWG für die Allgemeinmedizin nur Ärzte zur vertragsärztlichen Versorgung zugelassen werden, die im Sinne der europäischen Richtlinie weitergebildet sind. Art. 31 Abs. 1 lit. c RL 93/16/EWG sieht hierbei vor, daß die spezifische Weiterbildung mindestens sechs Monate in einer Allgemeinpraxis und mindestens sechs Monate in Krankenhäusern mit „entsprechender Ausrüstung und entsprechenden Abteilungen" umfassen muß. Da es in Deutschland keine „allgemeinmedizinische Abteilung" in Krankenhäusern gibt, kann hierunter nur die allgemein-internistische Abteilung subsumiert werden.

Das neue Weiterbildungsmodell beginnt mit einer dreijährigen Weiterbildung in der stationären internistischen Patientenversorgung, wobei bis zu 12 Monate auch in anderen Gebieten der unmittelbaren Patientenversorgung und auch ambulant abgeleistet werden können. Anschließend ist eine allgemeinmedizinische Weiterbildung in einer hausärztlichen Praxis für die Dauer von zwei Jahren vorgesehen. Hierbei können bis zu sechs Monate in der Chirurgie angerechnet werden. Dies bedeutet, es bleiben mindestens zwei Jahre Weiterbildung im stationären internistischen Bereich und mindestens 18 Monate Weiterbildung im ambulanten allgemeinmedizinischen Bereich. Diese mehr als drei Jahre Weiterbildung entsprechen insgesamt den oben genannten Vorgaben für die spezifische Weiterbildung, so daß bei Übernahme der M-WBO 2003 in die WBO der Landesärztekammern die Vorgaben von Art. 31 RL 93/16/EWG erfüllt werden.

Allerdings schreibt Art. 34 Abs. 1 RL 93/16/EWG vor, daß die Weiterbildung nicht vollständig in Teilzeit erfolgen darf. Einige Abschnitte der dreijährigen Weiterbildung müssen auch in Vollzeit absolviert werden. Diese Vorgabe findet sich nicht in der M-WBO 2003 wieder. Hier ist im Abschnitt A – Paragraphenteil für alle Weiterbildungsgänge allgemein geregelt, daß eine Weiterbildung in Teilzeit dann anzurechnen ist, wenn sie mindestens die Hälfte der regelmäßigen Arbeitszeit beträgt, § 4 Abs. 6 M-WBO 2003. Eine Ausnahme hiervon für die Weiterbildung zum Facharzt für Innere und Allgemeinmedizin enthält weder der Abschnitt A, noch die konkreten Ausführungen zu diesem Facharzttitel unter Abschnitt B.12. Hier müssten also die jeweiligen Satzungen der Landesärztekammern Regelungen für das Vollzeiterfordernis bei Teilzeitweiterbildung enthalten.

Aus europarechtlicher Sicht unproblematisch ist die Beendigung der Weiterbildung allein in Innerer Medizin. Die Mitgliedstaaten sind aufgrund der RL 93/16/EWG nicht verpflichtet, einen bestimmten Facharzttitel zu vergeben.[918] Es besteht daher keine europarechtliche Verpflichtung zur Weiterbildung im Gebiet

[918] Siehe hierzu auch oben bei D.I.1.b(1)(c)(ii).

„Innere Medizin" und zur Erteilung des Titels „Facharzt für Innere Medizin".[919] Bei der Mitteilung von Deutschland an die Kommission, daß als allgemeinmedizinischer Titel nun der neue „Facharzt für Innere und Allgemeinmedizin" vergeben werde, müßte dann aber gleichzeitig mitgeteilt werden, daß in der Inneren Medizin keine Facharztweiterbildung mehr möglich ist, so daß hier Deutschland aus der entsprechenden Tabelle des Anhangs C der RL 93/16/EWG gestrichen werden kann.

Damit ist insgesamt von einer Richtlinienkonformität des neuen allgemeinmedizinischen Facharzttitels auszugehen, wobei bei der Ausgestaltung in den Heilberufsgesetzen und Weiterbildungssatzungen die Vorgaben der RL 93/16/EWG über die Vorschläge aus der M-WBO 2003 hinaus zu berücksichtigen sind.

d. Umsetzung der RL 2001/19/EG

Die RL 2001/19/EG änderte durch ihren Art. 14 die RL 93/16/EWG ab. Gem. Art. 16 RL 2001/19/EG hatten die Mitgliedstaaten bis zum 31. Dezember 2002 Zeit, die Richtlinie umzusetzen und die Kommission hiervon unverzüglich in Kenntnis zu setzen. Die Umsetzung der Richtlinienänderung erforderte unter anderem eine Änderung der Heilberufsgesetze sowie der Gesetze über die Ausführung der EG-Richtlinie über eine spezifische Ausbildung in der Allgemeinmedizin, mithin also ein Tätigwerden der Landesgesetzgeber.[920] Diese sind wie der Bund durch Art. 249 Satz 3 EG (ex-Art. 189 EGV) i.V.m. Art. 10 EG (ex-Art. 5 EGV) zur fristgerechten Umsetzung europäischer Richtlinien verpflichtet. Bis zum 31. Dezember 2002 ist jedoch die Mehrzahl der Bundesländer dieser Umsetzungs- und Mitteilungsverpflichtung nicht nachgekommen. Ebenso verhält es sich mit den Landesärztekammern, die ihre WBO bis zu diesem Zeitpunkt noch nicht angepaßt hatten.

(1) Fristgerechte Umsetzung der RL 2001/19/EG?

Laut der Umsetzungsliste der Kommission zur RL 2001/19/EG[921] teilte Deutschland der Kommission ein einziges Umsetzungsgesetz bis zum 31. Dezember 2002 mit, und zwar das nordrhein-westfälische Gesetz zur Umsetzung u.a. der RL 2001/19/EG[922]. Für Spanien, Frankreich, Irland, Italien und

---

919 So auch *Kroel/Peikert*, Stellungnahme, S. 3 ff.

920 Siehe zum umsetzungsrelevanten Inhalt der RL 2001/19/EG auch bei *Haage*, MedR 2002, 301.

921 Bei Celex unter europa.eu.int/celex/cgi/sga_rqst?SESS=377!CTXT=4!UNIQ=3!APPLIC =celexext!FILE=VISU_visom_4_0_1!DGP=0!VI_ana0, Stand: 31. Dezember 2004.

922 Gesetz zur Umsetzung der EU-Richtlinien 92/51/EWG des Rates vom 18. Juni 1992 über eine zweite allgemeine Regelung zur Anerkennung beruflicher Befähigungsnachweise und

Luxemburg findet sich bis Juli 2003 kein einziges Gesetz in dieser Liste, Österreich hingegen wartet mit 17 Umsetzungsgesetzen auf.

Außer in Nordrhein-Westfalen wurden – wenngleich auch bis Ende 2004 noch immer nicht in der Umsetzungsliste der Kommission enthalten – auch in einigen anderen Bundesländern in Umsetzung der RL 2001/19/EG die Heilberufsgesetze sowie die Gesetze über die Ausführung der EG-Richtlinie über eine spezifische Ausbildung in der Allgemeinmedizin fristgerecht abgeändert. Hierbei handelt es sich um Änderungsgesetze in Bayern[923], Bremen[924], Hessen[925], Thüringen[926] und im Saarland[927]. Es ist nicht auszuschließen, daß die jeweiligen Bundesländer die Kommission schon von ihren Umsetzungsgesetzen unterrichteten, diese aber bis Mitte 2004 immer noch nicht in die Internetauflistung aufgenommen wurden.

In den übrigen Bundesländern erfolgte tatsächlich bis zum 31. Dezember 2002 keine Umsetzung der RL 2001/19/EG, teilweise wurde sie bis zum Fristablauf noch nicht einmal in Angriff genommen, so in Berlin[928], Mecklenburg-

---

2001/19/EG des Europäischen Parlaments und des Rates vom 14. Mai 2001 zur Änderung der Richtlinien 89/48/EWG und 92/51/EWG des Rates über eine allgemeine Regelung zur Anerkennung beruflicher Befähigungsnachweise im Bereich der nichtärztlichen und ärztlichen Heilberufe vom 17. Dezember 2002, GVBl. 2002, S. 641.

923 Bayerisches Heilberufe-Kammergesetz, in der Fassung der Bekanntmachung vom 06. Februar 2002 (GVBl. S. 42), zuletzt geändert durch Gesetz vom 24. Juli 2003 (GVBl. S. 452).

924 Bremisches Heilberufsgesetz in der Fassung der Bekanntmachung vom 05. Januar 2000 (GBl. S. 9), zuletzt geändert durch Gesetz vom 17. Dezember 2002 (GBl. S. 596); Gesetz zur Ausführung der Richtlinie des Rates über eine spezifische Ausbildung in der Allgemeinmedizin vom 19. Dezember 1989 (GBl. S. 434), zuletzt geändert durch Gesetz vom 17. Dezember 2002 (GBl. S. 598).

925 Hessisches Heilberufsgesetz in der Fassung vom 19. Mai 1995 (GVBl. S. 374), zuletzt geändert durch Gesetz vom 26. September 2002 (GVBl. S 619).

926 Thüringisches Heilberufegesetz vom 07. Januar 1992 (GVBl. S. 3), in der Fassung der Neubekanntmachung vom 29. Januar 2002 (GVBl. S. 125).

927 Saarländisches Heilberufekammergesetz vom 11. März 1998 (Saarländisches ABl. S. 338), zuletzt geändert durch Gesetz vom 02. Oktober 2002 (Saarländisches ABl. S. 2362).

928 Berliner Kammergesetz vom 04. September 1978 (GVBl. S. 1937, ber. S. 1980), zuletzt geändert durch Gesetz vom 15. Oktober 2001 (GVBl. S. 540); Gesetz zur Umsetzung der Richtlinie des Rates vom 15. September 1986 über eine spezifische Ausbildung in der Allgemeinmedizin (86/457/EWG) in deutsches Recht vom 11. Dezember 1991 (GVBl. S. 283), zuletzt geändert am 26. September 1994 (GVBl. S. 379), samt Durchführungsverordnung vom 28. Mai 1993 (GVBl. S. 262), außer Kraft getreten am 01. Januar 1996.

Vorpommern[929], Niedersachsen[930], Rheinland-Pfalz[931], Sachsen[932], Sachsen-Anhalt[933] und Schleswig-Holstein[934].

Die Landesregierung von Baden-Württemberg brachte zwar am 12. Dezember 2002 einen Gesetzentwurf ein, dieser wurde jedoch erst nach Fristablauf im Februar 2003 beschlossen.[935] Der Gesetzentwurf in Brandenburg datiert vom 04. Dezember 2002, das Gesetz zur Neuregelung des Heilberufsrechts allerdings erst vom 28. April 2003.[936] Der Hamburgische Senat übermittelte am 28. Januar 2003 seinen Entwurf zur Änderung des Hamburgischen Ärztegesetzes.[937] Bis Mitte 2003 war dieser Gesetzentwurf jedoch noch nicht verabschiedet.

---

929 Mecklenburg-Vorpommersches Heilberufsgesetz vom 22. Januar 1993 (GVBl. S. 62), zuletzt geändert am 19. Juli 1994 (GVBl. S. 747).

930 Niedersächsisches Kammergesetz für die Heilberufe vom 19. Juni 1996 (GVBl. S. 259), in der Fassung vom 08. Dezember 2000 (GVBl. S. 301), zuletzt geändert durch das Euro-Anpassungsgesetz vom 20. November 2001 (GVBl. S. 701).

931 Rheinland-Pfälzisches Heilberufsgesetz vom 20. Oktober 1978 (GVBl. S. 649, ber. 1979, S. 22), zuletzt geändert durch Gesetz vom 16. Dezember 2002 (GVBl. S. 481); dieses Änderungsgesetz diente jedoch nicht der Umsetzung der RL 2001/19/EG, sondern zur Herstellung gleichwertiger Lebensbedingungen für Menschen mit Behinderungen.

932 Sächsisches Heilberufekammergesetz vom 24. Mai 1994 (GVBl. S. 935), zuletzt geändert durch Gesetz vom 28. Juni 2001 (GVBl. S. 426).

933 Gesetz über die Kammern für Heilberufe Sachsen-Anhalt vom 13. Juli 1994 (GVBl. S. 832), zuletzt geändert durch Gesetz vom 19. März 2002 (GVBl. S. 130).

934 Schleswig-Holsteinisches Heilberufegesetz vom 29. Februar 1996 (GVBl. S. 248), zuletzt geändert durch Gesetz vom 18. März 2003 zur Anpassung von Rechtsvorschriften an geänderte Zuständigkeiten der obersten Landesbehörden (GVBl. S. 154); Gesetz zur Ausführung der RL 86/457/EWG des Rates über eine spezifische Ausbildung in der Allgemeinmedizin vom 11. März 1990 (GVBl. S. 132), zuletzt geändert durch Gesetz vom 15. März 1999 (GVBl. S. 85); das Gesetz zur Änderung des schleswig-holsteinischen Heilberufegesetz vom 27. Februar 2002 (GVBl. S. 38) zielte nicht auf die Umsetzung der RL 2001/19/EG ab, sondern auf die des Psychotherapeutengesetzes vom 16. Juni 1998 (BGBl. I S. 1311).

935 Gesetzentwurf der Baden-Württembergischen Landesregierung vom 12. Dezember 2002 (Drucks. 13/1621) und Gesetz zur Änderung heilberufsrechtlicher Vorschriften vom 25. Februar 2003 (GBl. S. 119), das durch Art. 2 auch das Gesetz zur Ausführung der EG-Richtlinie über eine spezifische Ausbildung in der Allgemeinmedizin vom 09. April 1990 (GBl. S. 123) abänderte.

936 Gesetzentwurf der Brandenburgischen Landesregierung vom 04. Dezember 2002 (Drucks. 3/5162) und Gesetz zur Neuregelung des Heilberufsrechts im Land Brandenburg vom 28. April 2003 (GVBl. S. 126).

937 Gesetzentwurf des Hamburgischer Senats vom 28. Januar 2003 (Drucks. 17/2151).

Auch in Mecklenburg-Vorpommern wurde die RL 2001/19/EG nicht fristgerecht umgesetzt, wenngleich dort durch eine Rückwirkung[938] des Umsetzungsgesetzes vom 07. Januar 2004 zum 01. Januar 2003[939] eine fristgerechte Richtlinienumsetzung erreicht werden sollte. Art. 1 Nr. 6 des Umsetzungsgesetzes bestimmt, daß nur spezifische Weiterbildungen in der Allgemeinmedizin, die vor dem 01. Januar 2003 begonnen wurden, noch nach den bis zum 31. Dezember 2002 geltenden Regelungen des Heilberufsgesetzes von Mecklenburg-Vorpommern abgeschlossen werden durften, also nach einer zweijährigen Weiterbildungszeit. Dies bedeutet, daß eine derartige Weiterbildung, die zwischen dem 01. Januar 2003 und der Verkündung des Umsetzungsgesetzes am 16. Januar 2004 als zweijährige Weiterbildung begonnen wurde, nicht mehr als solche abgeschlossen werden darf, sondern nun insgesamt drei Jahre zu dauern hat. Das Nähere soll nach § 50 Heilberufsgesetz von Mecklenburg-Vorpommern die Ärztekammer in ihrer Weiterbildungssatzung regeln. Diese wurde aber zuletzt am 08. Juli 2002 geändert und enthält daher noch keine Regelungen zur Ausgestaltung der spezifischen Weiterbildung nach § 50 des Heilberufsgesetzes von Mecklenburg-Vorpommern oder zur Umsetzung der RL 2001/19/EG.[940] Die Änderungssatzung vom 01. Mai 2004, mit der zum einen die RL 2001/19/EG und zum anderen die M-WBO 2003 umgesetzt werden soll, wurde bis Ende 2004 noch nicht vom Sozialministerium genehmigt. Damit fallen die Regelungen des Heilberufsgesetzes und der WBO in Mecklenburg-Vorpommern auseinander, so daß auch Ende 2004 noch keine dreijährige spezifische Weiterbildung

---

938 Hierbei handelt es sich wohl um eine Konstellation der unechten Rückwirkung; vgl. hierzu Beschluß des Ersten Senats des BVerfG vom 05. Mai 1987 (- 1 BvR 724, 1000, 1015/81 -, - 1 BvL 16/82 und 5/84 -), BverfGE 75, 246, sowie Beschluß des Zweiten Senats des BVerfG vom 05. Februar 2002 (- 2 BvR 305/93 -, - 2 BvR 348/93 -), BverfGE 105, 17. Ein Vertrauensschutz scheidet aus, weil die RL 2001/19/EG seit ihrem Erlaß in 2001 die Umsetzung vorschrieb, sich also die betreffenden Ärzte aufgrund des Richtlinientextes bereits auf die Änderungen einstellen konnten.

939 Art. 2 des Ersten Gesetzes zur Änderung des Heilberufsgesetzes vom 07. Januar 2004, GVBl. S. 12.

940 Grundsätzlich könnten die Regelungen über die allgemeinmedizinische Facharztweiterbildung als Umsetzungsregelungen für die RL 2001/19/EG und die Art. 30 ff. RL 93/16/EWG herangezogen werden. Allerdings enthält die WBO mit Stand 2002 keine besondere Regelung über ein Vollzeiterfordernis bei allgemeinmedizinischer Teilzeitweiterbildung. § 48 Abs. 1 S. 2 Heilberufsgesetz führt hierzu nur aus: „Soweit sie nicht nach der Richtlinie 93/16/EWG in Vollzeittätigkeit erfolgen muß, kann sie als Teilzeit*weiterbildung* abgeleistet werden; ...“ Da die RL 93/16/EWG keine konkrete Dauer für die Vollzeitabschnitte vorgibt, ist dies bei der Umsetzung zu regeln, in Mecklenburg-Vorpommern also in der Weiterbildungsordnung, wie dies in der neuen WBO auch vorgesehen ist.

in Allgemeinmedizin gemäß den Vorgaben von Art. 30 ff. RL 93/16/EWG erfolgen kann.

Die Umsetzung der RL 2001/19/EG erforderte auch eine Änderung der WBO der Landesärztekammern, da sie unter anderem der neuen Systematik der RL 93/16/EWG angepaßt werden mußten. Die WBO der Landesärztekammern basieren in der Regel auf der M-WBO, weshalb sich zunächst die Bundesärztekammer und der Deutsche Ärztetag mit den Neuerungen durch die RL 2001/19/EG auseinanderzusetzen hatten. Dies ist inzwischen auf dem 106. Deutschen Ärztetag 2003 in Köln geschehen.[941] Die Umsetzung der RL 2001/19/EG in den Satzungen der Landesärztekammern stand jedenfalls Mitte 2003 noch aus[942] und erfolgte damit keinesfalls fristgerecht bis Ende 2002.

(2) Folge der nicht fristgerechten Umsetzung der RL 2001/19/EG

Weder die RL 2001/19/EG noch die abgeänderte RL 93/16/EWG enthalten Regelungen über die Folgen nicht fristgerechter Umsetzung. Dies entspricht der üblichen Regelungstechnik des europäischen Gesetzgebers vor dem Hintergrund der Regelungen im EGV. Denn die nicht fristgerechte Umsetzung der RL 2001/19/EG durch einige Landesregierungen bzw. Landesärztekammern stellt einen Verstoß der Bundesrepublik Deutschland gegen Art. 249 Abs. 3 EG (ex-Art. 189 EGV) i.V.m. Art. 10 EG (ex-Art. 5 EGV) dar.[943] Die Kommission ist bis zur fristgerechten Umsetzung daher berechtigt, gegen Deutschland ein Vertragsverletzungsverfahren nach Art. 226 EG (ex-Art. 169 EGV) einzuleiten.[944]

---

941 Die M-WBO 2003 ist auf der Homepage der BÄK (www.baek.de) unter dem Stichwort „Weiterbildung" zu finden. Die Umsetzung der RL 93/16/EWG und RL 2001/19/EG erfolgt hauptsächlich durch § 18 M-WBO.

942 Beispielsweise in Bremen (WBO vom 28. Mai 1996, zuletzt geändert am 05. März 2001), Hamburg (WBO vom 01. April 1996, in der Fassung vom 07. Mai 2001), Saarland (WBO vom 15. September 1993 / 27. April 1994, zuletzt geändert am 01. Mai 2001) und Westfalen-Lippe (WBO vom 30. Januar 1993, zuletzt geändert am 27. August 1999); siehe zu den übrigen WBO Anhang 1.

943 Siehe hierzu auch *Jarass/Beljin*, NVwZ 2004, 1 <6> mit Rechtsprechungshinweisen in Fn. 88.

944 Die Kommission teilte am 16. Juli 2004 mit, daß sie u.a. an Deutschland eine mit Gründen versehene Stellungnahme (2. Schritt in einem Vertragsverletzungsverfahren nach Art. 226 EG [ex-Art. 169 EGV]) wegen Nichtmitteilung von Umsetzungsmaßnahmen für die RL 2001/19/EG übermittelt habe (europa.eu.int/rapid/press ReleasesAction.do?reference=IP /04/936&format=HTML&aged=0&language=DE&guiLanguage=en; Stand: 31. Dezember 2004); am 22. Dezember 2004 teilte die Kommission mit, Klage u.a. gegen Deutschland beim EuGH eingereicht zu haben, weil es der Kommission lediglich einen Teil der nationalen Maßnahmen gemeldet habe, die zur Umsetzung der Richtlinie 2001/19/EG über die

Weitere Folge einer fehlenden oder verspäteten Umsetzung können Schadensersatzpflichten des betreffenden Mitgliedstaates gegenüber geschädigten Bürgern sein.[945] Trotz der ansonsten nur mittelbaren Wirkung von Richtlinien kann die RL 2001/19/EG zugunsten einzelner Unionsbürger auch unmittelbare Geltung entfalten, wenn die Frist für die Umsetzung abgelaufen ist, die Richtlinie nicht oder nicht richtig umgesetzt ist sowie unbedingte und hinreichend genaue Vorschriften enthält[946], wie beispielsweise in Art. 14 Nr. 7 lit. a RL 2001/19/EG, wonach zukünftig auch Berufserfahrung und Zusatzausbildung im Rahmen der Anerkennung zu berücksichtigen sind.

Aufgrund von Art. 14 Nr. 12 und Nr. 13 der RL 2001/19/EG werden die Mitgliedstaaten verpflichtet, die Dauer der spezifischen Weiterbildung in der Allgemeinmedizin auf drei Jahre zu erhöhen und ab 01. Januar 2006 die entsprechenden Diplome zu erteilen. Die Bundesländer, die die RL 2001/19/EG nicht fristgerecht umgesetzt haben, können nicht unmittelbar ab dem 01. Januar 2003 eine auf drei Jahre verlängerte spezifische Weiterbildung anbieten, so daß es ihnen entgegen ihrer Verpflichtung auch nicht möglich sein wird, ab dem 01. Januar 2006 die entsprechenden Diplome nach dreijähriger Weiterbildung zu erteilen. Für Unionsbürger entsteht nur dann ein Nachteil daraus, wenn sie nach dem 01. Januar 2003 eine spezifische Weiterbildung von zweijähriger Dauer beginnen und diese auch erfolgreich abschließen, jedoch mit diesem Weiterbildungstitel dann nicht berechtigt sind, im Rahmen unseres Sozialversicherungssystems allgemeinmedizinisch tätig zu werden, weil die Voraussetzungen hierfür in Umsetzung der RL 2001/19/EG bereits eine dreijährige spezifische Weiterbildung vorsehen.

In Deutschland wird sich diese Umsetzungsproblematik nur deshalb nicht auswirken, weil schon seit 1996 gem. § 95a Abs. 4 SGB V für eine allgemeinmedizinische Zulassung nicht mehr der Titel „Praktischer Arzt" ausreichend ist,

---

gegenseitige Anerkennung von Berufsqualifikationen erforderlich sind (europa.eu.int/rapid/pressReleasesAction.do?reference=IP/04/1533&format=HTML&aged=0&language=DE&guiLanguage=en; Stand: 31. Dezember 2004); dieses EuGH-Verfahren C-2005/264 betrifft aber vermutlich nicht Umsetzungsverstöße bei ärztlichen Regelungen; siehe zum Meinungsstand bzgl. der Frage, ob auch bei Fristüberschreitungen Vertragsverletzungsverfahren eingeleitet werden können, bei Streinz-*Ehricke*, Art. 226 EG, Rdnr. 3.

[945] Grundlegend hierzu Urteil des EuGH in den verbundenen Rs. C-6 und 9/90 [Andrea Francovich und Danila Bonifaci u.a. – Italienische Republik] vom 19. November 1991, Slg. 1991, S. I-5357.

[946] Ständige Rechtsprechung des EuGH, vgl. nur Urteil des EuGH in der Rs. 41/74 [Yvonne von Duyn – Home Office] vom 04. Dezember 1974, Slg. 1974, S. 1337, Rdnr. 12; siehe hierzu im einzelnen Schwarze-*Biervert*, Art. 249 EG, Rdnr. 29.

sondern hierfür der allgemeinmedizinische Facharzttitel erworben werden muß. Es ist daher davon auszugehen, daß es kaum Ärzte geben wird, die nach dem 01. Januar 2003 eine spezifische Weiterbildung in Allgemeinmedizin mit dem Ziel beginnen, in Deutschland zur vertragsärztlichen Versorgung zugelassen zu werden.

e. Wirkung mitgliedstaatlicher Weiterbildungsnachweise im Rahmen des Sozialversicherungssystems

Inhaber von in anderen Mitgliedstaaten ausgestellten Weiterbildungsnachweisen des Facharztes, die nach Art. 4 RL 93/16/EWG anzuerkennen sind, können gem. § 95a Abs. 5 S. 2 SGB V ebenso wie Inhaber von in Deutschland erworbenen Facharzttiteln die Eintragung in das Arztregister beanspruchen.

Vor Änderung der RL 93/16/EWG durch die RL 2001/19/EG bezog sich Art. 4 RL 93/16/EWG nur auf die allen Mitgliedstaaten gemeinsamen Weiterbildungsnachweise und bestimmte, daß die in Art. 5 RL 93/16/EWG aufgelisteten Weiterbildungsnachweise von allen Mitgliedstaaten gegenseitig anzuerkennen sind und ihnen die gleiche Wirkung wie den nationalen Weiterbildungsdiplomen verliehen werden müssen. Dieser Verpflichtung ist man für das deutsche Sozialversicherungssystem durch § 95a Abs. 5 S. 2 SGB V nachgekommen.

Art. 6 RL 93/16/EWG regelte den gleichen Sachverhalt für die Weiterbildungsnachweise, die zwei oder mehreren Mitgliedstaaten eigen waren. Auch hier mußten diejenigen Mitgliedstaaten, in denen es die jeweilige Weiterbildung gibt, die in Art. 7 RL 93/16/EWG aufgelisteten Weiterbildungsdiplome anerkennen und ihnen die gleiche Wirkung wie den eigenen Weiterbildungsnachweisen verleihen. Auf diese beiden Artikel bezieht sich § 95a Abs. 5 S. 2 SGB V jedoch nicht, so daß den Weiterbildungsdiplomen nach Art. 6 und 7 RL 93/16/EWG, soweit sie Gebiete betreffen, für die es auch in Deutschland eine Weiterbildung gibt, nicht die gleiche Wirkung wie den deutschen Facharzttiteln verliehen wurde.[947]

Die RL 2001/19/EG räumte dieses Umsetzungsdefizit aus, da nun nicht mehr zwischen Diplomen, die in allen Mitgliedstaaten anerkannt sind, und solchen, die zwei oder mehr Mitgliedstaaten eigen sind, unterschieden wird. Art. 4 RL 93/16/EWG verweist nur noch allgemein auf den der Richtlinie beigefügten Anhang C, in dem die ehemaligen zwei Gruppen von Weiterbildungsnachweisen zusammengefaßt sind. Dies bedeutet, daß der Verweis auf Art. 4 RL 93/16/EWG nun alle anzuerkennenden Weiterbildungsnachweise umfaßt und daher kein Umsetzungsverstoß in § 95a Abs. 5 S. 2 SGB V mehr vorliegt. Die

---

[947] Auch KassKomm-*Hess*, § 95a SGB V, Rdnr. 9 verweist hier auf eine Umsetzungslücke.

Bezugnahme in § 95a Abs. 5 S. 2 SGB V auf Art. 4 RL 75/362/EWG sollte aber wenigstens in eine Bezugnahme auf Art. 4 RL 93/16/EWG geändert werden, idealerweise aber direkt auf Anhang C der RL 93/16/EWG Bezug nehmen.

E. Zusammenfassung und Ausblick

I. Rechtliche Ergebnisse

1. RL 75/362/EWG und 75/363/EWG, Art. 1 ff. RL 93/16/EWG

Die Weiterbildungsregelungen der Ärzterichtlinien von 1975 (jetzt Art. 1 ff. RL 93/16/EWG) sind sowohl auf europäischer Ebene als auch bei der Umsetzung auf nationaler Ebene rechtlich nicht zu beanstanden.

Die Regelungen über die gegenseitige Anerkennung von Weiterbildungsdiplomen der Richtlinien 75/362/EWG und 75/363/EWG (jetzt Art. 1 ff. RL 93/16/EWG) sind von den den europäischen Institutionen durch Art. 57 und 66 EWGV (jetzt Art. 47 und 55 EG) übertragenen Kompetenzen umfaßt. Auch Art. 21 RL 75/362/EWG (jetzt Art. 21 RL 93/16/EWG), wonach Mitgliedstaaten, die von ihren eigenen Staatsangehörigen für die Zulassung zur Tätigkeit als Kassenarzt die Ableistung einer Vorbereitungszeit verlangen, diese nur während eines Zeitraums von fünf Jahren ab dem Erlaß der Richtlinie auch von den Staatsangehörigen der anderen Mitgliedstaaten verlangen dürfen, ist von diesen Kompetenzgrundlagen gedeckt. Die deutschen Landesgesetzgeber sowie die Landesärztekammern sind bei der Richtlinienumsetzung ihrer Verpflichtung aus Art. 4 RL 93/16/EWG in ihren Heilberufsgesetzen und Weiterbildungssatzungen nachgekommen: Weiterbildungstitel aus anderen Mitgliedstaaten in Fachgebieten, in denen ein Arzt auch in Deutschland einen Facharzttitel erlangen kann, werden automatisch anerkannt und haben dieselbe Wirkung wie in Deutschland erworbene Facharzttitel.

2. RL 86/457/EWG, Art. 30 ff. RL 93/16/EWG

Die allgemeinmedizinische Ärzterichtlinie von 1986 hingegen bereitete auf diversen Ebenen rechtliche Probleme: fehlende Kompetenz des Gemeinschafts- wie auch des Bundesgesetzgebers, Verstoß gegen das Diskriminierungsverbot aufgrund des Geschlechts und keine bzw. eine fehlerhafte Richtlinienumsetzung.

Die Verpflichtung zur Einführung einer spezifischen Weiterbildung in der Allgemeinmedizin durch Art. 1 RL 86/457/EWG (jetzt Art. 30 RL 93/16/EWG) kann weder auf Art. 57 und 66 EWGV (jetzt Art. 47 und 55 EG) noch auf Art. 100 EWGV (jetzt Art. 94 EG) gestützt werden und entbehrt daher einer primärrechtlichen Kompetenzgrundlage. Dies gilt ebenso für die Vorgabe durch Art. 7 RL 86/457/EWG (jetzt Art. 36 RL 93/16/EWG), die Zulassung von allgemeinmedizinischen Leistungserbringern zum Sozialversicherungssystem von dem erfolgreichen Abschluß einer Weiterbildung in Allgemeinmedizin abhängig zu machen. Und Art. 5 Abs. 1 Spiegelstrich 3 RL 86/457/EWG (jetzt Art. 34

Abs. 1 Spiegelstrich 3 RL 93/16/EWG) stellt eine mittelbare Diskriminierung aufgrund des Geschlechts dar. Alle drei Regelungen sind folglich rechtswidrig.

Die Umsetzung der allgemeinmedizinischen Ärzterichtlinie zeugt davon, wie schwer man sich in Deutschland damit tat: Der Bundesgesetzgeber normiert in § 95a SGB V Weiterbildungsvoraussetzungen hinsichtlich Dauer und Inhalt der allgemeinmedizinischen Facharztweiterbildung, die nicht von der Bundesgesetzgebungskompetenz aus Art. 74 Abs. 1 Nr. 12 oder Nr. 19 GG gedeckt und damit verfassungswidrig sind. In vier Bundesländern war zeitweise nicht gewährleistet, daß Ärzte die spezifische Weiterbildung in der Allgemeinmedizin absolvieren und den Titel „Praktischer Arzt“ erlangen konnten. Damit lag während eines Zeitraums von sieben bis acht Jahren keine richtlinienkonforme Umsetzung der RL 86/457/EWG (jetzt Art. 30 ff. RL 93/16/EWG) in diesen Bundesländern vor. Die parallele Existenz von zwei allgemeinmedizinischen Weiterbildungsgängen einerseits zum „Facharzt für Allgemeinmedizin“ und andererseits zum „Praktischen Arzt“ führte dazu, daß bis zur Umstellung der allgemeinmedizinischen Weiterbildung im Sinne der Vorabnotifizierung der Kommission von September 2003, wonach der für die allgemeinmedizinische Weiterbildung in Deutschland maßgebliche Titel der des Facharztes für Allgemeinmedizin sein soll, die Art. 30 und 36 RL 93/16/EWG nicht richtlinienkonform umgesetzt waren.

3. RL 2001/19/EG

Die Mehrzahl der Bundesländer sowie alle Landesärztekammern setzten die RL 2001/19/EG nicht fristgerecht um. Dafür „korrigierte“ der Erlaß der RL 2001/19/EG die fehlerhafte Umsetzung von Art. 4 RL 93/16/EWG durch § 95a Abs. 5 S. 2 SGB V.

II. Europäischer Ausblick

1. Berufsqualifikationsrichtlinie

Schon zehn Monate nach Erlaß der letzten Änderungsrichtlinie 2001/19/EG schlug die Kommission im März 2002 erneut eine Richtlinienänderung vor, die nicht nur die Ärzterichtlinie, sondern auch eine Reihe anderer Richtlinien betraf.[948] Die Kommission verfolgte damit unter anderem das Ziel, die Anerkennung von Berufsqualifikationen klarer zu fassen und zu vereinheitlichen, weil inzwischen eine Vielzahl von unterschiedlichen Richtlinien und Beschlüssen zur

[948] Vorschlag der Kommission vom 07. März 2002, ABl. C 181 E vom 30. Juli 2002, S. 183 [KOM(2002)119].

Anerkennung einzelner Berufsqualifikationen auf Gemeinschaftsebene erlassen worden seien, die zu unterschiedlichen Anerkennungssystemen geführt hätten. Daher sollten die sektoralen Richtlinien zu den reglementierten Berufen des Arztes, Zahnarztes, Tierarztes, Apothekers, Hebamme, Krankenpflegers und des Architekten sowie die Richtlinien über die allgemeinen Regelungen zur Anerkennung beruflicher Befähigungsnachweise durch eine einzige neue einheitliche Richtlinie ersetzt werden, die für alle geregelten Berufe Mindestanforderungen festsetzen sollte. Damit beabsichtigte die Kommission auch die Vereinfachung von europäischem Recht durch eine Neuordnung der Rechtstexte.[949]

Nach ausgiebigen Verhandlungen insbesondere zwischen EP und Rat[950] wurde die Richtlinie[951] am 07. September 2005 erlassen und tritt am 20. Oktober 2005 in Kraft. Diese RL 2005/36/EG ist innerhalb von zwei Jahren von den Mitgliedstaaten umzusetzen. Nach Art. 62 RL 2005/36/EG werden die Richtlinien über die allgemeinen Regelungen zur Anerkennung beruflicher Befähigungsnachweise sowie die sektoralen Richtlinien – also auch die RL 93/16/EWG – mit Wirkung vom 20. Oktober 2007 aufgehoben.

Der Aufbau der Berufsqualifikationsrichtlinie ähnelt in nichts mehr dem Aufbau der Ärzterichtlinien. Die Regelungen für den ärztlichen Beruf sind in der Richtlinie verstreut: einerseits gelten die allgemeinen Bestimmungen (Art. 1 bis Art. 15 und Art. 50 bis Art. 57), andererseits die allgemeinen Bestimmungen für die Berufe der aufgehobenen sektoralen Richtlinien (Art. 21 bis Art. 23), jeweils teilweise mit Sonderregelungen für Ärzte, und darüber hinaus gibt es einen besonderen Abschnitt zur ärztlichen Aus- und Weiterbildung (Art. 24 bis Art. 30) sowie die Diplomlisten im Anhang V. Die Verwirklichung der Intention der Kommission, mit dieser Richtlinie europäisches Recht zu vereinfachen, wird bei der Lektüre der RL 2005/36/EG nicht deutlich. Denn für den jeweiligen Berufs-

[949] Siehe S. 3 des Kommissionsvorschlags (in Fn. 948); siehe im Übrigen auch die Erwägungsgründe der Richtlinie selbst (siehe Fn. 951).

[950] Stellungnahme des WSA vom 18. September 2002 (ABl. C 61 vom 14. März 2003, S. 67); Stellungnahme des EP vom 11. Februar 2004 (ABl. C 97 E vom 22. April 2004, S. 230); Geänderter Vorschlag der Kommission vom 20. April 2004 (KOM(2004)0317; noch nicht im ABl. veröffentlicht); Gemeinsamer Standpunkt des Rates vom 21. Dezember 2004 (ABl. C 58 E vom 08. März 2005, S. 1); Standpunkt des EP vom 11. Mai 2005 (T6-0173/2005; noch nicht im ABl. veröffentlicht); Beschluß des Rates vom 06. Juni 2005; für den genauen Verlauf siehe bei oeil (www.europarl.eu.int/oeil/) unter der Referenznummer COD/2002/0061 (www.europarl.eu.int/ oeil/file.jsp?id=220062; Stand:30. September 2005).

[951] Richtlinie 2005/36/EG des EP und des Rates über die Anerkennung von Berufsqualifikationen, ABl. L 255 vom 30. September 2005, S. 22; im Folgenden RL 2005/36/EG.

träger[952] wird es gewiß nicht einfacher, die für ihn maßgeblichen (Sonder-) Regelungen in der Richtlinie zu finden.[953]

Durch Art. 26 Abs. 2 RL 2005/36/EG erfolgt eine wesentliche Änderung bei den Weiterbildungsregelungen: Nach dem Zeitpunkt des Inkrafttretens der RL 2005/36/EG ist die Erweiterung des Systems der automatischen Anerkennung auf diejenigen neuen medizinischen Fachrichtungen beschränkt, die in mindestens zwei Fünftel der Mitgliedstaaten vertreten sind. Bisher galt der Grundsatz der automatischen Anerkennung bereits bei solchen Facharzttiteln, die mindestens zwei Mitgliedstaaten gemeinsam sind. Diese Änderung erfolgt ausweislich der Erwägungsgründe im „Interesse der Vereinfachung des Systems der automatischen Anerkennung".[954] Dies bedeutet allerdings, daß die Weiterbildungstitel von neuen Fachrichtungen so lange nicht automatisch gegenseitig anerkannt, sondern von den Mitgliedstaaten aufgrund eines individuellen Verfahrens überprüft werden, wie diese Weiterbildungstitel in weniger als 10 Mitgliedstaaten[955] vergeben werden. Das System der Anerkennung von neuen Weiterbildungstiteln wird dadurch jedenfalls für den hiervon betroffenen Arzt nicht einfacher.

Die Weiterbildung in Allgemeinmedizin (Art. 28 ff. RL 2005/36/EG) wird wie bei der RL 93/16/EWG gesondert von der übrigen Facharztweiterbildung (Art. 25 ff. RL 2005/36/EG) geregelt und leider weiterhin als „besondere Ausbildung" und nicht als „Weiterbildung" bezeichnet. Im Gegensatz zur RL 93/16/EWG sind aber nun unter Anhang V. Nr. 5.1.4. auch die Diplome der allgemeinmedizinischen Weiterbildung aufgelistet, für Deutschland also der Facharzt für Allgemeinmedizin. Jedoch nimmt die Berufsbezeichnung im deutschen

---

[952] Siehe zum sogenannten wohlverstandenen eigenen Interess *Sommer* in: Gedächtnisschrift für Nagelmann, S. 243 ff.

[953] So auch Bundesärztekammer (BÄK) und der Ständige Ausschuß der Europäischen Ärzte (CPME) nach Bekanntwerden des Kommissionsentwurfs, vgl. Europäische Ärzte – Kontroverse um Diplome, DÄ 2002, S. A-1063, und Ärztliche Berufsqualifikationen – Radikale Änderungen des Systems, DÄ 2002, S. A-2395; beide Gremien sprachen sich dafür aus, die sektorale Ärzterichtlinie zu erhalten, weil sonst der Verwaltungsaufwand auf nationaler Ebene erheblich steigen werde. Die Richtlinie erleichtere allein die Arbeit der Kommission. Der CPME kritisierte auch die Pläne, den Beratenden Ausschuß für ärztliche Ausbildung und den Ausschuß hoher Beamter für das öffentliche Gesundheitswesen aufzulösen. Beide Gremien seien auf europäischer Ebene für die Belange der medizinischen Berufe unerläßlich. Nach Art. 58 RL 2005/36/EG wird es nun nur noch einen „Ausschuß für die Anerkennung von Berufsqualifikationen" geben, der sich aus Vertretern der Mitgliedstaaten zusammensetzt und sich selber eine Geschäftsordnung gibt. Je nach Ausgestaltung der Geschäftsordnung könnte hier doch noch ärztlicher Sachverstand einfließen.

[954] Erwägungsgrund 20 der RL 2005/36/EG (siehe Fn. 951).

[955] Seit der EU-Osterweiterung sind 25 europäische Staaten Mitglied in der EU.

Richtlinientext hierauf nicht Bezug, sondern es wird der Ausdruck „ärztlicher Beruf als praktischer Arzt“ verwandt. Hier wäre es, wenn man schon nicht die Weiterbildungsbezeichnung aus Anhang V. Nr. 5.1.4. aufgreifen wollte, sicherlich geschickter gewesen, die Bezeichnung „Hausarzt“ zu verwenden, um mögliche Missverständnisse zu vermeiden.[956] Eine erfreuliche Änderung ist die Anpassung der Modalitäten allgemeinmedizinischer Teilzeitweiterbildung an die der übrigen Facharztweiterbildung: Nach Art. 22 i.V.m. Art. 28 RL 2005/36/EG kann nun auch die allgemeinmedizinische Weiterbildung vollständig in Teilzeit ohne Vollzeitabschnitte erfolgen.

Eine Verpflichtung zur Einführung der allgemeinmedizinischen Weiterbildung wird in den Art. 28 bis 30 RL 2005/36/EG nicht mehr formuliert. Allerdings bestimmt Art. 29 RL 2005/36/EG, daß jeder Mitgliedstaat „die Ausübung des ärztlichen Berufs als praktischer Arzt im Rahmen seines Sozialversicherungssystems vom Besitz eines in Anhang V Nummer 5.1.4. aufgeführten *Weiter*bildungsnachweises abhängig“ zu machen hat. Da gerade hausärztliche Tätigkeiten immer Sozialversicherungsleistungen sind, werden die Mitgliedstaaten indirekt über Art. 29 RL 2005/36/EG gezwungen, ihre allgemeinmedizinische Weiterbildung (zum Hausarzt) an den Vorgaben der Richtlinie auszurichten und eine solche auch vorzuhalten.

Die Regelungen zur Gewährleistung der ärztlichen Dienstleistungs- und Niederlassungsfreiheit sind nicht deckungsgleich mit denen aus der RL 93/16/EWG. Ob sie praktikabler sind als die bisherigen Regelungen, wird die Erfahrung bei der Anwendung der RL 2005/36/EG zeigen, die von den Mitgliedstaaten gem. Art. 60 RL 2005/36/EG alle zwei Jahre in Berichten gegenüber der Kommission zu dokumentieren ist.

2. Dienstleistungsrichtlinie

Die Erbringung ärztlicher Dienstleistungen über die mitgliedstaatlichen Grenzen hinweg wird möglicherweise zukünftig auch noch von einer anderen Richtlinie bestimmt werden. Die Dienstleistungsfreiheit ist derzeit Hauptgegenstand des innerhalb der europäischen Staaten sehr umstrittenen Entwurfs einer neuen Dienstleistungsrichtlinie.[957] Mit ihr sollen „allgemeine Bestimmungen“ festge-

---

[956] Ebenso unglücklich ist die Formulierung in Art. 55 RL 2005/36/EG: Statt von vertragsärztlicher Zulassung wird hier von „Kassenzulassung“ gesprochen, obwohl bereits 1992 diese Begrifflichkeit geändert wurde.

[957] Kommissionsentwurf vom 13. Januar 2004, berichtigt am 25. Februar 2004 (KOM(2004)0002 endgültig/2; noch nicht im ABl. veröffentlicht); siehe sowohl für dieses Dokument als auch für den weiteren Verlauf bei oeil mit der Referenznummer

legt werden, „die die Wahrnehmung der Niederlassungsfreiheit durch Dienstleistungserbringer sowie den freien Dienstleistungsverkehr erleichtern sollen.“[958] Geplant ist also eine horizontale Rahmenrichtlinie zur Dienstleistungsfreiheit. In den Anwendungsbereich der Richtlinie fallen nach dem Vorschlag der Kommission auch ärztliche Dienstleistungen. Allerdings soll das äußerst umstrittene Herkunftslandprinzip[959] nicht auf die Regelungen der Berufsqualifikationsrichtlinie Anwendung finden.[960]

Nach massiven Widerständen u.a. seitens Deutschlands und Frankreichs, wo der Entwurf der Dienstleistungsrichtlinie mit zum Scheitern der Ratifizierung der Europäischen Verfassung beigetragen haben soll, beabsichtigt das EP in seiner Stellungnahme zum Kommissionsentwurf, den Gesundheitssektor weitgehend aus dem Anwendungsbereich der Richtlinie herauszunehmen, jedenfalls soweit es um hoheitlich finanzierte Gesundheitsaufgaben geht, und zu verdeutlichen, in welchem Verhältnis die geplante Rahmenrichtlinie zu bestehender europäischer Gesetzgebung, also auch der RL 2005/36/EG, steht.[961] Je nach Ausgestaltung der Dienstleistungsrichtlinie könnte es also sein, dass die neue Dienstleistungsrichtlinie für einen Teil der ärztlichen Tätigkeiten gelten wird, nämlich für privatärztliche Tätigkeiten, hingegen nicht für vertragsärztliche Leistungen. In dem federführenden Ausschuss für Binnenmarkt und Verbraucherschutz des EP fand eine Aussprache zum Gebhardt-Bericht[962] statt. Insgesamt gibt es ca. 1000 Änderungsanträge, vornehmlich zu dem Kommissionsvorschlag, einige auch zu dem Gebhardt-Bericht. Das Plenum des EP stimmt vermutlich im Oktober 2005 über diesen Bericht ab. Die hohe Zahl der Änderungsanträge zum Kommissionsvorschlag verdeutlicht, wie umstritten der Kommissionsentwurf der neuen Dienstleistungsrichtlinie und damit wie unsicher der In-

---

COD/2004/0001 (www.europarl.eu.int/oeil/file.jsp?id=240902; Stand: 30. September 2005).

958 Art. 1 des Richtlinienvorschlags (siehe Fn. 957).

959 Nach dem Herkunftslandprinzip unterliegt der Dienstleistungserbringer einzig den Rechtsvorschriften des Landes, in dem er niedergelassen ist. Weitere Komponente dieses Prinzips ist, daß die Mitgliedstaaten die Erbringung von Dienstleistungen durch in einem anderen Mitgliedstaat niedergelassene Dienstleistungserbringer nicht behindern dürfen.

960 Art. 17 des Richtlinienvorschlags (in Fn. 957).

961 Siehe Entwurf eines Berichts des EP (nach der Berichterstatterin Evelyne Gebhardt auch Gebhardt-Bericht genannt) vom 25. Mai 2005, insbesondere Änderungsantrag 55 und Begründung II.2. auf S. 104 f. (www.europarl.eu.int/registre/commissions/imco/projet_rapport/2005/355744/IMCO_PR(2005)355744_DE. pdf)

962 Siehe Fn. 961.

halt der zukünftigen Dienstleistungsrichtlinie ist. Vor 2006 wird diese Richtlinie sicherlich nicht von EP und Rat verabschiedet werden.

III. Schlußbetrachtung

Gerade in den 1990er Jahren hat sich der Charakter ärztlicher Weiterbildung stark verändert. Sie ist faktisch ein notwendiger Bestandteil für die Ausübung des Arztberufes geworden, so daß von einer Freiwilligkeit bei der Ableistung von Weiterbildung so gut wie nicht mehr die Rede sein kann, insbesondere nicht vor dem Hintergrund von § 95a SGB V, der als zwingende Zugangsvoraussetzung zur vertragsärztlichen Versorgung den erfolgreichen Abschluß einer Facharztweiterbildung vorschreibt.

Die Zustimmung Deutschlands zu der RL 86/457/EWG und ihre Umsetzung in deutsches Recht führte nicht zu einer erheblichen Änderung des deutschen Weiterbildungssystems in der Allgemeinmedizin, obwohl sich die deutsche Seite der gravierenden Unterschiede zwischen dem eigenen und dem europäischen System und damit der geringen Kompatibilität durchaus bewußt war. Daher kann im Grunde genommen nur von einer formellen Zustimmung auf europäischer Ebene gesprochen werden, die aber nicht von dem Willen getragen war, in der Allgemeinmedizin tatsächlich eine Annäherung an Europa zu realisieren. Die Weiterbildung zum Praktischen Arzt wurde in Deutschland einfach neben der Weiterbildung zum Facharzt für Allgemeinmedizin installiert, da sich die Ärzteschaft zu diesem Zeitpunkt noch nicht dazu durchringen konnte, die allgemeinmedizinische Facharztweiterbildung mit allen Vorgaben der RL 86/457/EWG abzustimmen.

Diese im ärztlichen Weiterbildungsrecht ablehnende Haltung Deutschlands gegenüber Europa und gegenüber den Standards in anderen Mitgliedstaaten hat sich zwischenzeitlich verändert, wie sich einerseits an der kurz bevorstehenden einvernehmlichen Beendigung des Vertragsverletzungsverfahrens 1999/2065 und andererseits an der M-WBO 2003 ablesen läßt. Der Weiterbildungstitel von Unionsbürgern mit einer erfolgreich abgeschlossenen dreijährigen allgemeinmedizinischen Weiterbildung wird in Deutschland nun als „Facharzt für Allgemeinmedizin" anerkannt. Allerdings muß es vor dem Hintergrund von Art. 12 GG sehr gute Gründe für die Notwendigkeit der eigenen fünfjährigen Weiterbildungsdauer gegeben, wenn Deutschland auf europäischer Ebene eine dreijährige Weiterbildung in Allgemeinmedizin für ausreichend hält und diese Titel auch automatisch anerkennt. Dies gilt umso mehr, als seit Jahren durch besondere Programme versucht wird, wegen des absehbaren und teilweise auch schon jetzt spürbaren Hausärztemangels die Allgemeinmedizin zu fördern. Eine kürzere

Weiterbildungsdauer täte da sicherlich ihr übriges.[963] Weiterbildung darf nicht weiter zur Nachwuchssteuerung, also zum Abhalten junger Ärzte vom Arbeitsmarkt, mißbraucht werden.[964]

Ein Anliegen der BÄK bei Erlaß der neuen M-WBO 2003 war die Konformität mit europäischen Regelungen, um die Migrationsfähigkeit deutscher Ärztinnen und Ärzte zu verbessern.[965] Das Weiterbildungssystem wurde grundlegend geändert und den auf europäischer Ebene anerkannten Weiterbildungstiteln angenähert. Diese neuen Facharztbezeichnungen der M-WBO 2003 sind auch schon in Anhang V der Berufsqualifikationsrichtlinie enthalten[966], aus dem sich ablesen lässt, daß wesentlich mehr deutsche Weiterbildungstitel von anderen Mitgliedstaaten automatisch anerkannt werden als früher und umgekehrt. Mit Umsetzung der RL 2005/36/EG wird beispielsweise nun endlich der Facharzttitel des französischen Nephrologen in Deutschland automatisch als Facharzt für Innere Medizin und Schwerpunkt Nephrologie anerkannt werden, so wie sich der deutsche Nephrologe nun ebenfalls ohne Einzelprüfung mit seinem Facharzttitel in Frankreich niederlassen kann.[967]

Die Migration europäischer Ärzte nach Deutschland und von in Deutschland Weitergebildeten innerhalb der EU könnte sicherlich noch weiter dadurch gefördert werden, daß man die Zusatz-Weiterbildungen teilweise Fachgebieten zuordnet und dann zusammen in neue Facharzttitel überführt. Mit dem Modell

---

963 In der Ärztekammer Rheinland-Pfalz wird anscheinend ernsthaft darüber diskutiert, die Dauer der allgemeinmedizinischen Weiterbildung entsprechend der Mindestdauer der Art. 30 ff RL 93/16/EWG auf drei Jahre zu reduzieren, siehe „Fahrlässiger Umgang mit Weiterbildung" in der Ärzte Zeitung vom 04. Oktober 2005.

964 Hierzu wurde sie aber früher missbraucht; so bereits *Hoppe*, DÄ 1991, S. B-2528, der Gründe dafür benennt, weshalb die Weiterbildung in eine von vielseitigen Interessen geprägte politische Auseinandersetzung geraten ist.

965 So der Vorsitzende der Weiterbildungsgremien der Bundesärztekammer, Dr. Hellmut Koch, laut des Berichts über den 103. Deutschen Ärztetag in DÄ 2000, S. A-1189 <A-1190>.

966 Wenn auch mit kleinen Divergenzen: Beispielsweise das zukünftige Gebiet „Innere Medizin und Schwerpunkt Pneumologie" ist noch mit der alten Bezeichnung aufgeführt, also „Pneumologie". Ebenso ist im Anhang V der RL 2005/36/EG noch sowohl der Facharzt für Innere Medizin als auch der für Allgemeinmedizin enthalten – eine Auswirkung des bei Erlaß der RL 2005/36/EG noch nicht formell abgeschlossenen Verfahrens 1999/2065 und der deshalb von deutscher Seite noch nicht erfolgten Mitteilung des neuen Facharztes für Innere und Allgemeinmedizin.

967 Besser wäre es allerdings, die Qualifikationsbezeichnung primär an der Spezialisierung als am allgemeinen Gebiet auszurichten, so beispielsweise der geplante „Facharzt für Gefäßchirurgie" statt des „Facharztes für Chirurgie mit Schwerpunkt Gefäßchirurgie".

„common trunk“ bewegt man sich bereits in diese Richtung, da auch hier nur noch die Basiskenntnisse des allgemeinen Gebietes und im wesentlichen die gebietsspezifischen Kenntnisse für die Spezialisierung erforderlich sind, die dann eine eigene Facharztweiterbildung darstellen. Und vor dem Hintergrund des drohenden Facharztmangels – nicht nur bei den Hausärzten – muß Deutschland an einer erhöhten Migrationsfähigkeit europäischer Ärzte nach Deutschland interessiert sein.

Daß auch bei den medizinischen Berufen maßgebliche Standards zunehmend[968] auf europäischer Ebene gesetzt werden, ist noch nicht vollständig in das Bewußtsein deutscher Entscheidungsträger gedrungen.[969] Ein Beispiel hierfür sind die verpassten Chancen bei der EU-Osterweiterung: Haage, Regierungsdirektor im Bundesministerium für Gesundheit und Soziale Sicherung, beschreibt unter anderem die Probleme bei der Anerkennung der Diplome von Staatsangehörigen der neuen Mitgliedstaaten, die sich auf eine vor dem Beitritt begonnene Ausbildung beziehen.[970] Bei dieser Diplomanerkennung ist zu klären, ob und ab wann die Ausbildung des Herkunftsstaates mit den Vorgaben der Ärzterichtlinie übereinstimmt, wobei die inhaltlichen Vorgaben in der Richtlinie von jeher sehr knapp gehalten sind. In der Beitrittsakte finden sich keine Vorbehalte hinsichtlich der Gleichwertigkeit der ärztlichen Aus- oder Weiterbildung in den neuen Mitgliedstaaten. Aus Sicht der Kommission sind beispielsweise alle polnischen Diplome, die nach 1962 aufgrund einer medizinischen Ausbildung ab 1956 erworben wurden, mit den Mindestanforderungen der RL 93/16/EWG konform. „Damit wären entsprechende Diplome anzuerkennen, auch wenn beim einzelnen Diplominhaber bereits zu einem früheren Zeitpunkt eine Approbation mangels Gleichwertigkeit der Ausbildung nach den Vorgaben der BÄO abgelehnt wurde und diese Ablehnung ggf. auf Erkenntnissen der Zentralstelle für ausländisches Bildungswesen ... beruht. ... Damit wird deutlich, dass eine solche Sichtweise zulasten des Patientenschutzes die Migrationsmöglichkeiten in den Vordergrund stellt. Die formalen Kriterien der Ärzteausbildung, die nur aus den Minimalkri-

[968] *Gassner*, ZfSH/SGB 1995, 470 <483> konstatierte schon vor 10 Jahren, daß die Abschottung der nationalen Gesundheitsmärkte der Vergangenheit angehört. *Kloiber* schlug visionär ein Verfahren für die Erstellung einer europäischen Rahmen-M-WBO vor, DÄ 1994, S. B-147 <B-148>.

[969] Dabei machte schon *Schlögell* vor Erlaß der ersten Ärzterichtlinien darauf aufmerksam, „daß die nationale Gesetzgebung Folgerungen aus zu erwartenden supranationalen Richtlinien ziehen muß“, DÄ 1973, S. 614. Auch *Sewering* wies schon frühzeitig darauf hin, daß der Einfluß der Ärzteschaft nur noch über den Ständigen Ausschuß der Ärzte der EG erfolgen könne; ebenso könnten auch Politiker nur auf EG-Ebene Einfluß ausüben, DÄ 1987, S. B 1091 <1092>.

[970] *Haage*, ZMGR 2004, 231 <232 f.>.

terien des Art. 23 der Richtlinie bestehen, reichen der Kommission für eine verantwortbare Berufsausübung aus. Die Sichtweise der Kommission, die ggf. rechtlicher Überprüfung zugeführt wird, hätte zur Folge, dass für den zum 01.05.2004 erfolgten Beitritt selbst Diplome als gleichwertig anzuerkennen wären, die in einem Zeitraum erworben wurden, in dem es die ursprüngliche sektorale Ärzterichtlinie von 1975 noch gar nicht gab."[971]

Wenn aufgrund der Erkenntnisse der Zentralstelle für ausländisches Bildungswesen bekannt gewesen sein sollte, daß z.B. die ärztliche Ausbildung in Polen zumindest in den 1970er und 1980er Jahren nicht mit den mitgliedstaatlichen Ausbildungen gleichwertig war, warum hat sich dann Deutschland – also auch das Bundesministerium für Gesundheit und Soziale Sicherung – im Rahmen der Beitrittsverhandlungen nicht dafür eingesetzt, entsprechende Vorbehalte in die Beitrittsakte aufzunehmen? Hiervon jedenfalls berichtet Haage nichts. Sowohl bei Erlaß der RL 75/362/EWG, 75/363/EWG und 86/457/EWG als auch bei den bisherigen Beitrittsakten wurden zuvor erworbene Rechte besonders berücksichtigt und geschützt. Daher war absehbar, daß mit den Diplomen aus den neuen Mitgliedstaaten ebenso verfahren wird, wenn nicht Sondervorschriften in die Richtlinie oder den Beitrittsvertrag aufgenommen werden. Deutschland kann hier keine Sonderrolle beanspruchen und entgegen der Kommissionsansicht eigenständig die Gleichwertigkeit überprüfen, sondern hätte versuchen müssen, die eigenen Qualitätsansprüche in die Beitrittsakte aufzunehmen – sei es nun bei den Arztdiplomen oder bei anderen Befähigungsnachweisen, die nun ohne weitere Prüfung anerkannt werden müssen.

Deutschland – d.h. alle im Gesundheitsbereich tätigen Institutionen und Normgeber – muß sich darüber klar werden, daß auch im Gesundheitssektor die maßgeblichen Vorgaben zunehmend auf europäischer Ebene gesetzt werden. Dies bedeutet unter anderem, daß sich Deutschland auf europäischer Ebene engagieren muß, wenn es in diesem Sektor etwas verändern oder absehbare, unerwünschte Tendenzen verhindern will. Wenn man die Chancen hierfür verpaßt, hilft auch ein Aufbegehren gegen die Kommission im Nachhinein nicht weiter. Vielmehr sollte es für die Zukunft lehren, sich rechtzeitig zu positionieren – wie derzeit beispielsweise bei der Dienstleistungsrichtlinie.

---

971 *Haage*, ZMGR 2004, 231 <233>.

Literaturverzeichnis

Bialas, Rolf
Radikale Veränderung: Plädoyer für neue Wege der Aus- und Weiterbildung
DÄ 1997, S. A-808
zit.: Bialas, DÄ 1997, S. A-808

Bleckmann, Albert
Europarecht
6. Auflage, 1997
zit.: Bleckmann, Rdnr.

Bock, Yves
Zugang zu Dokumenten des Rates der Europäischen Union
europa-blätter 2001, S. 57
zit.: Bock, europa-blätter 2001, S. 57

Borchmann, Michael
Die Bundesgesetzgebung zum Gesundheitsrecht im Jahre 1991 (II)
MedR 1992, S. 195
zit.: Borchmann, MedR 1992, 195

Breyer, Friedrich
Zweifel, Peter
Kifmann, Mathias
Gesundheitsökonomie
4. Auflage, 2003
zit.: Breyer/Zweifel/Kifmann, S.

Burkart, Walter
EG-Ärzte: Ein neues politisches Selbstverständnis
DÄ 1980, S. 7
zit.: Burkart, DÄ 1980, S. 7

Clade, Harald
Allianz für eine Pflicht-Weiterbildung
DÄ 1983, Heft 39, S. 23 (B)
zit.: Clade, DÄ 1983, S. 23 (B)

Clade, Harald
„Es gibt keine Alternative zur Allgemeinmedizin" Hausärztetag fordert klare Gliederung der Versorgungsstrukturen
DÄ 1988, S. B-1892
zit.: Clade, DÄ 1988, S. B-1892

Deutsches Ärzteblatt
herausgegeben von der Bundesärztekammer und der Kassenärztlichen Bundesvereinigung
zit.: DÄ Jahr, S.

Dreier, Horst (Hrsg.)	Kommentar zum Grundgesetz Band II 1998 zit.: Dreier-*Bearbeiter*, Bd. , Art. , Rdnr.
Ebsen, Ingwer	Das System der Gliederung in haus- und fachärztliche Versorgung als verfassungsrechtliches Problem VSSR 1996, S. 351 zit.: Ebsen, VSSR 1996, 351
Eichenhofer, Eberhard	Sozialrecht der Europäischen Union 2. Auflage, 2003 zit.: Eichenhofer, Rdnr.
Epiney, Astrid	Umgekehrte Diskriminierungen 1995 zit.: Epiney, S.
Frenz, Walter	Handbuch Europarecht Band 1: Europäische Grundfreiheiten, 2004 zit.: Frenz, Rdnr.
Frenz, Walter	Grenzüberschreitende medizinische Leistungen und Grundfreiheiten im Spiegel der EuGH-Rechtsprechung MedR 2004, S. 296 zit.: Frenz, MedR 2004, 296
Fuchsloch, Christine	Das Verbot der mittelbaren Geschlechtsdiskriminierung 1995 zit.: Fuchsloch, S.
Gassner, Ulrich	Der Einfluß des Europäischen Gemeinschaftsrechts in Rechtsetzung und Rechtsprechung auf die freien Heilberufe ZfSH/SGB 1995, S. 470 zit.: Gassner, ZfSH/SGB 1995, 470
Gerst, Thomas	Hausärztliche/Internistische Weiterbildung – Schlichtungsversuche DÄ 2002, S. A-1117 zit.: Gerst, DÄ 2002, S. A-1117

Giegerich, Thomas Richter, Dagmar	Anmerkung zum Urteil des BVerwG vom 18. Februar 1999 EuZW 1999, S. 572 zit.: Giegerich/Richter, EuZW 1999, 572
Grabitz, Eberhard Hilf, Meinhard (Hrsg.)	Das Recht der Europäischen Union Kommentar 26. Ergänzungslieferung, Stand: März 2005 zit.: Grabitz/Hilf-*Bearbeiter*, Art. , Rdnr.
Groeben, Hans von der Thiesing, Jochen Ehlermann, Claus-Dieter (Hrsg.)	Kommentar zum EU-/EG-Vertrag 5. Auflage, Band 1, 5 und 6: 1997, Band 2,1 bis 4 und 7: 1999 zit.: Groeben/Thiesing/Ehlermann-*Bearbeiter*, 5. Auflage, Art. , Rdnr.
Groeben, Hans von der Schwarze, Jürgen (Hrsg.)	Kommentar zum Vertrag über die Europäische Union und zur Gründung der Europäischen Gemeinschaften 6. Auflage, Band 1 bis 3: 2003, Band 4: 2004 zit.: Groeben/Schwarze-*Bearbeiter*, Bd. , Art. , Rdnr.
Haage, Heinz	Ausbildungsrecht Medizin 1997 zit.: Haage, S.
Haage, Heinz	Die Weiterbildung in der Allgemeinmedizin im Hinblick auf die Richtlinie 2001/19/EG MedR 2002, S. 301 zit.: Haage, MedR 2002, 301
Haage, Heinz.	Der AiP entfällt zum 1. Oktober 2004 – Gesetz zur Änderung der Bundesärzteordnung und anderer Gesetze MedR 2004, S. 533 zit.: Haage, MedR 2004, 533
Haage, Heinz	Die Möglichkeiten der Berufsausübung osteuropäischer Ärzte in der Bundesrepublik Deutschland nach der EU-Erweiterung ZMGR 2004, S. 231 zit.: Haage, ZMGR 2004, 231

Hakenberg, Waltraud	Europarechtliche Perspektiven der ärztlichen Berufsausübung MedR 2000, S. 55 zit.: Hakenberg, MedR 2000, 55
Hakenberg, Waltraud	Die Möglichkeit der Vorlage an den Europäischen Gerichtshof am Beispiel der Niederlassungsfreiheit für Ärzte MedR 2001, S. 507 zit.: Hakenberg, MedR 2001, 507
Hammerl, Christoph	Inländerdiskriminierung 1996 zit.: Hammerl, S.
Häußler, Siegfried	Der anstößige Antrag – Zukünftige kassenärztliche Versorgung ohne Allgemeinärzte? DÄ 1979, S. 374 zit.: Häußler, DÄ 1979, S. 374
Hanika, Heinrich	Europäische Gesundheitspolitik Stärkung der Kompetenzen der Europäischen Union im Gesundheitswesen durch die Neufassung des Artikels 152 EG-Vertrag MedR 1998, S. 193 zit.: Hanika, MedR 1998, 193
Hauck, Karl (begr.) Noftz, Wolfgang (fortgeführt)	Sozialgesetzbuch Gesamtkommentar Gesetzliche Krankenversicherung, Stand: August 2005 zit.: Hauck/Noftz-*Bearbeiter*, § , Rdnr.
Hess, Rainer	Nach 19 Jahren: Europas Grenzen sind für Ärzte (fast) offen DÄ 1977, S. 57 zit.: Hess, DÄ 1977, S. 57
Hess, Rainer	Was ist das eigentlich: EG-Richtlinie Allgemeinmedizin? DÄ 1983, Heft 42, S. 59 (B) zit.: Hess, DÄ 1983, Heft 42, S. 59 (B)

Hofmann, Rainer Reich, Dietmar	Kompetenzüberschreitung der Gemeinschaft durch die geplante Einführung einer Verdachtsanzeigepflicht für Steuerberater EuGRZ 2001, S. 371 zit.: Hofmann/Reich, EuGRZ 2001, 371
Hohnholz, Barbara	Haftungsrechtliche Standards medizinischer Qualitätssicherung Eine Untersuchung am Beispiel der operativen Gynäkologie 2000 zit.: Hohnholz, S.
Hoppe, Jörg – Dietrich	Leitlinien einer Reform der ärztlichen Ausbildung DÄ 1991, S. B-2528 zit.: Hoppe, DÄ 1991, S. B-2528
Hoppe, Jörg – Dietrich	Vier Jahre Weiterbildung: Eine kritische Zwischenbilanz DÄ 1996, S. A-2446 zit.: Hoppe, DÄ 1996, S. A-2446
Hoppe, Jörg – Dietrich	Die Weiterbildungsordnung Von der Schilderordnung zum integralen Bestandteil der Bildung im Arztberuf in: Gestalten statt verwalten Aufgaben und Selbstverständnis der Bundesärztekammer 1947 – 1997, Jachertz, Norbert (Hrsg.), 1998, S. 133 zit.: Hoppe in: Gestalten statt verwalten, S.
Jachertz, Norbert	Keiner will dem Allgemeinarzt an den Kragen (Oder doch?) DÄ 1983, Heft 45, S. 13 (B) zit.: Jachertz, DÄ 1983, Heft 45, S. 13 (B)
Jachertz, Norbert	Hausarzt – Synergie-Effekte DÄ 2002, S. 1545 zit.: Jachertz, DÄ 2002, S. 1545
Jarass, Hans Beljin, Saša	Die Bedeutung von Vorrang und Durchführung des EG-Rechts für die nationale Rechtsetzung und Rechtsanwendung NVwZ 2004, S. 1 zit.: Jarass/Beljin, NVwZ 2004, 1

Kamps, Hans	Weiterbildung Allgemeinmedizin – Diskriminierung deutscher Ärztinnen DÄ 2002, S. A-483 zit.: Kamps, DÄ 2002, S. A-483
Kanzow, Ulrich	Prinzipien? DÄ 1979, S. 378 zit.: Kanzow, DÄ 1979, S. 378
Kasseler Kommentar	Sozialversicherungsrecht Stand: 01. Juni 2005 zit.: KassKomm-Bearbeiter, § Rdnr.
Kirchberger, Stefan	Freizügigkeit und Qualitätssicherung in der EG – Ärzte und Pflegepersonal ZSR 1999, S. 760 zit.: Kirchberger, ZSR 1999, 760
Kloiber, Otmar	Von der Schwierigkeit, ein Vakuum zu füllen DÄ 1994, S. B-147 zit.: Kloiber, DÄ 1994, S. B-147
Knuth, Peter	Europa 1993 und das ärztliche Weiterbildungsrecht DÄ 1990, S. B-2665 zit.: Knuth, DÄ 1990, S. B-2665
Kosanke, Bodo	Allgemeinarzt/"praktischer Arzt" – Wie steht es um die Weiterbildung? Quantitative Untersuchung zu einem kontrovers diskutierten Thema DÄ 1980, S. 2113 zit.: Kosanke, DÄ 1980, S. 2113
Kroel, Mark Peikert, Peter	Kurzgutachterliche Stellungnahme zur Vereinbarkeit der Zusammenfassung der Weiterbildung im Gebiet Allgemeinmedizin einerseits und im Gebiet der (allgemeinen) Inneren Medizin andererseits mit den europarechtlichen Rahmenbedingungen zur Erleichterung der Freizügigkeit für Ärzte 23. Mai 2002 zit.: Kroel / Peikert, Stellungnahme, S.
Kube, Hanno	Verfassungsbeschwerde gegen Gemeinschaftsrecht und Vorlagepflicht des BVerwG nach Art. 234 III EGV – BVerfG, NJW 2001, 1267 JuS 2001, S. 858 zit.: Kube, JuS 2001, 858

Laufs, Adolf Uhlenbruck, Wilhelm (begr.)	Handbuch des Arztrechts Zivilrecht, Öffentliches Recht, Kassenarztrecht, Krankenhausrecht, Strafrecht 3. Auflage, 2002 zit.: Laufs/Uhlenbruck-*Bearbeiter*, § , Rdnr.
Luyken, Rudolf Heile, Bernhard Mertens, Klaus Pottschmidt, Günter Wandtke, Fritz (Hrsg.)	Sammlung von Entscheidungen der Berufsgerichte für die Heilberufe – HeilBGE – 1999 zit.: Luyken, HeilBGE, S.
Martis, Rüdiger Winkhart, Martina	Arzthaftungsrecht aktuell Fallgruppenkommentar 2003 zit.: Martis/Winkhart, S.
Müller, Klaus-Dieter	Die Ärzteschaft im staatlichen Gesundheitswesen der SBZ und der DDR 1945-1989 in: Geschichte der deutschen Ärzteschaft, S. 243 herausgegeben von Robert Jütte, 1997 zit.: Müller in: Geschichte der Deutschen Ärzteschaft, S.
Narr, Helmut	Ärztliches Berufsrecht Ausbildung, Weiterbildung, Berufsausübung 2. Auflage, Stand: April 2003 zit.: Narr, Ärztliches Berufsrecht, Rdnr.
Pechstein, Matthias Kubicki, Philipp	Gültigkeitskontrolle und Bestandskraft von EG-Rechtsakten NJW 2005, S. 1825 zit.: Pechstein/Kubicki, NJW 2005, 1825
Peters, Horst	Handbuch der Krankenversicherung Sozialgesetzbuch V Stand: 01. März 2005 zit.: Peters-*Bearbeiter*, § , Rdnr.
Ratzel, Rudolf Lippert, Hans-Dieter	Kommentar zur Musterberufsordnung der deutschen Ärzte (MBO) 3. Auflage, 2002 zit.: Ratzel/Lippert, § , Rdnr.

Riedel, Eibe Derpa, Ulrich	Kompetenzen des Bundes und der Länder im Gesundheitswesen Dargestellt anhand ausgewählter Regelungen im Sozialgesetzbuch, Fünfter Teil (SGB V) 2002 zit.: Riedel/Derpa, S.
Rieger, Hans-Jürgen (Hrsg.)	Lexikon des Arztrechts 2. Auflage, 11. Aktualisierung August 2005 zit.: *Bearbeiter* in Lexikon des Arztrechts, Nr., Rdnr.
Sachs, Michael	Grundgesetz Kommentar 3. Auflage, 2003 zit.: Sachs-*Bearbeiter*, Art. , Rdnr.
Scheuing, Dieter H.	Das Niederlassungsrecht im Prozeß der Integration JZ 1975, S. 151 zit.: Scheuing, JZ 1975, 151
Schirmer, Horst Dieter	Fortbildung in Europa – Element der ärztlichen Sorgfaltspflicht DÄ 1995, S. B-1398 zit.: Schirmer, DÄ 1995, S. B-1398
Schiwy, Peter	Deutsches Arztrecht Kommentar Stand: 15. Juni 2005 zit.: Schiwy, Deutsches Arztrecht
Schlögell, Rolf	Die Funktion des Arztes im System der sozialen Sicherung in der erweiterten Gemeinschaft DÄ 1973, S. 613 und 675 zit.: Schlögell, DÄ 1973, S. 613 bzw. 675
Schmidt, Marlene	Teilzeitarbeit in Europa 1995 zit.: Schmidt, S.
Schneider, Günther	Die Auswirkungen des Gesundheitsstrukturgesetzes auf das Kassenarztrecht MedR 1993, S. 83 zit.: Schneider, MedR 1993, 83

Schneider, Günther — Rechtsfragen zur Hausarzt- und Facharztregelung
Die Neugliederung des Arztsystems nach dem Gesundheitsstrukturgesetz
MedR 1995, S. 175
zit.: Schneider, MedR 1995, 175

Schwarze, Jürgen, Hrsg. — EU-Kommentar
2000
zit.: Schwarze-*Bearbeiter*, Art. , Rdnr.

Sewering, Hans Joachim — Neufassung der Weiterbildungsordnung
Referat zu Tagesordnungspunkt 3 des 79. Deutschen Ärztetages
DÄ 1976, S. 1549
zit.: Sewering, DÄ 1976, S. 1549

Sewering, Hans Joachim — Grundsatzfragen der Weiterbildung
DÄ 1983, Heft 27/28, S. 47 (B)
zit.: Sewering, DÄ 1983, Heft 27/28, S. 47 (B)

Sewering, Hans Joachim — Von der "Bremer Richtlinie" zur Weiterbildungsordnung
DÄ 1987, S. B-1595
zit.: Sewering, DÄ 1987, S. B-1595

Sewering, Hans Joachim — EG-Richtlinie Allgemeinmedizin
Der Bundesarbeitsminister hat das Wort
DÄ 1987, S. B-2154
zit.: Sewering, DÄ 1987, S. B-2154

Sodan, Helge — Verfassungsrechtliche Anforderungen an Regelungen gemeinschaftlicher Berufsausübung von Vertragsärzten
NZS 2001, S. 169
zit.: Sodan, NZS 2001, 169

Stobrawa, Franz F. — Die ärztlichen Organisationen – Entstehung und Struktur
2. Auflage, 1989
zit.: Stobrawa, S.

Streinz, Rudolf, Hrsg. — Kommentar zum Vertrag über die Europäische Union und zum Vertrag zur Gründung der Europäischen Gemeinschaft
1. Auflage, 2003
zit.: Streinz-*Bearbeiter*, Art. , Rdnr.

Tiemann, Susanne	Die Ärzte im Europäischen Binnenmarkt DÄ 1990, S. B-1843 zit.: Tiemann, DÄ 1990, S. B-1843
Umbach, Dieter C. Urban, Richard Fritz, Roland Böttcher, Horst-Eberhard von Bargen, Jochen (Hrsg.)	Das wahre Verfassungsrecht Zwischen Lust und Leistung Gedächtnisschrift für F.G. Nagelmann 1. Auflage, 1984 zit.: *Verfasser* in: Gedächtnisschrift für Nagelmann, S.
Wannagat, Georg (begr.) Eichenhofer, Eberhard Wenner, Ulrich (Hrsg.)	Sozialgesetzbuch Gesetzliche Krankenversicherung Stand: 2005 zit.: Wannagat-*Bearbeiter*, § , Rdnr.
Wenner, Ulrich	Auswirkungen des Weiterbildungsrechts von Ärzten und Psychotherapeuten auf das Vertragsarztrecht GesR 2002, S. 1 zit.: Wenner, GesR 2002, 1
Wezel, Helmut Liebold, Rolf (begr.)	Handkommentar zum EBM mit BMÄ und E-GO und zur GOÄ und GOP Stand: Juli 2004 zit.: Wezel/Liebold, Kapitel
Wüsthof, Achim	Schwierige Operation Deutsche Mediziner brauchen zu lange bis zum Facharzt. Jetzt soll die Weiterbildung reformiert werden. Die Zeit Nr. 5 vom 24. Januar 2002, S. 69 zit.: Wüsthof, Die Zeit Nr. 5 vom 24. Januar 2002, S. 69
Quaas, Michael Zuck, Rüdiger	Medizinrecht 2005 zit.: Quaas/Zuck, § , Rdnr.
Zipperer, Manfred	Wichtige strukturelle Änderungen für Ärzte, Zahnärzte und Versicherte im Gesundheitsstrukturgesetz NZS 1993, S. 53 zit.: Zipperer, NZS 1993, 53

Die Zitierweise von Aufsätzen oder Normwerken im Text selbst orientiert sich an der üblichen Zitierweise für europäische Dokumente, deutsche Gesetze, Aufsätze, Kommentare etc., bei denen stets nur auf die erste Seite verwiesen wird. Es erfolgt somit grundsätzlich kein Hinweis auf Folgeseiten durch „f." oder „ff.", wenn nicht damit auf konkrete Seiten verwiesen werden soll.

Anhang

Anhang 1: Heilberufe-/Kammergesetze der Länder und Weiterbildungssatzungen der Ärztekammern

Anhang 2: Richtlinie 93/16/EWG, konsolidierte Fassung, Stand Mai 2004

	Heilberufe-/Kammergesetze	Umsetzung der RL 86/457/EWG	Weiterbildungsordnungen
Baden-Württemberg	Heilberufe-Kammergesetz, Neufassung vom 16. März 1995 (GBl. S. 313), zuletzt geändert durch Gesetz vom 09. Juni 2004 (GBl. S. 279)	**bis 18. Juni 2004:** Gesetz zur Ausführung der EG-Richtlinie über eine spezifische Ausbildung in der Allgemeinmedizin vom 09. April 1990 (GBl. S. 123) samt Durchführungsverordnung vom 16. Oktober 1990 (GBl. S. 321), zuletzt geändert durch Gesetz vom 25. Februar 2003 (GBl. S. 119); **seit 19. Juni 2004:** in §§ 39 ff Heilberufe-Kammergesetz	vom 17. März 1995, Neubekanntmachung am 10. Oktober 1997, zuletzt geändert durch Satzung vom 13. August 2003 (Ärzteblatt Baden-Württemberg 2003, S. 394); neue Satzung vom 03. Juli 2004 wurde von der Aufsichtsbehörde noch nicht genehmigt.
Bayern	Heilberufe-Kammergesetz, in der Fassung der Bekanntmachung vom 06. Februar 2002 (GVBl. S. 42), zuletzt geändert durch Gesetz vom 24. Juli 2003 (GVBl. S. 452)	im Heilberufe-Kammergesetz, Art. 21 ff, eingefügt durch Gesetz vom 22. Dezember 1989 (GVBl. S. 708)	vom 24. April 2004 (Bayerisches Ärzteblatt Spezial 1/2004) mit Wirkung ab 01. August 2004
Berlin	Berliner Kammergesetz vom 04. September 1978 (GVBl. S. 1937, ber. S. 1980), zuletzt geändert durch Gesetz vom 15. Oktober 2001 (GVBl. S. 540)	**bis 31. November 1995**: Gesetz zur Umsetzung der Richtlinie des Rates vom 15. September 1986 über eine spezifische Ausbildung in der Allgemeinmedizin (86/457/EWG) in deutsches Recht vom 11. Dezember 1991 (GVBl. S. 283), zuletzt geändert am 26. September 1994 (GVBl.	vom 30. November 1994 (Berliner ABl. 1995, S. 2573), zuletzt geändert am 17. Oktober 2001 (Berliner ABl. 2002, S. 1362); neue Satzung vom 18. Februar 2004 wurde noch nicht von der Senatsverwaltung für Gesundheit und Soziales

		S. 379), samt Durchführungsverordnung vom 28. Mai 1993 (GVBl. S. 262); **ab 17. November 2004**: Gesetz über die Weiterbildung von Ärzten, Zahnärzten, Tierärzten und Apothekern vom 20. Juli 1978 (GVBl. S. 1493), zuletzt geändert durch Gesetz vom 04. November 2004 (GVBl. S. 452), hier § 12a	genehmigt.
Brandenburg	Gesetz zur Neuregelung des Heilberufsrechts im Land Brandenburg vom 28. April 2003 (GVBl. S. 126), zuletzt geändert durch Gesetz vom 29. Juni 2004 (GVBl. S. 281)	seit 1992 im Heilberufsgesetz, §§ 53 ff	vom 11. November 1995, zuletzt geändert durch Satzung vom 25. September 2002; neue Satzung vom 13. März 2004 wurde noch nicht vom Ministerium für Arbeit, Soziales, Gesundheit und Frauen genehmigt.
Bremen	Heilberufsgesetz in der Fassung der Bekanntmachung vom 05. Januar 2000 (GBl. S. 9), zuletzt geändert durch Gesetz vom 17. Dezember 2002 (GBl. S. 596)	Gesetz zur Ausführung der Richtlinie des Rates über eine spezifische Ausbildung in der Allgemeinmedizin vom 19. Dezember 1989 (GBl. S. 434), zuletzt geändert durch Gesetz vom 17. Dezember 2002 (GBl. S. 598)	vom 28. Mai 1996, zuletzt geändert am 05. März 2001 (ABl. Nr. 637); neue Satzung vom 28. Juni 2004 wurde noch nicht vom Senator für Arbeit, Frauen, Gesundheit, Jugend und Soziales genehmigt.

Hamburg	Hamburgisches Ärztegesetz vom 22. Mai 1978 (GVBl. S. 152, ber. S. 203), zuletzt geändert durch Gesetz vom 09. September 2003 (GVBl. S. 468)	im Hamburgischen Ärztegesetz, §§ 13a ff, eingeführt durch Gesetz vom 05. März 1991 (GVBl. S. 70)	vom 01. April 1996, in der Fassung vom 07. Mai 2001, in Kraft getreten am 01. Januar 2002; neue Satzung wurde noch nicht von der aufsichtsführenden Behörde BUG genehmigt.
Hessen	Heilberufsgesetz in der Fassung vom 07. Februar 2003 (GVBl. S. 66), zuletzt geändert durch Gesetz vom 23. Juni 2004 (GVBl. S 221)	**bis 31. Dezember 1996:** Gesetz zur Ausführung der Richtlinie des Rates über eine spezifische Ausbildung in der Allgemeinmedizin (86/457/EWG) vom 25. Mai 1990 (GVBl. S. 177), zuletzt geändert am 11. Oktober 1994 (GVBl. S. 597); **seit 10. Oktober 2002:** §§ 38a bis 38c Heilberufsgesetz durch Änderungsgesetz vom 26. September 2002 (GVBl. S 619)	vom 12. November 1994, zuletzt geändert durch Beschluß vom 13. April 2002
Mecklenburg-Vorpommern	Heilberufsgesetz vom 22. Januar 1993 (GVBl. S. 62), zuletzt geändert durch Gesetz vom 07. Januar 2004 (GVBl. S. 12) mit Wirkung vom 01. Januar 2003	seit 1993 im Heilberufsgesetz, §§ 47 ff	vom 05. November 1994, zuletzt geändert am 08. Juli 2002; neue Satzung vom 01. Mai 2004 wurde noch nicht vom Sozialministerium genehmigt.
Niedersachsen	Kammergesetz für die Heilberufe vom 19. Juni 1996 (GVBl. S. 259),	im Kammergesetz für die Heilberufe, §§ 42 ff, eingeführt durch Gesetz	vom 06. Februar 1993, zuletzt geändert am 13. März 2004, in Kraft ge-

	in der Fassung vom 08. Dezember 2000 (GVBl. S. 301), zuletzt geändert durch Gesetz vom 16. Dezember 2004 (GVBl. S.634)	vom 21. März 1990 (GVBl. S. 81), und bis zur Fassung aus März 2004 auch in der WBO, §§ 24 ff	treten am 01. Juni 2004
Nord-rhein-Westfalen	Heilberufsgesetz in der Fassung vom 09. Mai 2000 (GVBl. S. 403, ber. S. 650), zuletzt geändert durch Gesetz vom 17. Dezember 2002 (GVBl. S. 641)	im Heilberufsgesetz, §§ 54 ff, eingeführt durch Gesetz vom 14. Dezember 1989 (GVBl. S. 678)	**Nordrhein**: vom 31. Oktober 1992 / 31. Oktober 1993 (SMBl. NRW 21220), zuletzt geändert am 01. September 2002; neue Satzung vom 20. März 2004 wurde noch nicht vom Ministerium für Gesundheit, Soziales, Frauen und Familie genehmigt. **Westfalen-Lippe**: vom 30. Januar 1993, zuletzt geändert am 11. April 2003
Rheinland-Pfalz	Heilberufsgesetz vom 20. Oktober 1978 (GVBl. S. 649, ber. 1979, S. 22), zuletzt geändert durch Gesetz vom 14. Juni 2004 (GVBl. S. 332) mit Wirkung zum 01. August 2004	**bis 31. Dezember 1995**: gesondertes Gesetz vom 28. Dezember 1989 (GVBl. S. 261); **ab 01. Januar 1996**: eingefügt in das Heilberufsgesetz, §§ 36a ff, durch Gesetz vom 22. Dezember 1995 (GVBl. S. 526)	vom 24. April 1993, zuletzt geändert am 15. Mai 2002, in Kraft getreten am 02. August 2002 neue Satzung vom 05. Mai 2004 wurde noch nicht vom Ministerium für Arbeit, Soziales, Familie und Gesundheit genehmigt.
Saarland	Saarländisches Heilberufekammergesetz vom 02. Juni 2003 (Saarlän-	**bis 31. Dezember 1994:** Gesetz 1292 über die spezifische Ausbil-	vom 15. September 1993 / 27. April 1994, zuletzt geändert am 01. Mai

	disches ABl. S. 1770), zuletzt geändert durch Gesetz vom 08. Oktober 2003 (Saarländisches ABl. S. 2874)	dung in der Allgemeinmedizin und die Weiterbildung im Apothekerwesen vom 27. Mai 1992 (Saarländisches ABl. S. 814); **ab 29. November 2002**: §§ 26a bis 26e Heilberufekammergesetz	2001; neue Satzung von Ende Oktober 2004 wurde noch nicht von der Aufsichtsbehörde genehmigt.
Sachsen	Sächsisches Heilberufekammergesetz vom 24. Mai 1994 (GVBl. S. 935), zuletzt geändert durch Gesetz vom 28. Juni 2001 (GVBl. S. 426); Gesetzentwurf vom 21. Oktober 2004, Drs. 4/90	seit 1994 im Sächsischen Heilberufekammergesetz, §§ 29 ff	in der Fassung der Änderungssatzung vom 22. November 2002; neue Satzung vom 26. Juni 2004 wurde noch nicht vom Staatsministerium für Soziales genehmigt.
Sachsen-Anhalt	Gesetz über die Kammern für Heilberufe Sachsen-Anhalt vom 13. Juli 1994 (GVBl. S. 832), zuletzt geändert durch Gesetz vom 19. März 2002 (GVBl. S. 130)	gesonderte Richtlinie der Ärztekammer vom 05. März 1994 (Ärzteblatt Sachsen-Anhalt 1994, S. 12); **seit Juli 1994**: im Heilberufekammergesetz, §§ 34 ff mit Möglichkeit zum Titelerwerb nur **bis 31. Dezember 1995**	vom 27. November 1993, zuletzt geändert am 09. November 2002
Schleswig-Holstein	Heilberufegesetz vom 29. Februar 1996 (GVBl. S. 248), zuletzt geändert durch Gesetz vom 08. Juni 2004 (GVBl. S. 211)	**bis 15. Juli 2004:** Gesetz zur Ausführung der RL 93/16/EWG des Rates über eine spezifische Ausbildung in der Allgemeinmedizin vom	vom 16. Oktober 1996, zuletzt geändert am 15. Januar 2003 (Schleswig-Holsteinisches Ärzteblatt 9/2003, S. 78)

		11. März 1990 (GVBl. S. 132), zuletzt geändert durch Gesetz vom 15. März 1999 (GVBl. S. 85); **seit 16. Juli 2004:** im Heilberufegesetz, §§ 43 ff	
Thüringen	Heilberufegesetz in der Fassung der Neubekanntmachung vom 29. Januar 2002 (GVBl. S. 125), zuletzt geändert durch Gesetz vom 25. November 2004 (GVBl. S. 860)	im Heilberufegesetz, §§ 37a ff, eingeführt durch Gesetz vom 19. Juli 1994 (GVBl. S. 923); seit 2004 nur noch § 37a	vom 19. März 1994, zuletzt geändert am 24. Oktober 2003 (Ärzteblatt Thüringen, S. 804); Satzungsvorschlag entsprechend M-WBO wurde im Oktober 2004 von der Kammerversammlung nicht verabschiedet, weil Aufsichtsbehörde mitgeteilt hatte, daß die WBO nicht genehmigt werden würde.

Die Angaben zu den Landesgesetzen erfolgen nach den Veröffentlichungen in www.parlamentsspiegel.de bzw. aufgrund konkreter Nachfrage bei den Landesparlamenten und sind auf dem Stand 31. Dezember 2004.

Die Angaben zu den Satzungen der Landesärztekammern erfolgen nach den Inhalten der jeweiligen Homepage der Landesärztekammern, ergänzt durch konkrete Anfragen bei den Landesärztekammern, und sind auf dem Stand 31. Dezember 2004.

Anhang 2: Richtlinie 93/16/EWG, konsolidierte Fassung, Stand Mai 2004

Fundstelle:

europa.eu.int/eur-lex/lex/LexUriServ/site/de/consleg/1993/L/01993L0016-20040501-de.pdf

Dieses Dokument ist lediglich eine Dokumentationsquelle, für deren Richtigkeit die Organe der Gemeinschaften keine Gewähr übernehmen

►B

RICHTLINIE 93/16/EWG DES RATES

vom 5. April 1993

zur Erleichterung der Freizügigkeit für Ärzte und zur gegenseitigen Anerkennung ihrer Diplome, Prüfungszeugnisse und sonstigen Befähigungsnachweise

(ABl. L 165 vom 7.7.1993, S. 1)

Geändert durch:

		Amtsblatt		
		Nr.	Seite	Datum
►M1	Richtlinie 97/50/EG des Europäischen Parlaments und des Rates vom 6. Oktober 1997	L 291	35	24.10.1997
►M2	Richtlinie 98/21 /EG der Kommission vom 8. April 1998	L 119	15	22.4.1998
►M3	Richtlinie 98/63/EG der Kommission vom 3. September 1998	L 253	24	15.9.1998
►M4	Richtlinie 1999/46/EG der Kommission vom 21. Mai 1999	L 139	25	2.6.1999
►M5	Richtlinie 2001/19/EG des Europäischen Parlaments und des Rates vom 14. Mai 2001	L 206	1	31.7.2001
►M6	Verordnung (EG) Nr. 1882/2003 des Europäischen Parlaments und des Rates vom 29. September 2003	L 284	1	31.10.2003

Geändert durch:

►A1	Beitrittsakte Österreichs, Finnlands und Schwedens	C 241	21	29.08.1994
	(angepaßt durch den Beschluß 95/1/EG, Euratom, EGKS des Rates)	L1	1	1.1.1995

►A2	Akte über die Bedingungen des Beitritts der Tschechischen Republik, der Republik Estland, der Republik Zypern, der Republik Lettland, der Republik Litauen, der Republik Ungarn, der Republik Malta, der Republik Polen, der Republik Slowenien und der Slowakischen Republik und die Anpassung der die Europäische Union begründenden Verträge	L 236	33	23.9.2003

▼B

RICHTLINIE 93/16/EWG DES RATES

vom 5. April 1993

zur Erleichterung der Freizügigkeit für Ärzte und zur gegenseitigen Anerkennung ihrer Diplome, Prüfungszeugnisse und sonstigen Befähigungsnachweise

DER RAT DER EUROPÄISCHEN GEMEINSCHAFTEN —

gestützt auf den Vertrag zur Gründung der Europäischen Wirtschaftsgemeinschaft, insbesondere auf Artikel 49, Artikel 57 Absatz 1 und Absatz 2 Sätze 1 und 3 und Artikel 66,

auf Vorschlag der Kommission,

in Zusammenarbeit mit dem Europäischen Parlament ([1]),

nach Stellungnahme des Wirtschafts- und Sozialausschusses ([2]),

in Erwägung nachstehender Gründe:

Die Richtlinien 75/362/EWG des Rates vom 16. Juni 1975 für die gegenseitige Anerkennung der Diplome, Prüfungszeugnisse und sonstigen Befähigungsnachweise des Arztes und für Maßnahmen zur Erleichterung der tatsächlichen Ausübung des Niederlassungsrechts und des Rechts auf freien Dienstleistungsverkehr ([3]) und 75/363/EWG des Rates vom 16. Juni 1975 zur Koordinierung der Rechts- und Verwaltungsvorschriften für die Tätigkeiten des Arztes ([4]) wurden mehrfach erheblich geändert. Im Interesse der Rechtssicherheit und Klarheit ist es daher angebracht, sie zu kodifizieren. Desweiteren sollte anläßlich der Zusammenfassung der genannten Richtlinien in einen einzigen Text auch die Richtlinie 86/457/EWG des Rates vom 15. September 1986 über eine spezifische Ausbildung in der Allgemeinmedizin ([5]) aufgenommen werden.

Aufgrund des Vertrages ist seit Ablauf der Übergangszeit jede auf der Staatsangehörigkeit beruhende unterschiedliche Behandlung bei der

---

1 ABl. Nr. C 125 vom 18. 5. 1992, S. 170 und ABl. Nr. C 72 vom 15. 3. 1993.

2 ABl. Nr. C 98 vom 24. 4. 1992, S. 6.

3 ABl. Nr. L 167 vom 30. 6. 1975, S. 1. Richtlinie zuletzt geändert durch die Richtlinie 90/658/EWG (ABl. Nr. L 353 vom 17. 12. 1990, S. 73).

4 ABl. Nr. L 167 vom 30. 6. 1975, S. 14. Richtlinie zuletzt geändert durch die Richtlinie 90/658/EWG (ABl. Nr. L 353 vom 17. 12. 1990, S. 73).

5 ABl. Nr. L 267 vom 19. 9. 1986, S. 26.

Niederlassung und im Dienstleistungsverkehr untersagt. Der Grundsatz der auf diese Weise erzielten Inländergleichbehandlung gilt insbesondere für die Erteilung einer für die Aufnahme oder Ausübung der ärztlichen Tätigkeiten gegebenenfalls erforderlichen Genehmigung sowie für die Eintragung oder Mitgliedschaft bei Berufsverbänden oder -körperschaften.

Es erscheint jedoch angebracht, gewisse Bestimmungen vorzusehen, um den Ärzten die tatsächliche Ausübung des Niederlassungsrechts und des Rechts auf freien Dienstleistungsverkehr zu erleichtern.

Aufgrund des Vertrages sind die Mitgliedstaaten gehalten, keine Beihilfe zu gewähren, die die Niederlassungsbedingungen verfälschen könnte.

Artikel 57 Absatz 1 des Vertrages sieht vor, daß Richtlinien für die gegenseitige Anerkennung der Diplome, Prüfungszeugnisse und sonstigen Befähigungsnachweise erlassen werden. Ziel dieser Richtlinie ist die Anerkennung der Diplome, Prüfungszeugnisse und sonstigen Befähigungsnachweise des Arztes, die den Zugang zur ärztlichen Tätigkeit eröffnen, sowie der Diplome, Prüfungszeugnisse und sonstigen Befähigungsnachweise des Facharztes.

Bezüglich der fachärztlichen Weiterbildung sollten die Weiterbildungsnachweise gegenseitig anerkannt werden, soweit diese eine Voraussetzung für das Führen des Titels eines Facharztes sind, ohne jedoch eine Voraussetzung für die Aufnahme der Facharzttätigkeit darzustellen.

Die Entwicklung des Rechts in den Mitgliedstaaten macht einige technische Änderungen erforderlich, damit insbesondere den Änderungen in der Bezeichnung der Diplome, Prüfungszeugnisse und anderen Befähigungsnachweise in diesen Berufen und in der Bezeichnung einiger medizinischer Fachrichtungen sowie der Schaffung bestimmter neuer medizinischer Fachrichtungen und der Streichung einiger alter medizinischer Fachrichtungen in mehreren Mitgliedstaaten Rechnung getragen wird.

Es ist angebracht, Bestimmungen über die Bestandsrechte für die von den Mitgliedstaaten ausgestellten Diplome, Prüfungszeugnisse und sonstigen Befähigungsnachweise des Arztes vorzusehen und die Ausbildungsgänge zu genehmigen, die vor dem Zeitpunkt des Wirksamwerdens dieser Richtlinie begonnen haben.

Da eine Richtlinie über die gegenseitige Anerkennung der Diplome nicht unbedingt die sachliche Gleichwertigkeit der Ausbildungsgänge, die zu einem solchen Diplom führen, zur Folge hat, darf die dem jeweiligen Ausbildungsnachweis entsprechende Ausbildungsbezeichnung nur in der Sprache des Heimat- oder Herkunftsstaats geführt werden.

Zur Erleichterung der Anwendung dieser Richtlinie durch die nationalen Verwaltungen können die Mitgliedstaaten vorschreiben, daß die Begünstigten, die die in dieser Richtlinie vorgesehenen Ausbildungsbedingungen erfüllen, zusammen mit ihrem Ausbildungsnachweis eine Bescheinigung der zuständigen Behörden des Heimat- oder Herkunftstaats darüber vorlegen, daß es sich bei diesem Nachweis um den in der Richtlinie genannten handelt. Diese Richtlinie berührt nicht die Rechts- und Verwaltungsvorschriften der Mitgliedstaaten, die Gesellschaften die Ausübung der Arzttätigkeit verbieten oder ihnen dafür bestimmte Auflagen machen.

Im Falle einer Dienstleistung würde das Erfordernis der Eintragung oder Mitgliedschaft bei Berufs verbänden oder -körperschaften, die an sich mit der festen und dauerhaften Tätigkeit im Aufnahmestaat verbunden ist, zweifellos eine Behinderung für den Dienstleistungserbringer darstellen, der seine Tätigkeit nur vorübergehend ausübt. Auf dieses Erfordernis ist daher zu verzichten. Allerdings sollte in diesem Fall die Einhaltung der Berufsordnung, über die diese Berufsverbände oder -körperschaften zu wachen haben, sichergestellt werden. Zu diesem Zweck ist vorbehaltlich der Anwendung von Artikel 62 des Vertrages vorzusehen, daß von dem Begünstigten eine Anzeige bei der zuständigen Behörde des Aufnahmestaates über die Dienstleistung verlangt werden kann.

Es ist zu unterscheiden zwischen den Bedingungen der persönlichen Zuverlässigkeit für eine erste Aufnahme des Berufes und denjenigen für die Ausübung des Berufes.

Im Hinblick auf die gegenseitige Anerkennung der Diplome, Prüfungszeugnisse und sonstigen Befähigungsnachweise des Facharztes und im Hinblick darauf, daß für alle Berufsangehörigen der Mitgliedstaaten eine etwa gleiche Ausgangsbasis innerhalb der Gemeinschaft geschaffen werden soll, hat sich eine gewisse Koordinierung der Ausbildungsbedingungen für Fachärzte als notwendig erwiesen. Zu diesem Zweck müssen bestimmte Mindestbedingungen für den Zugang zur Weiterbildung, deren Mindestdauer, die Art ihrer Durchführung und den Ort, an dem sie erfolgt, sowie für die Kontrolle der Weiterbildung festgelegt werden. Die genannten Bedingungen betreffen nur solche Fachgebiete, die allen Mitgliedstaaten gemeinsam sind oder in zwei oder mehr Mitgliedstaaten bestehen.

Die mit dieser Richtlinie angestrebte Koordinierung der Bedingungen für die Berufsausübung schließt eine weitere Koordinierung nicht aus.

Außerdem wird nunmehr das Bedürfnis für eine spezifische Ausbildung zum praktischen Arzt nahezu allgemein anerkannt, durch die dieser besser auf seine ihm eigene Tätigkeit vorbereitet werden soll. In diesem Zusammenhang ist es besonders wichtig, daß der Arzt das soziale Umfeld seiner Patienten persönlich kennt und sie als Gesamtpersönlichkeit in Fragen der Krankheitsverhütung und des Gesundheitsschutzes berät und in geeigneter Weise behandelt.

Eine spezifische Ausbildung in der Allgemeinmedizin ist vor allem deshalb notwendig, weil sich durch die Entwicklung der Medizin zwischen der Forschung und medizinischen Ausbildung einerseits und der Praxis der Allgemeinmedizin andererseits eine immer größere Kluft gebildet hat, so daß wichtige Aspekte der Allgemeinmedizin im Rahmen der herkömmlichen medizinischen Grundausbildung in den Mitgliedstaaten nicht mehr auf befriedigende Weise gelehrt werden können.

Abgesehen von dem Gewinn für die Patienten ist auch anerkannt, daß eine bessere Anpassung des praktischen Arztes an seine besondere Funktion dazu beitragen wird, die ärztliche Versorgung vor allem insofern zu verbessern,
als die Inanspruchnahme von Fachärzten sowie von Laboratorien und sonstigen hochspezialisierten Einrichtungen und Ausrüstungen auf einer selektiveren Grundlage erfolgen würde.

Die Verbesserung der allgemeinmedizinischen Ausbildung kann dazu beitragen, daß die Tätigkeit des praktischen Arztes aufgewertet wird.

Diese Entwicklung scheint zwar unumkehrbar, vollzieht sich jedoch in den einzelnen Mitgliedstaaten mit unterschiedlicher Geschwindigkeit. Die dahingehenden Bestrebungen sollten nicht übermäßig beschleunigt, sondern in Etappen einander angenähert werden, wobei eine geeignete Ausbildung jedes praktischen Arztes, die den spezifischen Anforderungen an die Ausübung der Allgemeinmedizin entspricht, anzustreben ist.

Um eine schrittweise Verwirklichung dieser Reform zu gewährleisten, ist es zunächst erforderlich, in jedem Mitgliedstaat eine spezifische Ausbildung zum praktischen Arzt einzuführen, die sowohl qualitativ als auch quantitativ bestimmten Mindestanforderungen genügt und die die Mindestgrundausbildung, die der Arzt gemäß dieser Richtlinie besitzen muß, ergänzt. Dabei ist unerheblich, ob diese Ausbildung in der Allgemeinmedizin im Rahmen der Grundausbildung des Arztes im Sinne des einzelstaatlichen Rechts oder außerhalb derselben erfolgt. In einer zweiten Phase sollte sodann vorgesehen werden, daß die Ausübung des ärztlichen Berufs als praktischer Arzt im Rahmen eines Sozialversicherungssystems vom Nachweis der Ausbildung zum praktischen Arzt abhängig zu machen ist. Schließlich sollten zur Vervollständigung der Reform neue Vorschläge vorgelegt werden.

Diese Richtlinie berührt nicht die Zuständigkeit der Mitgliedstaaten für die Gestaltung ihres eigenen Sozialversicherungssystems sowie für die Festlegung der Tätigkeiten, die im Rahmen dieses Systems ausgeübt werden können.

Die Koordinierung der Mindestvoraussetzungen für die Erteilung der Diplome, Prüfungszeugnisse und sonstigen Befähigungsnachweise über die spezifische Ausbildung in der Allgemeinmedizin, die aufgrund der vorliegenden Richtlinie zu erfolgen hat, ermöglicht den Mitgliedstaaten die gegenseitige Anerkennung dieser Diplome, Prüfungszeugnisse und sonstigen Befähigungsnachweise.

Ein Aufnahmemitgliedstaat ist aufgrund dieser Richtlinie nicht berechtigt, von Ärzten, die ein in einem anderen Mitgliedstaat erteiltes und gemäß der genannten Richtlinie anerkanntes Diplom besitzen, für die Ausübung des ärztlichen Berufs im Rahmen eines Sozialversicherungssystems eine zusätzliche Ausbildung zu verlangen, selbst wenn eine solche Ausbildung für die Inhaber des in seinem Gebiet erworbenen Arztdiploms erforderlich ist. Diese Wirkung dieser Richtlinie kann für die Tätigkeit des praktischen Arztes im Rahmen eines Sozialversicherungssystems nicht vor dem 1. Januar 1995 enden. Von diesem Zeitpunkt an ist in allen Mitgliedstaaten die Tätigkeit als praktischer Arzt im Rahmen ihres Sozialversicherungssystems von einem Nachweis über die spezifische Ausbildung in der Allgemeinmedizin abhängig zu machen. Die Ärzte, die sich vor diesem Zeitpunkt entsprechend dieser Richtlinie als Ärzte niedergelassen haben, müssen das erworbene Recht haben, den ärztlichen Beruf als praktischer Arzt im Rahmen des Sozialversicherungssystems des Aufnahmemitgliedstaats auszuüben, selbst wenn sie keine spezifische Ausbildung in der Allgemeinmedizin absolviert haben.

Die mit dieser Richtlinie angestrebte Koordinierung bezieht sich auf die Berufsausbildung der Ärzte. Die meisten Mitgliedstaaten unterscheiden bisher nicht zwischen der Ausbildung von Ärzten im Angestelltenverhältnis und der Ausbildung von freiberuflich tätigen Ärzten. In bezug auf persönliche Zuverlässigkeit, die Berufsordnung und das Führen des Titels gelten je nach Mitgliedstaat die einschlägigen Regelungen für angestellte wie für freiberuflich tätige Berufsangehörige oder können auf sie angewandt werden. Für die Tätigkeiten des Arztes ist in allen Mitgliedstaaten der Besitz eines Diploms, Prüfungszeugnisses oder sonstigen Befähigungsnachweises erforderlich. Diese Tätigkeiten werden sowohl von freiberuflich tätigen Ärzten als auch von Ärzten im Angestelltenverhältnis oder auch von denselben Personen im Verlauf ihrer beruflichen Laufbahn abwechselnd in der einen oder der anderen dieser beruflichen Stellungen ausgeübt. Um die Freizügigkeit dieser Berufstätigen in der Gemeinschaft zu fordern, erscheint es daher notwendig, die Anwendung dieser Richtlinie auf Ärzte im Angestellten Verhältnis auszudehnen.

Diese Richtlinie darf nicht die Pflichten der Mitgliedstaaten hinsichtlich der in Anhang III Teil B genannten Umsetzungsfristen berühren —

HAT FOLGENDE RICHTLINIE ERLASSEN:

TITEL I

ANWENDUNGSBEREICH

Artikel 1

Diese Richtlinie gilt für die von Staatsangehörigen der Mitgliedstaaten ausgeübten Tätigkeiten des angestellten wie auch des freiberuflich tätigen Arztes.

TITEL II

GEGENSEITIGE ANERKENNUNG DER DIPLOME, PRÜFUNGSZEUGNISSE UND SONSTIGEN BEFÄHIGUNGSNACHWEISE DES ARZTES

KAPITEL I

DIPLOME, PRÜFUNGSZEUGNISSE UND SONSTIGE BEFÄHIGUNGSNACHWEISE DES ARZTES

Artikel 2

Jeder Mitgliedstaat erkennt die ►M5 in Anhang A aufgeführten ◄ Diplome, Prüfungszeugnisse und sonstigen Befähigungsnachweise, die die anderen Mitgliedstaaten den Staatsangehörigen der Mitgliedstaaten nach Artikel 23 ausstellen, an und verleiht ihnen in seinem Hoheitsgebiet die gleiche Wirkung in bezug auf die Aufnahme und Ausübung der Tätigkeiten des Arztes wie den von ihm ausgestellten Diplomen, Prüfungszeugnissen und sonstigen Befähigungsnachweisen.

▼M5

▼B

KAPITEL II

▼M5

DIPLOME, PRÜFUNGSZEUGNISSE UND SONSTIGE BEFÄHIGUNGSNACHWEISE DES FACHARZTES

Artikel 4

Jeder Mitgliedstaat, in dem einschlägige Rechts- und Verwaltungsvorschriften bestehen, erkennt die Diplome, Prüfungszeugnisse und sonstigen Befähigungsnachweise des Facharztes, die von anderen Mitgliedstaaten Staatsangehörigen der Mitgliedstaaten nach den Artikeln 24, 25, 26 und 29 ausgestellt werden und die in den Anhängen B und C aufgeführt sind, an und verleiht ihnen in seinem Hoheitsgebiet die gleiche Wirkung wie den von ihm ausgestellten Diplomen, Prüfungszeugnissen und sonstigen Befähigungsnachweisen.

Artikel 5

Als Diplome, Prüfungszeugnisse und sonstige Befähigungsnachweise im Sinne des Artikels 4 gelten diejenigen Nachweise, die von den in Anhang B genannten zuständigen Behörden oder Stellen ausgestellt sind und die bezüglich der betreffenden fachärztlichen Weiterbildung den Befähigungsnachweisen entsprechen, die in Anhang C hinsichtlich der Mitgliedstaaten, in denen es diese fachärztliche Weiterbildung gibt, jeweils aufgeführt sind.

▼B

KAPITEL III

▼M5

▼B

Artikel 8

(1) Jeder Aufnahmestaat kann den Staatsangehörigen der Mitgliedstaaten für den Erwerb von fachärztlichen Diplomen, Prüfungszeugnissen oder sonstigen fachärztlichen Befähigungsnachweisen, die nicht unter Artikel ►M5 4 ◄ fallen, oder die zwar in Artikel ►M5 4 ◄ aufgeführt sind, aber in einem bestimmten Heimat- oder Herkunftsstaat nicht ausgestellt werden, die dafür in seinen Rechts- und Verwaltungsvorschriften vorgesehenen Weiterbildungsbedingungen auferlegen.

(2) Der Aufnahmestaat rechnet jedoch die von den in Absatz 1 genannten Staatsangehörigen bereits abgeleistete und durch ein von den zuständigen Behörden des Heimat- oder Herkunftsstaats ausgestelltes Diplom, Prüfungszeugnis oder einen sonstigen Befähigungsnachweis belegte Weiterbildungszeit ganz oder teilweise an, soweit diese der im Aufnahmestaat für das betreffende Fachgebiet vorgeschriebenen Dauer der Weiterbildung entspricht.

▼M5

Er berücksichtigt auch ihre Berufserfahrung, Zusatzausbildung und fachärztliche Weiterbildung.

(3) Die zuständigen Behörden oder Stellen des Aufnahmemitgliedstaats unterrichten den Begünstigten — nach Beurteilung von Inhalt und Dauer seiner Weiterbildung anhand der vorgelegten Diplome, Prüfungszeugnisse und sonstigen Befähigungsnachweise und unter Berücksichtigung seiner Berufserfahrung, Zusatzausbildung und fachärztlichen Weiterbildung — über die Dauer der erforderlichen Zusatzausbildung und die dabei erfassten Gebiete.

(4) Der Mitgliedstaat trifft seine Entscheidung innerhalb einer Frist von vier Monaten ab dem Zeitpunkt, zu dem der Antragsteller den Antrag zusammen mit den vollständigen Unterlagen einreicht.

▼B

KAPITEL IV

ERWORBENE RECHTE

Artikel 9

(1) Unbeschadet des Absatzes 3 erkennt jeder Mitgliedstaat bei Staatsangehörigen der Mitgliedstaaten als ausreichenden Nachweis die Diplome, Prüfungszeugnisse und sonstigen Befähigungsnachweise des Arztes an, die von den anderen Mitgliedstaaten ausgestellt worden sind, sofern sie, auch wenn sie nicht allen Mindestanforderungen der Ausbildung nach Artikel 23 genügen, eine Ausbildung abschließen, die begonnen wurde

- für Spanien und Portugal vor dem 1. Januar 1986,
- für Griechenland vor dem 1. Januar 1981,
- für die anderen Mitgliedstaaten vor dem 20. Dezember 1976,

▼A1

- für Österreich, Finnland und Schweden der Zeitpunkt des Beitritts,

▼A2

- für die Tschechische Republik, Estland, Zypern, Lettland, Litauen, Ungarn, Malta, Polen, Slowenien und die Slowakei vor dem Tag des Beitritts,

▼B

und sofern ihnen eine Bescheinigung darüber beigefügt ist, daß sich der betreffende Staatsangehörige während der letzten fünf Jahre vor Ausstellung der Bescheinigung mindestens drei Jahre lang ununterbrochen tatsächlich und rechtmäßig den betreffenden Tätigkeiten gewidmet hat.

(2) Unbeschadet des Absatzes 4 erkennt jeder Mitgliedstaat bei Staatsangehörigen der Mitgliedstaaten als ausreichenden Nachweis für Diplome, Prüfungszeugnisse und sonstigen Befähigungsnachweise des Facharztes an, die von den anderen Mitgliedstaaten ausgestellt worden sind, sofern sie, auch wenn sie den Mindestanforderungen der Ausbildung nach den Artikeln 24 bis ►M5 26 ◄ nicht genügen, eine Ausbildung abschließen, die begonnen wurde

- für Spanien und Portugal vor dem 1. Januar 1986,
- für Griechenland vor dem 1. Januar 1981,
- für die anderen Mitgliedstaaten vor dem 20. Dezember 1976,

▼A1

- für Österreich, Finnland und Schweden der Zeitpunkt des Beitritts,

▼A1

- für die Tschechische Republik, Estland, Zypern, Lettland, Litauen, Ungarn, Malta, Polen, Slowenien und die Slowakei vor dem Tag des Beitritts.

▼B

In bezug auf die Diplome, Zeugnisse und sonstigen Befähigungsnachweise des Facharztes kann der Aufnahmestaat verlangen, daß ihnen eine von den zuständigen Behörden oder Stellen des Heimat- oder Herkunftsstaates ausgestellte Bescheinigung darüber beigefügt wird, daß die betreffende fachärztliche Tätigkeit während eines Zeitraums ausgeübt wurde, der der verdoppelten Differenz zwischen der Dauer der fachärztlichen Weiterbildung im Heimat- oder Herkunftsstaat und der in Titel III genannten Mindestdauer der Weiterbildung entspricht, wenn aus den genannten Nachweisen hervorgeht, daß die Mindestdauer der Weiterbildung nach dem Artikel ►M5 26 ◄ nicht erreicht worden ist.

Wird in dem Aufnahmestaat jedoch vor den in Unterabsatz 1 genannten Zeitpunkten für die Weiterbildung eine kürzere Mindestdauer verlangt als sie in dem Artikel ►M5 26 ◄ vorgesehen ist, so darf die in Unterabsatz 2 genannte Differenz nur nach Maßgabe der in diesem Staat vorgesehenen Mindestdauer der Weiterbildung festgelegt werden.

▼M5

(2a) Die Mitgliedstaaten erkennen Facharztzeugnisse an, die in Spanien Ärzten ausgestellt wurden, die vor dem 1. Januar 1995 eine Facharztausbildung abgeschlossen haben, die nicht den Mindestanforderungen der Ausbildung nach den Artikeln 24 bis 27 genügt, sofern den Zeugnissen eine von den zuständigen spanischen Behörden ausgestellte Bescheinigung beigefügt ist, aus der hervorgeht, dass die betreffende Person die besondere fachliche Eignungsprüfung bestanden hat, die im Rahmen der im Königlichen Dekret 1497/99 enthaltenen außerordentlichen Maßnahmen zur Regularisierung durchgeführt wurde, um zu überprüfen, ob die betreffende Person über einen Kenntnisstand und eine Fachkompetenz verfugt, die mit denen der Ärzte vergleichbar sind, die Inhaber der für Spanien in den Artikeln 5 Absatz 3 und Artikel 7 Absatz 2 genannten Zeugnisse sind.

▼B

(3) Bei Staatsangehörigen der Mitgliedstaaten, deren Diplome, Prüfungszeugnisse und sonstige Befähigungsnachweise des Arztes eine Ausbildung abschließen, die im Gebiet der ehemaligen Deutschen Demokratischen Republik absolviert wurde und die nicht allen Mindestanforderungen der Ausbildung nach Artikel 23 genügt, erkennen die anderen Mitgliedstaaten als Deutschland diese Diplome, Prüfungszeugnisse und sonstigen Befähigungsnachweise unter folgenden Voraussetzungen als ausreichenden Nachweis an,

- wenn sie eine vor der Herstellung der deutschen Einheit aufgenommene Ausbildung abschließen,
- wenn sie das Recht auf die Ausübung der Tätigkeiten des Arztes im gesamten Gebiet Deutschlands unter den gleichen Voraussetzungen verleihen wie die Befähigungsnachweise, die von den zuständigen deutschen Behörden ausgestellt werden und die in ►M5 Anhang A ◄ aufgeführt sind, und
- wenn ihnen eine von den zuständigen deutschen Behörden ausgestellte Bescheinigung darüber beigefügt ist, daß sich diese Staatsangehörigen in den fünf Jahren vor Ausstellung der Bescheinigung mindestens drei

Jahre lang ununterbrochen tatsächlich und rechtmäßig der betreffenden Tätigkeit in Deutschland gewidmet haben.

(4) Bei den Staatsangehörigen der Mitgliedstaaten, deren Diplome, Prüfungszeugnisse und sonstigen Befähigungsnachweise des Facharztes eine Ausbildung abschließen, die im Gebiet der ehemaligen Deutschen Demokratischen Republik absolviert wurde und die nicht den Mindestanforderungen der Ausbildung nach den Artikeln 24 bis ►M5 26 ◄ genügt, erkennen die anderen Mitgliedstaaten als Deutschland diese Diplome, Prüfungszeugnisse und sonstigen Befähigungsnachweise unter folgenden Voraussetzungen als ausreichenden Nachweis an,

- wenn sie eine Ausbildung abschließen, die vor dem 3. April 1992 aufgenommen wurde, und
- wenn sie die Ausbildung der betreffenden fachärztlichen Tätigkeit im gesamten Gebiet Deutschlands unter denselben Voraussetzunge ermöglichen, wie die Befähigungsnachweise, die von den zuständigen deutschen Behörde ausgestellt werden und die in dem Artikel ►M5 5 ◄ aufgeführt sind.

Sie können jedoch verlangen, daß diesen Diplomen, Prüfungszeugnissen und sonstigen Befähigungsnachweisen eine von den zuständigen deutschen Behörden oder Stellen ausgestellte Bescheinigung darüber beigefügt wird, daß die betreffende fachärztliche Tätigkeit während eines Zeitraums ausgeübt wurde, der der verdoppelten Differenz zwischen der Dauer der Fachausbildung im deutschen Hoheitsgebiet und der in Titel III genannten Mindestdauer der Weiterbildung entspricht, sofern diese die in dem Artikel ►M5 26 ◄ genannte Mindestdauer nicht erreicht.

(5) Jeder Mitgliedstaat erkennt bei Staatsangehörigen der Mitgliedstaaten als ausreichenden Nachweis deren Diplome, Prüfungszeugnisse und sonstigen Befähigungsnachweise des Arztes oder des Facharztes an, auch wenn sie den in dem ►M5 Anhang A ◄ oder in dem Artikel ►M5 5 ◄ für diesen Mitgliedstaat aufgeführten Bezeichnungen nicht entsprechen, sofern ihnen eine von den zuständigen Behörden oder Stellen ausgestellte Bescheinigung beigefügt ist. Mit dieser Bescheinigung wird der Nachweis erbracht, daß diese Diplome, Prüfungszeugnisse und sonstigen Befähigungsnachweise des Arztes oder des Facharztes eine Ausbildung oder eine Weiterbildung abschließen, die den in den Artikeln 2 und ►M5 4 ◄ genannten Bestimmungen im Titel III entspricht, und daß sie von dem Mitgliedstaat, der sie ausgestellt hat, den Diplomen, Prüfungszeugnissen und sonstigen Befähigungsnachweisen gleichgestellt werden, deren Bezeichnungen in dem ►M5 Anhang A ◄ oder in dem Artikel ►M5 5 ◄ aufgeführt sind.

(6) Die Mitgliedstaaten, die die Rechts- und Verwaltungsvorschriften über die Ausstellung von Diplomen, Prüfungszeugnissen und sonstigen Befähigungsnachweisen für Nervenheilkunde (Neurologie und Psychiatrie), Radiologie, Thoraxchirurgie, Gefäßchirurgie, Gastroenterologische Chirurgie, Biologische Hämatologie, Physiotherapie oder Tropenmedizin abgeschafft und Maßnahmen betreffend die erworbenen Rechte zugunsten ihrer eigenen Staatsangehörigen getroffen haben, räumen Staatsangehörigen der anderen Mitgliedstaaten das Recht auf die Inanspruchnahme derselben Maßnahmen ein, wenn deren Diplome, Prüfungszeugnisse und sonstigen Befähigungsnachweise für Nervenheilkunde (Neurologie und Psychiatrie), Radiologie, Thoraxchirurgie, Gefäßchirurgie, Gastroenterologische Chirurgie, Biologische Hämatologie, Physiotherapie oder Tropenmedizin die entsprechenden entweder in Absatz 2 des vorliegenden Artikels oder in den Artikeln 24, 25 und ►M5 26 ◄ genannten Voraussetzungen erfüllen, sofern diese Diplome, Prüflingszeugnisse und sonstigen Befähigungsnachweise vor dem Zeitpunkt ausgestellt wurden, zu dem das Aufnahmeland die Ausstellung seiner Diplome, Prüfungszeugnisse oder sonstigen Befähigungsnachweise für die betreffende Fachrichtung eingestellt hat.

(7) Die Zeitpunkte, zu denen die betroffenen Mitgliedstaaten ihre Rechts- und Verwaltungsvorschriften über die in Absatz 6 genannten Diplome, Prüfungszeugnisse und sonstigen Befähigungsnachweise geändert haben, sind im Anhang II dieser Richtlinie angegeben.

▼A2

Artikel 9a

(1) Bei den Staatsangehörigen der Mitgliedstaaten, deren Diplome, Prüfungszeugnisse und sonstigen Befähigungsnachweise des Arztes und des Facharztes von der früheren Tschechoslowakei vor dem 1. Januar 1993 verliehen wurden bzw. deren Ausbildung in der früheren Tschechoslowakei vor dem 1. Januar 1993 aufgenommen wurde, erkennt jeder Mitgliedstaat diese Diplome, Prüfungszeugnisse und sonstigen Befähigungsnachweise des Arztes oder des Facharztes an, wenn die Behörden der Tschechischen Republik bescheinigen, dass diese Befähigungsnachweise in tschechischem Hoheitsgebiet die gleiche Rechtsgültigkeit hinsichtlich des Zugangs zum Beruf des Arztes oder Facharztes und dessen Ausübung haben wie tschechische Befähigungsnachweise. Dieser Bescheinigung muss eine von den gleichen Behörden ausgestellte Bescheinigung darüber beigefügt sein, dass die Staatsangehörigen dieser Mitgliedstaaten in den fünf Jahren vor Ausstellung der Bescheinigung mindestens drei Jahre ununterbrochen tatsächlich und rechtmäßig die betref-

fenden Tätigkeiten im Hoheitsgebiet der Tschechischen Republik ausgeübt haben.

(2) Bei den Staatsangehörigen der Mitgliedstaaten, deren Diplome, Prüfungszeugnisse und sonstigen Befähigungsnachweise des Arztes und des Facharztes von der früheren Sowjetunion vor dem 20. August 1991 verliehen wurden bzw. deren Ausbildung in der früheren Sowjetunion vor dem 20. August 1991 aufgenommen wurde, erkennt jeder Mitgliedstaat diese Diplome, Prüfungszeugnisse und sonstigen Befähigungsnachweise des Arztes oder des Facharztes an, wenn die Behörden Estlands bescheinigen, dass diese Befähigungsnachweise in estnischem Hoheitsgebiet die gleiche Rechtsgültigkeit hinsichtlich des Zugangs zum Beruf des Arztes oder Facharztes und dessen Ausübung haben wie estnische Befähigungsnachweise. Dieser Bescheinigung muss eine von den gleichen Behörden ausgestellte Bescheinigung darüber beigefügt sein, dass die Staatsangehörigen dieser Mitgliedsstaaten in den fünf Jahren vor Ausstellung der Bescheinigung mindestens drei Jahre ununterbrochen tatsächlich und rechtmäßig die betreffenden Tätigkeiten im Hoheitsgebiet Estlands ausgeübt haben.

(3) Bei den Staatsangehörigen der Mitgliedstaaten, deren Diplome, Prüfungszeugnisse und sonstigen Befähigungsnachweise des Arztes und des Facharztes von der früheren Sowjetunion vor dem 21. August 1991 verliehen wurden bzw. deren Ausbildung in der früheren Sowjetunion vor dem 21. August 1991 aufgenommen wurde, erkennt jeder Mitgliedstaat diese Diplome, Prüfungszeugnisse und sonstigen Befähigungsnachweise des Arztes oder des Facharztes an, wenn die Behörden Lettlands bescheinigen, dass diese Befähigungsnachweise in lettischem Hoheitsgebiet die gleiche Rechtsgültigkeit hinsichtlich des Zugangs zum Beruf des Arztes oder Facharztes und dessen Ausübung haben wie lettische Befähigungsnachweise. Dieser Bescheinigung muss eine von den gleichen Behörden ausgestellte Bescheinigung darüber beigefugt sein, dass die Staatsangehörigen dieser Mitgliedstaaten in den fünf Jahren vor Ausstellung der Bescheinigung mindestens drei Jahre ununterbrochen tatsächlich und rechtmäßig die betreffenden Tätigkeiten im Hoheitsgebiet Lettlands ausgeübt haben.

(4) Bei den Staatsangehörigen der Mitgliedstaaten, deren Diplome, Prüfungszeugnisse und sonstigen Befähigungsnachweise des Arztes und des Facharztes von der früheren Sowjetunion vor dem 11. März 1990 verliehen wurden bzw. deren Ausbildung in der früheren Sowjetunion vor dem 11. März 1990 aufgenommen wurde, erkennt jeder Mitgliedstaat diese Diplome, Prüfungszeugnisse und sonstigen Befähigungsnachweise des Arztes oder des Facharztes an, wenn die Behörden Litau-

ens bescheinigen, dass diese Befähigungsnachweise in litauischem Hoheitsgebiet die gleiche Rechtsgültigkeit hinsichtlich des Zugangs zum Beruf des Arztes oder Facharztes und dessen Ausübung haben wie litauische Befähigungsnachweise. Dieser Bescheinigung muss eine von den gleichen Behörden ausgestellte Bescheinigung darüber beigefugt sein, dass die Staatsangehörigen dieser Mitgliedstaaten in den fünf Jahren vor Ausstellung der Bescheinigung mindestens drei Jahre ununterbrochen tatsächlich und rechtmäßig die betreffenden Tätigkeiten im Hoheitsgebiet Litauens ausgeübt haben.

(5) Bei den Staatsangehörigen der Mitgliedstaaten, deren Diplome, Prüfungszeugnisse und sonstigen Befähigungsnachweise des Arztes und des Facharztes von der früheren Tschechoslowakei vor dem 1. Januar 1993 verliehen wurden bzw. deren Ausbildung in der früheren Tschechoslowakei vor dem 1. Januar 1993 aufgenommen wurde, erkennt jeder Mitgliedstaat diese Diplome, Prüfungszeugnisse und sonstigen Befähigungsnachweise des Arztes oder des Facharztes an, wenn die Behörden der Slowakei bescheinigen, dass diese Befähigungsnachweise in slowakischem Hoheitsgebiet die gleiche Rechtsgültigkeit hinsichtlich des Zugangs zum Beruf des Arztes oder Facharztes und dessen Ausübung haben wie slowakische Befähigungsnachweise. Dieser Bescheinigung muss eine von den gleichen Behörden ausgestellte Bescheinigung darüber beigefügt sein, dass die Staatsangehörigen dieser Mitgliedstaaten in den fünf Jahren vor Ausstellung der Bescheinigung mindestens drei Jahre ununterbrochen tatsächlich und rechtmäßig die betreffenden Tätigkeiten im Hoheitsgebiet der Slowakei ausgeübt haben.

(6) Bei den Staatsangehörigen der Mitgliedstaaten, deren Diplome, Prüfungszeugnisse und sonstigen Befähigungsnachweise des Arztes und des Facharztes von Jugoslawien vor dem 25. Juni 1991 verliehen wurden bzw. deren Ausbildung in Jugoslawien vor dem 25. Juni 1991 aufgenommen wurde, erkennt jeder Mitgliedstaat diese Diplome, Prüfungszeugnisse und sonstigen Befähigungsnachweise des Arztes oder des Facharztes an, wenn die Behörden Sloweniens bescheinigen, dass diese Befähigungsnachweise in slowenischem Hoheitsgebiet die gleiche Rechtsgültigkeit hinsichtlich des Zugangs zum Beruf des Arztes oder Facharztes und dessen Ausübung haben wie slowenische Befähigungsnachweise. Dieser Bescheinigung muss eine von den gleichen Behörden ausgestellte Bescheinigung darüber beigefügt sein, dass die Staatsangehörigen dieser Mitgliedstaaten in den fünf Jahren vor Ausstellung der Bescheinigung mindestens drei Jahre ununterbrochen tatsächlich und rechtmäßig die betreffenden Tätigkeiten im Hoheitsgebiet Sloweniens ausgeübt haben.

▼B

KAPITEL V

FÜHREN DER AUSBILDUNGSBEZEICHNUNG

Artikel 10

(1) Unbeschadet des Artikels 19 tragen die Aufnahmestaaten dafür Sorge, daß die Staatsangehörigen der Mitgliedstaaten, die die Voraussetzungen der Artikel 2, ►M5 4 ◄ und 9 erfüllen, zum Führen ihrer im Heimat- oder Herkunftsstaat gültigen rechtmäßigen Ausbildungsbezeichnung und gegebenenfalls der betreffenden Abkürzung in der Sprache dieses Staates berechtigt sind. Sie können vorschreiben, daß neben dieser Bezeichnung Name und Ort der Lehranstalt oder des Prüfungsausschusses die, bzw. der diese Ausbildungsbezeichnung verliehen hat, aufgeführt werden.

(2) Kann die Ausbildungsbezeichnung des Heimat- oder Herkunftsstaats im Aufnahmestaat mit einer Bezeichnung verwechselt werden, die in diesem Staat eine zusätzliche Ausbildung voraussetzt, die von dem Begünstigten nicht erworben wurde, so kann der Aufnahmestaat vorschreiben, daß der Begünstigte seine im Heimat- oder Herkunftsstaat gültige Ausbildungsbezeichnung in einer vom Aufnahmestaat festgelegten Form verwendet.

KAPITEL VI

MASSNAHMEN ZUR ERLEICHTERUNG DER TATSÄCHLICHEN AUSÜBUNG DES NIEDERLASSUNGSRECHTS UND DES RECHTS AUF FREIEN DIENSTLEISTUNGSVERKEHR DES ARZTES

A. Besondere Bestimmungen betreffend das Niederlassungsrecht

Artikel 11

(1) Der Aufnahmestaat, der von den eigenen Staatsangehörigen für die erstmalige Aufnahme einer ärztlichen Tätigkeit einen Zuverlässigkeitsnachweis verlangt, erkennt bei Staatsangehörigen anderer Mitgliedstaaten als ausreichenden Beweis eine von der zuständigen Behörde des Heimat- oder Herkunftsstaats ausgestellte Bescheinigung an, aus der hervorgeht, daß die geforderte Zuverlässigkeit gegeben ist.

(2) Wird im Heimat- oder Herkunftsstaat für die erstmalige Aufnahme der betreffenden Tätigkeit ein Zuverlässigkeitsnachweis nicht verlangt, so kann der Aufnahmestaat von den Staatsangehörigen dieses Heimat- oder Herkunftsstaats einen Strafregisterauszug oder, wenn dieser nicht beigebracht werden kann, einen gleichwertigen Nachweis verlangen, der von der zuständigen Behörde des Heimat oder Herkunftsstaats ausgestellt ist.

(3) Hat der Aufnahmestaat von schwerwiegenden und genau bestimmten Tatbeständen Kenntnis, die vor der Niederlassung des Betreffenden in diesem Staat außerhalb seines Hoheitsgebiets eingetreten sind und die sich im Aufnahmestaat auf die Aufnahme der betreffenden Tätigkeit auswirken können, so kann er den Heimat- oder Herkunftsstaat davon unterrichten.

Der Heimat- oder Herkunftsstaat prüft die Richtigkeit der Tatbestände. Die Behörden dieses Staates legen Art und Umfang der Prüfung, die durchzuführen ist, selbst fest und unterrichten den Aufnahmestaat über die Folgerungen, die sie hinsichtlich der von ihnen ausgestellten Bescheinigungen und Nachweise daraus ziehen.

(4) Die Mitgliedstaaten sorgen für die Vertraulichkeit der übermittelten Angaben.

Artikel 12

(1) Bestehen in einem Aufnahmestaat bezüglich der Ausübung einer ärztlichen Tätigkeit Rechts- und Verwaltungsvorschriften über den Nachweis der Zuverlässigkeit einschließlich Vorschriften über Disziplinarmaßnahmen wegen schwerwiegenden standeswidrigen Verhaltens oder über die Verurteilung wegen strafbarer Handlungen, so übermittelt der Heimat- oder Herkunftsstaat dem Aufnahmestaat die erforderlichen Auskünfte über die gegen den Betreffenden verhängten beruflichen oder administrativen Maßnahmen oder Sanktionen sowie über die Strafsanktionen, welche die Ausübung des Berufs im Heimat- oder Herkunftsstaat betreffen.

(2) Hat der Aufnahmestaat Kenntnis von schwerwiegenden und genau bestimmten Tatbeständen, die vor der Niederlassung des Betreffenden in diesem Staat außerhalb seines Hoheitsgebiets eingetreten sind und die sich im Aufnahmestaat auf die Ausübung der betreffenden Tätigkeit auswirken können, so kann er den Heimat- oder Herkunftsstaat davon unterrichten.

Der Heimat- oder Herkunftsstaat prüft die Richtigkeit der Tatbestände. Die Behörden dieses Staates legen Art und Umfang der Prüfung, die durchzuführen ist, selbst fest und unterrichten den Aufnahmestaat über die Folgerungen, die sie hinsichtlich der von ihnen gemäß Absatz 1 übermittelten Auskünfte daraus ziehen.

(3) Die Mitgliedstaaten sorgen für die Vertraulichkeit der übermittelten Angaben.

Artikel 13

Verlangt ein Aufnahmestaat von seinen eigenen Staatsangehörigen für die Aufnahme oder die Ausübung einer ärztlichen Tätigkeit ein Zeugnis über den körperlichen und geistigen Gesundheitszustand, so erkennt dieser Staat die Vorlage der im Heimat- oder Herkunftsstaat geforderten Bescheinigung als ausreichend an.

Wird im Heimat- oder Herkunftsstaat für die Aufnahme oder die Ausübung der betreffenden Tätigkeit ein derartiges Zeugnis nicht verlangt, so erkennt der Aufnahmestaat bei Staatsangehörigen dieses Heimat oder Herkunftsstaates eine von dessen zuständigen Behörden ausgestellte Bescheinigung an, die den Bescheinigungen des Aufnahmestaats entspricht.

Artikel 14

Die in den Artikeln 11,12 und 13 genannten Bescheinigungen dürfen bei ihrer Vorlage nicht älter als drei Monate sein.

Artikel 15

(1) Das Verfahren für die Zulassung des Begünstigten zur Aufnahme einer ärztlichen Tätigkeit in Übereinstimmung mit den Artikeln 11, 12 und 13 muß innerhalb kürzester Frist, spätestens aber drei Monate nach Einreichung der vollständigen Unterlagen des Betreffenden abgeschlossen werden, und zwar unbeschadet der Fristen, die sich aus der etwaigen Einlegung eines Rechtsmittels im Anschluß an dieses Verfahrens ergeben können.

(2) In den in Artikel 11 Absatz 3 und in Artikel 12 Absatz 2 genannten Fällen wird der Ablauf der in Absatz 1 genannten Frist durch den Antrag auf Oberprüfung ausgesetzt.

Der konsultierte Mitgliedstaat muß seine Antwort binnen drei Monaten erteilen.

Der Aufnahmestaat setzt das in Absatz 1 genannte Verfahren fort, sobald diese Antwort vorliegt oder diese Frist abgelaufen ist.

Artikel 16

Wird in einem Aufnahmestaat von dessen Staatsangehörigen für die Aufnahme oder Ausübung einer ärztlichen Tätigkeit eine Eidesleistung oder feierliche Erklärung verlangt, so sorgt dieser Mitgliedstaat dafür, daß Staatsangehörigen anderer Mitgliedstaaten, die die Formel dieses Eides oder dieser feierlichen Erklärung nicht benutzen können, eine geeignete gleichwertige Formel zur Verfügung steht.

B. Besondere Bestimmungen betreffend den Dienstleistungsverkehr

Artikel 17

(1) Wird in einem Mitgliedstaat von den eigenen Staatsangehörigen für die Aufnahme oder Ausübung einer ärztlichen Tätigkeit eine Genehmigung oder die Eintragung der Mitgliedschaft bei einem Berufsverband oder einer Berufskörperschaft verlangt, so befreit dieser Mitgliedstaat im Falle der Erbringung von Dienstleistungen die Staatsangehörigen der Mitgliedstaaten von diesem Erfordernis.

Der Begünstigte hat beim Erbringen von Dienstleistungen die gleichen Rechte und Pflichten wie die Staatsangehörigen des Aufnahmestaats; insbesondere unterliegt er den beruflichen und administrativen Disziplinarvorschriften dieses Mitgliedstaats.

Zu diesem Zweck und zusätzlich zu der in Absatz 2 vorgesehenen Anzeige über die Dienstleistung können die Mitgliedstaaten, damit die in ihrem Hoheitsgebiet geltenden Disziplinarvorschriften Anwendung finden können, eine vorübergehende automatisch eintretende Eintragung oder eine Proforma-Mitgliedschaft bei einem Berufsverband oder einer Berufskörperschaft oder eine Eintragung in einem Register vorsehen, sofern dadurch die Dienstleistung in keiner Weise verzögert oder erschwert wird und damit keine zusätzlichen Kosten für den Dienstleistungserbringer verbunden sind.

Trifft der Aufnahmestaat aufgrund des Unterabsatzes 2 eine Maßnahme oder hat er Kenntnis von Tatbeständen, die diesen Vorschriften zuwiderlaufen, so unterrichtet er davon unverzüglich den Mitgliedstaat, in dem sich der Begünstigte niedergelassen hat.

(2) Der Aufnahmestaat kann vorschreiben, daß der Begünstigte die Erbringung seiner Dienstleistung den zuständigen Behörden vorher anzeigt, falls sie einen vorübergehenden Aufenthalt in diesem Aufnahmestaat erforderlich macht.

In dringenden Fällen kann diese Anzeige unverzüglich nach Erbringung der Dienstleistungen erfolgen.

(3) Nach den Absätzen 1 und 2 kann der Aufnahmestaat von dem Begünstigten ein oder mehrere Dokumente mit folgenden Angaben verlangen:

- die in Absatz 2 genannte Anzeige,
- eine Bescheinigung, aus der hervorgeht, daß der Begünstigte die betreffenden Tätigkeiten im Mitgliedstaat seiner Niederlassung rechtmäßig ausübt,
- eine Bescheinigung, aus der hervorgeht, daß der Begünstigte das/den oder die für die Erbringung der betreffenden Dienstleistung erforderlichen Diplome, Prüfungszeugnisse oder sonstigen Befähigungsnachweise gemäß dieser Richtlinie besitzt.

(4) Das oder die in Absatz 3 vorgesehenen Dokumente dürfen bei ihrer Vorlage nicht älter als 12 Monate sein.

(5) Entzieht ein Mitgliedstaat einem seiner Staatsangehörigen oder einem in seinem Hoheitsgebiet ansässigen Staatsangehörigen eines anderen Mitgliedstaats ganz oder teilweise und vorübergehend oder endgültig das Recht auf Ausübung einer ärztlichen Tätigkeit, so sorgt er je nach Fall für den vorübergehenden oder endgültigen Entzug der in Absatz 3 unter dem zweiten Gedankenstrich genannten Bescheinigung.

Artikel 18

Wird in einem Aufnahmestaat zur Abrechnung mit einem Versicherer für Tätigkeiten zugunsten von Sozialversicherten die Mitgliedschaft bei einer Körperschaft des öffentlichen Rechts im Bereich der sozialen Sicherheit verlangt, so befreit dieser Mitgliedstaat im Falle der Erbringung von Dienstleistungen, für die der Begünstigte den Ort wechseln muß, die Staatsangehörigen der Mitgliedstaaten, die sich in einem anderen Mitgliedstaat niedergelassen haben, von diesem Erfordernis.

Der Begünstigte unterrichtet jedoch zuvor oder in dringenden Fällen nachträglich diese Körperschaft von der Erbringung seiner Dienstleistung.

C. Gemeinsame Bestimmungen betreffend das Niederlassungsrecht und den Dienstleistungsverkehr

Artikel 19

Bestehen in einem Aufnahmestaat Vorschriften über das Führen der Berufsbezeichnung im Zusammenhang mit einer der Tätigkeiten des Arztes, so führen die Staatsangehörigen der übrigen Mitgliedstaaten, die die in Artikel 2 und Artikel 9 Absätze 1, 3 und 5 vorgesehenen Bedingungen erfüllen, die Berufsbezeichnung, die im Aufnahmestaat der betreffenden Berufsausbildung entspricht, und verwenden die entsprechende Abkürzung.

Absatz 1 gilt auch für das Führen der Facharztbezeichnung durch Fachärzte, die die Bedingungen des Artikels ►M5 4 ◄ und des Artikels 9 Absätze 2, 4, 5 und 6 erfüllen.

Artikel 20

(1) Die Mitgliedstaaten treffen die erforderlichen Maßnahmen, um den Begünstigten die Möglichkeit zu geben, Informationen über die Gesundheits- und Sozialvorschriften sowie gegebenenfalls über die Standesregeln des Aufnahmestaates zu erhalten.

Zu diesem Zweck können sie Informationsstellen einrichten, bei denen sich die Begünstigten die erforderlichen Informationen beschaffen können. Die Aufnahmestaaten können den Begünstigten im Falle der Niederlassung die Verpflichtung auferlegen, mit diesen Stellen Verbindung aufzunehmen.

(2) Die Mitgliedstaaten können die in Absatz 1 genannten Stellen bei den zuständigen Behörden und Stellen einrichten, die sie dazu bestimmen.

(3) Die Mitgliedstaaten tragen dafür Sorge, daß die Begünstigten gegebenenfalls, in ihrem Interesse und im Interesse ihrer Patienten, die Sprachkenntnisse erwerben, die sie für die Ausübung ihrer Berufstätigkeit im Aufnahmeland brauchen.

Artikel 21

Mitgliedstaaten, welche von ihren eigenen Staatsangehörigen für die Zulassung zur Tätigkeit als Kassenarzt die Ableistung einer Vorbereitungszeit verlangen, können diese während eines Zeitraums von fünf Jahren vom 20. Juni 1975 an auch von den Staatsangehörigen der anderen Mitgliedstaaten verlangen. Die Dauer der Vorbereitungszeit darf jedoch sechs Monate nicht überschreiten.

Artikel 22

Bei begründeten Zweifeln kann der Aufnahmestaat von den zuständigen Behörden des Mitgliedstaats, in dem ein Diplom, Prüfungszeugnis oder sonstiger Befähigungsnachweis im Sinne der Kapitel I bis IV des Titels II ausgestellt worden ist, die Bestätigung verlangen, daß dieses Diplom,

Prüfungszeugnis oder der sonstige Befähigungsnachweis echt ist und der Begünstigte alle Ausbildungs- und gegebenenfalls Weiterbildungsbedingungen, die in Titel III aufgeführt sind, erfüllt hat.

TITEL III

KOORDINIERUNG DER RECHTS- UND VERWALTUNGSBESTIMMUNGEN BETREFFEND DIE TÄTIGKEIT DES ARZTES

Artikel 23

(1) Die Mitgliedstaaten machen die Aufnahme und Ausübung der Tätigkeiten des Arztes vom Besitz eines ärztlichen Diploms, Prüfungszeugnisses oder sonstigen ärztlichen Befähigungsnachweises im Sinne von ►M5 Anhang A ◄ abhängig, das bzw. der garantiert, daß der Betreffende im Verlauf seiner gesamten Ausbildungszeit folgende Kenntnisse und Erfahrungen erworben hat:

a) Angemessene Kenntnisse in den Wissenschaften, auf denen die Medizin beruht, und ein gutes Verständnis für die wissenschaftlichen Methoden einschließlich der Grundsätze der Messung biologischer Funktionen, der Bewertung wissenschaftlich evidenter Sachverhalte sowie der Analyse von Daten;

b) angemessene Kenntnisse in bezug auf die Struktur, die Funktionen und das Verhalten gesunder und kranker Menschen sowie die Beziehungen zwischen dem Gesundheitszustand und der physischen Umgebung des Menschen;

c) angemessene Kenntnisse hinsichtlich der klinischen Sachgebiete und Praktiken, die ihm ein zusammenhängendes Bild von den geistigen und körperlichen Krankheiten, von der Medizin unter den Aspekten der Vorbeugung, der Diagnostik und der Therapeutik sowie von der menschlichen Fortpflanzung vermitteln;

d) angemessene klinische Erfahrung unter entsprechender Leitung in Krankenhäusern.

(2) Eine solche ärztliche Gesamtausbildung umfaßt mindestens sechs Jahre oder 5 500 Stunden theoretischen und praktischen Unterrichts an einer Universität bzw. unter Aufsicht einer Universität.

(3) Der Zugang zu dieser Ausbildung setzt den Besitz eines Diploms oder eines Zeugnisses voraus, das in einem Mitgliedstaat für das betreffende Studium die Zulassung zu den Universitäten und Hochschulen ermöglicht.

(4) Bei Personen, die ihre Ausbildung vor dem 1. Januar 1972 begonnen haben, kann die in Absatz 2 genannte Ausbildung eine praktische Ausbildung von sechs Monaten auf Universitätsniveau umfassen, die als Vollzeitausbildung unter Aufsicht der zuständigen Behörden erfolgen muß.

(5) Diese Richtlinie hindert die Mitgliedstaaten nicht daran, den Inhabern von Diplomen, Prüfungszeugnissen oder sonstigen Befähigungsnachweisen, die nicht in einem Mitgliedstaat erworben wurden, die Aufnahme und Ausübung der Tätigkeiten des Arztes in ihrem Hoheitsgebiet nach ihren innerstaatlichen Vorschriften zu gestatten.

▼M5

(6) Die Fortbildung stellt im Einklang mit den Modalitäten in jedem Mitgliedstaat sicher, dass die Personen, die ihre Studien abgeschlossen haben, mit dem Fortschritt in der Medizin Schritt halten können.

▼B

Artikel 24

(1) Die Mitgliedstaaten sorgen dafür, daß die Weiterbildung, die zum Erwerb eines Diploms, Prüfungszeugnisses oder sonstigen Befähigungsnachweises eines Facharztes führt, mindestens die nachstehenden Bedingungen erfüllt:

▼M5

a) Sie setzt voraus, dass ein sechsjähriges Studium im Rahmen der in Artikel 23 genannten Ausbildung, während dessen angemessene Kenntnisse in der Allgemeinmedizin erworben wurden, abgeschlossen und als gültig anerkannt worden ist;

▼B

b) sie umfaßt sowohl theoretischen Unterricht als auch eine praktische Ausbildung;

c) sie erfolgt als Vollzeitweiterbildung und unter der Aufsicht der zuständigen Behörden oder Stellen gemäß Nummer 1 des Anhangs I;

d) sie muß in einem Universitätszentrum, einer Universitätsklinik oder gegebenenfalls in einer hierzu von den zuständigen Behörden oder Stellen zugelassenen Einrichtung der ärztlichen Versorgung erfolgen;

e) die Facharztanwärter müssen in den betreffenden Abteilungen persönlich zur Mitarbeit herangezogen werden und Verantwortung übernehmen.

(2) Die Mitgliedstaaten machen die Ausstellung eines Diploms, Prüfungszeugnisses oder sonstigen Befähigungsnachweises eines Facharztes vom Besitz eines der ärztlichen Diplome, Prüfungszeugnisse oder sonstigen ärztlichen Befähigungsnachweise im Sinne des Artikels 23 abhängig. Was die Ausstellung des Diploms, Prüfungszeugnisses oder sonstigen Befähigungsnachweises des Facharztes für Zahn-, Mund-, Kiefer- und Gesichtschirurgie (Grundausbildung des Arztes und des Zahnarztes) anbelangt, so wird sie außerdem vom Besitz eines der Diplome, Prüfungszeugnisse oder sonstigen Befähigungsnachweise eines Zahnarztes gemäß Artikel 1 der Richtlinie 78/687/EWG abhängig gemacht.

Artikel 25

(1) Unbeschadet des Grundsatzes der Vollzeitweiterbildung nach Artikel 24 Absatz 1 Buchstabe c) und bis der Rat die Beschlüsse gemäß Absatz 3 gefaßt hat, können die Mitgliedstaaten eine ärztliche Weiterbildung auf Teilzeitbasis unter besonderen, von den zuständigen innerstaatlichen Behörden genehmigten Bedingungen zulassen, wenn eine Weiterbildung auf Vollzeitbasis aus stichhaltigen Gründen nicht möglich wäre.

(2) Die Weiterbildung auf Teilzeitbasis muß gemäß Nummer 2 des Anhangs I erfolgen und qualitativ dasselbe Niveau haben wie die Vollzeitweiterbildung. Dieses Niveau darf weder dadurch, daß die Weiterbildung auf Teilzeitbasis erfolgt, noch durch die Ausübung einer privaten Erwerbstätigkeit beeinträchtigt werden.

Die Gesamtdauer der ärztlichen Weiterbildung darf nicht aufgrund der Tatsache gekürzt werden, daß sie teilzeitlich erfolgt.

(3) Bis zum 25. Januar 1989 beschließt der Rat nach Überprüfung der Lage auf Vorschlag der Kommission darüber, ob die Absätze 1 und 2 beizubehalten oder zu ändern sind; dabei wird berücksichtigt, daß die Möglichkeit einer Teilzeitweiterbildung unter bestimmten Umständen, die für jedes Fachgebiet gesondert zu prüfen sind, fortbestehen sollte.

Die vor dem 1. Januar 1983 begonnenen ärztlichen Teilzeitweiterbildungen können entsprechend den vor diesem Datum geltenden Bestimmungen zu Ende geführt werden.

▼**M5**

Artikel 26

Die Mitgliedstaaten, in denen einschlägige Rechts- und Verwaltungsvorschriften bestehen, sorgen dafür, dass die für die verschiedenen in Anhang C aufgeführten Fachgebiete jeweils angegebene Mindestdauer der

Weiterbildung eingehalten wird. Diese Mindestdauer wird nach dem Verfahren gemäß Artikel 44a Absatz 3 geändert.

▼B

Artikel 28

Als Übergangsmaßnahmen können die Mitgliedstaaten, deren Rechtsund Verwaltungsvorschriften zum Zeitpunkt des 20. Juni 1975 eine ärztliche Weiterbildung auf Teilzeitbasis vorsehen, diese Vorschriften abweichend von Artikel 24 Absatz 1 Buchstabe c) und Artikel 25 weiterhin auf die Personen anwenden, die ihre ärztliche Weiterbildung bis spätestens 31. Dezember 1983 begonnen haben.

Der Aufnahmestaat ist berechtigt, von Personen, auf die Absatz 1 Anwendung findet, neben ihren Diplomen, Prüfungszeugnissen oder sonstigen Befähigungsnachweisen eine Bescheinigung darüber zu verlangen, daß sie sich in den fünf Jahren vor Ausstellung der Bescheinigung mindestens drei Jahre lang ununterbrochen tatsächlich und rechtmäßig als Fachärzte der betreffenden Tätigkeit gewidmet haben.

Artikel 29

Als Übergangsmaßnahme gilt abweichend von Artikel 24 Absatz 2 folgendes:

a) in Luxemburg ist nur bei den Inhabern von luxemburgischen Diplomen, für die das 1939 verabschiedete Gesetz über die Verleihung akademischer Grade gilt, der Besitz des Diploms eines Doktors der Medizin, Chirurgie und Geburtshilfe, ausgestellt vom staatlichen Prüfungsausschuß Luxemburgs, die einzige Voraussetzung für die Ausstellung des Facharztdiploms.

b) In Dänemark ist nur bei den Inhabern eines Zeugnisses über das ärztliche Staatsexamen, ausgestellt von der medizinischen Fakultät einer dänischen Universität gemäß dem Erlaß des Innenministers vom 14. Mai 1970, der Besitz dieses Zeugnisses die einzige Voraussetzung für die Ausstellung der Bescheinigung, wonach die Berufsbezeichnung eines Facharztes geführt werden darf.

Die fachärztlichen Befähigungsnachweise nach den Buchstaben a) und b) können für Kandidaten ausgestellt werden, die ihre Weiterbildung vor dem 20. Dezember 1976 begonnen haben.

TITEL IV

SPEZIFISCHE AUSBILDUNG IN DER ALLGEMEINMEDIZIN

▼M5

Artikel 30

Jeder Mitgliedstaat, in dessen Gebiet der vollständige Studiengang im Sinne von Artikel 23 angeboten wird, führt eine spezifische Ausbildung in der Allgemeinmedizin, die mindestens den Voraussetzungen nach den Artikeln 31 und 32 entsprechen muss, dergestalt ein, dass die ersten Diplome, Prüfungszeugnisse oder sonstigen Befähigungsnachweise über diese spezifische Ausbildung spätestens am 1. Januar 2006 erteilt werden.

▼B

Artikel 31

(1) Die in Artikel 30 genannte spezifische Ausbildung in der Allgemeinmedizin muß mindestens die nachstehenden Voraussetzungen erfüllen:

a) Der Zugang dazu kann erst dann erfolgen, wenn ein mindestens sechsjähriges Studium im Rahmen der in Artikel 23 genannten Ausbildung abgeschlossen und als gültig anerkannt worden ist.

▼M5

b) Sie muss als mindestens dreijährige Vollzeitausbildung unter der Aufsicht der zuständigen Behörden oder Stellen erfolgen.

▼B

c) Sie ist mehr praktischer als theoretischer Art. Die praktische Ausbildung findet einerseits während mindestens sechs Monaten in zugelassenen Krankenhäusern mit entsprechender Ausrüstung und entsprechenden Abteilungen und andererseits während mindestens sechs Monaten in zugelassenen Allgemeinpraxen oder in zugelassenen Zentren für Erstbehandlung statt; sie erfolgt in Verbindung mit anderen Einrichtungen oder Diensten des Gesundheitswesens für Allgemeinmedizin; unbeschadet der vorgenannten Mindestzeiten kann die praktische Ausbildung jedoch während eines Zeitraums von höchstens sechs Monaten in anderen zugelassenen Einrichtungen oder Diensten des Gesundheitswesens, die sich mit Allgemeinmedizin befassen, stattfinden.

d) Die Anwärter müssen von den Personen, mit denen sie beruflich arbeiten, persönlich zur Mitarbeit herangezogen werden und Mitverantwortung übernehmen.

▼M5

(2) Beinhaltet der in Artikel 23 vorgesehene Ausbildungsgang eine praktische Ausbildung in einem zugelassenen Krankenhaus, das über entsprechende allgemeinmedizinische Ausstattung und Dienste verfügt, oder im Rahmen einer zugelassenen allgemeinmedizinischen Praxis oder eines zugelassenen Zentrums, in dem die Ärzte primäre Gesundheitsfürsorge leisten, so kann die Dauer dieser praktischen Ausbildung in die in Absatz 1 Buchstabe b vorgesehene Zeitdauer bis zu maximal einem Jahr einbezogen werden. Diese Möglichkeit steht nur den Mitgliedstaaten offen, in denen die Dauer der spezifischen Ausbildung in Allgemeinmedizin am 1. Januar 2001 zwei Jahre beträgt.

Stellt die Kommission bei der Anwendung dieses Absatzes fest, dass ein Mitgliedstaat erhebliche Schwierigkeiten im Hinblick auf das in Absatz 1 Buchstabe b angegebene Ausbildungsniveau hat, so holt sie die Stellungnahme des Ausschusses hoher Beamter für das öffentliche Gesundheitswesen, der mit dem Beschluss 75/365/EWG des Rates ([1]) eingesetzt wurde, ein und unterrichtet das Europäische Parlament und den Rat darüber. Die Kommission unterbreitet dem Europäischen Parlament und dem Rat gegebenenfalls Vorschläge im Sinne einer stärkeren Koordinierung der Dauer der spezifischen Ausbildung in Allgemeinmedizin.

▼B

(3) Die Mitgliedstaaten machen die Ausstellung der Diplome, Prüfungszeugnisse und sonstigen Befähigungsnachweise über die spezifische Ausbildung in der Allgemeinmedizin vom Erwerb eines der in ►M5 Anhang A ◄ genannten Diplome, Prüfungszeugnisse und sonstigen Befähigungsnachweise abhängig.

Artikel 32

Erfolgte die allgemeinmedizinische Ausbildung eines Arztes in einem Mitgliedstaat zum Zeitpunkt des 22. September 1986 in Form praktischer Erfahrung in der Allgemeinmedizin, die der Arzt in seiner eigenen Praxis unter der Aufsicht eines zugelassenen Praktikumsleiters erwirbt, so kann dieser Mitgliedstaat diese Ausbildung versuchsweise beibehalten, sofern sie:

---

[1] ABl. L 167 vom 30.6.1975, S. 19.

- Artikel 31 Absatz 1 Buchstaben a) und b) und Absatz 3 entspricht;
- doppelt so lang ist wie der Unterschied zwischen der in Artikel 31 Absatz 1 Buchstabe b) vorgesehenen Dauer und den unter dem dritten Gedankenstrich des vorliegenden Artikels vorgesehenen Zeiträumen insgesamt;
- eine Ausbildung in zugelassenen Krankenhäusern mit entsprechender Ausrüstung und entsprechenden Abteilungen sowie eine Ausbildung in einer zugelassenen Allgemeinpraxis oder einem zugelassenen Zentrum für ärztliche Erstbehandlung umfaßt; ab 1. Januar 1995 muß jeder diese beiden Zeiträume mindestens sechs Monate betragen.

Artikel 33

Die Kommission unterbreitet dem Rat spätestens am 1. Januar 1996 auf der Grundlage der gesammelten Erfahrungen und unter Berücksichtigung der Entwicklung der Ausbildung in der Allgemeinmedizin einen Bericht über die Anwendung der Artikel 31 und 32 sowie geeignete Vorschläge im Hinblick auf die weitere Harmonisierung der Ausbildung der Ärzte für Allgemeinmedizin.

Der Rat befindet über diese Vorschläge vor dem 1. Januar 1997 nach den im Vertrag festgelegten Regeln.

Artikel 34

(1) Unbeschadet des in Artikel 31 Absatz 1 Buchstabe b) genannten Grundsatzes der Vollzeitausbildung können die Mitgliedstaaten neben der Vollzeitausbildung eine spezifische Teilzeitausbildung in der Allgemeinmedizin zulassen, sofern folgende Einzelbedingungen erfüllt sind:

- die Gesamtdauer der Ausbildung darf nicht dadurch verkürzt werden, daß sie in Teilzeit erfolgt;
- die wöchentliche Ausbildungsdauer der Teilzeitausbildung darf nicht unter ►M5 50% ◄ der wöchentlichen Ausbildungsdauer in Vollzeit betragen;
- die Teilzeitausbildung muß einige Abschnitte einer Vollzeitausbildung umfassen, und zwar sowohl bei dem in Krankenhäusern stattfindenden Ausbildungsteil als auch bei dem in einer zugelassenen Allgemeinpraxis oder in einem zugelassenen Zentrum für Erstbehandlung stattfindenden Teil. Zahl und Dauer dieser Abschnitte der Vollzeitausbildung werden so festgelegt, daß sie eine entsprechende Vorbereitung auf die tatsächliche Ausübung der Tätigkeit des praktischen Arztes gewährleisten.

(2) Die Teilzeitausbildung muß der Vollzeitausbildung qualitativ entsprechen. Sie wird mit dem Diplom, Prüfungszeugnis oder sonstigen Befähigungsnachweis im Sinne von Artikel 30 abgeschlossen.

Artikel 35

(1) Unabhängig von den Bestimmungen über die erworbenen Rechte, die die Mitgliedstaaten erlassen, können sie das Diplom, das Prüfungszeugnis oder den sonstigen Befähigungsnachweis im Sinne von Artikel 30 einem Arzt erteilen, der zwar nicht die Ausbildung im Sinne der Artikel 31 und 32 absolviert hat, der aber anhand eines von den zuständigen Behörden eines Mitgliedstaates ausgestellten Diploms, Prüfungszeugnisses oder sonstigen Befähigungsnachweises eine andere Zusatzausbildung nachweisen kann; sie dürfen das Diplom, das Prüfungszeugnis oder den sonstigen Befähigungsnachweis jedoch nur dann erteilen, wenn damit Kenntnisse bescheinigt werden, die qualitativ den Kenntnissen nach Absolvierung der in den Artikeln 31 und 32 genannten Ausbildung entsprechen.

(2) In den Bestimmungen, die die Mitgliedstaaten gemäß Absatz 1 erlassen, müssen sie unter anderem regeln, inwieweit die von dem Antragsteller absolvierte Zusatzausbildung sowie seine Berufserfahrung auf die Ausbildung im Sinne der Artikel 31 und 32 angerechnet werden können.

Die Mitgliedstaaten dürfen das Diplom, das Prüfungszeugnis oder den sonstigen Befähigungsnachweis im Sinne von Artikel 30 nur dann erteilen, wenn der Antragsteller mindestens sechs Monate Erfahrungen in der Allgemeinmedizin nachweisen kann, die er gemäß Artikel 31 Absatz 1 Buchstabe c) in einer Allgemeinpraxis oder in einem Zentrum für Erstbehandlung erworben hat.

Artikel 36

(1) Ab 1. Januar 1995 macht jeder Mitgliedstaat vorbehaltlich der Vorschriften über erworbene Rechte die Ausübung des ärztlichen Berufs als praktischer Arzt im Rahmen seines Sozialversicherungssystems vom Besitz eines Diploms, Prüfungszeugnisses oder sonstigen Befähigungsnachweises im Sinne von Artikel 30 abhängig.

Von dieser Bedingung können die Mitgliedstaaten jedoch Personen freistellen, die gerade eine spezifische Ausbildung in der Allgemeinmedizin absolvieren.

(2) Jeder Mitgliedstaat bestimmt die erworbenen Rechte. Er muß jedoch das Recht, den ärztlichen Beruf als praktischer Arzt im Rahmen ei-

nes Sozialversicherungssystems auszuüben, ohne ein Diplom, ein Prüfungszeugnis oder einen sonstigen Befähigungsnachweis im Sinne von Artikel 30 zu besitzen, im Falle solcher Ärzte als erworbenes Recht betrachten, die dieses Recht bis zum 31. Dezember 1994 gemäß den Artikeln 1 bis 20 erworben haben und sich bis zu diesem Zeitpunkt unter Inanspruchnahme von Artikel 2 oder Artikel 9 Absatz 1 im Gebiet des betreffenden Mitgliedstaats niedergelassen haben.

(3) Jeder Mitgliedstaat kann Absatz 1 vor dem 1. Januar 1995 anwenden, sofern jeder Arzt, der in einem anderen Mitgliedstaat die Ausbildung nach Artikel 23 absolviert hat, sich bis zum 31. Dezember 1994 unter Inanspruchnahme von Artikel 2 oder Artikel 9 Absatz 1 in seinem Gebiet niederlassen und dort im Rahmen seines Sozialversicherungssystems praktizieren kann.

(4) Die zuständigen Behörden jedes Mitgliedstaats stellen auf Antrag eine Bescheinigung aus, mit der den Ärzten, die gemäß Absatz 2 Rechte erworben haben, das Recht bescheinigt wird, den ärztlichen Beruf als praktischer Arzt im Rahmen des betreffenden einzelstaatlichen Sozialversicherungssystems auszuüben, ohne ein Diplom, ein Prüfungszeugnis oder einen sonstigen Befähigungsnachweis im Sinne von Artikel 30 zu besitzen.

(5) Absatz 1 hindert die Mitgliedstaaten nicht daran, in ihrem Gebiet die Ausübung der Tätigkeiten des Arztes als praktischer Arzt im Rahmen des Sozialversicherungssystems nach ihren innerstaatlichen Vorschriften Personen zu gestatten, die nicht Inhaber von in einem Mitgliedstaat erworbenen Diplomen, Prüfungszeugnissen oder sonstigen Befähigungsnachweisen sind, welche jeweils eine Ausbildung als Arzt und eine spezifische Ausbildung in der Allgemeinmedizin abschließen, die jedoch Inhaber von in einem Drittland erworbenen Diplomen, Prüfungszeugnissen oder sonstigen Befähigungsnachweisen sind, welche diese Ausbildung oder eine dieser Ausbildungen abschließen.

Artikel 37

(1) Jeder Mitgliedstaat erkennt im Hinblick auf die Ausübung des Berufs des praktischen Arztes im Rahmen seines Sozialversicherungssystems die Diplome, Prüfungszeugnisse und sonstigen Befähigungsnachweise im Sinne von Artikel 30 an, die andere Mitgliedstaaten den Staatsangehörigen der Mitgliedstaaten nach den Artikeln 31, 32, 34 und 35 ausgestellt haben.

(2) Jeder Mitgliedstaat erkennt die Bescheinigungen im Sinne von Artikel 36 Absatz 4 an, die andere Mitgliedstaaten den Staatsangehöri-

gen der Mitgliedstaaten ausstellen, und verleiht ihnen in seinem Gebiet die gleiche Wirkung wie den von ihm ausgestellten Diplomen, Prüfungszeugnissen und sonstigen Befähigungsnachweisen, die die Ausübung des ärztlichen Berufes als praktischer Arzt im Rahmen seines Sozialversicherungssystems gestatten.

Artikel 38

Die Angehörigen eines Mitgliedstaates, denen ein anderer Mitgliedstaat die Diplome, Prüfungszeugnisse und sonstigen Befähigungsnachweise im Sinne von Artikel 30 oder Artikel 36 Absatz 4 ausgestellt hat, haben das Recht, im Aufnahmemitgliedstaat die in diesem Staat bestehende Berufsbezeichnung zu führen und von ihrer Abkürzung Gebrauch zu machen.

Artikel 39

(1) Unbeschadet des Artikels 38 tragen die Aufnahmemitgliedstaaten dafür Sorge, daß der gemäß Artikel 37 begünstigte Personenkreis zur Führung seiner im Heimat- oder Herkunftsmitgliedstaat gültigen rechtmäßigen Ausbildungsbezeichnung und gegebenenfalls ihrer Abkürzung in der Sprache dieses Staates berechtigt ist. Die Aufnahmemitgliedstaaten können vorschreiben, daß neben dieser Bezeichnung Name und Ort der Lehranstalt oder des Prüfungsausschusses, die bzw. der sie verliehen hat, aufgeführt werden.

(2) Kann die Ausbildungsbezeichnung des Heimat- oder Herkunftsmitgliedstaates im Aufnahmemitgliedstaat mit einer Bezeichnung verwechselt werden, die in diesem Staat eine zusätzliche Ausbildung voraussetzt, welche von dem Begünstigten nicht erworben wurde, so kann der Aufnahmemitgliedstaat vorschreiben, daß der Begünstigte seine im Heimat- oder Herkunftsmitgliedstaat gültige Ausbildungsbezeichnung in einer vom Aufnahmemitgliedstaat festgelegten Form verwendet.

Artikel 40

Die Kommission unterbreitet dem Rat spätestens am 1. Januar 1997 auf der Grundlage der gesammelten Erfahrung und unter Berücksichtigung der Entwicklung der Ausbildung in der Allgemeinmedizin einen Bericht über die Anwendung dieses Titels und gegebenenfalls geeignete Vorschläge, deren Ziel eine geeignete Ausbildung jedes praktischen Arztes ist, die den spezifischen Anforderungen an die Ausübung der Allgemeinmedizin entspricht. Der Rat befindet über diese Vorschläge nach den im Vertrag festgelegten Verfahren.

Artikel 41

Sobald ein Mitgliedstaat der Kommission den Zeitpunkt des Inkrafttretens der von ihm beschlossenen Maßnahmen im Sinne von Artikel 30 mitgeteilt hat, sorgt diese für eine entsprechende Mitteilung im Amtsblatt der Europäischen Gemeinschaften, in der die Bezeichnung des von dem betreffenden Mitgliedstaat eingeführten Diploms, Prüfungszeugnisses oder sonstigen Befähigungsnachweises und gegebenenfalls die Berufsbezeichnung angegeben wird.

TITEL V

SCHLUSSBESTIMMUNGEN

Artikel 42

Die Mitgliedstaaten bezeichnen die Behörden und Stellen, die für die Erteilung oder Entgegennahme der in dieser Richtlinie genannten Diplome, Prüfungszeugnisse, sonstigen Befähigungsnachweise, Bescheinigungen und Informationen zuständig sind, und unterrichten unverzüglich die anderen Mitgliedstaaten und die Kommission.

▼M5

Artikel 42a

Die Mitgliedstaaten teilen der Kommission die Rechts- und Verwaltungsvorschriften mit, die sie bezüglich der Ausstellung von Diplomen, Prüfungszeugnissen und sonstigen Befähigungsnachweisen im Bereich dieser Richtlinie erlassen. Die Kommission sorgt für die ordnungsgemäße Veröffentlichung der von den Mitgliedstaaten angenommenen Bezeichnungen der betreffenden Ausbildungsnachweise sowie gegebenenfalls der betreffenden Berufsbezeichnungen im Amtsblatt der Europäischen Gemeinschaften.

Artikel 42b

Jeder Mitgliedstaat erkennt in Bezug auf Staatsangehörige der Mitgliedstaaten, deren Diplome, Prüfungszeugnisse und sonstigen Befähigungsnachweise im Bereich dieser Richtlinie nicht mit den für den betreffenden Mitgliedstaat in dieser Richtlinie aufgeführten Ausbildungsbezeichnungen übereinstimmen, die von diesen Mitgliedstaaten ausgestellten Diplome, Prüfungszeugnisse und sonstigen Befähigungsnachweise als ausreichenden Nachweis an, wenn sie mit einer Bescheinigung ihrer zuständigen Behörden oder Einrichtungen versehen sind. Aus dieser Bescheinigung muss hervorgehen, dass die betreffenden Diplome, Prüfungszeugnisse und sonstigen Befähigungsnachweise eine Ausbildung entsprechend den Bestimmungen dieser Richtlinie abschließen und von dem ausstellenden Mitgliedstaat mit denjenigen Befähigungsnachweisen gleichgestellt werden, deren Ausbildungsbezeichnungen in dieser Richtlinie aufgeführt sind.

Artikel 42c

Die Mitgliedstaaten prüfen die Diplome, Prüfungszeugnisse und sonstigen Befähigungsnachweise im Bereich dieser Richtlinie, die die betreffende Person außerhalb der Europäischen Union erworben hat, sofern diese Diplome, Prüfungszeugnisse und sonstigen Befähigungsnachweise bereits in einem Mitgliedstaat anerkannt worden sind, sowie die in einem Mitgliedstaat absolvierten Ausbildungsgänge und/ oder die dort erworbene Berufserfahrung. Der Mitgliedstaat trifft seine Entscheidung innerhalb einer Frist von drei Monaten ab dem Zeitpunkt, zu dem der Antragsteller den Antrag zusammen mit den vollständigen Unterlagen einreicht.

Artikel 42d

Ablehnende Entscheidungen der Mitgliedstaaten über Anträge auf Anerkennung von Diplomen, Prüfungszeugnissen und sonstigen Befähigungsnachweisen im Bereich dieser Richtlinie müssen ordnungsgemäß begründet werden.

Der Antragsteller hat das Recht, solche Entscheidungen durch Einlegung eines Rechtsbehelfs nach innerstaatlichem Recht anzufechten. Dieses Recht steht ihm auch zu, wenn innerhalb der vorgeschriebenen Frist keine Entscheidung ergeht.

▼B

Artikel 43

Falls sich bei der Anwendung dieser Richtlinie für einen Mitgliedstaat größere Schwierigkeiten auf bestimmten Gebieten ergeben, prüft die Kommission diese Schwierigkeiten in Zusammenarbeit mit diesem Staat und holt die Stellungnahme des durch den Beschluß 75/365/ EWG ([1]) eingesetzten Ausschusses hoher Beamter für das öffentliche Gesundheitswesen ein.

Die Kommission legt dem Rat gegebenenfalls geeignete Vorschläge vor.

---

[1] ABl. Nr. L 167 vom 60.6.1975, S. 19

Artikel 44

Die in Anhang III Teil A aufgeführten Richtlinien werden unbeschadet der Pflichten der Mitgliedstaaten hinsichtlich der in Anhang III Teil B genannten Umsetzungsfristen aufgehoben.

Bezugnahmen auf diese Richtlinien gelten als Bezugnahmen auf die vorliegende Richtlinie und sind nach Maßgabe der Entsprechungstabelle im Anhang IV zu lesen.

▼M1

Artikel 44a

(1) In den Fällen, in denen auf ►M5 das Verfahren ◄ dieses Artikels Bezug genommen wird, wird die Kommission von dem Ausschuß hoher Beamter für das öffentliche Gesundheitswesen unterstützt, der durch den Beschluß 75/365/EWG [1] eingesetzt wurde.

▼M5

▼M6

(3) Es gelten die Artikel 4 und 7 des Beschlusses 1999/468/EG [2] unter Beachtung von dessen Artikel 8.

Der Zeitraum nach Artikel 4 Absatz 3 des Beschlusses 1999/468/EG wird auf zwei Monate festgesetzt.

(4) Der Ausschuss gibt sich eine Geschäftsordnung.

▼B

Artikel 45

Diese Richtlinie ist an die Mitgliedstaaten gerichtet.

---

1 ABl. L 167 vom 30.6.1975, S. 19. Beschluß zuletzt geändert durch den Beschluß 80/157/EWG (ABl. L 33 vom 11.2.1980, S. 15).

2 Beschluss 1999/468/EG des Rates vom 28. Juni 1999 zur Festlegung der Modalitäten für die Ausübung der der Kommission übertragenen Durchführungsbefugnisse (ABl. L 184 vom 17.7.1999, S. 23).

▼B

ANHANG I

Merkmale der ärztlichen Weiterbildung auf Voll- und Teilzeitbasis für Fachärzte gemäß Artikel 24 Absatz 1 Buchstabe c) und Artikel 25

1. *Ärztliche Weiterbildung auf Vollzeitbasis*

Sie erfolgt an spezifischen Weiterbildungsstätten, die von den zuständigen Behörden anerkannt sind.

Sie setzt die Beteiligung an sämtlichen ärztlichen Tätigkeiten in dem Bereich voraus, in dem die Weiterbildung erfolgt, einschließlich des Bereitschaftsdienstes, so daß der in der ärztlichen Weiterbildung befindliche Arzt dieser praktischen und theoretischen Weiterbildung während der gesamten Dauer der Arbeitswoche und während des gesamten Jahres gemäß den von den zuständigen Behörden festgesetzten Modalitäten seine volle berufliche Tätigkeit widmet. Folglich werden diese Stellen angemessen vergütet.

Diese Weiterbildung kann aus Gründen wie Wehrdienst, wissenschaftliche Aufträge, Schwangerschaft oder Krankheit unterbrochen werden. Die Gesamtdauer der Weiterbildung darf durch die Unterbrechung nicht verkürzt werden.

2. *Ärztliche Weiterbildung auf Teilzeitbasis*

Sie erfolgt unter den gleichen Bedingungen wie die Weiterbildung auf Vollzeitbasis, von der sie sich nur durch die Möglichkeit unterscheidet, die Beteiligung an den ärztlichen Tätigkeiten auf eine Dauer zu beschränken, die mindestens der Hälfte der unter Nummer 1 Absatz 2 genannten Zeitspanne entspricht.

Die zuständigen Behörden tragen Sorge dafür, daß Gesamtdauer und Qualität der ärztlichen Weiterbildung auf Teilzeitbasis nicht geringer sind als auf Vollzeitbasis.

Die Teilzeitweiterbildung wird daher angemessen vergütet.

▼B

ANHANG II

Zeitpunkte, zu denen einige Mitgliedstaaten die Rechts- und Verwaltungsvorschriften für die Ausstellung von in Artikel 9 Absatz 7 genannten Diplomen, Prüfungszeugnissen und sonstigen Befähigungsnachweisen aufgehoben haben

BELGIEN		
Thoraxchirurgie	1. Januar 1983	
Gefäßchirurgie	1. Januar 1983	
Nervenheilkunde (Neurologie und Psychiatrie)	1. August 1987,	außer für Personen, die die Ausbildung vor diesem Zeitpunkt begonnen haben
Gastroenterologische Chirurgie	1. Januar 1983	
DÄNEMARK		
Biologische Hämatologie	1. Januar 1983,	außer für Personen, die die Ausbildung vor diesem Zeitpunkt begonnen und vor Ende 1988 abgeschlossen haben
Physiotherapie	1. Januar 1983,	außer für Personen, die die Ausbildung vor diesem Zeitpunkt begonnen und vor Ende 1988 abgeschlossen haben
Tropenmedizin	1. August 1987,	außer für Personen, die die Ausbildung vor diesem Zeitpunkt begonnen haben
FRANKREICH		
Radiologie	3. Dezember 1971	
Nervenheilkunde (Neurologie und Psychiatrie)	31. Dezember 1971	

LUXEMBURG

Radiologie	Die Diplome, Prüfungszeugnisse und sonstigen Befähigungsnachweise (Neurologie und Psychiatrie) werden für die nach dem 5. März 1982 begonnenen Ausbildungen nicht mehr ausgestellt.
Nervenheilkunde (Neurologie und Psychiatrie	Die Diplome, Prüfungszeugnisse und sonstigen Befähigungsnachweise werden für die nach dem 5. März 1982 begonnenen Ausbildungen nicht mehr ausgestellt.

NIEDERLANDE

Radiologie	8. Juli 1984
Nervenheilkunde (Neurologie und Psychiatrie)	9. Juli 1984

▼**B**

ANHANG III

Teil A

Aufgehobene Richtlinien

(gemäß Artikel 44)

1. Richtlinie 75/362/EWG

2. Richtlinie 75/363/EWG

und ihre folgenden Änderungen:

- Richtlinie 81/1057/EWG nur betreffend die Bezugnahmen auf die Bestimmungen der aufgehobenen Richtlinien 75/362/EWG und 75/363/EWG im Artikel 1.
- Richtlinie 82/76/EWG
- Richtlinie 89/594/EWG: nur die Artikel 1 bis 9.
- Richtlinie 90/658/EWG: nur Artikel 1 Nummern 1 und 2 und Artikel 2.

3. Richtlinie 86/457/EWG

Teil B

Fristen für die Umsetzung in einzelstaatliches Recht

(gemäß Artikel 44)

Richtlinie	*Termin für die Umsetzung*
75/362/EWG (ABl. Nr. L 167 vom 30.6.1975, S. 1):	20. Dezember 1976 (*)
81/1057/EWG (ABl. Nr. L 385 vom 31.12.1981, S. 25):	30. Juni 1982
75/363/EWG (ABl. Nr. L 167 vom 30.6.1975, S. 14):	20. Dezember 1976 (**)
82/76/EWG (ABl. Nr. L 43 vom 15.2.1982, S. 21):	31. Dezember 1982
89/594/EWG (ABl. Nr. L 341 vom 23.11.1989, S. 19):	8. Mai 1991
90/658/EWG (ABl. Nr. L 353 vom 17.12.1990, S. 73):	1. Juli 1991
86/457/EWG (ABl. Nr. L 267 vom 19.9.1986, S. 26):	1. Januar 1995

(*) 1. Januar 1981 für Griechenland, 1. Januar 1986 für Spanien und Portugal.

(**) 1. Januar 1981 für Griechenland, 1. Januar 1986 für Spanien und Portugal. Für das Gebiet der ehemaligen Deutschen Demokratischen Republik trifft Deutschland die zur Anwendung der Artikel 2 bis 5 der Richtlinie 75/363/EWG (Artikel 24 bis ►M5 26 ◄ der vorliegenden Richtlinie) erforderlichen Maßnahmen bis zum 3. April 1992 (Richtlinie 90/658/EWG, Artikel 2).

ANHANG IV

Übereinstimmungstabelle

Diese Richtlinie	Richtlinie 75/362/ EWG	Richtlinie 75/363/ EWG	Richtlinie 86/457/ EWG	Richtlinie 81/1057/ EWG	Richtlinie 89/594/ EWG	Richtlinie 82/76/EWG
Artikel 1	Artikel 1 und 24					
Artikel 2	Artikel 2					
Anhang A	Artikel 3					
Artikel 4	Artikel 4					
Artikel 5	Artikel 5					
Artikel 4	Artikel 6					
Artikel 5	Artikel 7					
Artikel 8	Artikel 8					
Artikel 9 Absatz 1	Artikel 9 Absatz 1			Artikel 1		
Artikel 9 Absatz 2	Artikel 9 Absatz 2			Artikel 1		
Artikel 9 Absatz 3	Artikel 9 a Absatz 1					
Artikel 9 Absatz 4	Artikel 9 a Absatz 2					
Artikel 9 Absatz 5	Artikel 9 Absatz 3					
Artikel 9 Absatz 6					Artikel 9 Absatz 1	
Artikel 9 Absatz 7					Artikel 9 Absatz 2	
Artikel 10	Artikel 10					
Artikel 11	Artikel 11					
Artikel 12	Artikel 12					
Artikel 13	Artikel 13					
Artikel 14	Artikel 14					
Artikel 15	Artikel 15					
Artikel 16	Artikel 15a					
Artikel 17	Artikel 16					
Artikel 18	Artikel 17					
Artikel 19	Artikel 18					
Artikel 20	Artikel 20					
Artikel 21	Artikel 21					
Artikel 22	Artikel 22					
Artikel 23		Artikel 1				
Artikel 24		Artikel 2				
Artikel 25 Absatz 1		Artikel 3 Absatz 1				
Artikel 25 Absatz 2		Artikel 3 Absatz 2				

Diese Richtlinie	Richtlinie 75/362/ EWG	Richtlinie 75/363/ EWG	Richtlinie 86/457/ EWG	Richtlinie 81/1057/ EWG	Richtlinie 89/594/ EWG	Richtlinie 82/76/EWG
Artikel 25 Absatz 3 Unterabsatz 1		Artikel 3 Absatz 3 Unterabsatz 1				
Artikel 25 Absatz 3 Unterabsatz 2						Artikel 14
Artikel 26		Artikel 4				
Artikel 26		Artikel 5				
Artikel 28		Artikel 7				
Artikel 29		Artikel 8				
Artikel 30			Artikel 1			
Artikel 31			Artikel 2 Absätze 1, 2, 3			
Artikel 32			Artikel 3			
Artikel 33			Artikel 4			
Artikel 34			Artikel 5			
Artikel 35			Artikel 6			
Artikel 36			Artikel 7			
Artikel 37			Artikel 8			
Artikel 38			Artikel 9			
Artikel 39			Artikel 10			
Artikel 40			Artikel 11			
Artikel 41			Artikel 12 Absatz 2			
Artikel 42	Artikel 23		Artikel 2 Absatz 4			
Artikel 43	Artikel 26					
Artikel 44						
Artikel 45	Artikel 27					
Anhang I	Anhang					
Anhang II						

ANHANG A

Liste der Bezeichnungen der Diplome, Prüfungszeugnisse und sonstigen Befähigungsnachweise des Arztes

Land	Titel des Befähigungsnachweises	Ausstellende Stelle	Zusätzliche Bescheinigung
Belgique/ België/ Belgien	– Diploma van arts – Diplôme de docteur en médecine	1. De universiteiten/ les universités 2. De bevoegde Examencommissie van de Vlaamse Gemeenschap/ le Jury compétent d'enseignement de la Communauté française	
Česká republika	Diplom o ukončení studia ve studijním programu všeobecné lékařství	Lékářská fakulta univerzity v České republice	Vysvědčení o státní rigorózní zkoušce
Danmark	Bevis for bestået lægevidenskabelig embedseksamen	Medicinsk universitetsfakultet	1. Autorisation som læge, udstedt af Sundhedsstyrelsen og 2. Tilladelse til selvstændigt virke som læge (dokumentation for gennemført praktisk uddannelse), udstedt af Sundhedsstyrelsen
Deutschland	1. Zeugnis über die Ärztliche Prüfung 2. Zeugnis über die Ärztliche Staatsprüfung und Zeugnis über die Vorbereitungszeit als Medizinalassistent, soweit diese nach den deutschen Rechtsvorschriften noch für den Abschluss der ärztlichen Ausbildung vorgesehen war	Zuständige Behörden	1. Bescheinigung über die Ableistung der Tätigkeit als Arzt im Praktikum 2. –
Eesti	Diplom arstitea duses õppekava läbimise kohta	Tartu Ülikool	
Ελλάς	Πτυχίο Ιατρικής	1. Ιατρική Σχολή Πανεπιστημίου 2. Σχολή Επιστημών Υγείας, Τμήμα Ιατρικής Πανεπιστημίου	

Land	Titel des Befähigungsnachweises	Ausstellende Stelle	Zusätzliche Bescheinigung
España	Título de Licenciado en Medicina y Cirugía	Ministerio de Educación y Cultura/ El rector de una Universidad	
France	Diplôme d'Etat de docteur en médecine	Universités	
Ireland	Primary qualification	Competent examining body	Certificate of experience
Italia	Diploma di laurea in medicina e chirurgia	Università	Diploma di abilitazione all'esercizio della medicina e chirurgia
Κύπρος	Πιστοποιητικό Εγγραφής Ιατρού,	Ιατρικό Συμβούλιο	
Latvija	„ārsta diploms"	Universitātes tipa augstskola	
Lietuva	Aukštojo mokslo diplomas, nurodantis gydytojo kvalifikaciją	Universitetas	Internatūros pažymėjimas, nurodantis medicinos gydytojo profesinę kvalifikaciją
Luxembourg	Diplôme d'Etat de docteur en médecine, chirurgie et accouchements	Jury d'examen d'Etat	Certificat de stage
Magyarország	Általános orvos oklevél (doctor medicinae universae, abbrev.: dr. med. univ.)	Egyetem	
Malta	„Lawrja ta' Tabib tal-Mediċina u l-Kirurġija".	Universita'ta' Malta	Ċertifikat ta' reġistrazzjoni maħruġ mill-Kunsill Mediku
Nederland	Getuigschrift van met goed gevolg afgelegd artsexamen	Faculteit Geneeskunde	
Österreich	1. Urkunde über die Verleihung des akademischen Grades Doktor der gesamten Heilkunde (bzw. Doctor medicinae universae, Dr.med.univ.) 2. Diplom über die spezifische Ausbildung zum Arzt für Allgemeinmedizin bzw. Facharztdiplom	1. Medizinische Fakultät einer Universität 2. Österreichische Ärztekammer	
Polska	Dyplom ukończenia studiów wyższych na kierunku lekarskim z tytułem „lekarza"	1. Akademia Medyczna, 2. Uniwersytet Medyczny 3. Collegium Medicum Uniwersytetu Jagiellońskiego	Lekarski Egzamin Państwowy

Land	Titel des Befähigungsnachweises	Ausstellende Stelle	Zusätzliche Bescheinigung
Portugal	Carta de Curso de licenciatura em medicina	Universidades	Diploma comprovativo da conclusão do internato geral emitido pelo Ministério da Saúde
Slovenija	Diploma, s katero se podeljuje strokovni naslov „doktor medicine/ doktorica medicine"	Univerza	
Slovensko	Vysokoškolský diplom o udelení akademického titulu „doktor medicíny" („MUDr.")	Vysoká škola	
Suomi/Finland	Lääketieteen lisensiaatin tutkinto / medicine licentiatexamen	1. Helsingin yliopisto / Helsingfors universitet 2. Kuopion yliopisto 3. Oulun yliopisto 4. Tampereen yliopisto 5. Turun yliopisto	Todistus lääkärin perusterveydenhuollon lisäkoulutuksesta / examensbevis om tilläggsutbildning för läkare inom primärvården
Sverige	Läkarexamen	Universitet	Bevis om praktisk utbildning som utfärdas av Socialstyrelsen
United Kingdom	Primary qualification	Competent examining body	Certificate of experience

ANHANG B

Liste der Bezeichnungen der Diplome, Prüfungszeugnisse und sonstigen Befähigungsnachweise des Facharztes

Land	Titel des Befähigungsnachweises	Ausstellende Stelle	Zusätzliche Bescheinigung
Belgique/België/Belgien	Bijzondere beroepstitel van geneesheerspecialist/Titre professionnel particulier de médecin spécialiste	Minister bevoegd voor Volksgezondheid/ Ministre de la Santé publique	
Česká republika	Diplom o specializaci	Ministerstvo zdravotnictví	
Danmark	Bevis for tilladelse til at betegne sig som speciallæge	Sundhedsstyrelsen	
Deutschland	Fachärztliche Anerkennung	Landesärztekammer	
Eesti	Residentuuri lõputunnistus eriarstiabi erialal	Tartu Ülikool	
Ελλάς	Τίτλος Ιατρικής Ειδικότητας	1. Νομαρχιακή Αυτοδιοίκηση 2. Νομαρχία	
España	Título de Especialista	Ministerio de Educación y Cultura	
France	1. Certificat d'études spéciales de médecine 2. Attestation de médecin spécialiste qualifié 3. Certificat d'études spéciales de médecine 4. Diplôme d'études spécialisées ou spécialisation complémentaire qualifiante de médecine	1. 3. 4. Universités 2. Conseil de l'Ordre des médecins	
Ireland	Certificate of Specialist doctor	Competent authority	
Italia	Diploma di medico specialista	Università	
Κύπρος	Πιστοποιητικό Αναγνώρισης Ειδικότητας	Ιατρικό Συμβούλιο	
Latvija	„Sertifikāts" – kompetentu iestāžu izsniegts dokuments, kas apliecina, ka persona ir nokārtojusi sertifikācijas eksāmenu specialitātē	Latvijas Ārstu biedrība Latvijas Ārstniecības personu profesionālo organizāciju savienība	
Lietuva	Rezidentūros pažymėjimas, nurodantis ° gydytojo specialisto profesinę kvalifikaciją	Universitetas	

Land	Titel des Befähigungs-nachweises	Ausstellende Stelle	Zusätzliche Bescheini-gung
Luxembourg	Certificat de médecin spécialiste	Ministre de la Santé publique	
Magyarország	Szakorvosi bizonyítvány	Az Egészségügyi, Szociális és Családügyi Minisztérium illetékes testülete	
Malta	Ċertifikat ta' Speċjalista Mediku	Kumitat ta' Approvazzjoni dwar Speċjalisti	
Nederland	Bewijs van inschrijving in een Specialistenregister	1. Medisch Specialisten Registratie Commissie (MSRC) van de Koninklijke Nederlandsche Maatschappij tot Bevordering der Geneeskunst 2. Sociaal-Geneeskundigen Registratie Commissie van de Koninklijke Nederlandsche Maatschappij tot Bevordering der Geneeskunst 3. Huisarts en Verpleeghuisarts Registratie Commissie (HVRC) van de Koninklijke Nederlandsche Maatschappij tot Bevordering der Geneeskunst	
Österreich	Facharztdiplom	Österreichische Ärztekammer	
Polska	Dyplom uzyskania tytułu specjalisty	Centrum Egzaminów Medycznych	
Portugal	1. Grau de assistente e/ou 2. Titulo de especialista	1. Ministério da Saúde 2. Ordem dos Médicos	
Slovenija	Potrdilo o opravljenem specialističnem izpitu	1. Ministrstvo za zdravje 2. Zdravniška zbornica Slovenije	
Slovensko	Diplom o špecializácii	Slovenská zdravotnícka univerzita	
Suomi/Finland	Erikoislääkärin tutkinto / speciallläkarexamen	1. Helsingin yliopisto / Helsingfors universitet 2. Kuopion yliopisto 3. Oulun yliopisto 4. Tampereen yliopisto 5. Turun yliopisto	
Sverige	Bevis om specialkompetens som läkare, utfärdat av Socialstyrelsen	Socialstyrelsen	
United Kingdom	Certificate of Completion of specialist training	Competent authority	

ANHANG C

Liste der Bezeichnungen der fachärztlichen Weiterbildungen

Land	Titel des Befähigungsnachweises	Ausstellende Stelle

ANÄSTHESIOLOGIE

Mindestdauer der fachärztlichen Weiterbildung: 3 Jahre

Belgique – België – Belgien	Anesthésie-réanimation – Anesthesie reanimatie	
Česká republika	Anesteziologie a resuscitace	
Danmark	Anæstesiologi	
Deutschland	Anästhesiologie	
Eesti	Anestesioloogia	
Ελλάς	Αναισθησιολογία	
España	Anestesiología y Reanimación	
France	Anesthésiologie-Réanimation chirurgicale	
Ireland	Anaesthesia	
Italia	Anestesia e rianimazione	
Κύπρος	Αναισθησιολογία	
Latvija	Anesterioloģija un reanimatoloģija	
Lietuva	Anesteziologija reanimatologija	
Luxembourg	Anesthésie-réanimation	
Magyarország	Aneszteziológia és intenzív terápia	
Malta	Anestežija u Kura Intensiva	
Nederland	Anesthesiologie	
Österreich	Anästhesiologie und Intensivmedizin	
Polska	Anestezjologia i intensywna terapia	
Portugal	Anestesiologia	
Slovenija	Anesteziologija, reanimatologija in perioperativna intenzivna medicina	
Slovensko	Anestéziológia a intenzívna medicína	
Suomi – Finland	Anestesiologia ja tehohoito – Anestesiologi och intensivvård	
Sverige	Anestesi och intensivvård	
United Kingdom	Anaesthetics	

Land	Titel des Befähigungsnachweises	Ausstellende Stelle

CHIRURGIE*
Mindestdauer der fachärztlichen Weiterbildung: 5 Jahre

Belgique – België – Belgien	Chirurgie – Heelkunde	
Česká republika	Chirurgie	
Danmark	Kirurgi eller kirurgiske sygdomme	
Deutschland	Chirurgie	
Eesti	Üldkirurgia	
Ελλάς	Χειρουργική	
España	Cirugía general y del aparato digestivo	
France	Chirurgie générale	
Ireland	General surgery	
Italia	Chirurgia generale	
Κύπρος	Γενική Χειρουργική	
Latvija	Kirurģija	
Lietuva	Chirurgija	
Luxembourg	Chirurgie générale	
Magyarország	Sebészet	
Malta	Kirurġija Ġenerali	
Nederland	Heelkunde	
Österreich	Chirurgie	
Polska	Chirurgia ogólna	
Portugal	Cirurgia geral	
Slovenija	Splošna kirurgija	
Slovensko	Chirurgia	
Suomi – Finland	Yleiskirurgia – Allmän kirurgi	
Sverige	Kirurgi	
United Kingdom	General surgery	

Land	Titel des Befähigungsnachweises	Ausstellende Stelle

NEUROCHIRURGIE
Mindestdauer der fachärztlichen Weiterbildung: 5 Jahre

Belgique – België – Belgien	Neurochirurgie	
Česká republika	Neurochirurgie	
Danmark	Neurokirurgi eller kirurgiske nervesygdomme	

Deutschland	Neurochirurgie	
Eesti	Neurokirurgia	
Ελλάς	Νευροχειρουργική	
España	Neurocirugía	
France	Neurochirurgie	
Ireland	Neurological surgery	
Italia	Neurochirurgia	
Κύπρος	Νευροχειρουργική	
Latvija	Neiroķirurģija	
Lietuva	Neurochirurgija	
Luxembourg	Neurochirurgie	
Magyarország	Idegsebészet	
Malta	Newrokirurġija	
Nederland	Neurochirurgie	
Österreich	Neurochirurgie	
Polska	Neurochirurgia	
Portugal	Neurocirurgia	
Slovenija	Nevrokirurgija	
Slovensko	Neurochirurgia	
Suomi – Finland	Neurokirurgia – Neurokirurgi	
Sverige	Neurokirurgi	
United Kingdom	Neurosurgery	

Land	Titel des Befähigungsnachweises	Ausstellende Stelle

FRAUENHEILKUNDE UND GEBURTSHILFE
Mindestdauer der fachärztlichen Weiterbildung: 4 Jahre

Belgique – België – Belgien	Gynécologie – obstétrique – Gynaecologie en verloskunde	
Česká republika	Gynekologie a porodnictví	
Danmark	Gynækologi og obstetrik eller kvindesygdomme og fødselshjælp	
Deutschland	Frauenheilkunde und Geburtshilfe	
Eesti	Sünnitusabi ja günekoloogia	
Ελλάς	Μαιευτική-Γυναικολογία	
España	Obstetricia y ginecología	
France	Gynécologie – obstétrique	
Ireland	Obstetrics and gynaecology	
Italia	Ginecologia e ostetricia	
Κύπρος	Μαιευτική – Γυναικολογία	
Latvija	Ginekoloģija un dzemdniecība	

Lietuva	Akušerija ginekologija	
Luxembourg	Gynécologie – obstétrique	
Magyarország	Szülészet-nőgyógyászat	
Malta	Ostetriċja u Ġinekoloġija	
Nederland	Verloskunde en gynaecologie	
Österreich	Frauenheilkunde und Geburtshilfe	
Polska	Położnictwo i ginekologia	
Portugal	Ginecologia e obstetricia	
Slovenija	Ginekologija in porodništvo	
Slovensko	Gynekológia a pôrodníctvo	
Suomi – Finland	Naistentaudit ja synnytykset – Kvinnosjukdomar och förlossningar	
Sverige	Obstetrik och gynekologi	
United Kingdom	Obstetrics and gynaecology	

Land	Titel des Befähigungsnachweises	Ausstellende Stelle

INNERE MEDIZIN

Mindestdauer der fachärztlichen Weiterbildung: 5 Jahre

Belgique – België – Belgien	Médecine interne – Inwendige geneeskunde	
Česká republika	Vnitřní lékařství	
Danmark	Intern medicin	
Deutschland	Innere Medizin	
Eesti	Sisehaigused	
Ελλάς	Παθολογία	
España	Medicina interna	
France	Médecine interne	
Ireland	General medicine	
Italia	Medicina interna	
Κύπρος	Παθολογία	
Latvija	Internā medicīna	
Lietuva	Vidaus ligos	
Luxembourg	Médecine interne	
Magyarország	Belgyógyászat	
Malta	Mediċina Interna	
Nederland	Inwendige geneeskunde	
Österreich	Innere Medizin	
Polska	Choroby wewnętrzne	
Portugal	Medicina interna	
Slovenija	Interna medicina	

Slovensko	Vnútorné lekárstvo	
Suomi – Finland	Sisätaudit – Inre medicin	
Sverige	Internmedicin	
United Kingdom	General (internal) medicine	

Land	Titel des Befähigungsnachweises	Ausstellende Stelle

AUGENHEILKUNDE
Mindestdauer der fachärztlichen Weiterbildung: 3 Jahre

Belgique – België – Belgien	Ophtalmologie – Oftalmologie	
Česká republika	Oftalmologie	
Danmark	Oftalmologi eller øjensygdomme	
Deutschland	Augenheilkunde	
Eesti	Oftalmoloogia	
Ελλάς	Οφθαλμολογία	
España	Oftalmología	
France	Ophtalmologie	
Ireland	Ophthalmology	
Italia	Oftalmologia	
Κύπρος	Οφθαλμολογία	
Latvija	Oftalmoloģija	
Lietuva	Oftalmologija	
Luxembourg	Ophtalmologie	
Magyarország	Szemészet	
Malta	Oftalmoloġija	
Nederland	Oogheelkunde	
Österreich	Augenheilkunde und Optometrie	
Polska	Okulistyka	
Portugal	Oftalmologia	
Slovenija	Oftalmologija	
Slovensko	Oftalmológia	
Suomi – Finland	Silmätaudit – Ögonsjukdomar	
Sverige	Ögonsjukdomar (oftalmologi)	
United Kingdom	Ophthalmology	

Land	Titel des Befähigungsnachweises	Ausstellende Stelle

HALS-NASEN-OHRENHEILKUNDE
Mindestdauer der fachärztlichen Weiterbildung: 3 Jahre

Belgique – België – Belgien	Oto-rhino-laryngologie – Otorhinolaryngologie	
Česká republika	Otorinolaryngologie	
Danmark	Oto-rhino-laryngologi eller øre-næse-halssygdomme	
Deutschland	Hals-Nasen-Ohrenheilkunde	
Eesti	Otorinolarüngoloogia	
Ελλάς	Ωτορινολαρυγγολογία	
España	Otorrinolaringología	
France	Oto-rhino-laryngologie	
Ireland	Otolaryngology	
Italia	Otorinolaringoiatria	
Κύπρος	Ωτορινολαρυγγολογία	
Latvija	Otolaringoloģija	
Lietuva	Otorinolaringologija	
Luxembourg	Oto-rhino-laryngologie	
Magyarország	Fül-orr-gégegyógyászat	
Malta	Otorinolaringoloġija	
Nederland	Keel-, neus- en oorheelkunde	
Österreich	Hals-, Nasen- und Ohrenkrankheiten	
Polska	Otorynolaryngologia	
Portugal	Otorrinolaringologia	
Slovenija	Otorinolaringologija	
Slovensko	Otorinolaryngológia	
Suomi – Finland	Korva-, nenä-ja kurkkutaudit – Öron-, näs- och halssjukdomar	
Sverige	Öron-, näs- och halssjukdomar (oto-rhino-laryngologi)	
United Kingdom	Otolaryngology	

Land	Titel des Befähigungsnachweises	Ausstellende Stelle

KINDERHEILKUNDE
Mindestdauer der fachärztlichen Weiterbildung: 4 Jahre

Belgique – België – Belgien	Pédiatrie – Pediatrie	
Česká republika	Dětské lékařství	

Danmark	Pædiatri eller sygdomme hos børn	
Deutschland	Kinderheilkunde	
Eesti	Pediaatria	
Ελλάς	Παιδιατρική	
España	Pediatria y sus áreas especificas	
France	Pédiatrie	
Ireland	Paediatrics	
Italia	Pédiatria	
Κύπρος	Παιδιατρική	
Latvija	Pediatrija	
Lietuva	Vaikų ligos	
Luxembourg	Pédiatrie	
Magyarország	Csecsemőés gyermekgyógyászat	
Malta	Pedjatrija	
Nederland	Kindergeneeskunde	
Österreich	Kinder- und Jugendheilkunde	
Polska	Pediatria	
Portugal	Pediatria	
Slovenija	Pediatrija	
Slovensko	Pediatria	
Suomi – Finland	Lastentaudit – Barnsjukdomar	
Sverige	Barn- och ungdomsmedicin	
United Kingdom	Paediatrics	

Land	Titel des Befähigungsnachweises	Ausstellende Stelle

LUNGEN- UND BRONCHIALHEILKUNDE
Mindestdauer der fachärztlichen Weiterbildung: 4 Jahre

Belgique – België – Belgien	Pneumologie	
Česká republika	Tuberkulóza a respirační nemoci	
Danmark	Medicinske lungesygdomme	
Deutschland	Pneumologie	
Eesti	Pulmonoloogia	
Ελλάς	ΦυματιολογίαΠνευμονολογία	
España	Neumologia	
France	Pneumologie	
Ireland	Respiratory medicine	
Italia	Malattie dell'apparato respiratorio	
Κύπρος	Πνευμονολογία – Φυματιολογία	
Latvija	Ftiziopneimonoloģija	

Lietuva	Pulmonologija	
Luxembourg	Pneumologie	
Magyarország	Tüdőgyógyászat	
Malta	Mediċina Respiratorja	
Nederland	Longziekten en tuberculose	
Österreich	Lungenkrankheiten	
Polska	Choroby płuc	
Portugal	Pneumologia	
Slovenija	Pnevmologija	
Slovensko	Pneumológia a ftizeológia	
Suomi – Finland	Keuhkosairaudet ja allergologia — Lungsjukdomar och allergologi	
Sverige	Lungsjukdomar (pneumologi)	
United Kingdom	Respiratory medicine	

Land	Titel des Befähigungsnachweises	Ausstellende Stelle

UROLOGIE

Mindestdauer der fachärztlichen Weiterbildung: 5 Jahre

Belgique – België – Belgien	Urologie	
Česká republika	Urologie	
Danmark	Urologi eller urinvejenes kirurgiske sygdomme	
Deutschland	Urologie	
Eesti	Uroloogia	
Ελλάς	Ουρολογία	
España	Urología	
France	Urologie	
Ireland	Urology	
Italia	Urologia	
Κύπρος	Ουρολογία	
Latvija	Uroloģija	
Lietuva	Urologija	
Luxembourg	Urologie	
Magyarország	Urológia	
Malta	Uroloġija	
Nederland	Urologie	
Österreich	Urologie	
Polska	Urologia	
Portugal	Urologia	
Slovenija	Urologija	

Slovensko	Urológia	
Suomi – Finland	Urologia – Urologi	
Sverige	Urologi	
United Kingdom	Urology	

Land	Titel des Befähigungsnachweises	Ausstellende Stelle

ORTHOPÄDIE
Mindestdauer der fachärztlichen Weiterbildung: 5 Jahre

Belgique – België – Belgien	Chirurgie orthopédique – Orthopedische heelkunde	
Česká republika	Ortopedie	
Danmark	Ortopædisk kirurgi	
Deutschland	Orthopädie	
Eesti	Ortopeedia	
Ελλάς	Ορθοπεδική	
España	Traumatología y cirugía ortopédica	
France	Chirurgie orthopédique et traumatologie	
Ireland	Orthopaedic surgery	
Italia	Ortopedia e traumatologia	
Κύπρος	Ορθοπεδική	
Latvija	Traumatoloģija un ortopēdija	
Lietuva	Ortopedija traumatologija	
Luxembourg	Orthopédie	
Magyarország	Ortopédia	
Malta	Kirurġija Ortopedika	
Nederland	Orthopedie	
Österreich	Orthopädie und Orthopädische Chirurgie	
Polska	Ortopedia i traumatologia narządu ruchu	
Portugal	Ortopedia	
Slovenija	Ortopedska kirurgija	
Slovensko	Ortopédia	
Suomi – Finland	Ortopedia ja traumatologia – Ortopedi och traumatologi	
Sverige	Ortopedi	
United Kingdom	Trauma and orthopaedic surgery	

Land	Titel des Befähigungsnachweises	Ausstellende Stelle

PATHOLOGIE
Mindestdauer der fachärztlichen Weiterbildung: 4 Jahre

Belgique – België – Belgien	Anatomie pathologique – Pathologische anatomie	
Česká republika	Patologická anatomie	
Danmark	Patologisk anatomi eller vævs- og celleundersøgelser	
Deutschland	Pathologie	
Eesti	Patoloogia	
Ελλάς	Παθολογική Ανατομική	
España	Anatomía patológica	
France	Anatomie et cytologie pathologiques	
Ireland	Morbid anatomy and histopathology	
Italia	Anatomia patologica	
Κύπρος	Παθολογοανατομία – Ιστολογία	
Latvija	Patoloģija	
Lietuva	Patologija	
Luxembourg	Anatomie pathologique	
Magyarország	Patológia	
Malta	Istopatoloġija	
Nederland	Pathologie	
Österreich	Pathologie	
Polska	Patomorfologia	
Portugal	Anatomia patologica	
Slovenija	Anatomska patologija in citopatologija	
Slovensko	Patologická anatómia	
Suomi – Finland	Patologia – Patologi	
Sverige	Klinisk patologi	
United Kingdom	Histopathology	

Land	Titel des Befähigungsnachweises	Ausstellende Stelle

NEUROLOGIE
Mindestdauer der fachärztlichen Weiterbildung: 4 Jahre

Belgique – België – Belgien	Neurologie	
Česká republika	Neurologie	
Danmark	Neurologi eller medicinske nervesygdomme	

Deutschland	Neurologie	
Eesti	Neuroloogia	
Ελλάς	Νευρολογία	
España	Neurología	
France	Neurologie	
Ireland	Neurology	
Italia	Neurologia	
Κύπρος	Νευρολογία	
Latvija	Neiroloģija	
Lietuva	Neurologija	
Luxembourg	Neurologie	
Magyarország	Neurológia	
Malta	Newroloġija	
Nederland	Neurologie	
Österreich	Neurologie	
Polska	Neurologia	
Portugal	Neurologia	
Slovenija	Nevrologija	
Slovensko	Neurológia	
Suomi – Finland	Neurologia – Neurologi	
Sverige	Neurologi	
United Kingdom	Neurology	

Land	Titel des Befähigungsnachweises	Ausstellende Stelle

PSYCHIATRIE
Mindestdauer der fachärztlichen Weiterbildung: 4 Jahre

Belgique – België – Belgien	Psychiatrie	
Česká republika	Psychiatrie	
Danmark	Psykiatri	
Deutschland	Psychiatrie und Psychotherapie	
Eesti	Psühhiaatria	
Ελλάς	Ψυχιατρική	
España	Psiquiatría	
France	Psychiatrie	
Ireland	Psychiatry	
Italia	Psichiatria	
Κύπρος	Ψυχιατρική	
Latvija	Psihiatrija	
Lietuva	Psichiatrija	

Luxembourg	Psychiatrie	
Magyarország	Pszichiátria	
Malta	Psikjatrija	
Nederland	Psychiatrie	
Österreich	Psychiatrie	
Polska	Psychiatria	
Portugal	Psiquiatria	
Slovenija	Psihiatrija	
Slovensko	Psychiatria	
Suomi – Finland	Psykiatria – Psykiatri	
Sverige	Psykiatri	
United Kingdom	General psychiatry	

Land	Titel des Befähigungsnachweises	Ausstellende Stelle

DIAGNOSTISCHE RADIOLOGIE
Mindestdauer der fachärztlichen Weiterbildung: 4 Jahre

Belgique – België – Belgien	Radiodiagnostic – Röntgendiagnose	
Česká republika	Radiologie a zobrazovací metody	
Danmark	Diagnostik radiologi eller røntgenundersøgelse	
Deutschland	Diagnostische Radiologie	
Eesti	Radioloogia	
Ελλάς	Ακτινοδιαγνωστική	
España	Radiodiagnóstico	
France	Radiodiagnostic et imagerie médicale	
Ireland	Diagnostic radiology	
Italia	Radiodiagnostica	
Κύπρος	Ακτινολογία	
Latvija	Diagnostiskā radioloģija	
Lietuva	Radiologija	
Luxembourg	Radiodiagnostic	
Magyarország	Radiológia	
Malta	Radjoloġija	
Nederland	Radiologie	
Österreich	Medizinische Radiologie-Diagnostik	
Polska	Radiologia i diagnostyka obrazowa	
Portugal	Radiodiagnóstico	
Slovenija	Radiologija	
Slovensko	Rádiológia	
Suomi – Finland	Radiologia – Radiologi	

Sverige	Medicinsk radiologi	
United Kingdom	Clinical radiology	

Land	Titel des Befähigungsnachweises	Ausstellende Stelle

STRAHLENTHERAPIE
Mindestdauer der fachärztlichen Weiterbildung: 4 Jahre

Belgique – België – Belgien	Radiothérapie-oncologie – Radiotherapie -oncologie	
Česká republika	Radiační onkologie	
Danmark	Onkologi	
Deutschland	Strahlentherapie	
Eesti	Onkoloogia	
Ελλάς	Ακτινοθεραπευτική – Ογκολογία	
España	Oncología radioterápica	
France	Oncologie radiothérapique	
Ireland	Radiotherapy	
Italia	Radioterapia	
Κύπρος	Ακτινοθεραπευτική	
Latvija	Terapeitiskā radioloģija	
Lietuva	Onkologija radioterapija	
Luxembourg	Radiothérapie	
Magyarország	Sugárterápia	
Malta	Onkoloġija u Radjoterapija	
Nederland	Radiotherapie	
Österreich	Strahlentherapie – Radioonkologie	
Polska	Radioterapia onkologiczna	
Portugal	Radioterapia	
Slovenija	Radioterapija in onkologija	
Slovensko	Radiačná onkológia	
Suomi – Finland	Syöpätaudit – Cancersjukdomar	
Sverige	Tumörsjukdomar (allmän onkologi)	
United Kingdom	Clinical oncology	

Land	Titel des Befähigungsnachweises	Ausstellende Stelle

MEDIZINISCHE BIOLOGIE
Mindestdauer der fachärztlichen Weiterbildung: 4 Jahre

Belgique – België – Belgien	Biologie clinique – Klinische biologie	
Česká republika		
Danmark		
Deutschland		
Eesti	Laborimeditsiin	
Ελλάς		
España	Análisis clínicos	
France	Biologie médicale	
Ireland		
Italia	Patologia clinica	
Κύπρος		
Latvija		
Lietuva	Laboratorinė medicina	
Luxembourg	Biologie clinique	
Magyarország	Orvosi laboratóriumi diagnosztika	
Malta		
Nederland		
Österreich	Medizinische Biologie	
Polska	Diagnostyka laboratoryjna	
Portugal	Patologia clínica	
Slovenija		
Slovensko		
Suomi – Finland		
Sverige		
United Kingdom		

Land	Titel des Befähigungsnachweises	Ausstellende Stelle

BIOLOGIESCHE HÄMATOLOGIE
Mindestdauer der fachärztlichen Weiterbildung: 4 Jahre

Belgique – België – Belgien		
Česká republika		
Danmark	Klinisk blodtypeserologi	

Deutschland		
Eesti		
Ελλάς		
España		
France	Hématologie	
Ireland		
Italia		
Κύπρος		
Latvija		
Lietuva		
Luxembourg	Hématologie biologique	
Magyarország		
Malta		
Nederland		
Österreich		
Polska		
Portugal	Hematologia clínica	
Slovenija		
Slovensko		
Suomi – Finland		
Sverige		
United Kingdom		

Land	Titel des Befähigungsnachweises	Ausstellende Stelle

MIKROBIOLOGIE UND INFEKTIONSEPIDEMIOLOGIE
Mindestdauer der fachärztlichen Weiterbildung: 4 Jahre

Belgique – België – Belgien		
Česká republika	Lékařská mikrobiologie	
Danmark	Klinisk mikrobiologi	
Deutschland	Mikrobiologie und Infektionsepidemiologie	
Eesti		
Ελλάς	1. Ιατρική Βιοπαθολογία 2. Μικροβιολογία	
España	Microbiología y parasitología	
France		
Ireland	Microbiology	
Italia	Microbiologia e virologia	
Κύπρος	Μικροβιολογία	
Latvija	Mikrobioloģija	

Lietuva		
Luxembourg	Microbiologie	
Magyarország	Orvosi mikrobiológia	
Malta	Mikrobijoloġija	
Nederland	Medische microbiologie	
Österreich	Hygiene und Mikrobiologie	
Polska	Mikrobiologia lekarska	
Portugal		
Slovenija	Klinična mikrobiologija	
Slovensko	Klinická mikrobiológia	
Suomi – Finland	Kliininen mikrobiologia – Klinisk mikrobiologi	
Sverige	Klinisk bakteriologi	
United Kingdom	Medical microbiology and virology	

Land	Titel des Befähigungsnachweises	Ausstellende Stelle

MEDIZINISCHE UND CHEMISCHE LABORDIAGNOSTIK
Mindestdauer der fachärztlichen Weiterbildung: 4 Jahre

Belgique – België – Belgien		
Česká republika	Klinická biochemie	
Danmark	Klinisk biokemi	
Deutschland		
Eesti		
Ελλάς		
España	Bioquímica clínica	
France		
Ireland	Chemical pathology	
Italia	Biochimica clinica	
Κύπρος		
Latvija		
Lietuva		
Luxembourg	Chimie biologique	
Magyarország		
Malta	Patoloġija Kimika	
Nederland	Klinische chemie	
Österreich	Medizinische und Chemische Labordiagnostik	
Polska		
Portugal		
Slovenija	Medicinska biokemija	
Slovensko	Klinická biochémia	

Suomi – Finland	Kliininen kemia – Klinisk kemi	
Sverige	Klinisk kemi	
United Kingdom	Chemical pathology	

Land	Titel des Befähigungsnachweises	Ausstellende Stelle

IMMUNOLOGIE
Mindestdauer der fachärztlichen Weiterbildung: 4 Jahre

Belgique – België – Belgien		
Česká republika	Alergologie a klinická imunologie	
Danmark	Klinisk immunologi	
Deutschland		
Eesti		
Ελλάς		
España	Immunología	
France		
Ireland	Clinical immunology	
Italia		
Κύπρος	Ανοσολογία	
Latvija	Imunoloģija	
Lietuva		
Luxembourg		
Magyarország	Allergológia és klinikai immunológia	
Malta	Immunoloġija	
Nederland		
Österreich	Immunologie	
Polska	Immunologia kliniczna	
Portugal		
Slovenija		
Slovensko	Klinická imunológia a alergológia	
Suomi – Finland		
Sverige	Klinisk immunologi	
United Kingdom	Immunology	

Land	Titel des Befähigungsnachweises	Ausstellende Stelle

PLASTISCHE CHIRURGIE
Mindestdauer der fachärztlichen Weiterbildung: 5 Jahre

Belgique – België – Belgien	Chirurgie plastique, reconstructrice et esthétique – Plastische, reconstructieve en esthetische heelkunde	
Česká republika	Plastická chirurgie	
Danmark	Plastikkirurgi	
Deutschland	Plastische Chirurgie	
Eesti	Plastika- ja rekonstruktiivkirurgia	
Ελλάς	Πλαστική Χειρουργική	
España	Cirugía plástica y reparadora	
France	Chirurgie plastique, reconstructrice et esthétique	
Ireland	Plastic surgery	
Italia	Chirurgia plastica e ricostruttiva	
Κύπρος	Πλαστική Χειρουργική	
Latvija	Plastiskā ķirurģija	
Lietuva	Plastinė ir rekonstrukcinė rekonstrukcinė chirurgija	
Luxembourg	Chirurgie plastique	
Magyarország	Plasztikai (égési) sebészet	
Malta	Kirurġija Plastika	
Nederland	Plastische chirurgie	
Österreich	Plastische Chirurgie	
Polska	Chirurgia plastyczna	
Portugal	Cirurgia plástica e reconstrutiva	
Slovenija	Plastična, rekonstrukcijska in estetska kirurgija	
Slovensko	Plastická chirurgia	
Suomi – Finland	Plastiikkakirurgia – Plastikkirurgi	
Sverige	Plastikkirurgi	
United Kingdom	Plastic surgery	

Land	Titel des Befähigungsnachweises	Ausstellende Stelle

THORAXCHIRURGIE
Mindestdauer der fachärztlichen Weiterbildung: 5 Jahre

Belgique – België – Belgien	Chirurgie thoracique – Heelkunde op de thorax	
Česká republika	Kardiochirurgie	
Danmark	Thoraxkirurgi eller brysthulens kirurgiske sygdomme	

Deutschland	Herzchirurgie	
Eesti	Torakaalkirurgia	
Ελλάς	Χειρουργική Θώρακος	
España	Cirugía torácica	
France	Chirurgie thoracique et cardiovasculaire	
Ireland	Thoracic surgery	
Italia	Chirurgia toracica; Cardiochirurgia	
Κύπρος	Χειρουργική Θώρακος	
Latvija	Torakālā ķirurģija	
Lietuva	Krūtinės chirurgija	
Luxembourg	Chirurgie thoracique	
Magyarország	Mellkassebészet	
Malta	Kirurġija Kardjo-Toraċika	
Nederland	Cardio-thoracale chirurgie	
Österreich		
Polska	Chirurgia klatki piersiowej	
Portugal	Cirurgia cardiotorácica	
Slovenija	Torakalna kirurgija	
Slovensko	Hrudníková chirurgia	
Suomi – Finland	Sydän-ja rintaelinkirurgia – Hjärt- och thoraxkirurgi	
Sverige	Thoraxkirurgi	
United Kingdom	Cardo-thoracic surgery	

Land	Titel des Befähigungsnachweises	Ausstellende Stelle

KINDERCHIRURGIE
Mindestdauer der fachärztlichen Weiterbildung: 5 Jahre

Belgique – België – Belgien		
Česká republika	Dětská chirurgie	
Danmark		
Deutschland	Kinderchirurgie	
Eesti	Lastekirurgia	
Ελλάς	Χειρουργική Παίδων	
España	Cirugía pediátrica	
France	Chirurgie infantile	
Ireland	Paediatric surgery	
Italia	Chirurgia pediatrica	
Κύπρος	Χειρουργική Παίδων	
Latvija	Bērnu ķirurģija	
Lietuva	Vaikų chirurgija	

Luxembourg	Chirurgie pédiatrique	
Magyarország	Gyermeksebészet	
Malta	Kirurgija Pedjatrika	
Nederland		
Österreich	Kinderchirurgie	
Polska	Chirurgia dziecięca	
Portugal	Cirurgia pediátrica	
Slovenija		
Slovensko	Detská chirurgia	
Suomi – Finland	Lastenkirurgia – Barnkirurgi	
Sverige	Barn- och ungdomskirurgi	
United Kingdom	Paediatric surgery	

Land	Titel des Befähigungsnachweises	Ausstellende Stelle

GEFÄSSCHIRURGIE

Mindestdauer der fachärztlichen Weiterbildung: 5 Jahre

Belgique – België – Belgien	Chirurgie des vaisseaux – Bloedvatenheelkunde	
Česká republika	Cévní chirurgie	
Danmark	Karkirurgi eller kirurgiske blodkarsygdomme	
Deutschland		
Eesti	Kardiovaskulaarkirurgia	
Ελλάς	Αγγειοχειρουργική	
España	Angiología y cirugía vascular	
France	Chirurgie vasculaire	
Ireland		
Italia	Chirurgia vascolare	
Κύπρος	Χειρουργική Αγγείων	
Latvija	Asinsvadu ķirurģija	
Lietuva	Kraujagyslių chirurgija	
Luxembourg	Chirurgie vasculaire	
Magyarország	Érsebészet	
Malta	Kirurġija Vaskolari	
Nederland		
Österreich		
Polska	Chirurgia naczyniowa	
Portugal	Cirurgia vascular	
Slovenija	Kardiovaskularna kirurgija	
Slovensko	Cievna chirurgia	
Suomi – Finland	Verisuonikirurgia – Kärlkirurgi	

Sverige United Kingdom		

Land	Titel des Befähigungsnachweises	Ausstellende Stelle

KARDIOLOGIE
Mindestdauer der fachärztlichen Weiterbildung: 4 Jahre

Belgique – België – Belgien	Cardiologie	
Česká republika	Kardiologie	
Danmark	Kardiologi	
Deutschland	Kardiologie	
Eesti	Kardioloogia	
Ελλάς	Καρδιολογία	
España	Cardiología	
France	Pathologie cardio-vasculaire	
Ireland	Cardiology	
Italia	Cardiologia	
Κύπρος	Καρδιολογία	
Latvija	Kardioloģija	
Lietuva	Kardiologija	
Luxembourg	Cardiologie et angiologie	
Magyarország	Kardiológia	
Malta	Kardjoloġija	
Nederland	Cardiologie	
Österreich		
Polska	Kardiologia	
Portugal	Cardiologia	
Slovenija		
Slovensko	Kardiológia	
Suomi – Finland	Kardiologia – Kardiologi	
Sverige	Kardiologi	
United Kingdom	Cardiology	

Land	Titel des Befähigungsnachweises	Ausstellende Stelle

GASTROENTEROLOGIE

Mindestdauer der fachärztlichen Weiterbildung: 4 Jahre

Belgique – België – Belgien	Gastro-entérologie – gastroenterologie	
Česká republika	Gastroenterologie	
Danmark	Medicinsk gastroenterologi eller medicinske mavetarm-sygdomme	
Deutschland		
Eesti	Gastroenteroloogia	
Ελλάς	Γαστρεντερολογία	
España	Aparato digestivo	
France	Gastroentérologie et hépatologie	
Ireland	Gastro-enterology	
Italia	Gastroenterologia	
Κύπρος	Γαστρεντερολογία	
Latvija	Gastroenteroloģija	
Lietuva	Gastroenterologija	
Luxembourg	Gastro-entérologie	
Magyarország	Gasztroenterológia	
Malta	Gastroenteroloġija	
Nederland	Gastro-enterologie	
Österreich		
Polska	Gastroenterologia	
Portugal	Gastrenterologia	
Slovenija	Gastroenterologija	
Slovensko	Gastroenterológia	
Suomi – Finland	Gastroenterologia – Gastroenterologi	
Sverige	Medicinsk gastroenterologi och hepatologi	
United Kingdom	Gastro-enterology	

Land	Titel des Befähigungsnachweises	Ausstellende Stelle

RHEUMATOLOGIE

Mindestdauer der fachärztlichen Weiterbildung: 4 Jahre

Belgique – België – Belgien	Rhumathologie – reumatologie	
Česká republika	Revmatologie	

Danmark	Reumatologi	
Deutschland		
Eesti	Reumatoloogia	
Ελλάς	Ρευματολογία	
España	Reumatología	
France	Rhumathologie	
Ireland	Rheumatology	
Italia	Reumatologia	
Κύπρος	Ρευματολογία	
Latvija	Reimatoloģija	
Lietuva	Reumatologija	
Luxembourg	Rhumathologie	
Magyarország	Reumatológia	
Malta	Rewmatoloġija	
Nederland	Reumatologie	
Österreich		
Polska	Reumatologia	
Portugal	Reumatologia	
Slovenija		
Slovensko	Reumatológia	
Suomi – Finland	Reumatologia – Reumatologi	
Sverige	Reumatologi	
United Kingdom	Rheumatology	

Land	Titel des Befähigungsnachweises	Ausstellende Stelle

ALLGEMEINE HÄMATOLOGIE
Mindestdauer der fachärztlichen Weiterbildung: 3 Jahre

Belgique – België – Belgien		
Česká republika	Hematologie a transfúzní lékařství	
Danmark	Hæmatologi eller blodsygdomme	
Deutschland		
Eesti	Hematoloogia	
Ελλάς	Αιματολογία	
España	Hematología y hemoterapia	
France		
Ireland	Haematology	
Italia	Ematologia	
Κύπρος	Αιματολογία	
Latvija	Hematoloģija	

Lietuva	Hematologija	
Luxembourg	Hématologie	
Magyarország	Haematológia	
Malta	Ematoloġija	
Nederland		
Österreich		
Polska	Hematologia	
Portugal	Imuno-hemoterapia	
Slovenija		
Slovensko	Hematológia a transfúziológia	
Suomi – Finland	Kliininen hematologia – Klinisk hematologi	
Sverige	Hematologi	
United Kingdom		

Land	Titel des Befähigungsnachweises	Ausstellende Stelle

ENDOKRINOLOGIE
Mindestdauer der fachärztlichen Weiterbildung: 3 Jahre

Belgique – België – Belgien		
Česká republika	Endokrinologie	
Danmark	Medicinsk endokrinologi eller medicinske hormonsygdomme	
Deutschland		
Eesti	Endokrinoloogia	
Ελλάς	Ενδοκρινολογία	
España	Endocrinología y nutrición	
France	Endocrinologie, maladies métaboliques	
Ireland	Endocrinology and diabetes mellitus	
Italia	Endocrinologia e malattie del ricambio	
Κύπρος	Ενδοκρινολογία	
Latvija	Endokrinoloģija	
Lietuva	Endokrinologija	
Luxembourg	Endocrinologie, maladies du métabolisme et de la nutrition	
Magyarország	Endokrinológia	
Malta	Endokrinoloġija u Dijabete	
Nederland		
Österreich		
Polska	Endokrynologia	
Portugal	Endocrinologia	
Slovenija		

Slovensko	Endokrinológia	
Suomi – Finland	Endokrinologia – endokrinologi	
Sverige	Endokrina sjukdomar	
United Kingdom	Endocrinology and diabetes mellitus	

Land	Titel des Befähigungsnachweises	Ausstellende Stelle

PHYSIOTHERAPIE

Mindestdauer der fachärztlichen Weiterbildung: 3 Jahre

Belgique – België – Belgien	Médecine physique et réadaptation – Fysische geneeskunde en revalidatie	
Česká republika	Rehabilitační a fyzikální medicína	
Danmark		
Deutschland	Physikalische und Rehabilitative Medizin	
Eesti	Taastusravi ja füsiaatria	
Ελλάς	Φυσική Ιατρική και Αποκατάσταση	
España	Rehabilitación	
France	Rééducation et réadaptation fonctionnelles	
Ireland		
Italia	Medicina fisica e riabilitazione	
Κύπρος	Φυσική Ιατρική και Αποκατάσταση	
Latvija	Rehabilitoloģija Fiziskā rehabilitācija Fizikālā medicīna	
Lietuva	Fizinė medicina ir reabilitacija	
Luxembourg	Rééducation et réadaptation fonctionnelles	
Magyarország	Fizioterápia	
Malta		
Nederland	Revalidatiegeneeskunde	
Österreich	Physikalische Medizin	
Polska	Rehabilitacja medyczna	
Portugal	Fisiatria ou Medicina física e de reabilitação	
Slovenija	Fizikalna in rehabilitacijska medicina	
Slovensko	Fyziatria, balneológia a liečebná rehabilitácia	
Suomi – Finland	Fysiatria – fysiatri	
Sverige	Rehabiliteringsmedicin	
United Kingdom		

Land	Titel des Befähigungsnachweises	Ausstellende Stelle

STOMATOLOGIE
Mindestdauer der fachärztlichen Weiterbildung: 3 Jahre

Land	Titel des Befähigungsnachweises	Ausstellende Stelle
Belgique – België – Belgien		
Česká republika		
Danmark		
Deutschland		
Eesti		
Ελλάς		
España	Estomatología	
France	Stomatologie	
Ireland		
Italia	Odontostomatologia	
Κύπρος		
Latvija		
Lietuva		
Luxembourg	Stomatologie	
Magyarország		
Malta		
Nederland		
Österreich		
Polska		
Portugal	Estomatologia	
Slovenija		
Slovensko		
Suomi – Finland		
Sverige		
United Kingdom		

Land	Titel des Befähigungsnachweises	Ausstellende Stelle

NEUROPSYCHIATRIE
Mindestdauer der fachärztlichen Weiterbildung: 5 Jahre

Land	Titel des Befähigungsnachweises	Ausstellende Stelle
Belgique – België – Belgien	Neuropsychiatrie	
Česká republika		
Danmark		

Deutschland	Nervenheilkunde (Neurologie und Psychiatrie)	
Eesti		
Ελλάς	Νευρολογία – Ψυχιατρική	
España		
France	Neuropsychiatrie	
Ireland		
Italia	Neuropsichiatria	
Κύπρος	Νευρολογία – Ψυχιατρική	
Latvija		
Lietuva		
Luxembourg	Neuropsychiatrie	
Magyarország		
Malta		
Nederland	Zenuw - en zielsziekten	
Österreich	Neurologie und Psychiatrie	
Polska		
Portugal		
Slovenija		
Slovensko	Neuropsychiatria	
Suomi – Finland		
Sverige		
United Kingdom		

Land	Titel des Befähigungsnachweises	Ausstellende Stelle

HAUT- UND GESCHLECHTSKRANKHEITEN
Mindestdauer der fachärztlichen Weiterbildung: 3 Jahre

Belgique – België – Belgien	Dermato-vénéréologie – dermato-venerologie	
Česká republika	Dermatovenerologie	
Danmark	Dermato-venerologi eller hud-og kønssygdomme	
Deutschland	Haut- und Geschlechtskrankheiten	
Eesti	Dermatovenerologia	
Ελλάς	Δερματολογία – Αφροδισιολογία	
España	Dermatología médico-quirúrgica y venereología	
France	Dermatologie et vénéréologie	
Ireland		
Italia	Dermatologia e venerologia	
Κύπρος	Δερματολογία – Αφροδισιολογία	
Latvija	Dermatoloģija un veneroloģija	
Lietuva	Dermatovenerologija	

Luxembourg	Dermato-vénéréologie	
Magyarország	Bőrgyógyászat	
Malta	Dermato-venerejoloġija	
Nederland	Dermatologie en venerologie	
Österreich	Hautä- und Geschlechtskrankheiten	
Polska	Dermatologia i wenerologia	
Portugal	Dermatovenereologia	
Slovenija	Dermatovenerologija	
Slovensko	Dermatovenerológia	
Suomi – Finland	Ihotaudit ja allergologia – hudsjukdomar och allergologi	
Sverige	Hud- och könssjukdomar	
United Kingdom		

Land	Titel des Befähigungsnachweises	Ausstellende Stelle

HAUTKRANKHEITEN
Mindestdauer der fachärztlichen Weiterbildung: 4 Jahre

Belgique – België – Belgien		
Česká republika		
Danmark		
Deutschland		
Eesti		
Ελλάς		
España		
France		
Ireland	Dermatology	
Italia		
Κύπρος		
Latvija		
Lietuva		
Luxembourg		
Magyarország		
Malta	Dermatoloġija	
Nederland		
Österreich		
Polska		
Portugal		
Slovenija		
Slovensko		

Suomi – Finland		
Sverige		
United Kingdom	Dermatology	

Land	Titel des Befähigungsnachweises	Ausstellende Stelle

GESCHLECHTSKRANKHEITEN
Mindestdauer der fachärztlichen Weiterbildung: 4 Jahre

Belgique – België – Belgien		
Česká republika		
Danmark		
Deutschland		
Eesti		
Ελλάς		
España		
France		
Ireland	Venereology	
Italia		
Κύπρος		
Latvija		
Lietuva		
Luxembourg		
Magyarország		
Malta	Medicina Uro-ġenetali	
Nederland		
Österreich		
Polska		
Portugal		
Slovenija		
Slovensko		
Suomi – Finland		
Sverige		
United Kingdom	Genito-urinary medicine	

Land	Titel des Befähigungsnachweises	Ausstellende Stelle

RADIOLOGIE
Mindestdauer der fachärztlichen Weiterbildung: 4 Jahre

Belgique – België – Belgien		
Česká republika		
Danmark		
Deutschland	Radiologie	
Eesti		
Ελλάς	Ακτινολογία – Ραδιολογία	
España	Electrorradiología	
France	Electro-radiologie	
Ireland		
Italia	Radiologia	
Κύπρος		
Latvija		
Lietuva		
Luxembourg	Électroradiologie	
Magyarország	Radiológia	
Malta		
Nederland	Radiologie	
Österreich	Radiologie	
Polska		
Portugal	Radiologia	
Slovenija		
Slovensko		
Suomi – Finland		
Sverige		
United Kingdom		

Land	Titel des Befähigungsnachweises	Ausstellende Stelle

TROPENMEDIZIN
Mindestdauer der fachärztlichen Weiterbildung: 4 Jahre

Belgique – België – Belgien		
Česká republika		
Danmark		

Deutschland		
Eesti		
Ελλάς		
España		
France		
Ireland	Tropical medicine	
Italia	Medicina tropicale	
Κύπρος		
Latvija		
Lietuva		
Luxembourg		
Magyarország	Trópusi betegségek	
Malta		
Nederland		
Österreich	Spezifische Prophylaxe und Tropenhygiene	
Polska	Medycyna transportu	
Portugal	Medicina tropical	
Slovenija		
Slovensko	Tropická medicína	
Suomi – Finland		
Sverige		
United Kingdom	Tropical medicine	

Land	Titel des Befähigungsnachweises	Ausstellende Stelle

KINDER- UND JUGENDPSYCHIATRIE
Mindestdauer der fachärztlichen Weiterbildung: 4 Jahre

Belgique – België – Belgien		
Česká republika	Dětská a dorostová psychiatrie	
Danmark	Børne- og ungdomspsykiatri	
Deutschland	Kinder- und Jugendpsychiatrie und -psychotherapie	
Eesti		
Ελλάς	Παιδοψυχιατρική	
España		
France	Pédo-psychiatrie	
Ireland	Child and adolescent psychiatry	
Italia	Neuropsichiatria infantile	
Κύπρος	Παιδοψυχιατρική	
Latvija	Bērnu psihiatrija	
Lietuva	Vaikų ir paauglių psichiatrija	

Luxembourg	Psychiatrie infantile	
Magyarország	Gyermek- és ifjúságpszichiátria	
Malta		
Nederland		
Österreich		
Polska	Psychiatria dzieci i młodzieży	
Portugal	Pedopsiquiatria	
Slovenija	Otroška in mladostniška psihiatrija	
Slovensko	Detská psychiatria	
Suomi – Finland	Lastenpsykiatria – barnpsykiatri	
Sverige	Barn-och ungdomspsykiatri	
United Kingdom	Child and adolescent psychiatry	

Land	Titel des Befähigungsnachweises	Ausstellende Stelle

GERIATRIE

Mindestdauer der fachärztlichen Weiterbildung: 4 Jahre

Belgique – België – Belgien		
Česká republika	Geriatrie	
Danmark	Geriatri eller alderdommens sygdomme	
Deutschland		
Eesti		
Ελλάς		
España	Geriatría	
France		
Ireland	Geriatrics	
Italia	Geriatria	
Κύπρος	Γηριατρική	
Latvija		
Lietuva	Geriatrija	
Luxembourg		
Magyarország	Geriátria	
Malta	Ġerjatrija	
Nederland	Klinische geriatrie	
Österreich		
Polska	Geriatria	
Portugal		
Slovenija		
Slovensko	Geriatria	
Suomi – Finland	Geriatria – geriatri	

Sverige	Geriatrik	
United Kingdom	Geriatrics	

Land	Titel des Befähigungsnachweises	Ausstellende Stelle

NIERENKRANKHEITEN
Mindestdauer der fachärztlichen Weiterbildung: 4 Jahre

Belgique – België – Belgien		
Česká republika	Nefrologie	
Danmark	Nefrologi eller medicinske nyresygdomme	
Deutschland		
Eesti	Nefroloogia	
Ελλάς	Νεφρολογία	
España	Nefrología	
France	Néphrologie	
Ireland	Nephrology	
Italia	Nefrologia	
Κύπρος	Νεφρολογία	
Latvija	Nefroloģija	
Lietuva	Nefrologija	
Luxembourg	Néphrologie	
Magyarország	Nefrológia	
Malta	Nefroloġija	
Nederland		
Österreich		
Polska	Nefrologia	
Portugal	Nefrologia	
Slovenija	Nefrologija	
Slovensko	Nefrológia	
Suomi – Finland	Nefrologia – nefrologi	
Sverige	Medicinska njursjukdomar (nefrologi)	
United Kingdom	Renal medicine	

Land	Titel des Befähigungsnachweises	Ausstellende Stelle

ANSTRECKENDE KRANKHEITEN
Mindestdauer der fachärztlichen Weiterbildung: 4 Jahre

Belgique – België – Belgien		
Česká republika	Infekční lékařství	
Danmark	Infektionsmedicin	
Deutschland		
Eesti	Infektsioonhaigused	
Ελλάς		
España		
France		
Ireland	Communicable diseases	
Italia	Malattie infettive	
Κύπρος	Λοιμώδη Νοσήματα	
Latvija	Infektoloģija	
Lietuva	Infektologija	
Luxembourg		
Magyarország	Infektológia	
Malta	Mard Infettiv	
Nederland		
Österreich		
Polska	Choroby zakaźne	
Portugal		
Slovenija	Infektologija	
Slovensko	Infektológia	
Suomi – Finland	Infektiosairaudet – infektionssjukdomar	
Sverige	Infektionssjukdomar	
United Kingdom	Infectious diseases	

Land	Titel des Befähigungsnachweises	Ausstellende Stelle

ÖFFENTLICHES GESUNDHEITSWESEN UND SOZIALMEDIZIN
Mindestdauer der fachärztlichen Weiterbildung: 4 Jahre

Belgique – België – Belgien		
Česká republika	Hygiena a epidemiologie	
Danmark	Samfundsmedicin	

Deutschland	Öffentliches Gesundheitswesen	
Eesti		
Ελλάς	Κοινωνική Ιατρική	
España	Medicina preventiva y salud pública	
France	Santé publique et médecine sociale	
Ireland	Community medicine	
Italia	Igiene e medicina sociale	
Κύπρος	Υγειονολογία/Κοινοτική Ιατρική	
Latvija		
Lietuva		
Luxembourg	Santé publique	
Magyarország	Megelőző orvostan és népegészségtan	
Malta	Saħħa Pubblika	
Nederland	Maatschappij en gezondheid	
Österreich	Sozialmedizin	
Polska	Zdrowie publiczne, epidemiologia	
Portugal		
Slovenija	Javno zdravje	
Slovensko	Hygiena a epidemiológia	
Suomi – Finland	Terveydenhuolto – hälsovård	
Sverige	Socialmedicin	
United Kingdom	Public health medicine	

Land	Titel des Befähigungsnachweises	Ausstellende Stelle

PHARMAKOLOGIE
Mindestdauer der fachärztlichen Weiterbildung: 4 Jahre

Belgique – België – Belgien		
Česká republika	Klinická farmakologie	
Danmark	Klinisk farmakologi	
Deutschland	Pharmakologie und Toxikologie	
Eesti		
Ελλάς		
España	Farmacología clínica	
France		
Ireland	Clinical pharmacology and therapeutics	
Italia		
Κύπρος		
Latvija		
Lietuva		

Luxembourg		
Magyarország	Klinikai farmakológia	
Malta	Farmakoloġija Klinika u t-Terapewtika	
Nederland		
Österreich	Pharmakologie und Toxikologie	
Polska	Farmakologia kliniczna	
Portugal		
Slovenija		
Slovensko	Klinická farmakológia	
Suomi – Finland	Kliininen farmakologia ja lääkehoito – klinisk farmakologi och läkemedelsbehandling	
Sverige	Klinisk farmakologi	
United Kingdom	Clinical pharmacology and therapeutics	

Land	Titel des Befähigungsnachweises	Ausstellende Stelle

ARBEITSMEDIZIN

Mindestdauer der fachärztlichen Weiterbildung: 4 Jahre

Belgique – België – Belgien	Médecine du travail – arbeidsgeneeskunde	
Česká republika	Pracovní lékařství	
Danmark	Arbejdsmedicin	
Deutschland	Arbeitsmedizin	
Eesti		
Ελλάς	Ιατρική της Εργασίας	
España		
France	Médecine du travail	
Ireland	Occupational medicine	
Italia	Medicina del lavoro	
Κύπρος	Ιατρική της Εργασίας	
Latvija	Arodslimības	
Lietuva	Darbo medicina	
Luxembourg	Médecine du travail	
Magyarország	Foglalkozás-orvostan (üzemorvostan)	
Malta	Mediċina Okkupazzjonali	
Nederland	Arbeid en gezondheid, bedrijfsgeneeskunde Arbeid en gezondheid, verzekeringsgeneeskunde	
Österreich	Arbeits- und Betriebsmedizin	
Polska	Medycyna pracy	
Portugal	Medicina do trabalho	
Slovenija	Medicina dela, prometa in športa	
Slovensko	Klinické pracovné lekárstvo a klinická toxikológia	

Suomi – Finland	Työterveyshuolto – företagshälsovård	
Sverige	Yrkes- och miljömedicin	
United Kingdom	Occupational medicine	

Land	Titel des Befähigungsnachweises	Ausstellende Stelle

ALLERGOLOGIE
Mindestdauer der fachärztlichen Weiterbildung: 3 Jahre

Belgique – België – Belgien		
Česká republika	Alergologie a klinická imunologie	
Danmark	Medicinsk allergologi eller medicinske overfølsomhedssygdomme	
Deutschland		
Eesti		
Ελλάς	Αλλεργιολογία	
España	Alergología	
France		
Ireland		
Italia	Allergologia ed immunologia clinica	
Κύπρος	Αλλεργιολογία	
Latvija	Alergoloģija–	
Lietuva	Alergologija ir klinikinė imunologija	
Luxembourg		
Magyarország	Allergológia és klinikai immunológia	
Malta		
Nederland	Allergologie en inwendige geneeskunde	
Österreich		
Polska	Alergologia	
Portugal	Imuno- alergologia	
Slovenija		
Slovensko	Klinická imunológia a alergológia	
Suomi – Finland		
Sverige	Allergisjukdomar	
United Kingdom		

Land	Titel des Befähigungsnachweises	Ausstellende Stelle

GASTROENTEROLOGISCHE CHIRURGIE
Mindestdauer der fachärztlichen Weiterbildung: 5 Jahre

Belgique – België – Belgien	Chirurgie abdominale – heelkunde op het abdomen	
Česká republika		
Danmark	Kirurgisk gastroenterologi eller kirurgiske mave-tarmsygdomme	
Deutschland		
Eesti		
Ελλάς		
España	Cirugía del aparato digestivo	
France	Chirurgie viscérale et digestive	
Ireland		
Italia	Chirurgia dell'aparato digestivo	
Κύπρος		
Latvija		
Lietuva	Abdominalinė chirurgija	
Luxembourg	Chirurgie gastro-entérologique	
Magyarország		
Malta		
Nederland		
Österreich		
Polska		
Portugal		
Slovenija	Abdominalna kirurgija	
Slovensko		
Suomi – Finland	Gastroenterologinen kirurgia – gastroenterologisk kirurgi	
Sverige		
United Kingdom		

Land	Titel des Befähigungsnachweises	Ausstellende Stelle

NUKLEARMEDIZIN
Mindestdauer der fachärztlichen Weiterbildung: 4 Jahre

Belgique – België – Belgien	Médecine nucléaire – nucleaire geneeskunde	

Česká republika	Nukleární medicína	
Danmark	Klinisk fysiologi og nuklearmedicin	
Deutschland	Nuklearmedizin	
Eesti		
Ελλάς	Πυρηνική Ιατρική	
España	Medicina nuclear	
France	Médecine nucléaire	
Ireland		
Italia	Medicina nucleare	
Κύπρος	Πυρηνική Ιατρική	
Latvija		
Lietuva		
Luxembourg	Médecine nucléaire	
Magyarország	Nukleáris medicina (izotóp diagnosztika)	
Malta	Mediċina Nukleari	
Nederland	Nucleaire geneeskunde	
Österreich	Nuklearmedizin	
Polska	Medycyna nuklearna	
Portugal	Medicina nuclear	
Slovenija	Nuklearna medicina	
Slovensko	Nukleárna medicína	
Suomi – Finland	Kliininen fysiologia ja isotooppilääketiede – klinisk fysiologi och nukleärmedicin	
Sverige	Nukleärmedicin	
United Kingdom	Nuclear medicine	

Land	Titel des Befähigungsnachweises	Ausstellende Stelle

UNFALL- UND NOTFALLMEDIZIN
Mindestdauer der fachärztlichen Weiterbildung: 5 Jahre

Belgique – België – Belgien		
Česká republika	Traumatologie Urgentní medicína	
Danmark		
Deutschland		
Eesti		
Ελλάς		
España		
France		
Ireland	Accident and emergency medicine	
Italia		

Κύπρος		
Latvija		
Lietuva		
Luxembourg		
Magyarország	Traumatológia	
Malta	Medicina tal-Aċċidenti u l-Emerġenza	
Nederland		
Österreich		
Polska	Medycyna ratunkowa	
Portugal		
Slovenija		
Slovensko	Úrazová chirurgia	
Suomi – Finland		
Sverige		
United Kingdom	Accident and emergency medicine	

Land	Titel des Befähigungsnachweises	Ausstellende Stelle

KLINISCHE NEUROPHYSIOLOGIE
Mindestdauer der fachärztlichen Weiterbildung: 4 Jahre

Belgique – België – Belgien		
Česká republika		
Danmark	Klinisk neurofysiologi	
Deutschland		
Eesti		
Ελλάς		
España	Neurofisiologia clínica	
France		
Ireland	Neurophysiology	
Italia		
Κύπρος		
Latvija		
Lietuva		
Luxembourg		
Magyarország		
Malta	Newrofiżjoloġija Klinika	
Nederland		
Österreich		
Polska		
Portugal		

Slovenija		
Slovensko		
Suomi – Finland	Kliininen neurofysiologia – klinisk neurofysiologi	
Sverige	Klinisk neurofysiologi	
United Kingdom	Clinical neurophysiology	

Land	Titel des Befähigungsnachweises	Ausstellende Stelle

MUND-KIEFER-GESICHTSCHIRURGIE (GRUNDAUSBILDUNG DES ARZTES)
Mindestdauer der fachärztlichen Weiterbildung: 5 Jahre

Belgique – België – Belgien		
Česká republika	Maxilofaciální chirurgie	
Danmark		
Deutschland		
Eesti		
Ελλάς		
España	Cirugía oral y maxilofacial	
France	Chirurgie maxillo-faciale et stomatologie	
Ireland		
Italia	Chirurgia maxillo-facciale	
Κύπρος		
Latvija	Mutes, sejas un žokļu ķirurģija	
Lietuva	Veido ir žandikaulių chirurgija	
Luxembourg	Chirurgie maxillo-faciale	
Magyarország	Szájsebészet	
Malta		
Nederland		
Österreich	Mund – Kiefer – und Gesichtschirurgie	
Polska	Chirurgia szczękowo-twarzowa	
Portugal		
Slovenija	Maksilofacialna kirurgija	
Slovensko	Maxilofaciálna chirurgia	
Suomi – Finland		
Sverige		
United Kingdom		

Land	Titel des Befähigungsnachweises	Ausstellende Stelle

ZAHN-, MUND-, KIEFER- UND GESICHTSCHIRURGIE (GRUNDAUSBILDUNG DES ARZTES UND DES ZAHNARZTES)
Mindestdauer der fachärztlichen Weiterbildung: 4 Jahre

Belgique – België – Belgien	Stomatologie et chirurgie orale et maxillo-faciale – stomatologie en mond-, kaak- en aangezichtschirurgie	
Česká republika		
Danmark		
Deutschland	Mund-, Kiefer- und Gesichtschirurgie	
Eesti		
Ελλάς		
España		
France		
Ireland	Oral and maxillo-facial surgery	
Italia		
Κύπρος	Στοματο -Γναθο-Προσωποχειρουργική	
Latvija		
Lietuva		
Luxembourg	Chirurgie dentaire, orale et maxillo-faciale	
Magyarország	Arc-állcsont-szájsebészet	
Malta	Kirurġija tal-għadam tal-wiċċ	
Nederland		
Österreich		
Polska		
Portugal		
Slovenija		
Slovensko		
Suomi – Finland	Suu- ja leukakirurgia – oral och maxillofacial kirurgi	
Sverige		
United Kingdom	Oral and maxillo-facial surgery	

Kolibri 360 GmbH
Ferdinand-Jühlke-Straße 7
99095 Erfurt, Deutschland
produktsicherheit@kolibri360.de

Druck:
CPI Druckdienstleistungen GmbH
im Auftrag der
Kolibri 360 GmbH
Ferdinand-Jühlke-Str. 7
99095 Erfurt